Bad Religion mit Jim Ruland

DIE BAD RELIGION STORY

BAD RELIGION
MIT JIM RULAND

DIE BAD RELIGION STORY

DO WHAT YOU WANT

hannibal
www.hannibal verlag.de

Für unsere Fans

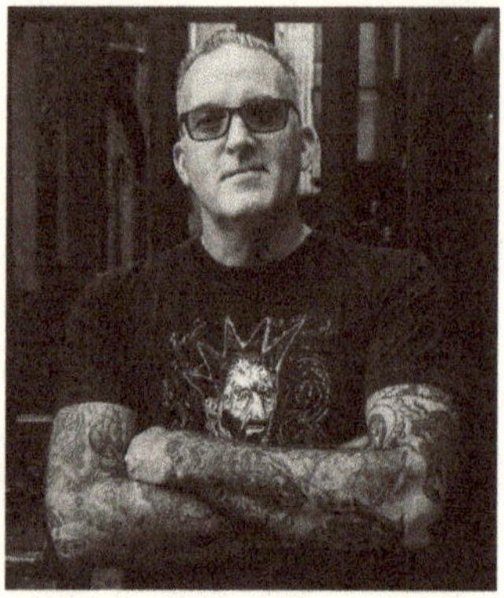

© Clair McAllister

JIM RULAND schreibt seit den frühen Neunzigerjahren für Punkrock-Magazine wie *Flipside* oder *Razorcake*, Amerikas einzigem unabhängigen Nonprofit-Fanzine. Er ist Co-Autor von *My Damage*, das in Zusammenarbeit mit Keith Morris, dem Sänger von Black Flag, den Circle Jerks und OFF!, entstand.

Impressum

Deutsche Erstausgabe 2020

Hannibal Verlag, ein Imprint der KOCH International GmbH, A-6604 Höfen
www.hannibal-verlag.de

ISBN 978-3-85445-690-2
Auch als E-Book erhältlich mit der ISBN 978-3-85445-691-9

Titel der Originalausgabe: DO WHAT YOU WANT – The Story of BAD RELIGION

ISBN Hardcover: Hachette Books 978-0-306-92222-0
Hachette Books is a division of Hachette Book Group, Inc., New York, USA

Cover Design © Richard Ljoenes
Coverfoto © [TK]
Cover © 2020 Hachette Book Group, Inc.
Grafischer Satz in deutscher Sprache: Thomas Auer, www.buchsatz.com
Übersetzung: Paul Fleischmann
Deutsches Lektorat und Korrektorat: Hollow Skai

Printed in Germany

Inhalt

Einleitung
Eine gefährliche Dissonanz

„This isn't art, this is suicide!" Diese Worte, die der 15-jährige Sänger von Bad Religion in der Gluthitze einer Garage ins Mikrofon fauchte, waren die ersten, die die Band aufnahm. Der Song „Sensory Overload" stammte aus der Feder des 17 Jahre alten Brett Gurewitz. Er hatte ihn geschrieben, als Brett und Greg die El Camino Real High School im kalifornischen Woodland Hills besuchten. Die Aussage dahinter schlägt mit der wuchtigen Schonungslosigkeit eines jugendlichen Manifests ein, doch sprüht sie nur so vor Wahrheit, Spott und auch Missverständnissen.

Wir schreiben das Jahr 1980, und Punk war nicht mehr neu. The Damned waren drei Jahre zuvor zum ersten Mal in L.A. aufgetreten. Bald danach kamen auch The Clash zu Besuch. Die Sex Pistols hatten ihren letzten Gig im Januar 1978 im Winterland in San Francisco absolviert. Die Ramones standen kurz davor, ihr bereits fünftes Studioalbum zu veröffentlichen. Englische Post-Punk-Bands wie Bauhaus, Siouxsie and the Banshees und The Cure fielen in New York ein.

In Los Angeles galt Punkrock aber immer noch als vitales Genre. L.A.-Punk-Bands der ersten Stunde wie die Screamers, die Weirdos, die Bags und die Plugz hatten Hardcore-Newcomern wie Black Flag und den Adolescents weichen müssen. Da sie um die gewalttätigen Fans dieser Bands wussten, hatten viele Veranstalter und Clubs Hardcore-Punk-Bands aus dem Programm gestrichen und es gab nur wenige Auftrittsmöglichkeiten für junge Acts. Das hielt jedoch niemanden davon ab, neue Gruppen zu gründen. Die Surfer und Skater, die etwas weiter vom Epizentrum Hollywoods entfernt zuhause waren, steuerten als Fans ein neues Ausmaß an Athletik und Aggression zu den Shows bei.

Der einzige Faktor, der Bad Religion von ihren südkalifornischen Altersgenossen zu unterscheiden schien, war der, dass sie aus Woodland Hills stammten, einer vorstädtischen Kommune tief in den westlichen Ausläufern des San Fernando Valleys, das wiederum aufgrund seiner Durchschnittlichkeit und Homogenität verachtet wurde. Während Hollywood als das Punk-El-Dorado von L.A. galt, stand das Valley für das strikte Gegenteil davon. Wie schafften es nun vier High-School-Schüler, von denen zwei die Schule vorzeitig abbrechen sollten, sich von der Masse abzuheben?

Sie waren weder die ersten noch die letzten Punkrocker aus dem Valley. Die Musik, die sie im Glutofen ihrer Garage fabrizierten, war nicht ausgesprochen originell. Die Bandmitglieder ließen kein herausragendes musikalisches Talent erkennen, das auf eine brillante Karriere hingedeutete hätte. Tatsächlich machte der eine oder andere von ihnen sich erst gerade mit seinem Equipment vertraut. Doch sie verfügten über etwas, das ihnen von Anfang an als markantes Alleinstellungsmerkmal diente – Intelligenz.

1980 war Punk immer noch in der Lage, Menschen zu provozieren – und die evokative Eröffnungssalve von Bad Religion legte nahe, dass Punk sich schon bald von einer kunstvollen Ausdrucksweise zu einer philosophischen Notwendigkeit wandeln würde. Obwohl „Sensory Overload" wie ein großer Teil ihres frühen Materials eine Gratwanderung zum Nihilismus darstellte, verzichtete der Song auf Slogans wie „Smash the State" oder „Fuck the Police!", die nicht imstande waren, ein Argument zu untermauern, und dem kritischen Denken letztlich nur im Wege standen.

Indem sie die Kreativität der ursprünglichen Punk-Bands aus L.A. wie der Germs und von X mit der ungestümen Energie von deren Nachfolgern aus dem Hardcore kombinierten, schrieben Bad Religion Songs, die ihre Hörer dazu aufforderten, sich Gedanken über die Welt und ihren Platz darin zu machen. Bad Religion waren eine Band mit einer einzigartigen Weltsicht und Aussage.

Ihr Name und ihr kompromissloses Logo – ein Kreuz, das rot durchgestrichen war, heute weltweit als *Crossbuster* bekannt – verdeutlichte ihre Ablehnung des Status quo zu einer Zeit, als der der christliche Konservativismus gerade den amerikanischen Mainstream beeinflusste.

Bad Religion traten genau zum richtigen Zeitpunkt auf den Plan, um zu verkünden: „Wir machen uns Gedanken darüber, was die Wahrheit und was

Lüge ist." Diese Sichtweise weckte die Aufmerksamkeit von Millionen zorniger und zunehmend unzufriedener Jugendlicher – nicht nur im Valley oder in Los Angeles und Südkalifornien, sondern rund um den Globus. Ihr subversiver Geist und ihre nachdenklichen Songtexte ließen es akzeptabel erscheinen, sich rebellisch und gleichzeitig intellektuell zu geben. Die Musik war zwar Punk, aber die Botschaft universell – und die Texte im beeindruckenden Repertoire der Band sind heute relevanter als je zuvor. Darin besteht auch die Ironie ihres dreisten Auftaktsongs. Ihre erste Aufnahme war alles andere als ein „Suizid", sondern vielmehr die Initialzündung einer 40 Jahre andauernden Karriere im Rock'n'Roll, die bis heute anhält.

Es war keine unbeschwerte Reise. Über die Jahre hinweg lösten sie sich auf, drifteten auseinander und kamen stärker als je zuvor wieder zurück. Diese Geschichte handelt davon, wie eine Gruppe von Teenagern aus dem Valley Los Angeles im Sturm eroberte, dann alles wieder verlor und sich mit einer Reihe von einflussreichen Alben zurückmeldete, die Amerikas Vorstellung von Punkrock verändern sollten.

Aber um begreifen zu können, wie der einmalige Sound von Bad Religion massentauglichen Punkrock-Bands den Weg ebnete, die in ihren Fußstapfen folgen sollten, muss man sich eben zurück in jene unvorstellbar heiße Garage tief im San Fernando Valley begeben.

1 Willkommen im Hell Hole

Die frühe Punk-Szene von Los Angeles spielte sich in Hollywood ab, doch viele der Protagonisten stammten aus dem San Fernando Valley. Eine der ersten L.A.-Bands, die sich Gehör verschaffen konnten, die Dickies, kam aus dem Valley. Als Lee Ving seine Band Fear gründete, lebte er gerade in Van Nuys. John und Dix Denney von den Weirdos – deren Image dazu beitrug, die Punk-Szene von L.A. zu etablieren – waren in North Hollywood und nur einen Katzensprung über die Hollywood Hills hinweg zuhause.

L.A. hat in Bezug auf seine Geografie immer schon ein falsches Bild vorgetäuscht. Die vielen Film- und Fernsehstudios vermittelten den Eindruck, dass die Innenstadt von L.A. nur eine Autoverfolgungsjagd vom Strand entfernt läge, während der man rasch Zwischenstopps in Hollywood und Beverly Hills einlegen könnte. Doch die Realität gestaltete sich immer schon nuancierter. So wuchsen die Jungs von Black Flag etwa näher an Wellen und Sand auf als die Beach Boys. Auch wenn Frank Zappa 1982 in seinem Song „Valley Girl" nahelegte, dass das Valley eine an Hollywood angrenzende Gemeinde sei, deren kultureller Mittelpunkt das Einkaufszentrum Sherman Oaks Galleria war, umfasst das Valley vielmehr eine Fläche von 650 Quadratkilometern und 1,77 Millionen Einwohnern.

Jene Ecke des Valleys, aus der Bad Religion stammten, lag näher an der Pendlerbahn der Ventura County Line als an der Ortsgrenze zu Hollywood. Noch mehr Vorstadt ging fast nicht und die El Camino Real High School entsprach einer typisch suburbanen Schule. Sie verfügte über einen riesigen Campus, hatte ein renommiertes Football-Team samt Cheerleader-Truppe und entsandte reichlich Schüler aufs College, wo diese sich zu produktiven

Mitgliedern der Gesellschaft entwickeln konnten. Außerdem war die Schule der Geburtsort einer der einflussreichsten amerikanischen Punk-Bands überhaupt.

Im Herbst 1979 kreuzte Greg Graffin zu seinem zweiten Schuljahr an der High School mit schwarz gefärbten Haaren und einem Black-Flag-Shirt auf. Und Jay Bentley hatte nun einen Kurzhaarschnitt und erschien zum Unterricht in einem T-Shirt mit der Aufschrift „VIRGIN".

„Ich glaube, dass das bloß wir beide waren", sagt Jay über die praktisch inexistente Punk-Szene an seiner Schule. Die beiden Zehntklässler hatten beide die Hale Junior High besucht, weshalb sie sich bereits kannten. Sie hatten eine Reihe gemeinsamer Freunde, doch es war ihre Vorliebe für Musik, die sie zusammenschweißte. Es gab keine anderen Punks an der El Camino Real, aber das sollte sich schon bald ändern.

Brett Gurewitz und Jay Ziskrout besuchten die elfte Klasse und hatten schon in zwei Bands zusammengespielt. Die erste Gruppe namens Omega Band schaffte es nie über das elterliche Wohnzimmer der Ziskrouts hinaus. Ihr zweiter Versuch verlief ein wenig erfolgreicher: The Quarks waren eine an die Beatles angelehnte Band, angereichert mit einer Prise New Wave. Brett schrieb die Songs, spielte Gitarre und sang. Ziskrout saß hinterm Schlagzeug. Ihr einziger Gig fand bei einer nachmittäglichen Talentshow an der El Camino Real statt.

Bretts bester Freund, Tom Clement, kannte Greg, der damit prahlte, ein richtig guter Sänger zu sein. Tom hatte sich inzwischen auf Punk eingelassen und ermutigte Brett, es ihm gleichzutun, indem er mit ihm eine Band gründete. „Tom war clever genug, um zu erkennen, dass seine beiden Freunde ein gutes Team abgeben würden, als er mich Brett vorstellte", sagt Greg. „Wir waren beide intellektuell angehauchte Nerds. Obwohl wir noch so jung waren, trafen hier geistesverwandte Köpfe aufeinander."

Brett zeigte sich jedoch zunächst noch unwillig, sich voll und ganz dem Punkrock hinzugeben. „Ich hatte lange Haare wie Ric Ocasek oder Joey Ramone", erklärt Brett. „Ich machte mich langsam startklar für Punk und Tom hatte sich schon vollends darauf eingelassen. Ich trug ein selbstgemachtes Shirt mit der Aufschrift ‚FUCK YOU, I'M A LONGHAIR PUNK!' Ich hatte Angst davor, meine Haare zu schneiden. Das war damals eine große Sache."

Tom stellte Greg und Brett einander an der El Camino Real vor. Brett kannte Gregs älteren Bruder Grant, aber hatte Greg noch nie zuvor getroffen. „Ich sagte ständig zu Tom, wie gern ich doch in einer Band wäre. Aber in meinem Kopf ergab das keinen Sinn, da ich ja nichts konnte. Wie startete man eine Band? Als Brett und ich zusammentrafen, bewunderte ich ihn, weil er schon die ganze Ausrüstung hatte. Er verfügte über Wissen, das mir fehlte, um alles in die Wege zu leiten. Er besaß das Knowhow." Oder wie Brett es ausdrückt: „Ich hatte eine Anlage."

Obwohl Greg Brett wegen seiner langen Haare anpflaumte, erhielt ihr Bestreben, gemeinsam Musik zu machen, einen weiteren Schub, als sie im Frühjahr ins Hollywood Palladium pilgerten, um ein Konzert der Ramones zu sehen. Brett fühlte sich von dem Erlebnis so inspiriert, dass er sofort eine Band gründen wollte. „Ich weiß, dass es ein bisschen nach Klischee riecht", sagt Brett, „und die Ramones gelten ja als die Johnny Appleseeds und Pioniere des Punk, aber in meinem Fall trifft das auch wirklich zu. Vor den Ramones waren alle meine musikalischen Helden entweder Virtuosen oder Rockstars. Aber als ich die Ramones entdeckte, dachte ich mir gleich, dass das etwas wäre, was ich auch selbst bewerkstelligen könnte."

Die drei Teenager Gurewitz, Graffin und Ziskrout vereinbarten ein Treffen bei Ziskrout zuhause, um dort zu proben. Brett brachte einen Song namens „Sensory Overload" mit. Greg hingegen steuerte eine Nummer bei, die er auf dem Spinett seiner Mutter komponiert hatte und den Titel „Politics" trug. Sie brachten einander ihre Songs bei und probten sie im Wohnzimmer ein. Als sie ihr Repertoire beherrschten, nahmen sie die Songs mit einem Kassettenrekorder auf.

Natürlich konnten sie es damals noch nicht wissen, aber diese Probe wies bereits den Weg für ihre Arbeitsweise als Band im Verlauf der nächsten 40 Jahre. Brett und Greg schrieben beide Songs und brachten sie dann zur Probe mit. Dabei handelte es sich nicht nur um fragmentarische Riffs und Melodien, sondern um komplette Nummern samt Texten und Titeln. Wenn die Band sich dann traf und die einzelnen Musiker ihren Senf dazu abgaben, entwickelten sich diese Songs noch weiter. Die Art und Weise, wie Brett und Greg sich die Songs aufteilten, hat sich im Laufe der Jahre und dem Aufkommen neuer Technologien verändert, doch die Methode dahinter ist stets dieselbe geblieben. Sie schreiben ihre Songs unabhängig voneinander und bringen sie dann in die Band ein, um sie gemeinsam zu verfeinern.

Brett war von Gregs Talent und Entschlossenheit beeindruckt. „Zu dieser allerersten Probe, als wir noch keinen Bassisten hatten“, erinnert sich Brett, „brachten Greg und ich jeweils einen Song mit. Greg brachte mir seinen Song auf der Gitarre bei und ich zeigte ihm, wie er meinen Song singen sollte. Dann spielten wir sie und sie passten gut zusammen.“

Obwohl alle zufrieden waren mit dem Verlauf der Probe, wollten sie doch wissen, wie sie mit einer Bassgitarre klängen. Am darauffolgenden Montag rekrutierte Greg deshalb Jay Bentley, der sich an das kurze Einstellungsgespräch erinnert:

GREG: Du wirst in unserer Band spielen.
JAY: Na gut, ich habe eine Gitarre.
GREG: Einen Gitarristen haben wir schon. Du wirst Bass spielen.
JAY: Okay. Ich habe aber keinen Bass.
GREG: Hier sind ein paar Songs, die wir geschrieben haben. Kannst du einen Bass auftreiben?
JAY: Ach, scheiß drauf. Okay.

Beim Anheuern von Bandmitgliedern aus ihrem unmittelbaren Freundeskreis folgten sie einem Schema, was auch zeigt, wie klein die Punk-Szene in Los Angeles 1980 tatsächlich war. „Es gab ja niemand anderen, den sie hätten fragen können“, sagt Jay. „Und ich war ja schon da.“

Jay bat seine Eltern, ihm doch eine Bassgitarre zu kaufen. „Es folgten intensive Verhandlungen. ‚Ich werde den Rasen dreimal mähen! Ich bringe ab jetzt immer den Müll raus.‘ Mein Stiefvater war ein großer Fan der Kaufhauskette Sears, also kauften wir dort einen Bass. Das war ein Jazz-Bass mit einem Hals, der nur dreiviertel so lang wie ein normaler Bass war. Ein Bass für Kinder. Ich hatte nicht die geringste Ahnung von irgendetwas. Also kaufte ich einen Kurzhals-Bass und mietete einen Verstärker vom Gitarrenladen in meiner Straße.“

Jay konnte nicht Bass spielen, weshalb er bei der Probe einfach Brett imitierte. Schon bald fand er aber heraus, welche Töne den Barré-Griffen entsprechen, und klinkte sich ein. Jay fühlte sich bei seiner ersten Bandprobe eingeschüchtert, da er ein kompletter Anfänger war und die älteren Brett und Ziskrout schon Erfahrung in Bands gesammelt hatten. „Diese Jungs machten Nägel mit

Köpfen", sagt Jay. „Da wurde nicht lange gefackelt. Wir hatten nur drei Songs, weshalb wir sie einfach hundert Mal spielten. Ich war wirklich nicht gut, aber es machte Spaß."

Seine fehlende Erfahrung machte er mit überschäumendem Enthusiasmus wett. Obwohl er sein Instrument nicht beherrschte, gefiel Greg, was er da hörte. „Als Bentley zu unserer nächsten Probe erschien, um mit uns in Ziskrouts Wohnzimmer zu spielen, klang das mit einem Bass gleich nochmal so gut."

Im Anschluss an die Probe wurde sofort der nächste Termin vereinbart. Außerdem mussten sie sich einen Namen einfallen lassen. „Wir saßen im Wohnzimmer meiner Mom", erinnert sich Ziskrout. „Wir fragten uns, wie wir die Band nennen sollten. Ich glaube, es war Brett, der Bad Religion vorschlug. Wir alle liebten den Namen, da er weit über Religion hinausging. Es war eine Reaktion gegen etablierte Denkschulen. *Hier hast du, was du denken und glauben sollst.* Unser Ethos widersprach der Vorstellung, wie Schafe durchs Leben zu gehen."

Der Name gefiel auch Greg, obwohl dieser nur sehr wenig mit organisierter Religion in Kontakt gekommen war. „Ich wurde in einem Haushalt erzogen, in dem religiöse Lehren überhaupt keine Rolle spielten, da meine Mom diesbezüglich traumatisiert war. Religion hatte keinerlei Einfluss auf mich. Ich kannte keine Geschichten aus der Bibel. Aber ich würde sagen, dass ich schon ein spiritueller Typ war. So genoss ich es sehr, als uns unser Lehrer Hermann Hesse als Lektüre aufgab. Als wir mit ihm Thoreau durchnahmen, fand ich das auch toll. Ich fühlte mich zu Naturwissenschaft und buddhistischer Philosophie hingezogen. Das fand ich höchst interessant. Bei diesen frühen Proben hatten wir noch keinen Namen, aber es ergab einen Sinn für mich, dass wir uns Bad Religion nannten."

Brett fand sofort einen Draht zu seinem jüngeren Mitschüler Greg. „Wir hatten ganz schön großes Glück, dass wir uns fanden", sagt Brett. „Ich war schon sehr früh ein Agnostiker geworden. Meine Eltern thematisierten Religion wohl nur, damit ich meine Bar Mitzvah feiern konnte. Ich war, was das anging, durch und durch skeptisch eingestellt, da ich mich immer schon sehr für Philosophie interessiert hatte, aber eben eher als Agnostiker oder womöglich auch als Pantheist. Die meisten Kids lesen *Siddharta* in der Junior High und finden keinen Gefallen daran. Ich steigerte mich da aber richtig rein, und Greg ging es ebenso. Mich faszinierten westliche wie östliche Philosophien und ich stand den religiösen Lehren, mit denen ich konfrontiert wurde, skeptisch gegenüber."

Brett versuchte, das, was er lernte, quasi zu bündeln und Antworten auf die großen Fragen des Lebens zu finden. Das unterschied ihn auch von den anderen Schülern. In Jay Ziskrouts Augen stellte die Band eine Erweiterung dieser Interessen dar. „Brett war schon ein Philosoph, lange bevor die Kids so dachten", sagt Ziskrout. „Er steckte mir dauernd Bücher zu, die ich lesen sollte."

Der Name Bad Religion schuf die Rahmenbedingungen für die Art von Band, die sie sein wollten. Er etablierte ein Ordnungsprinzip und ließ ihren Standpunkt hinsichtlich einer Reihe gesellschaftlicher Fragen nicht lange im Unklaren. „Bad Religion vermittelte uns eine Perspektive", sagt Greg. „Wir waren wütende junge Männer, daran gab es keinen Zweifel – und als Punks mussten wir ja gegen irgendetwas aufbegehren. Ob wir nun als weiße amerikanische Kids im Jahr 1980 überhaupt das Recht hatten, wütend zu sein, sollen andere entscheiden, aber wir waren es. Es ist ganz einfach, rückblickend zu analysieren, warum wir die Band so nannten, aber es hat sich durchaus gelohnt für uns. In mehr als nur einer Hinsicht."

„Wenn man seine Band Wasted Youth nennt", so Brett, „wird es mit 55 schwierig, weiterhin eine Kernaussage zu vertreten."

Noch aufsehenerregender als ihr Name war ihr Logo, das durchgestrichene Kreuz. Brett erschien zur Probe in Jay Ziskrouts Wohnzimmer mit einer Zeichnung auf einem Stück Pappe. „Ich hab's!", verkündete er.

Greg war sofort klar, dass sie damit einen Nerv trafen. „Ich wusste an Ort und Stelle, dass es das richtige Logo war."

Als Brett sich daran machte, es noch weiter auszuarbeiten, griff er mit Absicht auf Rot, Weiß und Schwarz zurück – Farben, die mit dem Hakenkreuz und der NSDAP in Verbindung gebracht werden. „Es kam durchaus vor, dass man in der frühen Punk-Szene auf Leute traf, die Hakenkreuze trugen", sagt Brett. „Ich nahm an, dass die Kids es trugen, um zu schockieren, aber das fand ich nicht sehr ansprechend. Ich hätte das nie tun können. Das rot-weiß-schwarze Crossbuster-Logo ist ein starkes, schockierendes Symbol. Als jüdischer Junge war es etwas, das ich auch tragen konnte und ebenso schockierend war wie das Hakenkreuz."

Innerhalb kürzester Zeit hatten sie sich nun auf einen Bandnamen und ein Logo geeinigt. Außerdem stand noch zur Debatte, wie sie ihre Ideen präsentieren und wahrgenommen werden wollten. Zwar war man übereingekommen, weiterhin zu proben, doch die Intensität dieser Zusammenkünfte erschwerte es ihnen, lange an einem Ort zu bleiben. So zogen sie von Ziskrouts Wohnzimmer in Bretts Garage, bis sich die Nachbarn beschwerten. Als sie in Jays Haus loslegten, rief jemand sofort die Polizei. „Letztlich landeten wir in Graffins Garage", so Jay. „Das war der einzige Ort, von dem wir nicht vertrieben wurden."

Das lag zu einem großen Teil an Gregs Mutter Marcella sowie den Nachbarn in Canoga Park. Marcella vertraute ihren Söhnen und stellte nicht viele Regeln für sie auf. „Ich spielte mich nicht als Richterin auf", sagt sie. „Sie waren doch bloß Kinder. Als sie die Band gründeten, geschah das praktisch über Nacht. Ich musste meine Sachen auf eine Seite der Garage räumen. Ich stellte nicht zu viele Fragen. Mir war es lieber, dass sie sich hier als anderswo aufhielten."

Obwohl Marcella in einer religiösen Familie aufgewachsen war, störte sie sich nicht am Namen der Band. „Ich liebte ihn", sagt Marcella. „Das tat ich wirklich. Wenn die Jungs gefragt wurden, warum sie die Band Bad Religion genannt hatten, gaben sie unterschiedliche Antworten. Greg erklärte mir und anderen, dass alles eine ‚schlechte Religion' sein konnte. Zum Beispiel, wenn man sein unabhängiges Denken aufgab und nicht für sich selbst dachte. Natürlich sprach mich das an. Ich verband überhaupt nichts Negatives mit dem Namen."

Abgesehen davon gab es aber einen Vorfall mit Jay Ziskrout, der ihr sauer aufgestoßen war. „Mir machte es nichts aus, sie im Haus zu haben. Im Wesentlichen waren sie ja nicht destruktiv. Doch einer von Gregs Freunden fühlte sich wohl etwas zu heimisch bei uns. Er nahm sich nicht nur Milch aus dem Kühlschrank, sondern trank sie auch noch aus der Packung!"

Auch gab es immer noch Beschwerden wegen des Lärms. Die Jungs versuchten die Nachbarn zu besänftigen, indem sie mithilfe von Eierkartons und Schaumstoff versuchten, den Krach einzudämmen. Aber mit wenig Erfolg. „Ich war immer beeindruckt von den Dingen, die sie unternahmen", so Marcella. „Nicht unbedingt von ihrer Lautstärke, obwohl mich auch der Lärm nie wirklich störte."

Brett sprühte „WELCOME TO THE HELL HOLE" an die Innenwand der Garage. „Hell Hole war ein Name, der dazu passte", so Jay. „Nicht, dass viel Bedeutung dahintersteckte. Es war das verdammte Valley. Es hatte eine Million Grad in der Garage, aber das war uns egal. Wir zogen unsere Shirts aus und schwitzten stundenlang vor uns hin, bis es dunkel wurde."

Sie schrieben weiterhin Songs und experimentierten mit ihrem Sound. „Es floss einfach so dahin", erinnert sich Brett. „Zu unserer nächsten Probe brachte Greg wieder einen neuen Song mit. Und ich ebenfalls. So machten wir das."

Greg steuerte „World War III" und „Slaves" bei, und Brett schrieb „Drastic Actions", eine Hommage an den Germs-Song „Shut Down". Außerdem komponierte Brett noch den ikonischen Song „Bad Religion", ihre Erkennungsmelodie. Doch damals diente der Song vor allem als Bandphilosophie, der ihre Kernprinzipien umschrieb und die Bedeutung der Band erklärte. Man nehme nur diese Zeilen aus der ersten Strophe:

Spiritual era is gone, it ain't coming back
Bad Religion, a copout that is all that's left

Ein direkter Kommentar, nicht so sehr bezüglich des Niedergangs der Spiritualität in Amerika, als vielmehr hinsichtlich des Aufstiegs von rechts-religiösen Organisationen wie Moral Majority und Fernsehpredigern wie Jimmy Swaggart, Jerry Falwell sowie Jim und Tammy Faye Bakker, die ihre Anhänger um Spendengelder anbettelten. Doch wenn die erste Strophe die Ablehnung der Band gegenüber der Rolle von Religion innerhalb der Gesellschaft auf den Punkt brachte, so verlagerte die zweite Strophe die Sache auf eine persönliche Ebene:

Don't you know the place you live's a piece of shit
Don't you know blind faith through lies won't conquer it
Don't you know responsibility is yours I don't care a thing about eternal fires
Listen this time it's more than a rhyme
It's your indecision
Your indecision is your
Bad Religion …

Die direkte Anrede am Ende der Strophe, bevor wieder der Refrain einsetzte, war nicht weniger als ein Aufruf, persönliche Verantwortung für seine Überzeugungen zu übernehmen. Es ist sowohl eine Aufforderung, für sich selbst zu denken, als auch eine Warnung vor den Abgründen blinden Glaubens. Die Zeile „Listen this time it's more than a rhyme" ist in seiner Selbstbewusstheit geradezu postmodern und verstärkt die Dringlichkeit der Botschaft: Nicht die „ewigen Feuer" der Hölle oder die Lügen falscher Propheten bergen Gefahren für uns, sondern vielmehr unsere Denkfaulheit. Statt gegen organisierte Religionen zu wettern, fordert der Song die Hörer auf, sich Klarheit darüber zu verschaffen, an was sie glauben. Man sollte der Sache doch auf den Zahn fühlen, drängt der Song: „It's not too late."

Obwohl die Band mit ihrem Songwriting noch in den Kinderschuhen steckte und ihre Mitglieder damals alle noch Teenager waren, verfügt der Song über eine Kultiviertheit, die man nur selten bei den Hardcore-Bands dieser Ära antraf. Während die Musik darauf abzielt, den Hörer etwas *spüren* zu lassen, ermutigt der Songtext das Publikum, nicht einfach nur zu *denken*, sondern vor allem *kritisch* zu sein.

Während die Band musikalisch immer kompetenter wurde, entwickelte sich das Hell Hole zu einem Treffpunkt für die Punk-Freunde der Band aus dem Valley. Manchmal reisten sogar Kids aus Hollywood an, um den Proben der Band beizuwohnen. Die Kunde von Bad Religion verbreitete sich in den lokalen Punk-Zirkeln. Doch die Kids kamen nicht, um Party zu machen. Sie schneiten nach der Schule vorbei und blieben bis zur Essenszeit am Abend, wenn Gregs Mom von ihrem Job an der UCLA zurückkehrte.

Interessanterweise kam die Band nicht auf die Idee, sich nach einem Auftrittsort umzusehen, wo sie vor einem Live-Publikum auftreten konnte. Sie hatten bis jetzt gerade einmal sechs Songs im Repertoire. Da sie ihre Garagen-Sessions aufzeichneten, war ihnen bewusst, dass sie über ungefähr zehn Minuten Material verfügten. „Wir benutzten einen Ghettoblaster", so Jay. „Mit dem nahmen wir alles auf. Das machte nicht viel her, aber ehrlich gesagt, so wussten wir zumindest, wie lange wir spielen konnten."

Selbst mit Ansagen zwischen den Songs hätte ein Konzert nicht länger als 15 Minuten gedauert. Das reichte nicht aus. Stattdessen nahmen sie ein Demo auf.

Dafür begaben sie sich ins Studio 9, das sich im Hollywood & Western Building befand und auch schon einmal bessere Zeiten gesehen hatte. Während die Geschäfte im Erdgeschoss weiterhin geöffnet hatten, standen zahlreiche Büros im ersten, zweiten und dritten Stock leer. Viele Zimmer hatten keine Türen,

Fenster keine Glasscheiben. Zahlreiche Hausbesetzer-Punks aus Hollywood fanden hier Unterschlupf und die Wände waren mit Graffiti übersät.

Inmitten dieses chaotischen Ambientes befand sich das Studio 9 – ein aus einem Zimmer bestehendes Aufnahmestudio mit einem primitiven Acht-Spur-Tonbandgerät. Dort aufzunehmen kostete 15 Dollar pro Stunde, inklusive Tontechniker. Greg erinnert sich an eine wüste Örtlichkeit. „Überall waren Graffiti", so Greg. „Nicht nur im Studio, sondern einfach überall. Die Wände dieser leeren Räume waren vollständig besprüht."

Namen unterschiedlicher Bands, die vorbeigekommen oder hier übernachtet hatten, zierten die Wände. Also beschlossen Bad Religion, es ihnen gleichzutun und auch ihre Spuren zu hinterlassen. „Wir sprayten überall Bad Religion hin", erinnert sich Brett. „Das war schon einigermaßen dämlich."

Auch Jay war mit von der Partie. „Wir gingen in einen der leerstehenden Räume und schmierten Bad Religion an die Wände. Es ist wohl nicht sonderlich clever, BAD RELIGION an die Wand zu malen, wenn deine Band tatsächlich so heißt."

Die Session dauerte nicht allzu lange. Sie nahmen nur eine Handvoll Songs auf, aber es war auch das erste Mal, dass sie halbwegs professionell aufnahmen, was eine aufregende Erfahrung war. Als sie beim Abmischen saßen und sich das Tonband anhörten, sprang Brett vor Begeisterung aus seinem Sessel. Sein Fuß traf dabei auf die gläserne Tischplatte des Kaffeetisches, die dabei zu Bruch ging. „Sorry", sagte Jay. „Wir werden auf jeden Fall dafür aufkommen."

So aufregend die Session auch war, so brachte sie für Jay auch eine bittere Erkenntnis: „Au Backe! Ich bin ja schrecklich! Ich ließ überall Noten aus und kam mit dem Tempo nicht mit. Das war das erste Mal, dass ich hörte, wie mies ich war."

Dennoch hielten sie nun ein fertiges Demo-Tape in Händen.

Später am Abend erhielt Brett einen Anruf vom Manager des Studios.

MANAGER: Hey, ihr habt überall Graffiti hingesprayt, nicht wahr?

BRETT: Yeah.

MANAGER: Nun, so geht das aber nicht. Das ist Vandalismus. Ihr müsst nochmal herkommen und alles wieder saubermachen.

BRETT: Echt jetzt? Weil, na ja, da waren doch schon überall Graffiti.

MANAGER: Wir wissen nicht, wer das war, aber euer Bandname stand noch nirgends, bevor ihr hier einmarschiert seid.

„Ich bin mir sicher, dass wir das nicht hätten tun müssen“, sagt Brett heute, „aber da wir nun einmal dumme Jungs waren, kehrten wir nach Hollywood zurück und übermalten unser Graffiti.“

Die Erfahrung motivierte die Band, sich erneut im Hell Hole einzufinden, um neues Material zu schreiben. Nachdem sie eine erste Erfahrung mit dem Aufnahmeprozess gemacht hatten, wollten sie eine richtige Platte aufnehmen – nur nicht im Studio 9. Sie hatten ein Punk-Tape in einem Punk-Studio eingespielt, aber jetzt wollten sie etwas produzieren, das auch tatsächlich gut klang. Dieses Verlangen, Musik zu kreieren, die nicht nur hart und schnell, sondern wohlklingend war, unterschied Bad Religion von ihren Zeitgenossen. Im Verlauf ihrer Karriere sollte ihr Streben nach einer perfekt tönenden Platte zwischen einem ästhetischen Grundsatz und blanker Obsession hin und her pendeln.

Mithilfe des Schlagzeuglehrers von Ziskrout fanden sie ein bescheidenes Studio, das sich in der Garage neben dem Haus eines Produzenten in Thousand Oaks befand, um dort die sechs Songs ihrer ersten EP aufzunehmen. Dieses Erlebnis versetzte Brett mitunter in Staunen. „Wir hatten keine Ahnung, was wir da machten“, gesteht er. „Wir hatten keine Vorstellung davon, wie man eine Platte aufnahm. Wir hatten bloß unsere Songs und wollten sie konservieren. Andere Bands produzierten Seven-Inch-Schallplatten. Wir wussten, dass das im Bereich des Möglichen war. Uns wäre nie in den Sinn gekommen, zuerst einmal Material für 30 Minuten zu schreiben und dann eine Show zu spielen.“

Jay lernte immer noch, wie er mit seiner Ausrüstung umgehen, beziehungsweise, was er lieber bleiben lassen sollte. „Mein kleiner Kurzhals-Jazz-Bass war im Sunburst-Design lackiert. Schwarz, orange, gelb. Ich wollte ihn aber ganz schwarz haben, weil das viel cooler ist. So begab ich mich in die Garage und fand eine Dose mit pechschwarzer Farbe. Ich besprühte zunächst die Rückseite der Bassgitarre, und es sah wie Gummi aus. Total cool eben. Also besprühte ich auch noch die Vorderseite sowie das Griffbrett, die Saiten und den Kopf. Ich hatte ja keine Ahnung, was ich da tat!“

„Das war unmittelbar, bevor wir ins Studio gingen“, fügt Greg hinzu. „So erhielten wir unseren einzigartigen Sound auf unserer ersten EP.“

In den Gold Star Studios in Hollywood, einem legendären unabhängigen Studio an der Ecke Santa Monica Boulevard und Vine Street, wurden ihre Aufnahmen gemastert. Das war ein Quantensprung im Vergleich zu Studio 9. Im Gold Star hatte einst Phil Spector sein Handwerk gelernt und die einmalige Akustik des Studios genutzt, um seine legendäre Wall of Sound hochzuziehen. Und die Ramones hatten ihr Album *End of the Century*, das im selben Jahr erschien, mithilfe von Spector im Gold Star aufgenommen.

Als Bad Religion nun mit ihren Aufnahmen im Studio eintrudelten, wurden sie von Johnette Napolitano begrüßt, die am Empfang arbeitete. Johnette war hilfsbereit und geizte nicht mit Ratschlägen. Da schadete es natürlich auch nicht, dass sie violett gefärbte Haare hatte und sich durch eine Affinität für Punk auszeichnete.

Als sie die Platte hörte, berichtet Jay, wurde sie sogar noch zuvorkommender: „Wenn ihr Jungs mal eine LP machen wollt, solltet ihr statt dem Tontechniker vom Studio meinen Freund als Produzenten anheuern." Johnettes Freund war ihr Bandkollege Jim Mankey, der zusammen mit seinem Bruder Earle zu den Gründungsmitgliedern der Sparks gehört hatte. Johnette und Jim spielten nun gemeinsam in einer Band namens Dream 6 und sollten später Concrete Blonde gründen.

Napolitanos Enthusiasmus verlieh der Band Auftrieb, doch für Brett stellte vor allem der Umstand, sich in einem professionellen Studio aufzuhalten, eine erleuchtende Erfahrung dar. „Als ich zum ersten Mal ein echtes Studio sah, verliebte ich mich. Nicht jeder reagiert so, aber als ich die Reihen von Knöpfen und Lichtern sah, drehte ich durch. Ich liebte es. Ich wusste, dass das genau das Richtige für mich war. Ich musste lernen, damit umzugehen!"

Er war bestrebt, von erfahreneren Musikern zu lernen, vor allem von jenen, die nicht gleich über Punk die Nase rümpften.

Sobald die Songs gemastert waren, musste die EP gepresst werden. Brett nahm das Telefonbuch zur Hand und fand ein Presswerk. Mithilfe eines Kredits seines Vaters ließ er die Platte pressen, doch sollte das ein wenig Zeit in Anspruch nehmen. Es war Herbst 1980 und die EP erschien erst Anfang des nächsten Jahres.

Da sie nun eine Platte herausbrachten, brauchten sie noch einen Namen für ihr Label. Greg und Brett entschieden sich für den Namen Epitaph, nach einem Song von King Crimson. Der Refrain dieses Songs – „Confusion will be our epitaph“ – legt nahe, dass der Name des Labels zum Ausdruck bringen sollte, wie wenig sie davon verstanden, was sie da taten. Trotzdem hatten sie innerhalb kurzer Zeit bereits große Schritte mit ihrer Band gemacht. Sie hatten ein paar Songs geschrieben, eine EP aufgenommen und ein Demo produziert. Sie hatten diese Möglichkeiten nicht angeboten bekommen, sondern selbst realisiert. Abgesehen von den Proben im Hell Hole hatten Bad Religion bis dahin nur noch nicht live vor Publikum gespielt. Es war an der Zeit, endlich auch ein paar Konzerte zu geben.

2
Wir können das

Eine markante Eigenschaft des San Fernando Valleys war seine erdrückende Gleichförmigkeit. Die langen, schnurgeraden Straßen und Boulevards waren im Schachbrettmuster angeordnet und erstreckten sich kilometerweit in alle Richtungen. Das Valley war ringsum von Gebirgsketten eingerahmt und die schlechte Luftqualität und der dicke Smog erschwerten es, sich zurechtzufinden. Für Außenstehende unterschieden sich die Ortschaften dort kaum voneinander.

Einheimische kannten die Unterschiede natürlich und konnten stolz die Geschichte jeder größeren Straßenkreuzung herunterleiern: Zuerst wurde das Ackerland in Obstgärten und dann in gewerbliche Bauflächen umgewidmet, was seinerzeit einzigartig für diesen Ort war. Doch die Homogenität dieser vorstädtischen Landschaften erschwerte es Außenseitern, sich anzupassen. Die Mitglieder von Bad Religion waren sich absolut bewusst, dass sie nicht dazugehörten. Eine Punk-Band zu gründen, verschlimmerte die Situation nur noch. So wie sonst Außenseiter, wurden auch sie geächtet, weil sie aus der Reihe tanzten.

Zum Glück und dank ihrer Liebe zur Musik fanden diese schlauen Jugendlichen mit ihrem sozialen Gewissen zueinander. Punkrock half ihnen dabei, etwas zu erschaffen, das nicht nur ihr eigenes Leben verändern, sondern auch das Musikgenre, das sie so liebten, nachhaltig beeinflussen sollte. Trotz ihres gemeinsamen Vorgehens beschritt jedes einzelne Bandmitglied eine ureigene Route auf dem Weg zu Bad Religion.

Gregs Wurzeln lagen in Wisconsin und Indiana, der jeweiligen Heimat seines Vaters und seiner Mutter. In gewisser Hinsicht begann alles aber schon viel, viel früher, mit seinem Urgroßvater mütterlicherseits, Edward M. Zerr, einem Prediger und Lehrer, der das Land bereiste und Bibelkurse leitete. Während seiner 60 Jahre dauernden Mission hielt er über 8.000 Predigten. „Er war der erste Act in unserer Familie“, so Greg, „der auf Tournee ging.“

Zerr verfasste einen Bibelkommentar in sechs Bänden und war ein Anhänger einer überaus strikten Auslegung des Alten Testaments. Er war der Überzeugung, dass die Erde gerade mal 6.000 Jahre alt war. Das Bibelstudium und das Teilen seiner Erkenntnisse gehörten ebenfalls zu seiner Berufung. Die konservative Glaubensrichtung, der Zerr angehörte, verbot das Tanzen, das Spielen von Musik und andere frivole Aktivitäten. Selbst die Hymnen, die er komponierte, mussten ohne instrumentale Begleitung auskommen.

Zerrs Tochter – Gregs Großmutter – war sehr fromm und puritanisch, doch war sie im Vergleich zu ihrem Vater schon ein wenig weltoffener. Sie übernahm von ihm ein überraschend fortschrittliches Ideal: die Wertschätzung guter Bildung. So besuchte sie zu einer Zeit die Universität, in der nur wenige Frauen die Möglichkeit hatten, sich Bildung anzueignen. Auch ihre Kinder erzog sie dazu, für sich selbst zu denken. Nachdem Gregs Mutter Marcella ihren Universitätsabschluss gemacht und Kinder zur Welt gebracht hatte, beschloss sie, ihren Jungs zwar nichts aus der Bibel beizubringen, sie aber auch nicht vor religiöser Musik, die ihr immer schon gefiel, abzuschotten.

Nach der Trennung seiner Eltern verbrachten Greg und sein älterer Bruder Grant ihre Zeit abwechselnd im Haus der Familie in Racine, Wisconsin, wo ihr Vater wohnte, und dem Haus der Mutter in einem Vorort von Milwaukee. Greg trieb in seiner Jugend Sport – Baseball im Frühling und Eishockey im Winter. In beidem zeigte er großes Talent, doch schon als kleiner Junge offenbarte sich auch seine Begabung für Musik.

Greg besuchte die Lake Bluff Elementary in einem wohlhabenden, nördlich von Milwaukee gelegenen Vorort, wo eine gewisse Jayne Perkins den Musikunterricht leitete. Sie unterrichtete ihre Schüler, indem sie ihnen beibrachte, damals angesagte Musikstücke zu singen. Perkins begleitete den Chor am Klavier und leitete ihn an, Arrangements von zeitgenössischen Klassikern wie „American Pie“, „You've Got a Friend“, „Age of Aquarius“ und „Locomotion“ zu singen.

Greg schloss sich mit Begeisterung dem Chor an und lernte, mit anderen in Harmonie zu singen. Oftmals wurde er für Schulkonzerte als Solosänger auserkoren. So wurde er auch zu musikalischen Sommerlagern nach Madison, Wisconsin, eingeladen. Diese Erfahrungen gaben Greg das Selbstvertrauen, später, als er Punk für sich entdeckte, seine raue stimmliche Darbietung etwas abzuschwächen. „Meine Herangehensweise ist sehr natürlich. Ich höre zwar die Melodien, doch in meinem Kopf singe ich bereits eine Harmonie dazu. Diese Methode brachte ich zu Bad Religion mit. Und nicht umgekehrt."

1976 zog Gregs Mutter nach L.A., um dort einen Job an der UCLA anzunehmen. Sie ließ sich im San Fernando Valley nieder und die Jungs besuchten fortan dort die Schule. Die Sommer verbrachten sie bei ihrem Vater Walter in Racine. Marcella brachte ihr Spinett mit nach Kalifornien, und dort erweckte es auch zum ersten Mal Gregs Interesse. „Greg haute unablässig in die Tasten", so Marcella. „Er machte ununterbrochen Musik. Jedes Mal, wenn er am Klavier vorbeiging, spielte er ein paar Akkorde."

Das Klavier gab Greg Rückhalt und spendete ihm Trost, während er die Unbilden der Pubertät in Südkalifornien durchlebte. Dort passten sich die Kids entweder an, indem sie sich mittels cooler Klamotten und Spielsachen zu einem gewissen Status verhalfen, oder rebellierten, indem sie Pot rauchten und langsam im Dunstschleier des Rock'n'Roll aufgingen. Obwohl ihm bewusst war, dass es ihn soziales Ansehen kosten würde, lehnte Greg die erdrückende Konformität der High School ab und ging lieber seinen eigenen Interessen nach, ganz egal, wie uncool diese waren. Und damals gab es nur wenige Dinge, die als noch uncooler galten als Punk.

Greg entdeckte den Punkrock für sich, als er mit 14 von seiner Freundin, die ein Jahr älter war als er, sitzengelassen wurde. „Ich war mir sicher, dass ich sie heiraten würde. Dann verließ sie mich für einen 17-Jährigen. Sie war ziemlich etepetete und ich wollte nun das Gegenteil davon sein. Ich kann mich noch genau daran erinnern, wie ich mit kurz rasierten, schwarz gefärbten Haaren und schäbigen Klamotten in der Schule aufkreuzte."

Greg nutzte die Gunst der Stunde, dass seine Mutter gerade verreist war, um seine Metamorphose zum Punk in die Tat umzusetzen. Marcella hatte eine Freundin aus Milwaukee eingeladen, damit sie ein Auge auf die Jungs hatte, während sie unterwegs war. Als Marcella zurückkehrte, war ihre Freundin krank vor Sorge, weil sich Greg die Haare gefärbt hatte. Sie war sich sicher gewesen, dass Marcella aus der Haut fahren würde, doch stattdessen fand Gregs Mutter die Sache eher amüsant: „Das war Gregs erste Handlung als Punk – er färbte sich die Haare zwei Nummern dunkler."

Sich die Haare raspelkurz zu schneiden und zu färben und seine T-Shirts mithilfe von Schablonen zu bedrucken, machte Greg zum Ziel von Spott und Hohn sowohl seitens der Schüler als auch der Lehrer. Greg war schockiert, dass Erwachsene sich so darüber aufregten, weil er sich nicht einfügen wollte. Einige Schüler versuchten, ihn einzuschüchtern, indem sie ihm Gewalt androhten, was ihn aber nur darin bestärkte, sich vom Status quo abzuwenden. Seine Verwandlung in einen Punk spiegelte sein Innenleben wider und war kein Versuch, Aufmerksamkeit zu erregen, indem er Gleichaltrige aus der Reserve lockte. Es zeigte ihm schon sehr früh, dass er auf Ablehnung stieß, wenn er Normen hinterfragte, Dogmen ablehnte und nach besseren Antworten suchte. Dass er seine nonkonformistische Ader wertschätzte, unterschied ihn sowohl als Denker als auch als Sänger von anderen.

Brett Gurewitz, Gregs Co-Songwriter, kann sich nicht daran erinnern, jemals keine Musik gemacht zu haben: „Meine Großmutter in New York besaß ein kleines Klavier, auf dem ich gerne klimperte. Sie tanzte dann und summte mir etwas vor. Das ist eine meiner frühesten Erinnerungen."

In jungen Jahren nahm Brett Akkordeon-Unterricht und lernte, ein paar Lieder darauf zu spielen. Seine erste Schallplatte, „Yellow Submarine" von den Beatles, die ihm seine Eltern schenkten, begründete seine Leidenschaft, alleine in seinem Zimmer Musik zu hören und sie dann mit der Gitarre zu begleiten. „Ich ging nicht davon aus, irgendwann einmal in einer Band zu spielen, da alle Bands, die ich liebte, so unglaublich gut waren. Die Beatles, Cat Stevens, Joe Cocker, Stevie Wonder, Led Zeppelin, David Bowie – sie schienen alle unerreichbar zu sein."

Diese Sichtweise wandelte sich langsam, als er 1977 mit Punk in Berührung kam. „Meine erste Punk-Scheibe war von den Ramones. Als ich ihr Debütalbum hörte, setzte das etwas in Bewegung. Ich liebte es nicht nur aufrichtig, ich sprang sogar auf meinem Bett herum. Aber ich konnte auch sofort die Songs spielen. Ach ja, so geht das … Wow, das ist alles, was man benötigt? Plötzlich erschloss sich mir auch jeder Song aus den Fünfzigerjahren. Der Code des Rock'n'Roll war geknackt. Ich fand es aber leichter, mir selbst Songs einfallen zu lassen, als andere zu lernen. Also fing ich an, Songs zu schreiben."

Brett brauchte keine spezielle Begründung dafür, dieser neuen Beschäftigung nachzugehen. Er war ein unersättlicher Leser und ein Mensch, der ständig nach Antworten auf die großen Fragen suchte. Songs zu schreiben war für ihn ein neues Ventil, um seine Ideen zum Ausdruck zu bringen. Als sich die Möglichkeit eröffnete, sich einer Band anzuschließen, war er bereit dafür. „Ich war schon als Junge kreativ. Ich hatte bereits Songs parat, bevor ich mich einer Band anschloss. Zum Beispiel den Quarks. Ich weiß nicht mehr, wie das gelaufen ist, aber ich hatte schon Songs."

So wie Brett spielte auch Jay Gitarre, und so wie Gregs Eltern hatten sich auch seine Eltern getrennt, was seine Erfahrung von Südkalifornien noch intensivierte. Nach ihrer Scheidung heirateten beide Elternteile erneut und zogen um. Jay verschlug es somit von Saugus (heute Canyon Country) nach Woodland Hills, wo er fortan mit seiner Mutter und seinem Stiefvater lebte. Sein Vater ließ sich hingegen in Manhattan Beach nieder, wo Jay seine Sommer verbrachte. Das passte Jay gut in den Kram. „Meine Mutter heiratete eine Führungskraft bei Textron – einen Schlipsträger. Wir kamen nie wirklich miteinander aus. Meine Mom tat mir leid. Sie heiratete diesen Typen und brachte mich mit in die Ehe. Das war starker Tobak für so einen Kerl im Anzug." Jays Vater war das komplette Gegenteil davon. „Ein kiffender Ex-Marine und Hippie, der am Strand lebte."

Jay bekam sein erstes Skateboard mit acht und war hocherfreut darüber, so nahe am Skatepark von Reseda zu wohnen, den man auch im Film *Skateboard* und in einer Folge von *CHiPs* bewundern kann. „Ich sah die Dogtown-Jungs dort. Die Skate-Kultur hatte es mir schwer angetan."

Er hing nun vermehrt am Strand ab und verbrachte seine Freizeit mit Surfen und Skaten im Kreis seiner Freunde, deren ältere Brüder wiederum die Musikzeitschrift *Raw Power* ins Leben gerufen hatten. Sie hatten Zugang zu Musik, die Jay nie alleine gefunden hätte. „Sie schleppten mich zu den schrägsten Sachen mit! Als die Heavy-Metal-Combo Quiet Riot an der El Camino Real auftrat, inspirierte Randy Rhoads' Gitarrenspiel Jay dazu, selbst auch in einer Band spielen zu wollen. Er nervte seine Mutter so lange, bis sie ihn ins Starwood brachte, wo er sein neues Idol Randy Rhoads bestaunen konnte. „Ich wusste, dass er es verdammt noch mal richtig draufhatte und ich niemals so gut sein würde. Es war wie der Traum, Astronaut zu werden, und dann zu begreifen, dass das nicht so einfach ist. Mir wurde zum ersten Mal klar, dass sich eine Idee, die ich mir in den Kopf gesetzt hatte, vermutlich nicht umsetzen ließ."

Punk änderte das. Nachdem Jay eine Handvoll Punkrock-Shows besucht hatte, schien der Traum, ein Musiker zu sein, in greifbare Nähe zu rücken. „Ich dachte mir: Ich kann das. Ich kann eine Note richtig schnell spielen!" Es mag seltsam anmuten, aber Jay begann noch vor Bad Religion mit einem zukünftigen Mitglied der Band zu jammen. „Ich spielte Gitarre mit dem späteren Schlagzeuger von Bad Religion, Davy Goldman. Er lebte in derselben Straße wie ich. Wir spielten „Iron Man" von Black Sabbath. Wir waren richtig schlecht! Aber er hatte ein Schlagzeug und ich hatte eine Gitarre und einen kleinen Verstärker. Wir fanden heraus, dass man zusätzlich zur Gitarre auch noch ein Mikro an meinen Amp anschließen konnte. Also sangen wir: ‚I am Iron Man!' Das war mein Einstieg als Musiker."

Jay Ziskrout, der das Quartett komplettierte, wuchs zunächst in North Hollywood auf, doch seine Eltern zogen nach Woodland Hills, wo er schließlich auf Brett traf. An der Hale Junior High freundeten sich die beiden rasch an. Beide gingen gerne wandern, kampierten im Freien und waren Leichtathleten.

Ziskrouts musikalische Ausbildung begann in der siebten Klasse. „Ich belegte einen Anfängerkurs für Blasinstrumente und Perkussion. Sobald ich den Raum betrat, wollte ich Schlagzeug spielen. Das war eine sehr spontane Entscheidung. Ich fing mit der Marschtrommel an. Als nächstes bekam ich dann ein kleines bräunlich glänzendes, dreiteiliges Jazz-Schlagzeug von Gretsch. Nun konnte ich loslegen." Gegen Ende der Junior High fing Ziskrout an, mit Brett in verschiedenen Bands zu spielen.

Zusammen erschufen die Gründungsmitglieder von Bad Religion etwas Einzigartiges in der Punkrock-Szene. Ob es nun ihr Name, ihre Weltanschauung, ihr Musikstil oder eine Kombination aus all diesen Elementen war, sie machten sich mit einem Eifer daran, in Erfahrung zu bringen, was es ausmachte, eine Band zu sein, der für ihr Alter untypisch war. Alle Mitglieder brachten etwas Eigenes in die Band ein, doch ihre Leidenschaft verlieh der Gruppe noch eine Extraportion Intensität. Obwohl sie ihre genauen Ziele kaum in Worte fassen konnten, war ihre Herangehensweise alles andere als albern. Nach gerade einmal einer Handvoll Proben herrschte bereits ein Übereinkommen darüber, dass es nun kein Zurück mehr gab.

3
Direkt aus dem Fegefeuer

Als Punk-Band musste man sich 1980 in L.A. mit dem Problem herumschlagen, dass es nur sehr wenige Auftrittsorte gab. Das lag zum Teil an den Vorurteilen. Wenn man sich nicht schon einen Namen gemacht hatte, war es sehr schwierig, ernstgenommen zu werden. So musste Keith Morris Veranstalter und Booker buchstäblich anflehen, seine Band Black Flag auftreten zu lassen. Als nun seine Gruppe endlich eingeladen wurde, im ehrwürdigen Masque zu spielen, wurde die Show abgesagt und das Konzertlokal schloss für immer seine Pforten. Ältere Szenegrößen aus den Siebzigerjahren begegneten den Hardcore-Bands und ihren Fans aufgrund der vermeintlichen Negativität, die sie in die Szene einschleppten, mit großem Misstrauen. Es war ihnen entweder zu brutal und reaktionär, oder sie verstanden es einfach nicht. In ihren Augen verkörperten Bands wie Bad Religion alles, was mit der Punk-Szene falsch lief.

Hardcore-Bands mussten deshalb kreativ vorgehen. Sie begriffen, dass sie ihre eigene Szene innerhalb der Szene erschaffen und sich gegenseitig unterstützen mussten. Eins ihrer ersten Konzerte gaben Bad Religion zusammen mit einer relativ unbekannten Formation aus Fullerton namens Social Distortion, die Bad Religion eingeladen hatte, mit ihr bei einer Party in Santa Ana zu spielen. „Unsere erste Show fand in einem Lagerhaus statt", berichtet Brett. „Das war damals nicht unüblich, weil es nicht so viele Auftrittsmöglichkeiten für Hardcore-Punk-Bands gab."

Am Tag des Konzerts war Jay so nervös, dass er sich übergab. Steve Soto, der aus Fullerton stammte und Bass für die Adolescents spielte, gab Jay einen gutgemeinten Ratschlag.

STEVE SOTO: Du bist ja richtig nervös.
JAY: Ich weiß. Ich bin immer so aufgeregt, bevor wir spielen.
STEVE SOTO: Bevor du spielst, solltest du immer mindestens ein Sixpack trinken.
JAY: Okay, das habe ich nicht gewusst.

Greg erinnert sich, dass sich das Publikum besonders feindselig verhielt, weil das Versprechen, es gäbe Freibier, sich als glatte Lüge herausgestellt hatte. Dennoch schaffte es die Band unversehrt durch ihr Set. Als sie die Bühne verließ, erhielt Brett Zuspruch von einem vertrauten Gesicht, das die Reise von Woodland Hills nach Orange County auf sich genommen hatte, um seinem Auftritt beizuwohnen. „Nach der Show", so Brett, „sagte mein Freund Tom Clement ganz ernst: ‚Egal, was ihr tut, löst euch bloß nicht auf. Wenn ihr zusammenbleibt, dann werdet ihr richtig groß. Ernsthaft. Ihr Jungs seid richtig gut.'"

Ein anderer früher Auftritt war sogar noch schräger. Sie fand im Rahmen einer Studentenverbindungsparty statt, bei der Bad Religion für die Circle Jerks den Anheizer gaben. Die Circle Jerks waren Keith Morris' neue Band nach seinem Ausstieg bei Black Flag und galten in den Achtzigerjahren als eine der angesagtesten Punk-Bands in Los Angeles. Eine Studentenverbindung an der University of Southern California veranstaltete eine Sause unter dem Motto „Punk" und buchte dafür naiverweise echte Punks. Sobald der Gig abgemacht war, luden die Mitglieder von Bad Religion und der Circle Jerks ihre Freunde ein und verteilten wie für jedes andere Konzert Flyer. Die Studenten verkleideten sich als Punks und die Punks benahmen sich, nun ja, wie echte Punks eben.

„Es war eine witzige, bizarre und tragische Nacht, wie ich sie von Greg Hetson, Roger Rogerson und Keith Morris gewohnt war", meint Lucky Lehrer, der Schlagzeuger der Circle Jerks. „Gegen Ende der Fete war Roger vom Freibier so besoffen, dass er versuchte, die halbe Angriffslinie des Football-Teams der Universität in die Mangel zu nehmen. Sie hauten ihn daraufhin windelweich."

Offenbar hatte es Roger aber nicht anders verdient. Brett erinnert sich, dass er die Sportskanonen sturzbetrunken mit einem Nunchaku, einer japanischen Schlagwaffe, attackierte.

Trotz des Schabernacks war es ein wegweisender Gig für Bad Religion. Der Punk-Fotograf Gary Leonard dokumentierte das Konzert und die Band hinterließ einen positiven Eindruck bei Lucky Lehrer. „Ich fand einen Draht zu Bad Religion, als wir unsere Ausrüstung in unseren Autos und Lieferwagen verstauten, weil ich spürte, dass diese ‚Kids aus dem Valley', wie ich sie nannte, nicht so durchgeknallt waren wie die Circle Jerks."

Lucky meinte das keineswegs herablassend. Sie waren Teenager, die trotz ihrer Intelligenz und ihres Ehrgeizes noch über wenig Lebenserfahrung verfügten. „Damals sah ich zum ersten Mal eine Bier-Bong", erinnert sich Ziskrout an die Party.

Auch Keith Morris denkt gerne an dieses Konzert zurück. Als das Bier auf der Punk-Party versiegte, ergriff Keith die Initiative und begab sich auf die Suche nach Nachschub. Unterwegs fiel ihm auf, dass er nicht der einzige Späher war. „Meine liebste Erinnerung an diese Nacht ist nicht der Gig mit den Circle Jerks und Bad Religion zu sehen, sondern die, dass ich so viel Bier ergaunerte, wie ich nur trinken konnte. Wir spielten in der Straße mit den Verbindungshäusern und überall ging die Post ab. Genau gegenüber gab es eine Party, die unter dem Motto „Landleben" stand. Da lagen Heuballen im Vorgarten herum. Ich wollte mir die Sache mal näher ansehen und traf auf einen großgewachsenen blonden Surfer, der sich als Ricky Nelsons Sohn entpuppte und sich mit Darby Crash unterhielt."

Die Anwesenheit von Darby Crash und Pat Smear von den Germs entging auch Brett nicht. Brett, der Darby vergötterte, staunte nicht schlecht. „Die erste Hardcore-Band, die ich je sah und in die ich mich förmlich verliebte, waren die Germs. Sie unterschieden sich ganz markant von jenem Punk, den ich bis dahin gehört hatte. Sie waren anders als die Buzzcocks, die Sex Pistols oder die Ramones, die einen sehr zugänglichen Power-Pop-Sound spielten, der schon fast an die Fünfzigerjahre erinnerte. Die Germs waren düster und fühlten sich gefährlicher an."

Als autodidaktischer Student der Philosophie erkannte Brett, was Darby mit seinen Songtexten beabsichtigte. Seine Worte waren sowohl poetisch als auch philosophisch – ein Versuch, die Dinge, die er gelesen hatte und über die er nachdachte, zu kombinieren und diese Ideen dann in seinen Songs zum Ausdruck zu bringen. Das hinterließ einen bleibenden Eindruck bei dem jungen Songwriter. „Er versuchte herauszufinden, was es mit dem Menschsein auf sich hatte", so Brett. „Songs wie ‚Lexicon Devil', ‚Manimal' und ‚What We Do Is

Secret‘ sind kraftvoll und potent. Sie hatten großen Einfluss auf mich, als ich mich als Teenager für die Germs begeisterte.“

Zwar waren schon Darbys Songtexte einigermaßen mysteriös, doch sein Benehmen auf der Bühne erstaunte Brett noch mehr. Die Live-Shows der Germs waren berüchtigt für ihren, gelinde gesagt, Mangel an Struktur. So war Darby bei seinem Auftritt im Film *The Decline of Western Civilization* so zugedröhnt, dass er es versäumte, ins Mikrofon zu singen. Bei den Gigs, die Brett besuchte, versuchte Darby nicht einmal, die Texte zu singen. Er schrie und jaulte und gab Tierlaute von sich. „Er sang gar keine Texte. Ich liebte seine Texte. Ich kannte jedes Wort und jede Betonung seiner Phrasierung auswendig. Im Auto sang ich sie mit. Dann sah ich die Germs live und Darby sang kaum mal einen Text. Er machte einfach nur Krach!“

Mochte die Musik der Germs nicht sonderlich zugänglich gewesen sein, so war es zumindest ihr enigmatischer Sänger. Brett sah ihn im Publikum bei Konzerten und anschließend auf dem Parkplatz – eine Erfahrung, als wäre er in den Sechzigerjahren Jim Morrison im Whisky a Go Go auf dem Sunset Strip begegnet. „Er war ein Halbgott in meinen Augen“, erzählt Brett. „Er war nicht viel älter als ich. Vielleicht Anfang zwanzig, und ich war 17, was in diesem Alter ein unüberbrückbarer Unterschied ist.“

Am Abend der Verbindungsparty fasste sich Brett ein Herz und quatschte Darby an.

BRETT: Hey, Darby.
DARBY: Hey.
BRETT: Darf ich dich was fragen?
DARBY: Klar.
BRETT: Wenn du live auftrittst, warum singst du da nicht die Texte?
DARBY: Weil ich mich nicht an sie erinnern kann.

Dieses Treffen mag für Brett vielleicht eine kleine Enttäuschung gewesen sein, dass Darby zu ihrem Auftritt gekommen war, bedeutete dem Teenager aber eine Menge. Es verdeutlichte ihm, dass das, was sie da machten, Gewicht hatte – sogar auf einer lächerlichen Studentenparty. Leider verstarb Darby nur wenige Wochen später, nachdem er sich absichtlich eine Überdosis verabreicht hatte. Sein Tod wurde aber von der Ermordung John Lennons am Tag darauf überschattet.

Das Konzert war der Auftakt zu einer langjährigen Verbindung zwischen Bad Religion und den Circle Jerks. Keith Morris zählte Bad Religion zu den – wie er es ausdrückte – „kleinen Brüdern".

Mit Bad Religion und den Circle Jerks verhielt es sich seiner Meinung nach so: „Wir schätzten die Musik der jeweils anderen Gruppe. Es gab in ihrer Band keine Arschlöcher. Keine Pissnelken. Alle waren cool. Wir wollten auf die Party gehen und die Punk-Rock-Piñata aufschlagen. Aufgrund unserer Freundschaft fingen Bad Religion an, zusammen mit uns aufzutreten."

Noch am gleichen Abend erfuhren Bad Religion, dass die Circle Jerks live im Studio von KROQ in Rodney Bingenheimers Radioshow *Rodney on the ROQ* interviewt werden sollten. Rodney war eine lokale Szenegröße, die sowohl mit dem Musikbusiness in Verbindung stand, als auch die Bedeutung von Punkrock begriff. (Auf Greg Shaw von Bomp! Records traf das ebenfalls zu.) Er war ein Eklektiker, der in den frühen Siebzigerjahren mit Rodney Bingenheimer's English Disco seinen eigenen Nachtclub betrieben hatte. Außerdem aß er jeden Tag in derselben Denny's-Filiale in Hollywood zu Mittag. Leute aus der Musikindustrie brachten ihm Schallplatten vorbei und Musiker bemühten sich um eine Audienz beim „Mayor of Sunset Strip".

In seiner Show spielte er oft Musik lokaler Punk-Bands. Für frühe Fans war dies die beste Möglichkeit, die neueste Klänge aus der Szene zu hören. Die Kids nahmen Rodneys Show auf und tauschten ihre Tapes mit anderen Punks in der Schule. So seltsam es heute im Zeitalter des Kommerz-Radios auch anmuten mag: 1980 konnte man *Rodney on the ROQ* aufdrehen und bekam dort die Adolescents, die Circle Jerks und die Germs zu hören. Der Adolescents-Song „Amoeba" schaffte es auf diese Weise sogar ins reguläre Programm von KROQ und mauserte sich zum Underground-Hit.

Brett verstand Rodneys bedeutsame Rolle für die Szene. „Er war ein Typ, der stolz darauf war, genau zu wissen, wer die neuesten coolen Bands waren, weil er ihre Konzerte besuchte. Rodneys Radiosendung startete um Mitternacht und er spielte Importe aus England, an die wir nicht herankamen sowie lokale Gruppen, die man nur schwer fand. Aber die Bands steckten ihm ihre Tapes zu, damit er sie im Radio spielte."

Rodneys Show ließ Gregs Traum vom Musikmachen ein wenig realistischer erscheinen. Die Musik, die Rodney im Radio spielte, umfasste nämlich auch krude Demos. Was zur Erkenntnis führte, dass man nicht bei einer großen Plattenfirma unter Vertrag stehen musste, um es ins Radio zu schaffen. Alles, was man dafür tun musste, war, es eben einfach zu versuchen.

Auch für Jay Ziskrout stellte Rodneys Radiosendung eine vitale Verbindung zur Punk-Szene in Hollywood dar. „Damals hatte KROQ ein echt schwaches Signal. Wir saßen draußen im westlichen San Fernando Valley und konnten KROQ bei uns zuhause nur selten empfangen. Ich besuchte dann Brett, weil er auf einem Hügel wohnte. Manchmal musste man dann die Antenne hochhalten, damit man einen klaren Empfang hatte."

Die Circle Jerks nahmen das Demo von Bad Religion mit zum Radiosender. (Sowohl Hetson als auch Lucky reklamieren diese Ehre für sich.) Keith stellte die Band vor und Rodney schickte „Politics" über den Äther. Obwohl Ziskrout wusste, dass es passieren könnte, war er nicht auf seine eigene Reaktion vorbereitet, als es tatsächlich soweit war. „Der Nervenkitzel, sich selbst zum ersten Mal im Radio zu hören, ist unbeschreiblich. Man kann das mit nichts vergleichen."

Rodneys Hörer waren von der neuen Gruppe aus dem San Fernando Valley überaus angetan. Sie wollten mehr davon und Rodney entsprach diesem Wunsch. „Daraufhin verzeichneten wir einen Popularitätsanstieg in L.A.", sagt Brett. „Rodney war ein echter Förderer. Er mochte den Song und fand uns gut. So machten wir uns einen Namen, da die Kids seine Show aufzeichneten. Auf diese Weise konnten die Leute unsere Songs hören, noch bevor sie überhaupt auf Platte erschienen waren."

Bad Religion traten außerdem in *New Wave Theatre* auf, einer Show im Kabelfernsehen, in der man Live-Auftritte von Underground-Bands verfolgen konnte. In der der relativ kurzen Laufzeit der Sendung spielten Bad Religion dort gleich zwei Mal. Ihre Premiere feierten sie Ende 1980 mit drei Songs: „Bad Religion", „Slaves" und „Oligarchy". Der Gastgeber Peter Ivers kleidete sich stets in topaktueller New-Wave-Manier, obwohl er schon ein bisschen älter war als die jungen Leute aus der Szene.

Der Anfang und das Ende der Show sorgten dafür, dass der Auftritt von Bad Religion unvergesslich blieb. Ivers, der gerne locker-flockig und spontan daher plauderte, stellte Bad Religion als „highspeed tough guys from Purgatory

Beach" vor – als Hochgeschwindigkeits-Schlägertypen vom Strand des Fegefeuers. Es muss ihm bewusst gewesen sein, dass er es mit ein paar Jugendlichen zu tun hatte, die noch nie im Fernsehen gewesen waren, aber indem er die Band als „Schläger" ankündigte, vermittelte er dem Publikum den Eindruck, Punk wäre brutal und gewalttätig, mehr Sport als Kunst.

Nach ihrer Darbietung schlüpfte Ivers während eines kurzen Interviews erneut in die Rolle des Provokateurs. Es war ein faszinierender Austausch, der nicht nur die jugendliche Energie von Bad Religion und ihren Charme, sondern auch ihre intellektuelle Seite offenbarte. Greg wirkte ruhelos und unfähig, während des Interviews stillzustehen. Trotz Ivers' konfrontativer Art lächelte er die ganze Zeit. In der Mitte des Interviews stieß Jay Greg versehentlich mit seiner Bassgitarre an, was Greg aus der Konzentration brachte. Ivers stellte Greg eine Frage zu „Slaves", der darauf sagte, es handle sich um einen sehr „inspirativen" Song.

Doch Ivers war noch nicht fertig mit Greg und drängte ihn, sich zu rechtfertigen. Unsicher, was er sagen sollte, antwortete Greg: „Ich schreibe bloß den Text." Einen Augenblick lang schien es, als wäre die Band in eine Falle getappt. Als ob er gespürt hätte, dass Ivers beabsichtigte, die Band als Narren zu entlarven, eilte Brett, der ein T-Shirt mit der Aufschrift „SMUT MONGER" trug, seinem Sänger zu Hilfe.

BRETT: Zunächst einmal, jede organisierte Denkschule ist eine schlechte Religion. Jede Regierung ebenso. Jegliche vorbestimmte Vorstellung davon, wie man sich benehmen soll, ist eine schlechte Religion … Eigentlich haben wir uns Bad Religion genannt, weil wir unsere Ideen zum Ausdruck bringen wollen. Wir haben uns nicht Good Religion genannt. Wir nennen uns Bad Religion, weil wir Religion für schlecht halten und im Grunde genommen sämtliche organisierte Denksysteme Religionen sind.

IVERS: Ihr präsentiert euch auf eine sehr primitive, fast schon animalische Art und Weise, doch das, wovon du da sprichst, ist sehr anspruchsvoll.

BRETT: Ich finde nicht, dass man Leute nach ihrem Verhalten bewerten sollte. Ich glaube nicht, dass das eine Auswirkung auf das hat, was sie im Kopf haben.

GREG: Genau, sieh dich doch mal an.

Obwohl sie sich auf der Bühne als rotzfreche Maulhelden gaben, enthüllte die Show, wie scheu sie abseits davon waren. Sie waren die letzte Generation von Kindern, denen nicht ständig eine Videokamera ins Gesicht gehalten wurde. Ihr Unbehagen ist gleichermaßen charmant und albern. Gregs kindische Stichelei – „Sieh dich doch mal an" – war ein krasser Kontrast zu seinen nachdenklichen Texten und jener Art von Dialog, zu der er später als Akademiker anregen würde.

„Wir waren super-nervös", kommentiert Jay die Show ganz unumwunden. „Wir waren ja so unfassbar schräg!"

Ein Auftritt in einer lokalen Kabelfernsehsendung war nun kaum der ganz große Wurf, doch markierte er zumindest einen vielversprechenden Abschluss eines eindrucksvollen Jahres. Sie hatten ein Demo produziert, das sehr gut ankam, ein paar Konzerte gespielt und eine EP aufgenommen. Damit hatten sie schon mehr geschafft als andere Bands in ihrer gesamten Karriere. Dass sie ein paar ihrer frühen Auftritte mit Social Distortion und den Circle Jerks absolvierten und diese von Leuten wie Darby Crash frequentiert wurden, legte nahe, dass sie gut vernetzt waren. Das traf aber nicht zu. Obwohl Punk in L.A. nun populärer als je zuvor war, gab es nach wie vor nur wenige Auftrittsmöglichkeiten. Deshalb reisten Punk-Fans aus der ganzen Gegend um Los Angeles an, um Auftritte auf Gartenpartys und in Lagerhallen zu erleben. Gleichzeitig waren Punk-Bands immer auf der Suche nach gleichgesinnten Bands, die darauf brannten, live zu spielen, und dann auch wirklich aufkreuzten – selbst wenn sie ihre Ausrüstung in irgendein Haus oder eine gemietete Lagerhalle in Oxnard, East L.A. oder San Pedro schleppen mussten. Diese Beschreibung traf auf Bad Religion zu.

„Die Szene war ziemlich klein", so Jay. „Somit traf man ständig auf die immer gleichen Leute. Man besuchte ein Konzert und sah sich die Band an. Das nächste Mal spielte man dann wiederum selbst."

In jenen Tagen konnte ein jugendlicher Punk, der noch nie in Hollywood gewesen war, ein Konzert besuchen und direkt neben seinen Helden stehen. Natürlich beruhte das Gefühl der Wertschätzung nicht immer auf Gegenseitigkeit. So etwa bei Jays erstem Treffen mit John Doe. „Zur Seite, Junge", blaffte ihn der Bassist von X an. „Er war vielleicht 21", berichtet Jay. „Ich war 15 und er dachte sich vermutlich, dass ich die Szene ruinieren würde. Womit er richtig lag."

Den Bandmitgliedern fiel schon bei ihren ersten Konzerten auf, dass viele der jungen Konzertbesucher die Texte ihrer Songs kannten, obwohl die erste EP noch gar nicht erschienen war. Als die Leute bei ihren Shows mitsangen, begriffen Bad Religion, dass dieses schräge Projekt, das sie nach der Schule in der Garage von Gregs Mom betrieben, über ihren unmittelbaren Freundeskreis hinaus Anklang fand. Was sie da taten, bedeutete den Fans offenbar etwas und wurde von ihnen geschätzt. Langsam dämmerte es ihnen, dass diese Kids sich ihre Songtexte deshalb merkten, weil sie etwas Bedeutungsvolles zu sagen hatten.

Da sich das Publikum teilweise aus ihren Helden und Kollegen aus anderen Bands zusammensetzte, kam Jay nicht umhin, seine Darbietung überaus kritisch zu bewerten: „Ich weiß noch, dass ich immer dachte: *Das war ein guter Song, der war auch gut. Aber der war jetzt wieder beschissen.*"

Jay war aber nicht der Einzige, der mit seinen Nerven zu kämpfen hatte. Auch Brett gesteht, dass er sich auf der Bühne unsicher fühlte. Dass sie das Publikum für sich gewinnen konnten, begründet er mit Gregs Charisma. „Greg war von Anfang ein richtiger Performer. Das machte einen großen Teil des Erfolgs von Bad Religion aus. Ein charismatischer Sänger ist sehr wichtig für eine Punk-Band, und Greg war schon immer ein toller Performer gewesen, während ich das erst viele Jahre später von mir behaupten konnte."

Greg mochte vielleicht selbstsicher gewirkt haben, doch innerlich war er nicht weniger nervös als die anderen. „Es war richtig nervenaufreibend, aber ich hatte großes Vertrauen in unsere Musik. Meiner Ansicht nach steckten wir alle zusammen in dieser Sache. Also erfüllte ich meine Rolle. Aber wenn ich allein dort oben gestanden hätte, hätte ich mir wahrscheinlich in die Hosen geschissen. Und so habe ich mich bislang noch bei jedem Konzert gefühlt. Ein großer Teil meines Selbstvertrauens beruht auf den Jungs hinter mir."

Auch schadete es nicht, dass die drei Musiker, die vorne am Bühnenrand standen, alle weit über einen Meter achtzig groß waren. Mit seinen gefärbten Haaren, den Motorradstiefeln und seiner Lederjacke entsprach Greg der gängigen Vorstellung eines Punkrock-Frontmannes. Brett mied das Rampenlicht und strahlte eine Aura aus, die zu sagen schien: *Mach mich bloß nicht an.* Jay, mit 195 Zentimeter Gardemaß das größte Bandmitglied, fokussierte sich wiederum auf seine Bassgitarre. Seine versteinerte Miene brachte seine intensive Konzentration auch optisch zum Ausdruck.

Brett, der sich selbst stets als „Nerd“ beschrieb, war überrascht, dass Leute ihn nun in Ruhe ließen, bloß weil er in einer Band spielte. „Als wir langsam populär wurden, bedrohten mich oft irgendwelche Schläger-Punks. Dann fragte irgendjemand, ob ich nicht bei Bad Religion spielte.“ Sobald er das bejahte, war die Konfrontation zumeist schon wieder vorüber.

Innerhalb der Subkultur herrschte Misstrauen gegenüber Außenstehenden, während Gleichgesinnte beschützt wurden – selbst wenn es sich dabei um nerdige Punks wie Bad Religion handelte. Ein Konzert zu besuchen, konnte mitunter gefährlich sein, wenn man nicht jeden kannte und nicht jeder einen selbst kannte. Für Brett gehörten solche Begegnungen zum Aufnahmeritual. „Was mich zur Punk-Szene hinzog, war das Gefühl, es mit einem Stamm von Außenseitern zu tun zu haben. Ich fühlte mich wie ein Mensch, der einfach nirgendwo Anschluss fand. Mich der Punk-Szene anzuschließen, war eher eine bewusste Wahl und nichts, was mir aufgedrängt wurde.“

Jedes Bandmitglied hatte bei Punkrock-Konzerten Dinge erlebt, die sich nur schwer verstehen oder erklären ließen. So gelang es den Medien, Punk zu vereinnahmen und es als Gewaltorgie in Misskredit zu bringen. Gewalt war aber bedauerlicherweise tatsächlich ein Thema.

Bei Jays erster Punk-Show spielten Black Flag und die Circle Jerks im Hideaway, als jemand mit seinem Auto in die Lagerhalle raste, in der das Konzert stattfand. Brett wiederum erinnert sich an einen Gig, den auch Jack Grisham von T.S.O.L. besuchte, der einen Freund mitbrachte, den er an einer Hundeleine hielt. Jack stellte Fremden seinen Kumpel vor und verklickerte ihnen, dass sie jetzt mit seinem „Hund“ kämpfen müssten. Wenn sie abwinkten, mussten sie gegen Jack selbst, der fast zwei Meter groß war und Gewalt genoss, in den Ring steigen.

Jay beschrieb die frühen Konzerte mit Bad Religion als „aufregend, beängstigend und kathartisch“. Punk-Bands trieben ihr Publikum zur Ekstase, und wenn das Publikum diese Energie dann wiederum zurück auf die Bühne schickte, geschahen unvorhersehbare Dinge. Bad Religion zapften diese Energie an Orten an, die nicht genehmigt, unbeaufsichtigt und unsicher waren. Viele, wenn nicht sogar die meisten Punkrocker nahmen Drogen und tranken, um der Situation gewachsen zu sein oder um mit den Emotionen zurechtzukommen. Für manche Bands wie die Circle Jerks drehte sich alles ausschließlich um die

Party. Bad Religion waren hingegen keine Party-Truppe. Auch hatten sie kein Interesse daran, streitlustige Songtexte zu schreiben, nur um damit anzuecken. Vielmehr schwebte ihnen ein höheres Ziel vor.

„Es gab einen Grund, warum wir uns Bad Religion nannten", erklärt Brett. „Greg und ich versuchten, Intellektuelle zu sein. Für unsere erste EP schrieb ich einen Song mit dem Titel „Oligarchy" und Greg kam mit einer Nummer namens „Politics". Wir machten keinen Fun-Punk. Wir waren zwar noch Teenager, naiv und ziemlich unreif, aber wir gaben uns Mühe."

Obwohl sie intelligent waren, ließ sich nicht leugnen, dass sie aus einem Vorort kamen und nicht wussten, was sie da taten oder auf was sie sich da einließen. Schon als sie nur Fans gewesen waren, galten sie als Außenseiter, doch dass sie nun auf der Bühne standen, machte die Dinge nicht weniger verwirrend. „Ich hatte das Gefühl, dass wir in die Welt der Erwachsenen vordrangen, die wir nicht verstanden", so Jay. „Es gab andere Leute, die sich ums Geschäftliche kümmerten. Ich wollte nichts davon wissen. Ich wollte nur spielen und dann wieder abhauen. Es war weder Business noch Party für mich. Es hieß, dass das irgendwie wichtig sei, aber man wusste nicht wieso. Vielleicht war ich zu jung und hatte noch keinen Überblick, aber das Party-Ding war wirklich nichts für mich. Vermutlich lag das auch an den Diskussionen, die wir in Gregs Garage führten: ‚Was wollen wir als Band darstellen? Was wollen wir aussagen? Wie wollen wir uns präsentieren?' Keine Ahnung, über was sich andere Bands so unterhalten, wenn sie sich gründen. Ich weiß nur, dass wir dieses Gespräch führten. Wir wollten uns nicht auf die Bühne stellen und Sachen krakeelen wie ‚Scheiß auf die Bullen!' oder ‚Ich hasse meine Eltern!' … Es musste doch etwas geben, das ein bisschen sinnvoller war. Das war meine Einstellung zur Band. Sie war kein Vehikel, um Drogen zu nehmen. Sie war auch kein Vehikel, um Kohle zu scheffeln. Stattdessen war sie ein Vehikel, um unsere Gefühle zum Ausdruck zu bringen. Das war wichtiger als alles andere."

4
Das Inferno im Hier und Jetzt

Für eine Band, der man nachsagte, sie würde aus Intellektuellen bestehen, machten sich die Mitglieder von Bad Religion erstaunlich wenig aus formaler Bildung. Greg tat sich nach seinem Umzug nach Kalifornien als Schüler nicht sonderlich hervor und Brett konzentrierte sich auch mehr auf seine Musik als auf seine Studien. Obwohl Brett versuchte, für Bad Religion und Epitaph Records Einnahmen zu generieren, lieh er sich gelegentlich Geld von seinem Vater. Laut Richard Gurewitz pumpte er seinem Sohn „1.500 oder 1.700 Dollar", um die erste EP von Bad Religion zu finanzieren.

Wichtiger als die Summe des geliehenen Geldes war aber der Zeitpunkt, zu dem er sie Brett borgte. Ende 1980 war Brett so gut wie fertig mit der El Camino Real. „Ich schlug mich nicht gut in der Schule und kämpfte mich durch. In der elften Klasse legte ich meinen General Education Development Test ab und ging von der High School ab."

Dass Bretts Vater ihm Geld lieh, damit Brett eine Punk-Platte produzieren konnte, nachdem er die Schule verlassen hatte, kann zweierlei bedeuten. Entweder teilte er Bretts Vision, oder er glaubte daran, dass man Dinge auf die harte Tour lernen muss.

„Er war kein schlechter Junge", so Richard. „Ich wusste, dass er sich echt Mühe gab. Es entging mir nicht, mit welcher Leidenschaft er bei der Sache war."

Brett sah die Unterstützung seines Vaters entspannt: „Mein Dad ist Unternehmer. Sein Dad war auch schon Unternehmer. Der Vater meiner Mom war ebenfalls Unternehmer. Das liegt bei uns irgendwie in der Familie. Mein Dad meinte nur: *Echt? Du willst Unternehmer werden?*"

Allerdings stellte es sich als kluger Schachzug heraus, die Debüt-EP von Bad Religion zu finanzieren – trotz des provokanten Namens und des kontroversen Logos. Die EP enthielt eine mysteriöse Botschaft. Auf der einen Seite waren die Worte „We're not Bad Religion …" eingraviert, während die andere Seite „UR!" (also „You are") verkündete. Anders als Namen wie Ramones, Sex Pistols oder Weirdos gab Bad Religion keine Auskunft darüber, um wen es sich hier handelte, sondern war vielmehr ein Kommentar zum Weltgeschehen. Bad Religion hielt denjenigen, die sich Antworten von ihnen erhofften, und der Gesellschaft einen Spiegel vor. „Unser Name", erklärt Brett, „sollte genauso wie unsere Songs provozieren und die Menschen zum Denken anregen."

Die Band selbst war extrem chaotisch. Als die EP Anfang 1981 erschien, wusste keiner von ihnen, was man nun damit machen sollte. Jay Ziskrout verschickte Exemplare an Punk-Zeitschriften und College-Radiosender, doch das war auch schon das ganze Ausmaß ihrer Marketing-Bemühungen. Weder schalteten sie Anzeigen, noch planten sie irgendwelche Veranstaltungen. Brett entschied sich für einen hemdsärmeligen Ansatz, um die Platte an den Fan zu bringen. „Ich schnappte mir eine Kiste mit Platten und brachte sie zu Middle Earth Records in Downey, Moby Disc Records in Van Nuys, Zed's Records in Long Beach und Poobah Records in Pasadena. Ich unterhielt mich mit dem Einkäufer und zählte 15 Exemplare ab. Dann rief ich irgendwann mal an und fragte, ob sie noch mehr wollten. Und siehe da: Sie hatten alle verkauft und wollten noch mehr. So fuhr ich dann wieder hin. Darin bestand unser ganzer Vertrieb. Ziemlich überschaubar, aber so haben wir das eben gemacht."

Trotz der bescheidenen Verkaufszahlen, die auf diese Weise zustande kamen, waren die Kontakte, die Brett knüpfte, auf lange Sicht profitabel. Langsam, aber sicher etablierte sich die EP. Die Band verkaufte die erste Pressung von 500 Stück innerhalb relativ kurzer Zeit. Mit der zweiten Pressung korrigierte die Band ein Problem, das zur Folge gehabt hatte, dass die Platte hüpfte, und erhöhte die Auflage auf 1.500 Stück.

Im Verlauf des Frühjahrs und Sommers gaben Bad Religion gerade mal ein halbes Dutzend Konzerte, die aber dafür umso denkwürdiger waren. Am 3. März traten sie mit den Cheifs und China White im Vex auf, einem legendären Veranstaltungsort in East L.A., der ein Ableger von Self Help Graphics war. Die Fotos, die Gary Leonard schoss, zeigten Jay Bentley und Jay Ziskrout mit sehr kurzen Haaren, während Brett offenbar einen Irokesenschnitt zur Schau trägt. Am 30. April spielte die Band erneut im Vex, dieses Mal mit T.S.O.L., und dann am 29. Mai noch einmal, nun mit den Adolescents, Social Distortion und Saccharine Trust. Diese Show markierte einen besonderen Meilenstein für die Band, da Bad Religion nun zum ersten Mal an zwei aufeinanderfolgenden Abenden gespielt hatte. Denn am Vorabend hatte die Band noch ihre Heimpremiere in Tarzana im Valley West gefeiert.

Im Mai quetschten sich die Jungs mit ihrem Equipment in Bretts VW-Bus und fuhren zu einem Konzert in San Francisco, das an einem Sonntagabend stattfand und vom „Punk-Papst" Dirk Dirksen veranstaltet wurde. Auf der Fahrt zum Mabuhay hatte Ziskrout Grippe-Symptome und musste sich hinten im Bus hinlegen. Er gab sich die allergrößte Mühe, nicht die Anlage vollzukotzen. Pete Finestone, ein Punk aus dem San Fernando Valley, der ein Fan der Band war und als Roadie aushalf, musste Ziskrouts Schlagzeug für ihn auf- und abbauen, doch das Konzert fand trotzdem statt.

Zu Beginn des Sommers erlitt die Punk-Szene einen herben Rückschlag, als das legendäre Starwood am 13. Juni 1981 für immer dichtmachte. Das Starwood, am Santa Monica Boulevard in Crescent Heights gelegen, war eine wichtige Auftrittsmöglichkeit für Punk-Bands aus L.A. und Acts von außerhalb wie Blondie, The Damned, Devo und The Jam. Die Germs hatten am 3. Dezember 1980 dort ihren letzten Gig gespielt, bevor Darby Crash vier Tage später an einer Überdosis starb.

Greg und Jay ließen sich gerne von Pete ins Starwood kutschieren. „Ich hatte ein Auto", so Pete. „Jeden Dienstag und Mittwoch, wenn Shows im Starwood stattfanden, fuhr ich durchs Valley, um Greg und manchmal auch Jay abzuholen. In erster Linie aber Greg. Dann ging es weiter zu den Konzerten. So wurde ich schließlich ihr Roadie."

Das Ende des Starwood war eine große Sache, da der zugehörige Parkplatz so wie der Club selbst ein wichtiger Treffpunkt für die Szene war. Dort hingen die Punks vor einer Show ab und schauten anschließend noch auf einen Sprung bei Oki-Dog vorbei, das unweit davon lag und noch lange nach der Sperrstunde des Clubs geöffnet war. In der Regel fanden dort die Punk-Konzerte an Wochentagen statt. Als das Starwood in diesem Sommer seine Pforten schloss, hinterließ es eine riesige Lücke in der Szene.

Am 4. Juli spielten Bad Religion ihr erstes Konzert in einem Club in Hollywood, dem legendären Whisky a Go Go, zusammen mit den Alley Cats und den Dickies. Die Setlist enthielt neue Songs wie „Fuck Armageddon … This Is Hell", „We're Only Gonna Die", „Part III", „Latch Key Kids" und „New Leaf". Das Konzert war vor allem für Greg eine denkwürdige Angelegenheit.

„Wir spielten „Only Gonna Die" und ich werde nie vergessen, dass meine Mom in Begleitung ihrer Freundinnen zu unserer Show kam. Jemand kletterte auf die Bühne, um zu stagediven. Dabei rannte er in mich hinein und ich schnitt mir die Lippe am Mikrofon auf. Ich war so sauer, dass ich den Mikroständer nahm und dem Typen, den ich vor der Bühne ausmachte, eine mit dem Standfuß verpasste. Genau auf seinen Schädel! Nach dem Auftritt meinte der Roadie, ich hätte den falschen Kerl erwischt. Ich fühlte mich daraufhin total mies. Auch wenn ich den richtigen Typen getroffen hätte, hätte ich mich mies gefühlt. Ich wies den Roadie an, den Typen zu holen, damit ich mich entschuldigen konnte. Der Kauz meinte aber, dass schon alles in Ordnung wäre und ließ mir ausrichten, dass ich mir keine Sorgen machen sollte. Er hatte sich so prächtig unterhalten und gedacht, dass es eben dazugehörte, mal eine mit dem Mikroständer übergebraten zu bekommen. Das war ihm völlig egal!"

Einer der Gründe, warum sie so wenige Konzerte absolvierten, war der, dass Greg für den Sommer nach Wisconsin zurückkehrte. In seiner Abwesenheit erhielt die Band Briefe aus Amsterdam, Kopenhagen, München und Rom. Zu diesem Zeitpunkt dachte sich Brett nicht sonderlich viel dabei: „Ich ging davon aus, dass europäische Jugendliche eben mehr Briefe schrieben als amerikanische Kids."

Manchen Briefen lagen Rezensionen ihrer EP bei, die in europäischen Zeitschriften und Fanzines erschienen waren. Zwar konnte die Band sie nicht lesen und nahm an, dass die Hörer in Übersee ihre Songtexte ebenso wenig verstehen würden, doch mit ihrem Logo verhielt es sich von Anfang an anders. Bretts Vater zufolge druckte eine italienische Musikzeitschrift das Crossbuster-Emblem auf der Titelseite ab. „Noch mehr als der Name", so Brett, „half uns das Logo, bekannt zu werden. Wir wollten ja bloß besonders punkig rüberkommen, aber das Logo hinterließ auf der ganzen Welt einen Eindruck. Es verbreitete sich wie ein Flächenbrand in L.A., weil man es auch an Wände sprayen konnte. Als die EP in Italien, Deutschland und Spanien eintraf, erregte unser Logo dort große Aufmerksamkeit."

Wahrscheinlich war es kein Zufall, dass die Briefe von Fans stammten, die in Ländern wohnten, in denen der Einfluss der Katholischen Kirche besonders ausgeprägt war. Während Songtexte unterschiedlich interpretiert werden können, kommuniziert ein effektives Logo seine Botschaft auf einer psychologischen Ebene. Die Bedeutung des Crossbusters ist allgemeingültig und unmissverständlich. Falls Bad Religion es nicht erfunden hätten, wäre es vermutlich jemand anderem eingefallen.

„Es war nicht nur extrem", spekuliert Brett. „Die Tiefsinnigkeit des Logos spricht die Leute auf eine intensiv psychologische Art und Weise an. Sie sehen es und erinnern sich daran. Es ist nicht nur einfach und eindringlich, sondern auch ein Weckruf."

Im Herbst jenes Jahres kam Greg in die zwölfte Klasse. Ziskrout hatte bereits seinen Abschluss in der Tasche, während Brett und Jay der El Camino Real endgültig den Rücken gekehrt hatten. Jay wurde aufgefordert, von der Schule abzugehen, und beabsichtigte wie Brett den General Education Development Test abzulegen. Obwohl Schulbildung bei den meisten Bandmitgliedern keine Priorität genoss, blieben sie wissbegierig und interessierten sich für die komplexen Rätsel der Welt. „Ich sage immer, dass ich von der Schule abgegangen bin und meine ganze Bildung von Bad Religion erhalten habe", betont Jay. „Ich lernte eine Menge von diesen Typen. Die Diskussionen, die wir führten, über Themen wie Geologie oder Astrophysik, waren für einen 16-Jährigen von phänomenalem Wert. Ich lernte so viel mehr von dieser Band, als ich jemals in einem Klassenzimmer in Erfahrung gebracht hätte."

Die Band hatte inzwischen genug Material für eine Langspielplatte beisammen und einen Großteil der Songs auch schon live getestet. Außerdem spülten die Verkäufe ihrer EP und gelegentlich auch die Live-Auftritte Geld in die Bandkasse. Brett schätzte, dass es für die Aufnahmen einer LP reichen würde. Wie er das Presswerk bezahlen könnte, wollte er sich später überlegen. Ungefähr zu dieser Zeit erhielt Brett einen Anruf von Bob Say, der als Einkäufer des Plattenladens Moby Disc in Woodland Hills gearbeitet hatte. Er erklärte, dass er inzwischen bei Jem Records, einem unabhängigen Vertrieb und Importunternehmen im Valley beschäftigt war. Er lud Brett zu einem Meeting in sein Büro ein. Brett erinnert sich:

BOB: Eure EP hat sich bei Moby Disc gut verkauft. Nehmt ihr eine LP auf?
BRETT: Yeah.
BOB: Okay, dann bestelle ich 3.000 Stück.
BRETT: 3.000?
BOB: Ja, ich nehme 3.000.
BRETT: Wie treibe ich das Geld auf, um 3.000 Platten pressen zu lassen?
BOB: Nun, wenn du Jem als exklusiven Vertrieb einsetzt, werde ich dir das Geld vorschießen.
BRETT: Na gut. Wie viel wäre das dann?
BOB: Wir zahlen euch fünf Dollar pro Platte.
BRETT: Ihr gebt mir 15.000 Dollar?
BOB: Yeah.

Bad Religion waren somit offiziell im Geschäft. Mit dem Geld, das sie mit der EP gemacht hatten, kalkulierte Brett, konnten sie sich ein professionelles Studio leisten. „Meine Eltern haben mich immer sehr unterstützt. Ich kann mich nicht daran erinnern, dass ich meinen Dad um einen kleinen Zuschuss gebeten habe. Wenn das so war, kann er aber nicht allzu groß gewesen sein.“

Als nächstes wandte sich Brett an Jim Mankey, der ein Studio namens Track Record in der Nähe der Paramount-Filmstudios in Hollywood kannte. Dort konnten sie zum Billigtarif von 22 Uhr bis 8 Uhr morgens aufnehmen. Das war in mehr als nur einer Hinsicht eine überaus aufschlussreiche Erfahrung für Brett. „Wenn ich über Hollywood spreche, dann meine ich nicht das Hollywood, das wir heute kennen. Auch nicht das Hollywood aus der Hochzeit des Sunset Strips in den Sixties. Vermutlich verwechseln Leute, die nicht aus L.A. stammen, Hollywood und Beverly Hills in ihren Köpfen. Deshalb denken sie bei Hollywood an Palmen und Villen. In den späten Siebziger- und frühen Achtzigerjahren war Hollywood aber eine verwahrloste, vom Verbrechen geprägte Gegend. Eine sehr ungemütliche Ecke. Überall Nutten, Junkies und Kriminalität. Strip-Schuppen, Schnapsläden und heruntergekommene Veranstaltungslokale. Im Prinzip ein Tummelplatz für Punkrocker. Aber wenn man seine Gitarre im Auto ließ, wurde eingebrochen. Die Scheibe war zerbrochen und die Gitarre war auch futsch. So kamen mir zwei oder drei Gitarren abhanden.“

Mit Mankey auf der Kommandobrücke machte sich die Band an die Arbeit, nahm die neuen Songs auf und mischte sie ab. So nahmen sie die halbe Platte auf, darunter die Songs „Voice of God Is Government", „We're Only Gonna Die" und „Fuck Armageddon … This Is Hell", die Greg auf dem Klavier im Studio begleitete. „Ich wusste gar nicht, dass wir das aufnahmen", beteuert Greg. „Aber ich bin froh, dass Mankey das Klavier bereits mit einem Mikro versehen hatte. Ich hörte über die Kopfhörer mit. Das war das erste Mal, dass ich mich selbst Klavier spielen hörte. Das war überraschend und sehr anspornend. Wir waren ja noch so unerfahren, dass wir gar nicht auf die Idee gekommen wären, es mit ein wenig Klavier auf dem Album zu versuchen. Allerdings war ich ein großer Fan von Sham 69 und sie brachten ungefähr zu dieser Zeit ein Album namens *The Adventures of Hersham Boys* raus, auf dem man auch ein Klavier zu hören bekam. Das reichte mir als Motivation, um ein wenig Punk-Piano auf unserem Album zu spielen."

Die Aufnahmen nahmen etwas länger als erwartet in Anspruch, weshalb der Band das Geld ausging. Jay erinnert sich, dass er Mankey erklärte: „Wir müssen ein paar Konzerte geben, ein bisschen Geld verdienen und dann kommen wir wieder." Sie buchten eine Reihe von Gigs in diesem Winter, damit sie die Platte fertigstellen konnten. Doch dann ereignete sich eine Serie von bizarren Vorfällen.

Die Band heuerte Edward Colver an, damit er die Band in Hollywood und an anderen Orten in L.A. fotografierte. Colvers Bilder zierten etliche Platten vieler südkalifornischer Punk-Bands, darunter die von Black Flag, den Circle Jerks, von China White, Suicidal Tendencies und T.S.O.L. Wenn man in den Achtzigerjahren in Los Angeles in einer Punk-Band spielte, standen die Chancen nicht schlecht, dass Colver das Coverfoto für deine Platte beisteuerte. Colver geleitete Bad Religion zum Hollywood Cross, einem neun Meter hohen christlichen Kreuz, das über der Hollywood Bowl und dem Hollywood Freeway aufragt, um die Band dort abzulichten.

In einer Studiopause trafen irgendwann Colvers Druckfahnen bei Brett ein. Jay und Greg waren gerade zufällig dort, als das Paket eintraf. Sie sichteten das Material und suchten sich ihre Favoriten heraus. Sie waren sehr zufrieden mit dieser Fotosession. Letztlich sollten Bad Religion für das Cover ihrer Debüt-LP *How Could Hell Be Any Worse?* einen Schnappschuss der Innenstadt von L.A. verwenden.

Als Jay nachhause kam, erhielt er einen Anruf von Ziskrout.

ZISKROUT: Ich habe gehört, ihr habt euch ohne mich Fotos angeguckt.
JAY: Ja, na und?
ZISKROUT: Fickt euch doch selbst, ich steige aus!

Offenbar hatte Ziskrout den Eindruck, dass er mit voller Absicht von diesem Treffen ausgeschlossen worden war. Jay war perplex. „Er schmiss hin, weil wir uns ohne ihn Fotos angesehen haben. Kein Witz. Er rief mich an und stieg aus, weil wir ohne sein Beisein Fotos sichteten."

Ziskrout ist nicht sonderlich stolz auf diese Anekdote. „Aus irgendeinem Grund saßen die Jungs zusammen und schauten sich Fotos an – und aus irgendeinem Grund war ich nicht dabei. Das machte mich stinksauer und ich stieg aus. Das war echt saublöd. Statt ihnen zu sagen, dass ich nicht glücklich darüber war, stürmte ich wutentbrannt davon. Das war schon sehr kindisch. Das gehört auch zu den Dingen in meinem Leben, die ich bereue. Gleich aus mehreren Gründen. Man verschwindet nicht einfach von der Bildfläche, so reagiert man nicht auf eine Kränkung. Außerdem wünschte ich, länger bei Bad Religion gespielt zu haben – wenn nicht sogar bis heute."

Bad Religion standen nun ohne Schlagzeuger da. Das brachte die Band schwer in die Bredouille. Sie befanden sich nicht nur inmitten der Aufnahmen eines Albums, sondern waren auch für mehrere Konzerte gebucht, mit denen sie genug Geld zusammenbekommen wollten, um die Platte fertigzustellen. Also wurde dringend ein Drummer gesucht.

Greg rekrutierte daraufhin ihren Freund aus dem Valley, Pete Finestone, ihren Roadie, der Ziskrout auch als Schlagzeugtechniker unterstützte – obwohl diese Titel vielleicht ein wenig dick auftrugen. „Seit jeher verfolgen Punks die gleiche Taktik", erklärt Jay. „Wenn man früh genug bei einem Club aufkreuzt und einen Gitarrenkoffer oder ein Kabel hineinträgt, kommt man umsonst rein." Das reichte auch schon aus, um in der Punk-Szene von L.A. 1981 als „Roadie" durchzugehen. In Jays Augen war Pete aber nicht nur ein Typ, auf den man sich verlassen konnte, dass er einen Gitarrenkoffer unbeschadet in einen Club schleppte. Er war auch ein Freund. Pete einzuladen, sich Bad Religion anzuschließen, lag somit auf der Hand.

„Pete war immer mit dabei und wir waren alle gut mit ihm befreundet. Niemand wäre auf die Idee gekommen, einen anderen Weg zu beschreiten", meinte Jay. „Pete ist unser Mann. Er hat ein Schlagzeug und kennt alle unsere Songs. Nehmen wir gleich den!"

Pete kannte vielleicht alle Songs, aber er wusste nicht, wie man sie spielte. Auch besaß er kein vollständiges Schlagzeug und hatte nie irgendwelchen Unterricht gehabt. Aber er wusste, wie man das Schlagzeug auf- und abbaute. Das war ungefähr so, als würde man den Tontechniker als Sänger engagieren, weil er wusste, wie man das Mikrofon aufstellt. Doch man muss Pete zugutehalten, dass er bereit war, alles zu lernen, was von ihm verlangt wurde – und das war das Allerwichtigste.

Pete stammte aus dem San Fernando Valley und seine Eltern arbeiteten beide an der California State University in Northridge. Seine Eltern kannten Gregs Eltern aus den akademischen Zirkeln, in denen sie verkehrten, noch lange, bevor sich ihre Söhne über den Weg liefen. Pete hatte einen leichten Sprachfehler und fühlte sich von den anderen Jugendlichen ausgegrenzt. Er geriet in Prügeleien und musste sogar die Schule wechseln. „Ich fühlte mich damals sehr unwohl in meiner Haut und hatte nicht viele Freunde. Mein Bruder war Sportler. Ich war hingegen ein sehr einsamer Junge. Mir waren meine Einsamkeit und der Umstand, dass ich eben anders war, schmerzlich bewusst."

Ein Freund, der London besucht hatte, versuchte Petes Interesse an Punkrock zu wecken und spielte ihm die Sex Pistols vor. Er konnte aber nichts damit anfangen. „Ich dachte: ‚Was ist denn das für ein Mist?' Ich hielt es für richtig dämlich." Petes Erleuchtung in puncto Punkrock sollte im Sommer 1978 folgen. Er hatte Konzertkarten für Jethro Tull, die auf ihrer *Bursting Out*-Tour in der Long Beach Arena auftraten, doch sein Freund drängte ihn, stattdessen The Clash im Santa Monica Civic zu sehen. „Ich überlegte hin und her. Letztlich habe ich mich für The Clash entschieden. Wenn ich mich nicht irre, war das ihre erste oder zweite Tour durch die USA. Das veränderte alles für mich. *Was war das bloß?* Das sprach mich direkt an!"

Punkrock eröffnete Pete eine neue Gemeinschaft von Außenseitern. Er besuchte zwar nicht die El Camino Real, doch kannte er Arnel Celestial, den ersten Fan von Bad Religion. Arnel stellte Pete Greg an jenem Tag in Hollywood vor, als die Band ihr Demo im Studio 9 aufnahm. Seit damals gehörte Pete zu ihrem Freundeskreis.

Doch all das änderte nichts am Umstand, dass Pete nicht spielen konnte. Greg stärkte ihm jedoch unablässig den Rücken. „Du bist unser Freund", erinnert sich Pete an Gregs Worte. „Es wird schon alles gut werden."

Pete überredete seine Mutter, ihm ein Schlagzeug zu kaufen. „Wir hatten nicht viel Geld. Sie hatte aber etwas gespart, und so fuhren wir zu Pro Drum, wo sie mir ein kleines Schlagzeug kaufte. Ich nahm es mit nachhause und lernte all ihre Songs, indem ich zu einer Cassette spielte. Aber ich wusste nicht wirklich, was ich da tat. Ich hatte keine Ahnung, wie man spielte. Ich lernte die Schlagzeug-Parts wie im Blindflug, ohne eigentlich spielen zu können."

Die nächsten paar Wochen entpuppten sich für Pete als Achterbahnfahrt der Gefühle. Er freute sich zwar riesig, ein Mitglied dieser Band zu sein, die er so liebte, doch er stand auch mächtig unter Druck. Der Tiefpunkt war sicher seine erste Bandprobe im Hell Hole. „Ich baute meine Drums auf und fing an zu spielen. Ich war in meinem ganzen Leben noch nie so nervös gewesen … Brett und Jay hatten bestimmt ihre Zweifel, ob das mit mir funktionieren würde. Doch Greg meinte, es klänge großartig und ich sollte einfach weiterhin üben. Nach einem Monat oder so stand ein Konzert mit Fear und China White im Godzilla's an. Obwohl ich nicht spielen konnte, verloren sie nicht die Geduld mit mir."

Das Konzert mit Fear war zugleich die große Eröffnungsfeier des Godzilla's, eines Clubs, den die Brüder Mark, Adam und Shawn Stern von Youth Brigade im Ostende des San Fernando Valleys betrieben. Das Godzilla's war riesig, was bedeutete, dass jeder, den Pete kannte, kommen würde, um seinem Debüt bei Bad Religion beizuwohnen. „Ich hatte in meinem Leben noch nie ein Konzert gegeben", gesteht Pete. „Und auf einmal stand ich mit Fear vor tausend Kids auf der Bühne. Alle schienen sich königlich zu amüsieren. Ich schwebte auf Wolke Sieben. Zum ersten Mal sprachen Mädchen mit mir. Das war zuvor noch nie passiert. Selbst in der Punk-Szene gab es eine Hackordnung, und ich wurde nun akzeptiert, weil ich bei Bad Religion spielte, die die Leute gut fanden."

Lange konnte sich Pete jedoch nicht auf seinen Lorbeeren ausruhen, da es nun gleich die nächste Prüfung zu meistern galt. Als Bad Religion Anfang 1982 mit ihrem neuen Drummer ins Studio zurückkehrten, hatten sie bereits acht Nummern aufgenommen und abgemischt, die alle auf ihrem ersten Album erscheinen sollten, das *How Could Hell Be Any Worse?* heißen sollte. Der Name des Albums war einer Textzeile des Songs „Fuck Armageddon ... This Is Hell" entlehnt, den Greg auf dem Klavier seiner Mutter komponiert hatte.

Der Song startet mit einem Basslauf, der so leise und unterdrückt daherkommt, dass man ihn kaum wahrnimmt. Vor diesem akustischen Hintergrund wehklagt eine einzelne Gitarre, getragen und trist zugleich, als stünde das Ende der Welt unmittelbar bevor. Daraufhin nimmt der Song Fahrt auf, die Drums steigen ein und wir befinden uns wieder auf dem vertrauten Terrain eines Bad-Religion-Songs. Der Kontrast zwischen der langsamen Einleitung und der plötzlichen Schubkraft des Gesangs verleihen „Fuck Armageddon" eine epische Qualität.

There's people out there that say I'm no good
Because I don't believe in things that I should
In the end the good will go to heaven up above
The bad will perish in the depths of hell
How could hell be any worse, when life alone is such a curse?
Fuck Armageddon . . . this is hell!

Dieser Songtext führt gekonnt ein weiteres Markenzeichen von Bad Religion ein, Ironie, vor allem in Bezug auf religiöse Themen. Greg, aus dessen Feder der Song stammt, glaubte garantiert nicht, das „die Guten in den Himmel emporsteigen" würden. Vielmehr gaben diese Texte eine gängige Meinung wieder, um sie auf sarkastische Weise zu hinterfragen.

Da der Erzähler nicht zum erlauchten Kreis jener gehört, die in den Himmel abberufen werden, muss er mit den anderen Verdammten zurückbleiben. Doch da die Länder hier im Diesseits ununterbrochen Kriege führten und Konzerne Grund und Boden vergifteten, war das Leben auf der Erde ohnehin schon kein Picknick.

Vergesst das Jenseits, legt der Song nahe, wir sind doch schon längst in der Hölle!

Die Ironie und der Sarkasmus führen einen auf Umwegen zu einer spannenden philosophischen Fragestellung: Was hat man überhaupt in einer Welt ohne moralische Beschränkungen davon, „gut" zu sein? Die letzte Zeile des Refrains, die zugleich der Songtitel ist, beantwortet den Weckruf der Gitarre im Anfangsteil: Vergesst das Leben nach dem Tode und seht euch bloß das Inferno an, das wir aus dieser Welt gemacht haben. Hier zumindest meint es der Sänger todernst und drängt uns, uns der Realität zu stellen. Trotz all seiner Endzeit-Thematik verzichtet der Song auf Nihilismus. *Fuck the World* wäre nihilistisch, „Fuck Armageddon" funktioniert hingegen als Weckruf.

Jay spielte bei der ersten Session mit Ziskrout immer noch seinen händisch aufgemotzten Jazzmaster-Bass, der aber schon bald bei einer Show gestohlen wurde. „Ich weiß nicht mehr, wo wir auftraten, aber ich erinnere mich, dass der Bass im einen Moment noch da stand und schon im nächsten Augenblick verschwunden war. Das weiß ich noch, als wäre es gestern gewesen." Das stellte sich als Glück im Unglück heraus, da er sich nun mit der finanziellen Unterstützung seiner Eltern einen Rickenbacker-Bass zulegte.

„Wir befanden uns mitten im Aufnahmeprozess zu einer Platte. Es war meinen Eltern nicht entgangen, dass ich es ernst meinte. Ich würde das durchziehen, egal ob es ihnen gefiel oder nicht. Also willigten sie ein, mir einen echten Bass zu kaufen." (Viele Jahre später gestand Jack Grisham von T.S.O.L., dass er Jays Bass gestohlen und vom Dach des Veranstaltungsorts geworfen hatte.)

Auch Brett kaufte sich eine neue Gitarre, sodass die Band mit neuen Instrumenten und einem neuen Drummer ins Studio zurückkehrte. Sie mussten noch sechs Songs aufnehmen, darunter auch „Part III", einer von zwei Songs auf dem Album, die von Jay stammten. (Der andere war „Voice of God Is Government".) „Part III" handelt vom Dritten Weltkrieg, aber da sie ja schon einen Song namens „World War III" hatten, einigten sie sich auf ein Synonym, um zu betonen, dass solche verheerenden Konflikte als Teile einer fortlaufenden Saga eintreten. Jay wünschte sich für die Nummer einen zweiten Gitarristen, der gegen Brett anspielen sollte, um das Thema Kriegsführung hervorzuheben. Dafür lud er Greg Hetson von den Circle Jerks ein. Das war Hetsons inoffizieller Auftakt zu seiner Laufbahn bei Bad Religion – eine Beziehung, die über 30 Jahre andauern sollte.

Pete hatte zuvor noch nie in einem Studio aufgenommen und war der Ansicht, dass die Band sich besser jemanden anderen suchen sollte, um die verbleibenden Songs für das Album einzuspielen. Doch auch dieses Mal blieb Greg unerbittlich in seiner unterstützenden Haltung. Die Aufgabe fiel wohl oder übel Pete zu. „Wenn man sich diese Platte nochmals anhört", so Pete, „dann kann man genau hören, wann Ziskrout spielt und wann ich. Ziskrout spielt auf ‚Fuck Armageddon … This Is Hell', dem wohl beliebtesten Song auf dem Album. Ich spiele ‚Oligarchy'. Der Unterschied zwischen Jays jazzigem Punk-Stil und meinem abartigen Spiel war schon sehr markant."

Zusätzlich zur Tatsache, dass zwei unterschiedliche Schlagzeuger zu hören waren, spiegelte die LP den unorthodoxen Zugang der Band auch noch anderweitig wider. „We're Only Gonna Die", „Damned to Be Free" und „Fuck Armageddon … This Is Hell" glänzten alle mit einer Klavierbegleitung, was für eine Punk-Band außergewöhnlich war. Bei „We're Only Gonna Die" gab es dazu noch eine Akustikgitarre. Interessanterweise schrieb Greg gleich vier der ersten fünf Songs auf dem Album, wohingegen Brett für vier der letzten sechs Nummern verantwortlich zeichnete. Dennoch hinterlässt das Album einen zusammenhängenden, stringenten Eindruck in Bezug auf die Vision und den Sound der Gruppe.

How Could Hell Be Any Worse? strotzt nur so vor brutalen Bildern voller Tod und Zerstörung. Trotz der apokalyptischen Grundstimmung ist die Menschheit der Urheber dieses Chaos' und nicht etwa ein höheres Wesen. Das Album startet mit „We're Only Gonna Die", das darauf „We're Only Gonna Die from Our Own Arrogance" heißt. Es handelt sich dabei um eine Parabel über den modernen Menschen und seine primitiven Bedürfnisse. Das Schlüsselwort lautet hier „Arroganz": Die Menschheit verfügt über das Wissen und die Macht, eine Katastrophe zu vermeiden, doch ihre monströse Überheblichkeit und ihr kriegerisches Verlangen führen uns wieder und wieder auf einen Pfad der Zerstörung. Übrigens coverte später die legendäre Band Sublime aus Orange County diesen Song.

Sowohl „Faith in God" als auch „Pity" schäumen geradezu über vor Wut auf die ignoranten Massen. „Damned to Be Free" nimmt sich noch einmal der Themen an, die bereits „Fuck Armageddon … This Is Hell" angeschnitten hat, wobei Greg keine Zweifel an seiner Ablehnung repressiver religiöser Dogmen aufkommen lässt. Wenn sich die Frage zwischen ewiger Verdammnis und Freiheit stellt, kann die Antwort einzig und alleine Freiheit lauten! Doch „Damned to Be Free" handelt als Song nicht davon, für das Heute zu leben. Vielmehr betont er die Verantwortung, die Freiheit mit sich bringt.

Die Band nahm *How Could Hell Be Any Worse?* An einem einzigen Wochenende auf. Das Artwork war fertig. Da auch die Frage des Vertriebs bereits geklärt war, konnte die Band ihre Platte nun pressen und ausliefern lassen. Zu diesem Zeitpunkt belegte gerade der Song „Centerfold" der J. Geils Band die Spitze der Charts. *Am goldenen See* war der meistgesehene Film. Ronald Reagan befand sich im zweiten Jahr seiner ersten Amtszeit als Präsident der USA. Und Bad Religion hatten gerade ihre erste LP veröffentlicht. Doch würde das irgendjemanden auch interessieren?

5
Noch nichts erreicht

Anfang 1982 pfiff die Punk-Szene von L.A. aus dem letzten Loch. Nur die treuesten Anhänger der einstmals so vitalen Bewegung hätten abgestritten, dass sie sich kopfüber in die Obskurität verabschiedet hatte. Das Starwood hatte geschlossen, die Kids kehrten der Szene den Rücken und Musiker ließen sich ihre Haare wieder wachsen. Der Sunset Strip war nun vermehrt die Heimat von Metal-Bands, die sich bei der Punk-Mode und Glam-Theatralik bedienten. Doch die erste Scheibe von Bad Religion *How Could Hell Be Any Worse?* bewies, dass Punk sehr wohl noch über einen Puls verfügte.

Einen Monat nach dem Erscheinen der Debüt-LP von Bad Religion veröffentlichten die Circle Jerks mit *Wild in the Streets* ihren Nachfolger von *Group Sex*. In Orange County brachten die Goth-Rocker von Christian Death mit ihrem Gitarristen Rikk Agnew, einem ehemaligen Mitglied von Social Distortion und der Adolescents, das Album *Only Theatre of Pain* heraus. Punk erschloss interessante neue Richtungen: Während die Hardcore-Fraktion immer härter und schneller zur Sache ging, experimentierten andere Gruppen mit langsameren Tempos und Synthesizern, um so ihre Unzufriedenheit atmosphärisch zum Ausdruck zu bringen. Oder, um es anders zu formulieren: Hardcore schlug um sich („Fuck you!"), wohingegen Goth, Death Rock und Post Punk introspektiver klangen („We're fucked!").

Bad Religion konnten auf einen enthusiastischen Rückhalt innerhalb der Hardcore-Gemeinde zählen. Doch obwohl sich die Band bei Fans und Veranstaltern immer größerer Beliebtheit erfreute, sahen andere Bands auf sie herab, was wieder einmal mit ihrem Alter und ihrer Herkunft zu tun hatte. „Wir hatten einen gewissen Stellenwert, aber noch nichts erreicht", erklärt Jay.

„Wir waren einfach ein paar Sackgesichter aus dem Valley. So konnten uns die Leute leicht abstempeln. *Ihr seid doch aus dem Valley*. Als ob der einzig wahre Punk aus Hollywood stammen musste. Vermutlich ließ man uns alles nur deshalb durchgehen, weil wir noch so jung waren."

Auch das Klassendenken spielte in der Hierarchie des Punk eine gewisse Rolle. Die jungen Leute aus Hollywood nahmen an, dass Gleichaltrige aus dem Valley wohlhabend sein müssten. Hollywood galt als chaotisch und gefährlich – das Valley hingegen stand für Stabilität und Sicherheit. Für die Bandmitglieder von Bad Religion lag die Wahrheit irgendwo dazwischen. Greg lebte über weite Strecken der Middle School und High School als Schlüsselkind in einem Alleinerzieher-Haushalt. Nach der Scheidung seiner Eltern pendelte Jay zwischen dem Valley und dem Strand. Bretts Vater arbeitete in Bretts Kindheit von der heimischen Garage aus, schaffte es aber, seiner Familie eine komfortable Mittelklasse-Existenz zu ermöglichen. „Soziale Klasse war schon ein Thema", so Brett. „Valley-Kids versus City-Kids. In der Welt des Punk galten wir als Bürger zweiter Klasse, obwohl wir sicher keine reichen weißen Jugendlichen waren."

Obwohl die Bandmitglieder von Bad Religion keinesfalls im Geld schwammen, unterstützten ihre Familien ihre Bemühungen und finanzierten ihnen ihre Instrumente, stellten Proberäume zur Verfügung und ermöglichten ihnen, ihre Leidenschaft auszuleben – Privilegien, die andere Jugendliche nicht hatten. Bretts Familie beschäftigte zum Beispiel auch eine Haushälterin aus El Salvador, die mehrmals pro Woche nach dem Rechten sah. Immer wenn Greg oder Jay bei Brett anriefen und die Haushälterin abhob, schrie sie nach „Mr. Brett", der doch bitte das Gespräch entgegennehmen sollte. Bretts Bandkollegen hänselten ihn damit, doch anstatt sich von seinem Spitznamen zu distanzieren, akzeptierte Brett ihn einfach. „Das wurde eine Art Künstlername von mir", erklärt Brett. „Dass mir das nichts ausmachte, lag zum Teil daran, dass in der Szene ein gewisser Antisemitismus herrschte, weshalb ich nicht meinen jüdisch klingenden Nachnamen verwenden wollte. Anfangs bestand die Szene nur aus ein paar Freaks. Es wurde viel experimentiert und es herrschte blanker Irrsinn, was sich grenzüberschreitend und revolutionär anfühlte. Damals scherte sich die Gesellschaft nicht um Gender- und Identitätsfragen, wie das heute der Fall ist. In den frühen Achtzigerjahren waren es die Punks, die gesellschaftliche Normen hinterfragten, und darauf bin ich schon sehr stolz. Trotzdem verwandelte sich nun diese Bewegung, die als revolutionäre und radikale Ausdrucksform begonnen hatte, in etwas, das von Uniformität und Dogmen geprägt war. Als Homophobie und Rassismus sich in der Hardcore-Szene auszubreiten begannen, fühlte sich das sinister an. Um ehrlich zu sein, fühlte ich mich nicht mehr ganz sicher. Also fing ich an, mich auf unseren Platten Mr. Brett zu nennen, und dieses Pseudonym blieb hängen."

War die Herkunft der ersten Punks in L.A., die aus dem gesamten County stammten, noch sehr divers, kamen die neuen Fans aus den Strandgemeinden und waren überwiegend weiß und männlich. Viele von ihnen waren Surfer und Skater, die sich aufgrund der Gewalt bei Live-Konzerten für Punk begeisterten. Ein paar dieser Neuzugänge waren extrem aggressiv und feindselig gegenüber allen, die nicht so waren wie sie selbst. Anstatt die nonkonformistische Weltsicht des Punk zu favorisieren, waren sie in Gruppen unterwegs und ihre Gangmentalität folgte der Devise „wir gegen euch".

„Die ursprüngliche Punk-Szene war revolutionär ausgerichtet", so Brett. „und damit meine ich, dass sie offen und idealistisch war. Da gab es Philosophen wie Tim Yohannan von *Maximum Rocknroll* und Darby Crash von den Germs, die spannende, belesene und visionäre Menschen waren. Und dann gab es da noch die Kehrseite der Medaille, Punks, die rassistisch, engstirnig und brutal waren. Das war alles bunt durchgemischt und ich glaube, dass die Leute aus der Punk-Szene ernteten, was sie säten."

Die Bruchstellen zwischen den „ursprünglichen" Hollywood-Punks und ein paar der anderen Szenen wurden immer offensichtlicher. „In den frühen Achtzigern, konnte man den Unterschied gut erkennen", berichtet Jay. „Die Hollywood-Punks waren in der Regel ein bisschen älter und eher Künstler. In Long Beach und noch weiter südlich bekam man es hingegen mit verdammt zähen Kids zu tun." Das Fleetwood in Redondo Beach, eine wichtige Konzert-Location der Beach-Punk-Szene, eignet sich als hervorragendes Beispiel für die exzessive Gewalt, von der Punk-Konzerte in dieser Zeit heimgesucht wurden. Auch Greg hat ein paar schlechte Erinnerungen an den Club, der sich ein wenig weiter südlich von Hermosa Beach, der Heimat von Black Flag, befand. „Man musste sich nur ins Fleetwood begeben", erzählt Greg, „jenem berühmten Punk-Club, wo all diese Typen abhingen. Ihr Tanzstil war brutal.

Sie verlagerten ihre Slamdance-Einlagen auch auf die Straße, wo dann die Fäuste flogen. Sobald jemand am Boden lag, traten sie auf ihn ein."

Doch die Gewalt blieb nicht auf gewisse Clubs oder Gegenden beschränkt, obwohl manche in der Tat gefährlicher waren als andere. Sie infizierte die ganze Szene. Jay beschreibt es als eine brutale und gefährliche Ära. „Die Orte, an denen wir auftraten, waren nicht sicher. Es schien, als würden viele Leute bloß zu den Konzerten kommen, um andere zu verletzen. Sie zahlten fünf Mäuse Eintritt, um dann irgendjemanden aufzumischen. Es kam zu nicht wenigen Messerstechereien. Niemand wurde am Eingang abgetastet und es gab keine Metalldetektoren. So passierte jede Menge verrückter Scheiß."

Während die Punk-Szene stetig Veränderungen durchlief, blieb das Fast-Food-Etablissment Oki-Dog durchweg eine Oase der Beständigkeit. Die Spezialität des Hauses waren zwei in Chili geschmorte Hotdogs, die zusammen mit gebratener Pastrami in eine Tortilla eingewickelt waren. Das Oki-Dog am Santa Monica Boulevard in West Hollywood hatte bis spät in die Nacht geöffnet, kredenzte billiges Essen in großzügigen Portionen und verfügte über einen riesigen Parkplatz. All diese Faktoren trugen zur Popularität der Örtlichkeit bei Strichern aus West Hollywood, jugendlichen Ausreißern und Punks bei – junge marginalisierte Leute, die in Scharen einen sicheren Rückzugsort suchten. Die Eigentümer des Oki-Dog waren bekannt dafür, zwei Augen zuzudrücken, wenn ihre Kundschaft ungesunden Beschäftigungen frönte, und sie halfen schon mal aus, wenn sich jemand in Schwierigkeiten manövriert hatte. Selbst nachdem das Starwood geschlossen hatte, blieb das Oki-Dog ein Treffpunkt für Punks, wie sich Greg erinnert. „Dort versammelten sich alle. Wenn das Konzert vorbei war, ging man rüber ins Oki-Dog." (Das originale Oki-Dog gibt es schon lange nicht mehr, doch die gleichnamige berüchtigte kulinarische Kreation lebt an gleich zwei Orten weiter: an der North Fairfax Avenue sowie am West Pico Boulevard. Auf eigene Gefahr und mit Vorsicht zu genießen!)

Während viele dorthin pilgerten, um mit und von prominenten Punkrockern gesehen zu werden, war es für Teenager aus dem Valley einer der wenigen Orte, wo sie mit gleichgesinnten Jugendlichen abhängen konnten. Hier löste sich die Barriere zwischen Fans und Performern, die ohnehin eher zarter Natur war, endgültig auf. Im Oki-Dog freundete sich Greg mit Bands aus allen Sparten des

Genres an – von den Cirlce Jerks, die de facto berühmt waren, bis hin zu Mad Society, deren Mitglieder sogar noch jünger waren als die von Bad Religion. Greg liebte das Oki-Dog, weil man dort Zeit im Kreis seiner Freunde totschlagen konnte. „Es gab einem eine Ausrede, noch nicht heimzugehen. Nicht dass es bei uns zuhause so schlecht gewesen wäre. Aber ich langweilte mich dort eben. Ich liebte es einfach, an einem belebten Ort abzuhängen."

Da das Oki-Dog in Punk-Zirkeln als Treffpunkt bekannt war und sogar in einigen Songs erwähnt wurde, zog es fortlaufend neue Fans an. Doch einige der eher engstirnigen Hardcore-Kids bekamen sich mit der aus West Hollywood stammenden Klientel in die Wolle. So attackierte 1980 eine Gruppe von Nazi-Punks einen schwulen 14-jährigen Ausreißer und ließ ihn, als sie ihn für tot hielten, einfach liegen. (Das Opfer überlebte und tat sich später in einer überraschenden Wendung mit einem der Täter zusammen, um gemeinsam und freiwillig im Museum of Tolerance auszuhelfen.) Auch die Polizeibeamten des LAPD griffen auf homophobe Kraftausdrücke zurück, wann immer sie Punks in dem populären Spätimbiss aufzuscheuchen versuchten.

Leider waren solche Konfrontationen nur allzu üblich im Oki-Dog und an anderen Orten entlang des Santa Monica Boulevards, wo homophobe Spießgesellen Punks, Strichern und jungen Schwulen auflauerten, die nicht ihrer Vorstellung von Männlichkeit entsprachen. Ein solcher Vorfall sollte die Punk-Szene in ihren Grundfesten erschüttern.

Die Nacht begann mit einem unüblichen Ereignis, einer Punk-Party in der unmittelbaren Nachbarschaft von Bad Religion. Eine Schülerin der El Camino Real schmiss eine Fete bei sich zuhause an der Woodlake Avenue in Woodland Hills, da ihre Eltern gerade nicht in der Stadt weilten. Greg kannte die Gegend. „Sie lag fast genau in der Mitte zwischen Jays und meinem Haus. Ich spazierte jeden Tag auf meinem Schulweg dort vorbei. Also kannten wir auch das Haus ziemlich gut und ich denke, dass wir auch das Mädchen kannten. Ich habe aber keine Ahnung, wie wir von der Party erfuhren."

Greg, Jay und Pete besuchten die Party und staunten nicht schlecht, als sie dort auf Mike Muir von Suicidal Tendencies und mehrere Mitglieder der Dogtown-Skateboard-Clique stießen, etwa Jay Adams, Dennis „Polar Bear" Agnew und andere Skate-Punks aus Venice Beach. Jay kannte die Dogtown-Jungs noch aus seiner Zeit als Skater, und sie wiederum wussten selbstverständlich auch, wer Bad Religion waren. Eine Gruppe von Footballspielern aus der High School feierte nebenan ebenfalls eine Party. Jay spürte von Anfang an, dass sich Probleme anbahnten. „Es war großes Pech, dass der Nachbarsjunge ein Schulsportler war, der eine Football-Party veranstaltete. Die Leute dort waren von der El Camino Real, und Greg und ich kannten sie."

Ein junger Punk wurde von einer Gruppe Footballspieler belästigt. Als er lädiert und blutverschmiert auf der Party eintraf, erzählte er, dass ein paar Typen vom Haus nebenan ihn in die Mangel genommen hätten. Ohne zu zögern machten sich die Dogtown-Jungs auf den Weg, um die Sportskanonen zur Rede zu stellen. Die Footballer verkalkulierten sich und traten bewaffnet mit Baseballschlägern vors Haus, weil sie dachten, das würde die Punks einschüchtern. Die Skater aus Venice Beach waren aber nicht wie die Punks, die die Sportler von der El Camino Real gewöhnt waren. Diese Punks waren mindestens so athletisch und aggressiv wie sie selbst. Abgesehen davon wäre es eine glatte Untertreibung gewesen, zu behaupten, dass diese Typen vom Strand eben nur allzu gern ihr Faible für rohe Gewalt auslebten.

Greg fühlte sich an eine Filmszene erinnert. „Die dummen Footballer kamen mit ihren Baseballschlägern an. Die Punks vom Strand gingen direkt auf sie zu und entwaffneten sie, da die Footballer es nicht gewohnt waren, dass man sich ihnen entgegenstellte. Sie nahmen ihnen ihre Schläger ab und jagten die Footballer davon."

Nachdem die Footballspieler die Flucht ergriffen hatten, enterten die Strand-Punks das Haus und schlugen mit den Baseballschlägern, mit denen sie von den Sportlern bedroht worden waren, alles kurz und klein. „Sie nahmen die Bude auseinander", berichtet Greg. „Wie ein Abrisskommando", ergänzt Jay.

Keiner der Jungs von Bad Religion beteiligte sich an diesem Vandalismus. Vielmehr war ihnen klar, dass es an der Zeit war, die Party zu verlassen. Pete und seine Freundin brachen zusammen auf, wohingegen sich Greg und Jay Mitgliedern des Dogtown-Kontingents anschlossen und sich mit ihnen auf den Weg nach Hollywood machten.

Jay fuhr in seinem alten Toyota Corona, den er liebevoll als „Grünen Scheißhaufen" bezeichnete. „Ich folgte Dennis Agnew und Jay Adams. Ich weiß noch, dass Adams auf dem Freeway eine Wagentür öffnete und sich hinauslehnte, um zu pinkeln. Ich fragte mich, ob der Typ noch ganz dicht war."

Nach dem Eintreffen beim Oki-Dog teilten sich die verschiedenen Fraktionen auf, um mit ihren jeweiligen Freunden abzuhängen. Als Adams ein schwules Paar sah, fing er an, sie mit rassistischen und homophoben Beschimpfungen zu provozieren. Einer der Männer, Dan Bradbury, war Afroamerikaner und stellte Adams zur Rede, und es kam zu einem Handgemenge. Dabei ging Bradbury zu Boden und schlug sich den Kopf auf, bevor die Streitparteien wieder voneinander abließen.

Zum zweiten Mal an diesem Abend verließ Jay einen Schauplatz in großer Eile. „Ich sprang in mein Auto. Greg und ein Typ namens Tommy Hawk stiegen auch ein, und wir fuhren los." Unterwegs fuhr ein Wagen seitlich an Jays Auto heran und die Fahrerin schrie ihm etwas durch die offenen Fenster zu. „Ich weiß noch, dass ich mit Jay abgehauen bin", so Greg. „Aber dann schrie uns eine Dame aus dem Wagen neben uns etwas zu: ‚Ich habe euch gesehen! Ich habe euch gesehen!'"

Nachdem Jay seine Freunde abgeliefert hatte, fuhr er nachhause. Allerdings erwartete ihn ein unsanftes Erwachen. Um 3 Uhr morgens erhielt er Besuch von Sheriffs aus West Hollywood. „Sie klopften an die Haustür, und meine Mom ließ sie eintreten", erinnert sich Jay. „Sie stürmten ins Haus und kamen mit gezogenen Waffen in mein Zimmer. Ich kann mir gar nicht vorstellen, was sich meine Eltern gedacht haben müssen. *Was zum Teufel hast du jetzt schon wieder ausgefressen?*"

Der bis auf ein Paar Badeshorts nackte Jay wurde in Handschellen abgeführt und in ein Polizeiauto geschoben. Sie fuhren ihn zurück nach West Hollywood, wo Jay erfuhr, dass Dan Bradbury, der Afroamerikaner, der vor dem Oki-Dog in einen Kampf verwickelt worden war, gestorben sei. Um das Ganze noch schlimmer zu machen, warf die Polizei Jay nun vor, Bradbury angegriffen zu haben, wofür es angeblich Zeugen gäbe, die ihn mit dem Tatort in Verbindung brachten. „Nachdem ich sie endlich dazu gebracht hatte, mir doch zu sagen, was Sache ist, meinten sie, ich sei derjenige gewesen, der Bradbury umgestoßen hatte. Ich sagte, dass ich der Falsche wäre. Sie bestanden aber darauf, weil sie Augenzeugen hätten. Also verbrachte ich zwei Nächte auf der Polizeiwache von West Hollywood."

Jay reimte sich zusammen, dass die Dame, die sie angeschrien hatte, als sie vom Oki-Dog aufbrachen, sich seine Nummerntafel notierte hatte. Allerdings war er völlig unschuldig. „Ich sagte ihnen immer wieder, dass ich mit dem Ganzen nichts zu tun hatte." Aber das war ihnen egal. Schließlich war Jay ein Schulabbrecher, der in einer Punk-Band spielte und an einem Tatort gesichtet worden war. Das reichte schon aus. Letztlich wies einer der Augenzeugen die Polizei darauf hin, dass der Mann, der die Keilerei angezettelt hatte, viel kleiner gewesen sei. Anders ausgedrückt: Sie hatten den falschen Jay in Gewahrsam genommen.

Für Greg gingen die Schwierigkeiten am Montagmorgen in der Schule los. Die Kunde vom Vorfall bei Oki-Dog hatte sich in Windeseile in der Gemeinschaft der Punks ausgebreitet und war so auch an die El Camino Real gelangt. Die Brutalität des Gewaltakts überschattete zwar den Vandalismus an der Woodlake Avenue, doch die Sportler wollten nicht darüber hinwegsehen und Greg sorgte sich, dass er die Zielscheibe ihrer Rachegelüste sein könnte.

„Ich bin so gut wie tot, Mann", hatte er noch am Vorabend zu Mike Muir gesagt. „Diese Typen werden mich umbringen." Muir sagte Greg, er solle sich bloß keinen Kopf darum machen. Wenn die Sportskanonen ihn weiterhin drangsalierten, würde er ihnen Rohrbomben in ihre Postkästen stopfen. Das war aber kein allzu großer Trost.

Die Sportler bedrohten Greg sofort, als er die Schule betrat, hielten sich aber zurück. Später im Unterricht klopfte es an der Tür. Der Direktor wollte sich mit Greg unterhalten. Draußen erwartete ihn aber eine Überraschung. „Da stand nicht nur der Direktor, sondern auch die Polizei", erzählt Greg. „Sie führten mich den Flur hinunter. Alle in der Schule sahen, wie ich von der Polizei abgeführt wurde."

Greg ging ebenso wie der Rest der Schülerschaft davon aus dass er wegen des Zwischenfalls beim Oki-Dog in der Tinte saß, aber das war nicht der Fall. Die Cops wollten mit Greg nur über die Party an der Woodlake Avenue sprechen. Greg erklärte, er hätte weder mit dem Vandalismus auf der Party noch den Punks, die die Bude verwüstet hatten, etwas zu tun gehabt. Als den Polizeibeamten dämmerte, dass sie nichts gegen Greg in der Hand hatten, redeten sie ihm eindrücklich ins Gewissen.

„‚Hier oben sind wir eine Gemeinschaft. Du lässt dich da mit den falschen Leuten ein. Diese Typen aus Hollywood sind ein schlechter Einfluss.' Sie müssen mich für einen braven Schüler oder so gehalten haben", erinnert sich Greg.

Obwohl schon bald jeglicher Verdacht gegen Greg und Jay ausgeräumt war, blieb der Vorfall vom Oki-Dog nicht ohne Konsequenzen. Jay Adams bekannte sich schuldig und landete hinter Gittern, beteuerte jedoch nach seiner Entlassung seine Unschuld. Ihm zufolge war Bradbury gestorben, nachdem ihm jemand, als er am Boden war, gegen den Kopf getreten hatte. Mike Muir hegte einen Groll gegen Jay Bentley. Er verstand nicht, warum der auf freiem Fuß war, während sein Freund im Knast saß. Er konfrontierte Jay im Godzilla's, wo Bad Religion vor The Damned auftraten. Pete erinnert sich, dass die Situation rasch eskalierte. „Muir attackierte Jay, aber er stellte sich ihm entgegen und hielt dagegen", so Pete. Jay und Muir wurden getrennt, was den Konflikt zu beenden schien. „Das war aber keine Staatsaffäre", winkt Jay ab.

Jay war schon Monate zuvor mit brutaler Gewalt in Kontakt geraten, als er die Adolescents als Roadie nach Arizona begleitet hatte. Die Bühne bei diesem Gig war ein echter Boxring. Das Sicherheitsteam verhielt sich feindselig gegenüber der Band. Einer der Rausschmeißer legte sich mit einem der Gitarristen an und nahm ihn in den Schwitzkasten. Jay fuhr den Sicherheitsmann an, dass er von seinem Opfer ablassen sollte, woran der jedoch gar nicht dachte. Also schlug Jay ihn ins Gesicht, was sich als Fehler herausstellte. Denn die Rausschmeißer dort waren alle Kickboxer. Jay bezog eine schwere Tracht Prügel und fand sich daraufhin im Krankenhaus wieder.

Für die Punkrock-Community war das tragische Ereignis vom Oki-Dog ein Zeichen, dass sich die Dinge geändert hatten – und zwar nicht zum Besseren. Mit dem Aufkommen von Punk-Gangs und ausartender Polizeibrutalität stand das Schlimmste sogar noch bevor. Punkrock-Konzerte zu besuchen, wurde nun zu einer gefährlichen Unternehmung, was viele Fans davon abschreckte. Für Greg stand unweigerlich fest, dass die Szene begonnen hatte, sich aufzulösen. Was einmal war, würde nie wieder sein – und das, was an dessen Stelle getreten war, machte keinen Spaß mehr. „Niemand wollte mehr dazugehören", so Greg. Auch ließ sich nicht von der Hand weisen, dass die Welt des Punkrocks keine in sich geschlossene Blase war. Alles, was auf einer Party oder bei einem Konzert passierte, konnte das Leben und die Zukunft der Betroffenen nachhaltig beeinflussen.

Auch wenn Greg kein Musterschüler war, gab er sich doch Mühe, das zu ändern. Er wollte nach seinem Abschluss ein College in Wisconsin besuchen.

Anders als viele seiner Kollegen in der Punk-Szene dachte er über das nächste Konzert hinaus und ihm missfiel, was sich ihm da offenbarte. In seiner Vorstellung unterschieden sich Bad Religion von anderen Bands, doch in den Augen der Polizei, der Presse und ihrer Eltern waren sie alle gleich, eine Ansammlung brutaler Querulanten. Was machte es da für einen Sinn, Mitglied einer sogenannten „cleveren" Punk-Band zu sein, wenn man mit gewalttätigen Rassisten und Schwulenhassern, die langsam die Szene übernahmen, in eine Schublade gesteckt wurde?

Die ganze Affäre wirkte sich auch negativ auf Jays Leben daheim aus. Er hatte die Schule abgebrochen, und weil er noch minderjährig war, hatte er seine Eltern ungewollt in die Tragödie rund um Dan Bradburys gewaltsamen Tod hineingezogen. „Meine Eltern sahen mich nun mit anderen Augen", sagt Jay. „Nun war ich plötzlich der schlimmste Kerl aller Zeiten."

Jays Verhältnis zu seinen Eltern war ohnehin schon belastet. Als Bad Religion immer beliebter wurden, musste er für Konzerte immer weitere Wege zurücklegen und kam erst spät nachhause. In der Regel endete ein Austausch darüber, wohin er unterwegs wäre und wann er wieder zuhause sein würde, im Streit.

JAY: Ich fahre runter nach Riverside, um dort ein Konzert zu geben.
ELTERN: Du musst um 22 Uhr zuhause sein.
JAY: Ich werde nicht um 22 Uhr zuhause sein.
ELTERN: Dann streichen wir dir das Taschengeld.
JAY: Nun, dann lasst mich mal nachdenken. Ich verdiene heute wahrscheinlich 100 Dollar und mein Taschengeld sind zwölf Dollar. Ist schon okay, wenn ihr mir kein Taschengeld gebt. Wie wäre es mit Hausarrest, verdammt noch mal?

Jay war von einem Auto angefahren worden, als er mit seinem Fahrrad einen Fußgängerübergang überquerte und ein anderer Teenager ihn mit seinem Kombi ummähte. Jay hatte noch die Beine hochziehen und mit den Füßen auf den Sitz steigen können, sodass er über die Windschutzscheibe hinweg katapultiert wurde. Bei diesem Unfall hatte er sich beide Beine ausgerenkt. Ein Freund der Familie war Anwalt und hatte in Jays Namen auf Schadenersatz geklagt. Jay hatte eine Abfindung erhalten, an die er aber erst herankam, wenn er 18 war.

„Ich war jetzt nicht so irre, dass ich mir dachte: *Alter, du musst nie wieder arbeiten.* Es waren ja nur 15 Riesen und meinem Anwalt musste ich die Hälfte davon abtreten." Gleichwohl wusste Jay, dass ihn an seinem 18. Geburtstag ein Geldregen erwartete. Also eckte er regelmäßig bei seinen Eltern an. Außerdem war er in ihren Augen jetzt ein Schläger. Das frustrierte Jay außerordentlich, da das nicht zutraf und seinem Verhalten in der Punk-Szene nicht entsprach. „Ich war nie ein destruktiver Typ", erklärt Jay. „Ich war der, der sagte: *Wir können es besser machen.*"

Leider sollte sich der Zustand der Band schon bald rapide verschlechtern.

6
Musik für Spinner

Auf der High School begeisterte sich Greg für ein Thema, das als noch uncooler galt als Punk, die Paläontologie. Zwar war er immer schon ein wissbegieriger Junge gewesen, doch als er heranwuchs, stellte er sich immer mehr Fragen hinsichtlich der Welt und des Lebens lange Zeit vor seiner Geburt. Im letzten Schuljahr an der El Camino Real arbeitete er ehrenamtlich im paläontologischen Labor des Naturhistorischen Museums von Los Angeles County. Seine Aufgabe bestand darin, die Gesteinsbrocken, die die Mitarbeiter des Museums gesammelt hatten, mithilfe geheimnisvoller Werkzeuge zu bearbeiten, um darin verborgene Fossile freizulegen.

Diese Arbeit war mühsam und monoton. Auch musste Greg eine lange Busfahrt in Kauf nehmen, um zu einem Job zu gelangen, für den er nicht einmal bezahlt wurde. Mitunter arbeitete er stundenlang an einem simplen Zahn oder Knochenfragment. Sobald er fertig war, wurde ein Fossil auf Nimmerwiedersehen in ein anderes Labor weitergeschickt. Greg blieb zurück und rätselte, wie die einzelnen Bruchstücke wohl zusammenpassen mochten und was all dies zu bedeuten hätte. Diese dringlichen Fragen sollten die Songtexte seiner Band Bad Religion nachhaltig beeinflussen.

Die Laborarbeit ließ in Greg den Wunsch aufkeimen, mehr über die Fossile zu erfahren, die er zutage bringen half. Woher stammten sie? Was war mit ihnen passiert? Doch ihn faszinierte nicht nur die Taxonomie dieser Fossile, nicht nur das *Wer* und das *Was*, sondern auch das *Wie* und das *Warum* lagen ihm am Herzen. Kurzum, es interessierte ihn die ganze Geschichte dieser prähistorischen Fragmente, die gleichzeitig die Historie der geologischen Vergangenheit unseres Planeten preiszugeben vermochten.

Diese Erfahrungen am naturhistorischen Museum motivierten Greg, dessen Urgroßvater noch geglaubt hatte, die Erde sei gerade einmal 6.000 Jahre alt, Geologie zu studieren. Allerdings reichten Gregs Noten an der El Camino Real nicht aus, um ihm einen Studienplatz an der University of Wisconsin zu sichern, wo ihm die Studiengebühren erspart geblieben wären, da sein Vater dort ordentliches Fakultätsmitglied am Englisch-Institut war. Stattdessen inskribierte er im Herbst an der California State University in Northridge und besuchte Vorlesungen in Geologie und Biologie. Zum ersten Mal in seinem Leben verspürte Greg den Drang, außerordentliche schulische Leistungen zu erbringen.

Bad Religion gaben weiterhin Konzerte, traten zum Beispiel mit den Bad Brains im Ukrainian Culture Center in L.A. auf und unternahmen gelegentlich Ausflüge nach San Francisco. Allerdings traten sie nicht öfter als zwei-, dreimal im Monat auf. Dennoch fühlte sich die Band durch den Erfolg von *How Could Hell Be Any Worse?* bestätigt und ermutigt. Im Verlauf des Jahres wurde das Album mehrmals nachgepresst, um der Nachfrage gerecht zu werden. Ende 1982 hatten Bad Religion 10.000 Exemplare verkauft, was die ursprünglichen Erwartungen bei Weitem übertraf. „Das war damals in der Punk-Szene eine große Sache", betont Brett.

Außerdem liefen sie nun regelmäßig in Rodney Bingenheimers Radioshow und konnten sich somit der Aufmerksamkeit der bunt gemischten Punkrock-Klientel in L.A. sicher sein. Die Band wurde sogar erneut zu *New Wave Theatre* eingeladen, wovon auch Greg Hetson Wind bekam. Am Tag der Aufzeichnung kreuzte er im Studio auf, um kostümiert mit Trenchcoat und Schlapphut „Part III" mit der Band zu spielen. (Tragischerweise wurde Peter Ivers, der Moderator der Show im März 1983 erschlagen in seiner Wohnung aufgefunden. Der Mord wurde niemals aufgeklärt.)

Wann immer Hetson bei einer Show von Bad Religion zugegen war, sprang er bei „Part III" auf die Bühne, um die Jungs zu unterstützen – bis er eines Tages de facto zu einem festen Mitglied der Band avancierte.

Für Bad Religion lief alles so gut, dass sich Brett einen Synthesizer, einen Roland Juno-6, leisten konnte. Wenn Greg seine Songs schrieb, hatte er oft das hoffnungslos verstimmte Klavier seiner Mutter benutzt. Das neue Keyboard bot hingegen eine Vielzahl an Effekten und war auch tragbar. Das Gerät war nicht nur ein praktisches Werkzeug, sondern sollte auch noch umfangreiche Auswirkungen auf die Band haben.

1982 waren Synthies in der Popmusik allgegenwärtig. Wenn man das Radio aufdrehte, gab es kein Entkommen. Die meisten Punk-Bands sträubten sich aus ästhetischen Gründen gegen sie. Sie lehnten Synthesizer vehement ab, weil sie in der Mainstream-Musik eine so dominante Rolle spielten.

Brett wusste genau, auf was er sich einließ, als er den Roland Juno-6 erstand: „Damals tendierten viele Kollegen in der Hardcore-Szene zu einem Post-Punk-Sound, der von englischen Gruppen wie Joy Division oder Public Image Limited beeinflusst war – und dass obwohl Synthies als verpönt galten. Mir war das Risiko bewusst, aber ich dachte, dass es Spaß machen könnte, ein bisschen zu experimentieren."

Dann veröffentlichten T.S.O.L. ihr Album *Beneath the Shadows* auf Alternative Tentacles und Greg Kuehn spielte Keyboards darauf. Ein Song war sogar ein Instrumentalstück. Mit ihrer zweiten LP pushten T.S.O.L. ihren Death-Rock-Sound weiter in Richtung jener trostlosen Stimmung, die sie zuvor schon mit ihrer EP *Weathered Statues* angedeutet hatten. Für Brett veränderte *Beneath the Shadows* die musikalische Landschaft bemerkenswert.

„Zumindest auf mich hatten T.S.O.L, die zu meinen Lieblingsgruppen in der Hardcore-Szene von L.A. zählten, besonders großen Einfluss. Sie hatten gerade *Beneath the Shadows* veröffentlicht, worauf Synthies zu hören waren. Das war eine echte Innovation. Es kennzeichnete eine Weiterentwicklung des sehr aggressiven Hardcore-Punks hin zu einem fast schon postmodernen Sound."

War Punk nun passé, oder war er einfach nur in eine neue, experimentelle Phase eingetreten? Manche Bands wollten brutale Hardcore-Fans davon abhalten, ihre Gigs weiterhin ins Chaos zu stürzen, indem sie Musik machten, die diese Fans hassen würden. Andere Bands wiederum entschärften ihren Ansatz, um in Konzerthallen auftreten zu dürfen, in denen Punk auf dem Index stand. Für Greg gehörte kontrollierte Gewalt zum Erlebnis Punkrock dazu. „Ich war sportlich und liebte Slamdance. Das war eine belebende Erfahrung." Brett sah das ähnlich. „Brutalität spielte für das, was Greg oder ich taten, nie eine zentrale Rolle, aber das aggressive Tanzen genoss ich jedes Mal. Das war so befreiend. Der Pit mit den chaotisch durcheinander wirbelnden Körpern gab einem die Möglichkeit, sich fallenzulassen und in

Kontakt mit anderen zu treten – wenn auch nur für ein paar Minuten. Das war ein guter, sauberer und brutaler Spaß."

Bis es eben aus dem Ruder lief. Ihre körperliche Größe und ihr Status als Bandmitglieder von Bad Religion half ihnen, sie vor Auseinandersetzungen mit gewaltbereiten Punks bei Shows abzuschirmen. Auch wenn sie nicht so hünenhaft und ungezügelt waren wie T.S.O.L., überragten sie andere Bands wie die Circle Jerks deutlich. Allerdings hatte sich die Atmosphäre unleugbar verändert. Als Brett und Greg begannen, neues Material für die nächste Platte zu schreiben, unterschied sich die Szene mittlerweile von jener, die dereinst die Screamers, die Weirdos und X hervorgebracht hatte. Greg schrieb einen Song und nahm ihn zur nächsten Probe mit. Zu Bretts Überraschung machte die neue Nummer auch vom Roland Juno-6 Gebrauch. Greg hatte den Synthesizer nicht nur für den kompositorischen Prozess verwendet, sondern ihn auch als Instrument vorgesehen.

Brett nahm diesen neuen Ansatz interessiert zur Kenntnis. „Er griff auf den Synthie anders zu, als das T.S.O.L. taten, die mehr so in Richtung Joy Division gingen." Bis dahin waren Synthesizer nur an der Peripherie des Punkrocks zum Einsatz gekommen, um ein musikalisches Ambiente von Trostlosigkeit und Verzweiflung zu suggerieren. Doch Gregs Song „It's Only Over When …" war unverschämt fröhlich und munter, so ähnlich wie eine Auftaktmelodie zu einem zeitgenössischen Kinofilm aus jenen Tagen.

„Der Roland-Synthie, den ich für die Band gekauft hatte, war für diese neue Rolle vielleicht nicht das ideale Instrument, da er monophon war. Aber Greg brachte eine Prog-Nummer mit. Statt zu jammern, dass das lahmarschig wäre, nahm ich die Herausforderung an und wollte nun auch so einen Song schreiben."

Zur nächsten Probe steuerte Brett „The Dichotomy" bei, einen Song, den er als Ergänzung zu Gregs Song sah. „Das war im Grunde genommen meine Version des Pink-Floyd-Songs ‚Dogs'." Der Schreibprozess für das nächste Album der Band schritt in ähnlicher Manier voran. Greg und Brett achteten jeweils darauf, Material zu kreieren, das gut zu den musikalischen Ergebnissen des jeweils anderen passte.

Bretts Song „Billy Gnosis" spielte auf Billy Pilgrim an, den Protagonisten aus Kurt Vonneguts Roman *Schlachthof 5*. Eine Nummer, die sich hingegen ganz offenkundig vom Rest abhob, war Gregs „Time and Disregard". Immerhin war der Song in vier Passagen unterteilt und ganze sieben Minuten lang. „Greg liebt Jethro Tull", erklärt Brett. „Ich bin auch mit Jethro Tull aufgewachsen, aber Greg fährt noch mehr als ich auf sie ab."

Für Brett war klar, was sie da machten: Definitiv kein Punk-Album, sondern eine Prog-Platte. „Greg und ich haben eine Affinität für Progressive Rock. Was wohl auf niemanden sonst in der Band zutrifft", gesteht Brett. „Bevor wir Punk für uns entdeckten, hörten wir beide jede Menge Prog-Rock: Yes und Emerson, Lake & Palmer. Oder King Crimson. Das war keine Mainstream-Mucke. In den Siebzigerjahren hörten die anderen Kids Peter Frampton, Led Zeppelin, Black Sabbath oder weiß der Geier was. Prog stellte damals die Avantgarde dar. Das war eben Musik für uns Spinner."

Trotz ihres unterschiedlichen Alters und ihrer familiären Hintergründe teilten Greg und Brett ihre Leidenschaft für gleich mehrere Prog-Rock-Bands. Zur Entscheidung, sich vollends auf Punk einzulassen, gehörte seinerzeit eigentlich auch, sämtlicher Musik, die man zuvor gemocht hatte, den Rücken zu kehren und sich von den Platten zu trennen, die nun nicht länger als cool galten. Der Schmerz, eine vormals geliebte Platte aufzugeben, war aber immer noch besser als das Drama, das abging, wenn andere Punks sie im Plattenregal vorfanden. Doch wie gegenüber vielen anderen Trends erwiesen sich Bad Religion auch hier als immun.

„Das war vermutlich der Grund dafür, dass ich mich so gut mit Greg verstand", erinnert sich Jay. „Wir waren eben beide Fans von Musik an sich – und nicht nur von Punkrock. Manchmal kamen andere Jungs in der Schule auf uns zu, um mit uns über Punkrock zu quatschen, und wir nickten bloß mit dem Kopf. Ja, ja … Sobald sie dann wieder abgezogen waren, unterhielten wir uns wieder über ELP." Sie sagten sich nicht von der Musik los, die ihnen in der Vergangenheit so viel bedeutet hatte, sondern feierten sie weiterhin ab.

Andererseits traf das auf manche Bandmitglieder eben mehr zu als auf andere. „Ich war in der KISS Army", so Jay, der kein Fan von Prog war, aber wusste, dass jeder in der Band seine eigenen musikalischen Vorlieben pflegte. Ihn interessierten vor allem die Schnittstellen dieser unterschiedlichen Einflüsse. „Unsere Geschmäcker waren ein wildes Durcheinander. Brett kam mit den Ramones an und Greg stand auf die Dead Boys. Ich fuhr wiederum auf The Jam ab. Wir hatten allesamt unsere eigenen Vorstellungen davon, was wir sein wollten. So verschmolzen wir zu jener Band, zu der wir uns letztendlich entwickelten. Wir sagten nie, dass wir wie Black Flag oder die Germs sein wollten. Das waren nicht wir. Ich fand heraus, dass sowohl Brett als auch ich Elton John besonders schätzten. Die Band, die Greg und ich beide mochten, war Discharge. Und wir standen alle auf Elvis Costello. Vielleicht hörte Greg etwas mehr Jethro Tull als wir anderen, aber wir alle besaßen Platten von Genesis."

Mochten ihre individuellen Interessen auch vielschichtiger Natur gewesen sein, so lässt sich auch der Einfluss lokaler Bands nicht von der Hand weisen. Der Reiz von Bad Religion lag für ihre Fans darin, dass sie ihnen die perfekte Synthese südkalifornischen Punkrocks boten. Sie kombinierten die Energie und Dynamik der in den Strandgemeinden beheimateten Hardcore-Bands wie Black Flag oder Circle Jerks mit den intelligenten Songtexten von X oder den Germs, den Vorzeige-Bands der Hollywood-Szene. Und sie ergänzten sie durch gefühlvolle Melodien und einen gekonnten Harmonie- und Hintergrundgesang – Stilmittel, die man eher mit Bands aus Orange County wie den Adolescents assoziierte. Bad Religion fügten all diese Vorzüge zu einem für Los Angeles exemplarischen Sound zusammen. Doch mit ihrem aktuellen Material beschritten sie neue Pfade.

Zunächst machte sich Jay noch keine Gedanken darüber, was sie da fabrizierten. „Wir hatten die Songs einstudiert und daran herumgebastelt. Für mich ergaben sie einen Sinn."

Die Zeiten hatten sich geändert und das traf auch auf Punk zu. Brett liebte David Bowie, der sich offenbar mit jedem neuen Album neu erfand – und Bowies Einfluss machte sich auch im Auftakt-Riff von Bretts Song „Chasing the Wild Goose" bemerkbar. Greg glaubt, dass diese musikalische Vorliebe auch Bretts Entscheidung beeinflusste, im Rahmen des neuen Albums Prog gegenüber Punk den Vorzug zu geben. „Für Brett war es keine große Sache, seine Identität von Album zu Album über den Haufen zu werfen. Vermutlich dachte Brett eben: *Ich bin Künstler, verdammt. So macht man das eben.*"

Abgesehen davon hatten T.S.O.L. einen Präzedenzfall geschaffen. Als Bad Religion ausreichend Material für eine Platte gesammelt hatten, wandten sie sich an den in Südkalifornien hochangesehenen Punkrock-Produzenten Thom Wilson, der für die Produktion etlicher Platten aus ihrem musikalischen Umfeld verantwortlich war. So hatte Thom zum Beispiel das Debütalbum der Adolescents und *Only Theatre of Pain* von Christian Death betreut. Auch hatte er mit T.S.O.L. gearbeitet und deren Alben *Dance with Me* und *Beneath the Shadows* produziert. Wilson war ein Experte, der offenbar seinen Finger am erratischen Puls des Punkrocks hatte, was ihn für Brett zu einem idealen Kandidaten für den Job machte. „Seine Platten klangen am besten, also engagierten wir ihn."

Bad Religion begaben sich in ein von Thom präferiertes Studio namens Perspective Sound in Sun Valley. Die Probleme starteten praktisch in dem Moment, als sie mit der Arbeit am ersten Song begannen. Nachdem sie die einzelnen Spuren zu „It's Only Over When ..." aufgenommen hatten, nahm Jay an, dass anschließend die nächste Nummer an die Reihe käme. Doch stattdessen wurde stundenlang an Overdubs gebastelt und an Synthie-Parts herumgefrickelt. „Das war mir einfach zu hoch", so Jay. „Sobald wir im Studio waren, glitt alles zusehends in Absurdität ab. *Hier muss noch etwas von diesem Effekt hin, da gehört noch mehr Echo drauf* ... Was taten wir da bloß? Man konnte gut hören, was für ein Schrott dabei entstand."

Pete erinnert sich noch gut an Jays Unbehagen: „Das ist schrecklich! Ich hasse diesen Mist! Das hat doch nichts mit Bad Religion zu tun!"

Jay argumentierte, dass sie eine Punk-Band mit einer Fangemeinde wären und ihr Anhang nichts mit dieser neuen Musik würde anfangen können. Brett und Greg entgegneten, dass es eben eher der Punk-Attitüde entspräche, das zu tun, worauf man Bock hat, als das, was gerade angesagt war. Ganz egal, Jay wollte nichts damit zu tun haben. Er verabschiedete sich aus dem Studio und kehrte auch nicht wieder zurück.

Die Band beschloss daraufhin, ohne Jay weiterzumachen, sah sich aber sogleich mit dem nächsten Besetzungswechsel konfrontiert. Brett informierte Pete, dass Thom der Meinung sei, das neue Material würde Petes Fähigkeiten übersteigen. Ein anderer sollte seinen Part übernehmen.

Das war für Pete ein Schlag in die Magengrube. Immerhin hatte er fleißig Unterricht bei Lucky Lehrer genommen, um am Schlagzeug mithalten zu können. Doch die neuen Songs waren komplexer als die Punk-Nummern, die sie bis dato gespielt hatten. „Ich hatte mir den Arsch abgeprobt", so Pete. Aber es reichte einfach nicht aus. „Das brach mir das Herz."

Als Ersatz für die bisherige Rhythmussektion wandte sich Greg an den Bassisten Paul Dedona und an Davy Goldman, einen Jazz-Drummer, mit dem

Jay noch vor der Gründung von Bad Religion gelegentlich gespielt hatte. Den Rest von *Into the Unknown* einzuspielen, nahm nicht übermäßig viel Zeit in Anspruch, da ja insgesamt nur acht Songs auf dem Album vertreten waren. Andererseits waren die Songs aber auch länger als alles, was die Band bis dahin je aufgenommen hatte. Sobald die Platte im Kasten war, ließen Bad Religion sie bei Gold Star mastern. Brett wartete nun darauf, die neue LP ausliefern zu können.

Das ganze Jahr 1983 über spielte die Band Material von *Into the Unknown* bei ihren Konzerten. Aber eben ohne Synthies. So enthielt die Setlist für ein Konzert im März im Starlite in Long Beach drei der Songs des Albums. Auch ein Flyer für ihren Gig im Vex in East L.A. kündigte *Into the Unknown* bereits an. Da Davy für diesen Auftritt nicht zur Verfügung stand, trat die Band erneut an Pete heran. Schließlich war er ja nicht gefeuert worden – seine Mitgliedschaft war ja bloß vorübergehend auf Eis gelegt. Pete ließ sich breitschlagen, doch am Abend vor dem Gig geriet er in einer Bar in eine Schlägerei, bei der auch Alkohol im Spiel war. Er zog sich Verletzungen zu, die einen plastischen Eingriff unumgänglich machten. So fand das Konzert letztlich ohne Pete statt.

Im Herbst, während Brett die Veröffentlichung vorbereitete, kehrte Greg nach Wisconsin zurück und wechselte von der California State University in Northridge an die University of Wisconsin. (Milo Aukerman von den Descendents besuchte ebenfalls diese Uni, nachdem er an der University of California in San Diego seinen Abschluss in Biochemie gemacht hatte. Allerdings überschnitt sich seine Studienzeit nicht mit Gregs.)

Zu den Vorzügen, die eine Fortsetzung seines Studiums dort so reizvoll machten, zählte die Gelegenheit, Kurse bei John Talbot Robinson zu besuchen, einem renommierten südafrikanischen Paläontologen, der Anthropologie unterrichtete. Greg besuchte bei ihm ein Taxonomie-Seminar und verfasste eine von Robinson betreute wissenschaftliche Arbeit.

Zuhause in Los Angeles ging es auch ohne Greg mit Bad Religion weiter. *Into the Unknown* erschien am 30. November 1983. Das Plattencover zierte eine Weltall-Perspektive. „Ich hatte dieses Gemälde bei einer Kunstmesse in Phoenix erstanden", erinnert sich Brett. „Ich traf dort einen Künstler, der mit Airbrush-Technik auf Glas arbeitete. Das sah richtig cool aus." Nach einer

Punk-Platte sah das Cover aber nicht aus. Selbst der Titel des Albums, *Into the Unknown*, signalisierte den neuen Kurs.

Bereits am ersten Tag wurden 10.000 Exemplare der neuen Scheibe ausgeliefert. Um in die Nähe solch einer Auflage zu gelangen, hatte *How Could Hell Be Any Worse?* fast ein Jahr gebraucht. Als die Veröffentlichung nun anstand, dachte sich Brett: „Wow, die Platte wird richtig einschlagen!"

Das war leider nicht der Fall. Das Album floppte. Es dauerte nicht allzu lange, bis Brett begriff, dass die neue LP seiner Band ein Ladenhüter war. Als nächstes setzten die Retouren ein. Brett scherzte später, das Album wäre auf so wenig Gegenliebe gestoßen, dass „10.000 und eine Platte" retourniert wurden, nachdem 10.000 Stück ausgeliefert worden waren. Die Mundpropaganda ließ ebenfalls kein gutes Haar am neuen Album. Fans rümpften ob der neuen musikalischen Ausrichtung die Nase und beklagten, dass es zu soft war. Ein Auszug aus einer Rezension in *Maximum RocknRoll* ist ein gutes Beispiel für die Ablehnung, mit der sich *Into the Unknown* konfrontiert sah: „Im Grunde genommen kann man sagen, dass das neue Album von Bad Religion total für den Arsch ist – außer ihr steht auf glatt produzierten Weicheier-Rock aus den frühen Siebzigern. Nachdem ich sie mir zu Ende angehört hatte, habe ich die Platte aus dem Fenster geschleudert, hinaus ins Ungewisse ..."

Jedem fiel auf, dass Punk sich veränderte – und eingefleischte Fans zögerten nicht, Bands dafür anzuprangern, dass sie der Szene den Rücken kehrten. *Into the Unknown* fehlte in jeglicher Hinsicht die Intensität der bisherigen Aufnahmen von Bad Religion. Außerdem hatten sie das neuartige Material ohne jegliche Vorwarnung veröffentlicht. Im Gegensatz dazu hatten T.S.O.L., bevor sie *Beneath the Shadows* herausbrachten, bereits auf einer EP angedeutet, wohin die Reise ginge, und ihren düsteren Weg zumindest angekündigt. Zudem enthielt das neue T.S.O.L.-Album auch ein paar laute, schnelle Songs. Somit konnten sie, wenn sie das wünschten, auch neue Songs bei ihren Konzerten spielen, die sich tadellos in ihr bewährtes Repertoire einfügten. Dasselbe traf auch auf Bad Religion zu. Sie mussten ja nur das Keyboard zuhause lassen.(Es sollte an dieser Stelle nicht unerwähnt bleiben, dass auch die Fans von T.S.O.L. keine Loblieder auf deren neues Album anstimmten.)

Wie ging es nun also weiter? Waren Bad Religion ihrer Zeit voraus, oder hatten sie schlichtweg ein schlechtes Album abgeliefert?

Jay ist der Meinung, dass der Erfolg von *How Could Hell Be Any Worse?* Gregs und Bretts Fähigkeit zur Selbstkritik stark einschränkte. „Ach, was sind wir toll! Alle lieben uns! Wir müssen bloß in ein Mikro furzen und die Leute werden es uns abkaufen."

Das ist eine schonungslose Einschätzung, doch Brett stimmt damit weitgehend überein. Als Epitaph Records über die Jahre hinweg immer weiter expandierte, offenbarte sich ihm die Möglichkeit, mit vielen jungen Musikern zusammenzuarbeiten, die schon mit ihrem ersten Album Erfolge hatten feiern dürfen und sich nun mit der Frage befassen mussten, wie der nächste Schritt auszusehen hätte. Ihm zufolge fehlt es den meisten jungen Bands an der nötigen Reife, um zu erkennen, dass eine erfolgreiche Platte das Resultat vieler Faktoren ist, die sich alle zur richtigen Zeit ergänzen. Die Band selbst war eben nur ein Faktor, wenn auch ein sehr wichtiger, aber letzten Endes eben auch nur ein Rädchen im Getriebe. „Sie wollen sich ja gar nicht neu erfinden", so Brett. „Sie begreifen aber auch nicht, dass sie sich von Anfang an gar nicht selbst erfunden haben. Wenn ein paar talentierte Teenager ihre erste Platte aufnehmen und die sich als phänomenal gut herausstellt, dann denken sie oft: *Cool, das war ja einfach. Ich schreibe einfach irgendetwas, das mir durch den Kopf geht, und das wird dann automatisch großartig.* Sie realisieren nicht, dass ihr Erfolg einem bestimmten Timing geschuldet ist. Es ist verdammt schwer, einen Schritt zurückzutreten und einen prüfenden Blick auf das zu werfen, was man geschaffen hat, um sich die wichtige Frage zu stellen: ‚Wow, wie zum Teufel ist das denn passiert? Und was macht die ganze Sache überhaupt aus?'"

Eine Erklärung für das Scheitern von *Into the Unknown* könnte sein, dass Bad Religion nicht begriffen, mit welcher Leidenschaft manche Leute ihrer Musik begegneten. Pete stimmt dieser Sichtweise zu. „Wahrscheinlich waren Greg und Brett ganz aufrichtig der Ansicht, dass die Leute sich denken würden: *Na ja, ist schon ein wenig anders für Bad Religion und so, aber trotzdem cool …* Ich bezweifle, dass sie auf die Ablehnung dieser Platte seitens der Fans eingestellt waren. Da lag richtig Hass in der Luft."

Wenn Bad Religion Songs von *Into the Unknown* bei ihren Shows anstimmten, verzichteten sie auf den Roland Juno-6. Das machte einen großen Unterschied aus. Sobald die Fans aber den Synthesizer auf dem Album hörten, drehten sie durch. Jay, dem die Fanbase der Band durchaus bewusst war, sieht das ebenso.

„Ganz ehrlich, das Problem mit *Into the Unknown* lag zu 50 Prozent am fehlenden Verständnis dafür, dass sich rund um die Band eine Gruppe von Fans gebildet hatte. Wenn man eine Platte veröffentlicht hat, die die Leute mögen, kann man nicht auf einmal ankommen und sagen: ‚Ach, wir haben uns schnell mal neu erfunden und sind jetzt ganz anders.' Die Leute werden das nicht schlucken. So funktioniert das nicht. Die anderen 50 Prozent hatten wohl mit Drogen zu tun."

Auf der High School hatte Brett mit psychedelischen Drogen experimentiert. In Interviews deutete er immer wieder an, dass sein damaliger LSD-Konsum zumindest teilweise für *Into the Unknown* verantwortlich war. „Ich mochte psychedelische Drogen und als Junge fuhr ich auch auf psychedelische Musik ab. Diese beiden Dinge lassen sich gut miteinander kombinieren. Das ist ein Teil meiner Persönlichkeit."

Trotzdem entstammte die Inspiration für das Album keiner übernatürlichen Dimension. Vielmehr verwies Brett auf seinen Sänger: „Als mir Greg seinen neuen Song vorspielte, fand ich, dass ich etwas schreiben sollte, das dazu passte. Also brachte ich einen Prog-Song mit. Es ist sicher nicht seine Schuld, dass ich mich darauf eingelassen habe, aber er hat damit angefangen. Ich hätte wohl noch einmal darüber nachdenken und fragen sollen, warum wir das machten. Damals in den Achtzigern hat irgendwann jede Punk-Band ein Synthie-Disco-Album aufgenommen, sogar The Clash. Aber keine andere Punk-Band hat jemals ein Prog-Album aufgenommen. Außer uns eben!"

Damals war Brett noch davon überzeugt, dass Bad Religion sich deshalb von anderen lokalen Bands abhob, weil sie eine Platte aufgenommen hatten – und nicht weil die Platte so gut war. Er glaubte, jeder könnte bis zu einem gewissen Grad populär werden, indem er einfach eine Platte veröffentlichte. „Es erschien mir schlichtweg nicht plausibel zu sein, dass wir in irgendeiner Hinsicht etwas Besonderes waren. Ich verstand nicht, warum es so selten vorkam, dass eine Band ohne Plattenvertrag ein Album machte, das den Leuten auch gefiel. Ich hatte ja keine Ahnung, dass wir, um es mit Steve Jobs zu sagen, eine Delle ins Universum geschlagen hatten."

Anders ausgedrückt, sie hatten unterschätzt, wie viel die Band und ihre Musik ihren Fans tatsächlich bedeutete. „Ich war ja erst 18 oder 19 Jahre alt", erinnert sich Greg. „Also dachte ich über solche Dinge nicht nach. Es war ja nicht ‚Punk', sich seiner Fans bewusst zu sein. Vielmehr musste man eins mit seinen Fans sein – offen und tolerant gegenüber den jeweiligen Schrullen und Entscheidungen."

Bad Religion hatten viel Zeit und Energie darauf verwendet, die bestmögliche Punk-Band zu sein. Als Teenager galten sie bereits als routinierte Szene-Veteranen. Sie hatten sich alles selbst beigebracht und sich so eine große Schar von Anhängern erspielt. Unzählige Stunden hatten sie in suboptimalen Räumlichkeiten unter keineswegs idealen Bedingungen geprobt, gespielt und aufgenommen. Als Punk-Band hatten sie ihre Hausaufgaben gemacht und sich alles hart erarbeitet. Als Prog-Band jedoch nicht.

„Wir zeigten nicht unbedingt viel Fingerspitzengefühl", erklärt Jay. „Wir dachten nicht allzu viel nach. Wir stießen in Gefilde vor, von denen wir wenig Ahnung hatten. Ganz ähnlich wie damals, als ich ein Junge war, der davon träumte, Astronaut zu werden: Es wäre keine gute Idee gewesen, mich in eine Rakete zu setzen und mit Kurs auf die Sonne ins Weltall zu fliegen. *Hey, jetzt bin ich Astronaut!* Es gehört schon ein bisschen mehr dazu. Wir waren sehr ehrgeizig und unsere Egos spielten auch eine wichtige Rolle. Vielleicht war es so gesehen gar nicht schlecht, mal in die Schranken gewiesen zu werden."

Brett machte nie einen Hehl aus den Schwächen von *Into the Unknown*, bestand aber auch immer darauf, dass es keine kalkulierte Entscheidung war, die Band in eine neue Richtung zu pushen. „Wir gingen völlig naiv an die Sache ran. Es war, ehrlich gesagt,keine gute Entscheidung. Wenn wir über ein Minimum an Weitsicht oder Weisheit verfügt hätten, hätten wir wohl die Finger davongelassen."

Auch Bretts Vater verschätzte sich hinsichtlich des Potenzials des neuen Albums. „Ich gab ihm wahrscheinlich einen schlechten Rat", so Richard Gurewitz. „Eigentlich ging ich davon aus, dass er mit *Into the Unknown* mehr Erfolg haben würde. Ich hielt das für eine bessere Ausrichtung als Punk. Vermutlich beeinflusste ich ihn, und es war kein guter Rat."

Heute genießt *Into the Unknown* bei manchen Fans Kultstatus, wobei der Großteil das Album als Kuriosum ansieht. Was eine interessante Frage aufwirft: Würde *Into the Unknown* als gutes Album durchgehen, wenn nicht ausgerechnet Bad Religion es veröffentlicht hätten?

Brett glaubt das nicht. Noch während des Aufnahmeprozesses fiel ihm auf, dass das Album Defizite aufwies. „Es mutierte zu einem von Prog angehauchten, unkoordinierten, unzusammenhängenden Flickenteppich."

Jay ist in Bezug auf *Into the Unknown* über die Jahre hinweg versöhnlicher geworden. „Ich halte es für ein passables Album, das nicht sonderlich geschickt zusammengewürfelt wurde. Die Songs sind nicht schrecklich. Wenn man eine Prog-Rock-Band sein will, muss man das eben durchziehen."

Rückblickend war es ein kluger Schachzug von Greg, nach Wisconsin zu ziehen. So blieb ihm der raue Gegenwind erspart, der der Band nach der Veröffentlichung von *Into the Unknown* in L.A. entgegen blies, weitgehend erspart. „Ich hatte ja keine Ahnung, wie sauer die Leute waren." Er spielte seinen Freunden an der University of Wisconsin, denen jeglicher Kontext zu Bad Religion fehlte, die Platte vor und sie mochten sie. Greg konzentrierte sich auf sein Studium und begeisterte sich ebenso dafür wie für Musik. Sein Leben bestand also nicht nur aus Bad Religion.

Auf Brett traf das nicht zu. Er war der einzige Angestellte von Epitaph und das Schicksal des Albums lastete schwer auf seinen Schultern. Er hatte gepokert und verloren. „Dieser Fehlschlag schadete Brett mehr als Greg", sagt Jay. „Greg hatte nichts zu verlieren. Für Brett aber war das Album sowohl in kreativer als auch in kommerzieller Hinsicht eine Niederlage. Seine Psyche war somit gleich doppelt angekratzt. Als hätte ihm jemand ein Messer in die Seite gerammt. Ihm beim Verbluten zuzusehen, war kein schöner Anblick."

Brett konnte nur Schadensbegrenzung betreiben. „Ich schnappte mir die Rücksendungen und veranstaltete eine rituelle Verbrennung. Ich fackelte die Boxen mit den LPs in meiner Auffahrt ab. Nach ein paar Boxen dämmerte mir aber, was ich da für ein toxisches Todesfeuer entzündet hatte. Es bildete sich ein grässlicher, giftiger Rauch."

Brett ließ keinen Zweifel daran aufkommen, dass er die Platte am liebsten aus der Geschichte der Band getilgt hätte – wie Josef Stalin, der in Ungnade gefallene Wegbegleiter aus alten Fotografien retuschieren ließ. Aber nicht alle Exemplare des Albums fielen in Bretts Hände. Ein paar der ominösen Boxen sowie das originale Artwork für *Into the Unknown* landeten bei Bomp! Records. Es blieb allen Beteiligten nichts anderes übrig, als den Scherbenhaufen zusammenzukehren und weiterzumachen. Doch die Lage schien ausweglos. *Into the Unknown* verkaufte sich grottenschlecht und schadete dem Ansehen der Gruppe. Aber vor allem hatte diese „Reise ins Ungewisse" de facto das vorläufige Ende der Band herbeigeführt.

7
Ein Neuanfang

Anfang 1984 waren Bad Religion mehr oder weniger Geschichte. *Into the Unknown* war gefloppt und jene Musiker, die *How Could Hell Be Any Worse?* aufgenommen hatten, beschritten allesamt unterschiedliche Wege durchs Leben. Um die Zukunft von Bad Religion schien es jedenfalls alles andere als rosig bestellt zu sein. Die Band wäre vermutlich noch länger im Koma dahinvegetiert und letzten Endes sanft entschlafen, wenn sich nicht ein Gitarrist, der nicht einmal ein ordentliches Bandmitglied war, eingeschaltet hätte: Greg Hetson.

Hetson galt in L.A. als ultimative Punkrock-Szenegröße. Immerhin war er ein Gründungsmitglied der einflussreichen Band Red Cross (später Redd Kross), spielte inzwischen bei einer der angesagtesten Bands der Stadt, den Circle Jerks, und schien so ziemlich jeden in Hollywood zu kennen, der etwas zu sagen hatte. Er warf sich buchstäblich allabendlich ins Nachtleben und war vertraut mit sämtlichen Barkeepern, Konzert-Bookern und Türstehern. Hetson kannte alle aufstrebenden Bands und wusste, wer gerade einen Schlagzeuger oder einen Roadie suchte. Wenn eine Band einen Gig abblasen musste oder ein neuer Club eröffnete, wusste Greg Bescheid. Als er nun erfuhr, dass Greg Graffin wieder in der Stadt weilte, rief er ihn an, um herauszufinden, wann Bad Religion endlich wieder live auftreten würden.

Greg Graffin hatte gehofft, dass der Status seines Vaters als Englisch-Professor an der University of Wisconsin ihn vor den Studiengebühren bewahren würde, die er als Student aus einem anderen Bundesstaat berappen musste. Aber in den Augen der Uni war Greg eben Kalifornier. Nach einem Semester in Madison konnte er die Gebühren nicht länger stemmen und wechselte an die UCLA, um dort sein Studium fortzusetzen. Er beabsichtigte, in jedem Studienquartal

Kurse in Geologie und Biologie zu belegen, doch keines seiner Hauptfächer erlaubte ihm das. Stattdessen sattelte Greg auf Anthropologie als Hauptfach um, da ihm das ermöglichte, seine bevorzugten Kurse zu besuchen. Das erwies sich als schicksalhafte Entscheidung, da er in einer Geschichtsvorlesung Greta Maurer, eine Studentin aus der Küstenstadt Del Mar nördlich von San Diego, kennenlernte. Sie wurden ein Paar und zogen schließlich zusammen.

David Markey vom Fanzine *We Got Power* bereitete gerade die Veröffentlichung seines frivolen Low-Budget-Films *Desperate Teenage Lovedolls* vor, in dem es um zwei Frauen geht, deren Leidenschaft für Rock'n'Roll von rivalisierenden Bands, gefährlichen Gangs und Steve McDonald von Redd Kross in der Rolle eines schmierigen Managers beeinträchtigt wird. Nun erkundigte er sich bei Hetson, ob er nicht einen Song zum Soundtrack beitragen könnte. Hetson tat sich daraufhin mit dem Sänger von Bad Religion zusammen, um „Runnin' Fast" aufzunehmen, eine relativ geradlinige, nicht ganz so verschnörkelte Nummer, wie man sie noch auf *Into the Unknown* zu hören bekommen hatte, die andererseits aber auch keine Gerüchte hinsichtlich eines Comebacks von Bad Religion befeuerte. Auf dem Soundtrack wurde das Duo als Greg Greg aufgeführt. (Auf der Wiederveröffentlichung des Soundtrack-Albums wurden sie als Greg Graffin and Greg Hetson angegeben.)

Hinter den Kulissen wurde jedoch selbstverständlich schon an einem Comeback von Bad Religion gebastelt. Greg hatte in Wisconsin auch weiterhin Songs geschrieben. Nachdem Hetson ihn nun dazu ermunterte, konnte er sich für die Idee erwärmen, wieder Konzerte mit Bad Religion zu spielen. „Wir alle sahen zu Hetson auf, weil er als Musiker erfolgreich war", so Greg. „Er war der erste, der von einer landesweiten Punk-Tour mit Tausenden Dollar auf seinem Bankkonto zurückkehrte. Er war älter als ich, also hielt ich ihn für cleverer und gewiefter im Umgang mit dem Musikbusiness, als ich es war."

Die beiden waren ein seltsames Pärchen. Während Hetson jeden Abend sein Image als Partylöwe pflegte, lebte Greg abstinent und ging ganz in der Wissenschaft auf. Doch Greg Graffin und der Gitarrist hatten denselben Humor. „Obwohl ich zu ihm aufblickte, bewegten wir uns auf Augenhöhe und alberten miteinander herum. Hetson und ich blödelten ununterbrochen."

Greg wandte sich an Pete Finestone, um herauszufinden, ob er Interesse hätte, die alten Bad-Religion-Songs zu spielen.

„Fuck yeah!", lautete seine enthusiastische Antwort.

Doch wer sollte Bass spielen? Hetson ließ seine Verbindungen spielen. So rekrutierte er seinen alten Kumpel Tim Gallegos, der Anfang der Achtzigerjahre mit Lucky Lehrers Bruder Chett bei Wasted Youth gespielt hatte. Tatsächlich hatte Tim auch dort schon Jay Bentley nach dessen Ausstieg als Bassist ersetzt. Hetson kannte Tim von der Hawthorne High School, wo Tim vom selben Lehrer in Musik unterrichtet wurde, der schon den Beach Boys als Schülern ihre Instrumente beigebracht hatte. Tims Vater verdingte sich als Stuntman in Hollywood, wo er mit Bruce Lee und Elvis Presley zusammenarbeitete. Von Kindesbeinen an trat der junge Tim als Komparse in Produktionen wie *Viel Rauch um Nichts* mit Cheech und Chong auf, einem Film, dessen Showdown einen von Rodney Bingenheimer moderierten Bandwettbewerb zeigte. Die Germs, die Dils und Geza X nahmen ebenfalls Songs auf, von denen es aber keiner in den fertig geschnittenen Film schaffte. Aber immerhin tauchten Darby Crash und Pat Smear in dem Kultstreifen als Statisten auf.

„Wir besuchten dieselbe Schule und kannten dieselben Leute", sagt Tim über seinen späteren Bandkollegen. „Greg Hetson stand auf Punk, ich fuhr auf Rock ab. Ich hatte immer lange Haare. Auf Konzerten trug ich zu meinen langen Haaren einen großen Ohrring. Die Punks ließen mich aber in Ruhe. Ich mochte diese Leute, also schnitt ich mir die Haare und wollte auch ein Punk sein."

Tim wurde Teil der Szene in der South Bay und besuchte Konzerte im Fleetwood in Redondo Beach, dem Barn in Torrance und im Dancing Waters in San Pedro. Er wohnte 1979 auch der infamen Show von Black Flag im Polliwog Park in Manhattan Beach bei, als empörte Konzertbesucher ihre mitgebrachten Snacks und Bier auf die Band prasseln ließen. (Hetson und Jay befanden sich ebenfalls im Publikum.)

Greg, Pete und Hetson hießen Tim in der Band willkommen und begannen zu proben. Sie arbeiteten an einer Mischung aus alten Bad-Religion-Songs und neuen Nummern, die Graffin und Hetson geschrieben hatten. Irgendwann trat Greg G. auch mit der Bitte an Brett heran, das neue Material doch aufzunehmen. Da ihm die Idee gefiel, eine Platte aufzunehmen, die mit dem alten Sound von Bad Religion vergleichbar wäre, willigte Brett ein.

Die daraus resultierende EP enthielt fünf Songs, von denen jeder individuell und eigenständig war. Der nachdenkliche Auftaktsong hieß „Yesterday" und verströmte ein apokalyptisches Feeling. Viele der Songs, die Greg in dieser Phase schrieb, beschäftigten sich mit einer Vergangenheit, die Dinge über die Gegenwart zu enthüllen vermag, wenn man sie nur genau genug unter die Lupe nimmt. So lässt sich eigentlich auch die Arbeit eines Geologen zusammenfassen.

Hetsons Einfluss ist am deutlichsten bei „Frogger" zu spüren, einem ungestümen Song, der dank Hetsons typisch aggressivem Stil auch gut auf ein Album der Circle Jerks gepasst hätte. Obwohl der Songtext sich auf den Straßenverkehr in L.A. zu beziehen scheint, schrieb Greg den Text zusammen mit einem Freund aus Racine namens Wrye Martin. Um zur Cafeteria auf dem Campus zu gelangen, mussten er und seine Mitbewohner aus dem Studentenheim stets eine vielbefahrene Straße überqueren. Die Anspielung auf das beliebte Videospiel jener Tage verleiht dem Song ein augenzwinkerndes Feeling, das im Anschluss an *Into the Unknown* genau in die richtige Kerbe zu schlagen schien. Als ob sie ihren Fans mitteilen wollten, dass sie nicht alles so ernst nehmen sollten. „Frogger" ist jedenfalls ein klassisches Beispiel für die Symbiose von Punk und Popkultur, auch wenn die Band den Song nur selten live spielt.

Eine neue Version von „Bad Religion" war das Herzstück der Platte und rief unmissverständlich ins Bewusstsein, dass die Band trotz allem Auf und Ab immer noch in der Lage war, Erwartungen zu erfüllen. Auch war dies Bretts einziger Beitrag als Songwriter zu dieser EP, auf der er auch nicht selbst in die Saiten haute.

Außerdem enthielt die EP die vielleicht erste echte Hymne der Band, „Along the Way". Mit seinem martialischen Beat und gedrosseltem Tempo verströmte der Song eine triste Stimmung, die in dieser Ausprägung für Bad Religion ein Novum darstellte. Die finale Strophe beginnt mit den Zeilen:

Like Tommy you are free and you will not follow me
Until we see each other once more on the path along the way.

Das bezog sich nicht auf Tom Clement, Gregs alten Mitschüler, der bei einem Autounfall ums Leben gekommen war und noch in einem späteren Song von Bad Religion verewigt werden sollte, sondern auf einen Freund aus Gregs Kindheit in Wisconsin namens Tommy George. Greg und Tommy gehörten beide zu einem Kreis enger Freunde, die zusammen in Racine aufwuchsen.

Tommy wohnte in einem Haus hinter dem Domizil von Gregs Vater und die beiden Jungs spielten jeden Sommer zusammen Baseball. Greg schrieb den Song, nachdem er von Tommys Tod erfahren hatte, und gesteht, dass die Andeutung eines Lebens nach dem Tod darin als religiöse Anspielung für ihn wohl kaum zu toppen sei.

„New Leaf" schließt die EP ab und deutet eine Rückkehr zu weniger konkreten Themen an, lässt jedoch mit seinem Bedürfnis, ein neues Kapitel aufzuschlagen, einen persönlichen Wunsch durchklingen. Ganz offensichtlich wollten Greg und Brett das jüngste Debakel namens *Into the Unknown* endlich hinter sich lassen. Doch auch Gregs enttäuschender Abschied aus Wisconsin und der Tod seines Freundes signalisierten ihm, dass ein wichtiger Abschnitt in seinem Leben zu Ende gegangen war.

Die Platte wurde an einem einzigen Abend im April in den Pacifica Studios in Culver City aufgenommen und wie schon die erste EP der Band von Alberti gepresst. Im Scherz schlug Hetson *Back from into the Unknown* als Titel vor. Greg kürzte diesen Vorschlag und so wurde daraus *Back to the Known*. Das Cover zierten der Bandname und das Crossbuster-Logo sowie in Grün gehaltene Spuren eines Frosches, die sich über die rechte untere Ecke erstreckten. Statt zwei Songs auf der einen und drei Songs auf der anderen Seite der Platte zu veröffentlichen, beschloss die Band, alle fünf Songs auf eine Seite pressen und die andere Seite leer zu lassen, damit ihre Fans die Scheibe nicht mitten beim Hören umdrehen mussten. (Viele Jahre später witzelte Greg in einem Interview mit Jack Rabid von der Musikzeitschrift *The Big Takeover*, dass Brett seiner Zeit voraus gewesen wäre und bereits das neue Format der CD vorwegnahm, indem er die Musik nur auf eine Seite pressen ließ.) *Back to the Known* war der der erste Tonträger, den Brett als Toningenieur und Mixer betreute – und es sollte nicht sein letzter bleiben.

Bad Religion spielten ihr erstes Konzert seit *Into the Unknown* im Frühjahr 1984 im Cathay de Grande. Die Besetzung bestand aus Greg, Pete, Hetson und Tim. Brett und Jay besuchten das Konzert ebenfalls. Jay saß auf Bretts Schultern und das Duo machte als Slamdance-Doppeldecker die Tanzfläche vor der Bühne unsicher. Ende des Monats spielten Bad Religion einen Gig im Lazaro's Ballroom. Der Flyer wies den Auftritt der Band als besonderes Gastspiel nach eineinhalbjähriger Pause aus. Als ob *Into the Unknown* nie passiert wäre. Die Schönmalerei dieses Fiaskos war somit bereits voll im Gange.

Am 1. Juni traten Bad Religion im Grand Olympic Auditorium zusammen mit Exploited, D.O.A., Kraut und Love Canal auf. Sie spielten ein beherztes Set, das nicht nur alte und neue Songs umfasste, sondern auch eine Coverversion eines Songs von REO Speedwagon, „Ridin' the Storm Out". Sie absolvierten den ganzen Sommer lang weitere Konzerte, doch im Herbst verkündete Pete, dass er die Band verlassen müsste, weil er in London zur Uni gehen wollte. Sein letzter Auftritt vor seiner Abreise fand im Club Lingerie statt, wo Brendan Mullen, einst im Masque tätig, nun als Booker arbeitete. Der Abend verlief anders, als sich Pete erhofft hatte. „Bei diesem letzten Konzert im Lingerie traten Greg, Tim am Bass, Hetson und ich auf", erinnert er sich. „Im Publikum waren vielleicht fünf Leute. Das war schon sehr deprimierend. *Gott, niemand schert sich mehr um Bad Religion!*"

Sie hatten erfolgreiche Gigs mit anderen Hardcore-Bands vor großem Publikum gespielt, aber konnten sie etwa allein keine Leute mehr anziehen? Hatte *Into the Unknown* ihren Ruf so nachhaltig in Mitleidenschaft gezogen? Bevor sie eine Antwort auf diese Frage finden konnten, mussten sie erst einmal einen neuen Schlagzeuger anheuern. Hetson – wer sonst? – kannte einen Musiker aus Claremont namens John Albert, der ein Gründungsmitglied von Christian Death gewesen war. Hetson rief ihn an: „Du spielst also Schlagzeug, ja?

Möchtest du bei Bad Religion einsteigen?" Obwohl John eher mit den Punks in der Szene von Orange County verkehrte, waren ihm Bad Religion selbstverständlich ein Begriff. So kannte er auch Jay Bentley durch die Adolescents und war auch bei jenem berüchtigten Konzert in der Boxarena zugegen gewesen, bei dem Jay von Türstehern aufgemischt worden war. Als die Prügelei losging, verbarrikadierten sich John und Steve Soto in der Garderobe und kletterten mit dem Bier und der Aufschnittplatte im Gepäck durchs Hinterfenster. Während Jay im Krankenhaus versorgt wurde, begaben sie sich zurück ins Hotel, wo sie Bier tranken und Sandwiches verspachtelten.

John besaß zwar ein Schlagzeug, war jedoch in erster Linie Gitarrist und kein Drummer. Die ersten Proben in einem Studio in North Hollywood waren für John laut eigener Aussage „ein schräger Einstieg als Schlagzeuger". Aber die Songs waren „ziemlich simpel und nicht allzu komplex".

So wie schon Petes Eltern waren auch Johns Eltern beide Professoren am College, weshalb John auch gut mit Greg zurechtkam. Greg unterschied sich von allen anderen, die John aus der Szene kannte. Zwar kannte er noch andere Punkrocker, die das College besuchten, aber er hatte noch nie einen getroffen, der eine eigene Fossiliensammlung besaß. John fiel Greg als Individualist auf, der sich gar nicht so sehr für Punkrock interessierte. „Wir fuhren nach San Francisco und ich musste stundenlang Jethro Tull hören“, berichtet John. „Er hörte eigentlich nie Punkrock. Er trug ein Yes-Shirt auf der Bühne und die Leute glaubten, dass er das ironisch meinte. Aber das tat er nicht.“

1985 gab die Band Konzerte in der Region um L.A., in Long Beach und Inland Empire. Gelegentlich traten Bad Religion auch in San Diego oder Arizona auf. Doch ihr neuer Schlagzeuger hatte ein schlecht gehütetes Geheimnis. John Albert war heroinabhängig. Obwohl er versuchte, sich am Riemen zu reißen und sich diskret zu verhalten, war er nun einmal ein Drummer mit deutlichen Spuren an den Armen. Noch offensichtlicher ging es gar nicht. Auch war er gelegentlich zugedröhnt. Am 14. Dezember 1985 beschloss John, dass er die Schnauze voll hatte. Er verließ die Band und begab sich in eine Entzugsklinik, in der er ein ganzes Jahr blieb. Seine Zeit mit Bad Religion war vorüber und die Band brauchte wieder einmal einen Drummer.

8
Im Westen was Neues

Während Greg weiterhin seine akademische Karriere verfolgte, absolvierte Brett einen ganz anderen Bildungsweg. Als aufgeweckter Bücherwurm hatte Brett einst angenommen, einen ähnlichen Pfad wie Greg zu beschreiten, doch es kam alles anders. Obwohl er die El Camino Real nicht abgeschlossen und stattdessen einen Test zur Erlangung des General Education Diplomas abgelegt hatte, empfand Brett selbst sich nicht als Schulabbrecher. „Das war nicht wirklich der Abbruch meiner schulischen Laufbahn. Ich dachte: *Ich werde auf dem Junior College Kurse besuchen, die mich interessieren, und mich letztlich für das reguläre College qualifizieren. Das ist mein Weg.*"

Brett schrieb sich am Pierce College ein, einer Volkshochschule im San Fernando Valley. Er besuchte Kurse in Musik und Philosophie, brachte sich dort jedoch nicht wirklich ein. „Mir gelang es einfach nicht, mich an das akademische Programm anzupassen. Deshalb bin ich auch überall gescheitert. Ich bestand Kurse nicht und fing an, Vorlesungen zu schwänzen und ziemlich intensiv Drogen zu konsumieren." Als nächstes versuchte sich Brett an einer Kunstschule und belegte Kurse für Malerei und Farbtheorie am Otis-Parsons in Downtown L.A., aber das Ergebnis blieb dasselbe.

„Mir fehlte auch da die Disziplin, regelmäßig zu erscheinen", erzählt Brett. „Ich war völlig von der Rolle, hatte keine gute Arbeitsmoral und verhielt mich ziemlich zügellos und wild. Ich dröhnte mich lieber mit Drogen zu und ging auf Konzerte."

Bretts Eltern versuchten zwar, ihn zu unterstützen, waren aber angesichts der Fehlschläge im Leben ihres Sohnes am Verzweifeln. Nun stellten sie ihn vor ein Ultimatum: Wenn er nicht arbeitete oder die Schule besuchte, müsste er sich eine neue Bleibe suchen. Das erschien Brett vernünftig. Er war mit Suzy Shaw liiert, die einst mit Greg Shaw von Bomp! Records verheiratet gewesen war und mittlerweile de facto das Label leitete. Suzy war zwölf Jahre älter als Brett. Da kam es ohnehin nicht so cool rüber, wenn er noch zuhause wohnte. Mit Suzys Unterstützung fand er einen Job bei Sounds Good Imports und ließ das elterliche Nest hinter sich. Brett zog in eine Dachwohnung mit Ausblick auf eine Tankstelle an der Kreuzung Moorpark Street und Tujunga Avenue in North Hollywood.

Doch der Schritt, der Bretts Leben für immer verändern sollte, war seine Entscheidung, die Abendschule der University of Sound Arts in Hollywood zu besuchen, um dort zu lernen, wie man professionell in einem Studio Musik aufnimmt. Das war das fehlende Puzzleteilchen in seiner Ausbildung. Obwohl auch sonst alles, was er unternahm, für Brett einen Sinn ergab, lernte er an der University of Sound Arts Sachen, die ihm ein Zielbewusstsein vermittelten. Suzy brachte ihm bei, wie man eine Plattenfirma betrieb, während ihm bei Sounds Good Imports die geschäftlichen Aspekte des Business erklärt wurden – und nun eignete er sich in der Schule auch noch die nötigen Kenntnisse und Fähigkeiten eines Toningenieurs an. Im Prinzip absolvierte Brett einen Crashkurs fürs Überleben in der Musikbranche. „Ich war brandheiß auf solche Infos", erinnert sich Brett. Das Sahnehäubchen war, dass von alldem letztlich Epitaph Records profitierte.

An der University of Sound Arts freundete Brett sich mit John Gerdler an, einem Musiker aus San Juan Capistrano, der Bretts Leidenschaft für Musik und Drogen teilte. Sie wohnten zunächst auch zusammen und wurden bald Geschäftspartner. Beide wollten unbedingt Schallplatten produzieren, hatten jedoch keine Kunden. Als Greg nun an Brett herantrat, um ihn zu bitten, *Back to the Known* mit seiner alten Band aufzunehmen, dachte er nicht lange darüber nach.

„Ich weiß nicht mehr, wessen Idee es war, aber es eignete sich gut, um erste Erfahrungen zu sammeln, nachdem ich nun ja die University of Sound Arts besuchte. Deshalb wollte ich auf jeden Fall etwas Richtiges aufnehmen. Ich gestehe, dass ich überhaupt nicht stolz auf diese Aufnahme bin, schließlich hatte ich nicht die geringste Ahnung von dem, was ich da tat. Eigentlich war ich noch nicht bereit, eine Aufnahmesession zu betreuen. Ich bin generell immer ein wenig übermotiviert. So sprang ich eben ins kalte Wasser. Damals fabrizierten wir ein paar richtig schlecht klingende Aufnahmen. Punk-Platten waren nicht für ihren exquisiten Klang bekannt. Deshalb war es schon okay im Vergleich mit dem, was es sonst noch so gab, aber es war auch nicht so gut wie eine Produktion von Thom Wilson."

Auf persönlicher Ebene freute sich Brett, wieder den Kontakt mit Greg auffrischen zu können. Immerhin hatte er ihn in letzter Zeit immer weniger zu Gesicht bekommen. Wenn Brett nicht gerade arbeitete oder in der Schule war, machte er die Underground-Clubszene unsicher, die Greg so fremd war wie Brett die Mühen des universitären Alltags.

„Die Szene in L.A. explodierte förmlich vor neuen Sounds", erklärt Brett. „Die Kids aus der Punk-Szene eiferten den Beatniks nach, ließen sich ihre Haare wachsen, nahmen MDMA, Kokain und Heroin. Ungefähr zu dieser Zeit begann ich, das Rauschgift für mich zu entdecken. Das war so ziemlich das genaue Gegenteil von dem, was der liebe Greg so trieb, der an der UCLA studierte. Er war sehr ausgeglichen und konzentriert."

Bretts Mitbewohner John erfuhr, dass ein überaus wohlhabender entfernter Verwandte von ihm das Zeitliche gesegnet und ihm einen kleinen Anteil seines Vermögens hinterlassen hatte. Mit dieser Kohle und einer weiteren Geldspritze von Richard Gurewitz eröffneten die beiden ihr eigenes Aufnahmestudio. Als Brett mit Bad Religion *Back to the Known* im Pacifica aufnahm, fiel ihm ein kleiner ungenutzter Raum auf. Brett fragte nach und bei Pacifica willigte man ein, ihm diesen zu vermieten. Er stattete den Raum mit seiner Ausrüstung aus und Westbeach Recorders war offiziell im Geschäft. Warum dieser Name? „Wir waren abgefuckte Typen", räumt Brett ein. „Ich hatte blaue Haare und John hatte Einstichspuren. Wir waren dauernd zugedröhnt. Wir waren keine Leute, denen eine Bank so mir nichts, dir nichts einen Kredit gegeben hätte. Deshalb entschieden wir uns gegen Namen wie Snot Recording Studios. Wir wollten lieber einen Namen, der seriös klang, damit man uns, wenn wir eine Rechnung stellten, auch bezahlte. Damals gab es ein Studio namens Westlake Recorders. Westlake war eines der größten Studios in L.A., in dem zum Beispiel Michael Jackson aufnahm. Von so einem Studio konnten wir nur träumen. Ich sagte zu John, dass Westbeach ja ein wenig so klänge wie Westlake. Wenn ich nun in einem Geschäft für Studio-Ausrüstung wäre, könnte ich sagen, dass ich von Westbeach Recorders käme. Vielleicht würde die Assoziation mit Westlake dann ja helfen, etwas auf Pump zu bekommen."

Der Designer, der ihr Logo entwarf, wurde für seine Arbeit mit einem Preis ausgezeichnet. Brett und John sprachen nun vom „preisgekrönten" Westbeach Recorders. Für Brett war das nicht mehr als ein „Insider-Witz", der sich „nicht auf unseren Sound bezog".

Westbeach Recorders befand sich am La Cienega Place, wo der La Cienega Boulevard auf den Venice Boulevard traf. Das Gebäude hatte einst als Wohnhaus gedient. Somit operierte Westbeach buchstäblich in einer Abstellkammer der Pacifica Studios. Die Jungunternehmer verfügten nun über ein Studio, die nötige Ausrüstung und ein wenig Knowhow. Allerdings gab es da ein Problem: Brett war pleite. „Ich war abgebrannt, aber ich wusste, welche Bands man an Land ziehen könnte." Brett wandte sich an seine Chefs bei Sounds Good Imports, um einen Deal bezüglich Pressung und Vertrieb von Schallplatten abzuschließen. Er nahm Bands unter Vertrag und Sounds Good schoss Geld vor, um die Tonträger herzustellen und ihren Vertrieb zu sichern. Obendrein konnte Brett gleich mit einer bereits fertigen Platte aufwarten, dem Debütalbum *How Could Hell Be Any Worse?* Von Bad Religion. Da die LP inzwischen nicht mehr nachgepresst wurde, schien das perfekt zusammenzupassen. Sounds Good sagte zu und zahlte Brett fortan 3.000 Dollar für jede Band, die er unter Vertrag nahm. Das erwies sich als faustischer Pakt mit dem Teufel, da die Bands – deren Aufnahmekosten dabei halfen, die Miete zu bezahlen – letzten Endes auch bezahlt werden wollten. Diese Situation auszubalancieren, wäre auch ohne Bretts steigendem Appetit auf Drogen schwer zu bewerkstelligen gewesen.

„Ich versuche mal, mein damaliges Leben zu beschreiben", holt Brett aus. „Ich bekam meinen Lohnscheck, löste ihn mittags ein, kaufte Koks von meinem Dealer, traf noch vor Ende der Mittagspause wieder im Studio ein und meine Kohle war noch vor Abschluss des Arbeitstages zum Teufel. Dann fragte ich mich, wie ich das Wochenende überstehen sollte."

Brett begann, auch seine gesamte Freizeit an seinem Arbeitsplatz zu verbringen. So wie Studio 9 verlangte auch er 15 Dollar pro Stunde, was der Kundschaft auch die Dienste des Toningenieurs Brett Gurewitz sicherte. „Ich hatte zwei Jobs und verdiente gerade mal genug, um die Miete für die Wohnung und das Studio zu bezahlen und mir meine Drogen leisten zu können. Für andere Dinge blieb nichts übrig."

Bomp! veröffentlichte damals eine Reihe von psychedelischen Garagen-Bands und Suzy schickte ein paar davon zu Brett ins Studio. So betreute er die Morlocks, die Primates und die Things. Einer der abgefahreneren Acts, die er in seinem Studio aufnahm, war niemand Geringerer als Sky Saxon von den Seeds. Greg Shaw kannte ihn noch aus Haight-Ashbury und vom Sunset Strip. Saxon war nach seiner Zeit mit der Source Family, einer sektenähnlichen Kommune in den Hollywood Hills, zunächst untergetaucht, traute sich aber nun wieder aus der Deckung, um einen Monat lang im Westbeach aufzunehmen. Brett musste ihn vom Hotel, in dem Sky wohnte, abholen, um ihn ins Studio zu chauffieren. Nach einer ganztägigen Aufnahmesession fuhr er ihn wieder zurück ins Hotel, bevor er zu sich nach North Hollywood weiterfuhr.

„Sky Saxon war eine wunderbare Seele, ein herrlicher Typ", erinnert sich Brett an diese faszinierende Zeit. „Ich glaube, er hieß eigentlich Richard. Leider war er ein richtiges LSD-Opfer. Er hatte lange Haare, trug einen silbernen Lamé-Umhang und jeweils zehn Uhren an beiden Armen. Die waren alle auf unterschiedliche Zeiten eingestellt, so als wäre er ein Zeitreisender. Er behauptete, er könnte, wenn er dir tief in die Augen sah, deinen wahren Universum-Namen erfahren. Also ließ ich ihn gewähren und er sagte, dass ich ‚Starbolt' hieße."

Als Keith Morris davon erfuhr, ließ er sich nicht davon abbringen, Brett fortan so zu nennen. Nicht dass Brett das gestört hätte. Wenn er nun auf einer bei Epitaph erscheinenden Platte in mehrere Rollen schlüpfen musste, arbeitete der Toningenieur manchmal unter dem Pseudonym „The Legendary Starbolt". Das war etwa bei den Bad-Religion-Alben *Suffer*, *No Control*, *Against the Grain* und *Generator* der Fall.

Brett kümmerte sich außerdem um die Projekte seiner Freunde aus der erweiterten Punkrock-Community. So nahm er *Baby ... You're Bummin' My Life out in a Supreme Fashion* von Thelonius Monster auf, ein Album, an dem – wie Brett es ausdrückte – „einige der Größen der Freak-Szene Hollywoods" mitwirkten. So steuerten K. K. Barrett von den Screamers, Dix Denney von den Weirdos, Keith Morris von den Circle Jerks, Angelo Moore von Fishbone und noch viele mehr inspirierte Gastauftritte zum Album bei. Ganz zu schweigen von den ganzen

Gast-Produzenten. „Ich war ebenfalls mit von der Partie", erzählt Brett. „Das war meine Welt. Wir hauten alle gemeinsam auf den Putz."

Nachtschichten waren bei Westbeach keine Seltenheit. Einmal zog Brett mit Stiv Bators, früher bei den Dead Boys, eine 72-stündige Session durch. „Er brachte einen Fairlight CMI mit", erinnert sich Brett. „Das war in den Achtzigerjahren ein ultra-moderner digitaler Synthesizer, der abertausende Streicher-Sounds abgespeichert hatte. Er machte gerade Post-Punk mit den Lords of the New Church und war auf Speed, während ich auf Koks war. Wir hörten uns all diese Streicher-Samples an und versuchten, uns für den besten Sound zu entscheiden. Aber wenn man voll drauf ist und man sich schon 75 dieser Sounds reingezogen hat, läuft alles aus dem Ruder und man driftet in ungefilterten Irrsinn ab. Da weiß man nicht einmal mehr, was man sich da gerade anhört."

Ungefilterter Irrsinn wurde schon bald zum Motto, unter dem sich Bretts Arbeitsweise am besten zusammenfassen ließ. Das wurde aber schon bald zum Problem, da so ziemlich die einzige Person, die nicht über Bretts Drogenmissbrauch Bescheid wusste, seine Freundin Suzy war. Obwohl sie viele gemeinsame Interessen hatten, gehörten Drogen nicht dazu. Um seine Beziehung mit Suzy nicht aufs Spiel zu setzen, musste er sein ungesundes Hobby vor ihr geheim halten. Dank Westbeach hatte er auch ein Refugium, an dem er den Drogen frönen konnte, ohne dass Suzy es herausfinden konnte. Aber es wurde zunehmend schwerer, sein Leben als Drogensüchtiger vor ihr zu verbergen.

9
Hin und her

Nach seinem Ausstieg bei Bad Religion im Jahr 1983 hatte Jay die Szene erst einmal so satt, dass er seine gesamte Ausrüstung verhökerte und aufhörte, Musik zu machen. Damals spielte er außerdem noch bei Wasted Youth und T.S.O.L., aber nun hatte er die Nase gestrichen voll von seinem Leben als Punkrock-Musiker. Eines Abends traf er auf einer Party eine hübsche junge Frau namens Marie. Sie fanden einen Draht zueinander und sollten die nächsten drei Jahre ein Paar sein. Zuvor war Marie kurz mit Jays altem Bandkollegen Greg gegangen, aber die neue Beziehung dauerte entschieden länger. Auch sollte Jay für Maries Vater in Alondra Park als Mechaniker arbeiten. Seine Zeit mit Bad Religion verschwamm zu einer weit zurückliegenden Erinnerung.

Doch dann meldete sich sein altes Leben zurück. Er begann mit einer feierwütigen Runde abzuhängen, mit der Marie gar nichts anfangen konnte, da die beiden mittlerweile einen sehr gesitteten Lebenswandel pflegten. Als Greg Hetson Jay bat, einen Gig mit den Circle Jerks in der Music Machine in Santa Monica zu spielen, nahm Jay die Einladung an. Er kaufte sich billiges Equipment und bereitete sich auf den Gig vor. Doch als der große Abend gekommen war, war er einigermaßen alkoholisiert. Als er nun seine Gitarre in die Höhe warf, kam diese – sehr zu seinem Missfallen – nicht wieder herunter. Das Konzertlokal verfügte über eine abgehängte Decke und irgendwie hatte sich Jays Bass nun dort oben verkeilt. Jay musste nachträglich ordentlich darüber lachen, doch war der Vorfall auch das Ende seiner Karriere als Circle Jerk. „Ich spielte ein Konzert mit ihnen, aber sie schmissen mich gleich wieder raus, weil ich stockbesoffen war", gibt er zu. Keith und Hetson wollten Jay eigentlich noch eine Chance geben, doch der Drummer der Band, Keith Clark alias „Adolph", legte sich quer. (Um seinen Job als einziger Erwachsener in der Band beneidete ihn niemand.)

„Die Circle Jerks hatten Schwierigkeiten, einen passenden Bassisten zu finden", erinnert sich Keith Morris. „Typen wie Jay Bentley und Tim Gallegos halfen bei uns aus. Tim spielte eine Show und Jay war beim Gig in der Music Machine am Start. Ich war vermutlich nicht weniger beschwipst als Jay. Wir teilten uns eine Palette Bier. Die vereinbarten Gagen waren bei den Konzerten in dieser Location verschwindend klein. Aber hinter der Bühne gab es immer reichlich Bier."

Nach diesem kurzen Intermezzo bei den Circle Jerks sprang Jay noch bei ein paar anderen Bands ein. Er half noch einmal bei T.S.O.L. aus und spielte auch bei einem anderen Projekt von Jack Grisham namens Cathedral of Tears. In diesen Tagen traf Jay in Hollywood gelegentlich auf Brett. Sie verkehrten in unterschiedlichen Kreisen, aber jeder kannte hier jeden. Jay trank ganz gerne einen über den Durst, wohingegen Brett eher den Drogen zugetan war. Trotzdem blieben sie befreundet. Jay half Brett wiederholt beim Umzug, da er einen schwarzen Pickup-Truck besaß, den er sich von seiner Unfallentschädigung geleistet hatte.

Sobald sich herumsprach, dass Jay wieder spielte, rief ihn Greg Graffin an. Jays Erinnerung daran ähnelte dem ersten Mal, als er zu einem Einstieg bei Bad Religion bewogen wurde.

GREG: Möchtest du ein paar Shows mit uns spielen?
JAY: Nein.
GREG: Wir spielen nur die alten Sachen.
JAY: Okay.

Jays erstes Konzert nach einer längeren Pause fand am 1. Mai 1986 im Fender's Ballroom in Long Beach statt. Die Circle Jerks und Gang Green standen ebenfalls auf dem Programm. Er hatte mittlerweile lange Haare und trug einen Cowboyhut. Pete war nach seiner Rückkehr aus London auch wieder mit an Bord. Er belegte Kurse an der California State University in Northridge und wohnte bei seinen Eltern. Er hatte nichts zu tun, außer den lieben langen Tag Schlagzeug zu spielen. Als sie sich bei ihm meldeten, war er überglücklich, wieder mit seinen alten Bandmitglieder spielen zu dürfen. Das Set von Bad Religion umfasste Nummern von *How Could Hell Be Any Worse?* und beiden EPs. Während des Konzerts verkündete Greg, dass sie manche Songs von der ersten EP seit drei Jahren nicht mehr gespielt hätten.

Jay fiel auf, dass Bad Religion eine gute Nische für sich gefunden hatten. Zwar waren sie nicht die Stars des Abends, aber sie verfügten über mehr als genug Material, um die Bühne mit jeder erdenklichen Gruppe zu teilen – solange sie eine vollständige Besetzung an den Start brachten.

Dann ergab sich die Möglichkeit, zum ersten Mal eine kleine Tour an der amerikanischen Ostküste zu unternehmen. Aufgrund seiner universitären Verpflichtungen musste Pete aber passen. Wieder einmal standen Bad Religion ohne Drummer da. Dieses Mal wandte sich die Band an einen Freund, der sie von Anfang an begleitet hatte. Keith „Lucky" Lehrer war 1982 bei den Circle Jerks ausgestiegen, als sich seine Combo gerade auf dem Zenit ihres Erfolgs zu befinden schien. Er legte seine Zulassungsprüfung als Anwalt ab und begab sich ins Familiengeschäft. Allerdings blieb er der Punk-Szene erhalten und gab gelegentlich Schlagzeugunterricht, so auch Pete Finestone. Lucky galt als einer der besten Punkrock-Drummer in L.A., beherrschte aber unterschiedliche Stile und war ein gefragter Session-Schlagzeuger und Notnagel, wenn mal jemand ausfiel. Als im Winter 1986 Bad Religion einen Drummer brauchten, um auf die von Hetson arrangierte Tour an der Ostküste zu gehen, wurde die Band bei dessen altem Bandkollegen vorstellig.

Unterwegs waren sie in einem klapprigen VW-Bus, der kaum genug Platz für die Band und ihre Ausrüstung bot. Ihr Fahrer hieß Dank – ein Gentleman, dessen Religion ihm laut Lucky verbat, sich zu duschen. Jay und Lucky saßen hinten beim Equipment – getrennt vom Rest der Band durch eine Wand von Gitarrenverstärkern. Außerdem fehlte ein Seitenfenster, weshalb die Fahrten eiskalt waren. Vor allem in der Nacht. „Als hätte man in einer Höhle gesessen", erinnert sich Jay.

Aufgrund des fehlenden Fensters musste jemand im Wagen übernachten, um sicherzustellen, dass sie nicht ausgeraubt wurden. Um die Zeit zwischen den Gigs zu überbrücken, warfen Jay und Lucky Pilze ein. Einmal wurde Jay so high davon, dass er verlangte, doch bitte kurz anzuhalten. Dann stieg er aus und wanderte durch die Kälte, bevor er wieder in den Bus stieg, ohne zu erklären, was eigentlich los war. Es wurden zehn lange Tage für die Jungs aus Südkalifornien.

Die Tour führte sie nach North Carolina, Washington D.C. und Boston. Einen Lichtblick bot der Gig im Hung Jury Pub in Washington D.C. Auf dem Flyer für das Konzert wurden Bad Religion als Headliner angekündigt, inklusive zweier „Ex-Circle Jerks". Jay und Lucky trafen eine junge Frau, die einwilligte, die beiden nach Boston zu chauffieren – eine willkommene Abwechslung vom kalten und übelriechenden VW.

Lucky erinnert sich nicht sonderlich gerne an diese Tour. „Meine Beziehung zu Bad Religion war eher geprägt von Insider-Witzen als von den Auftritten. Die Konzerte waren nämlich desaströs."

Während Bad Religion sich auf Tour abmühten, setzte Brett mit Westbeach auf Expansion. Allerdings verlor sein Partner John das Interesse am Studio. So verkaufte er seinen Geschäftsanteil an Donnell Cameron. Brett spricht von einer freundschaftlichen Trennung. Donnell war ein passionierter Musik-Fan, der sich dafür interessierte, was es mit dem Aufnahmeprozess auf sich hatte. Er hatte reichlich Geld, war unabhängig und teilte Bretts Begeisterung für drogenberauschte spätabendliche Sessions.

„Das war eine ziemlich toxische Kombination für mich", räumt Brett ein. „Ich rauchte gern Kokain, war aber pleite. Donnell hingegen war nie pleite."

Wieder einmal war Jay mit seinem Truck zur Stelle, als das Studio aus der Abstellkammer am La Cienega Place in einen Bungalow an der Vista del Mar in Hollywood umzog, der sich zwischen Cathay de Grande und Raji's befand. Das Doppelhaus war 110 Quadratmeter groß, hatte zwei Schlafzimmer und eine Küche und war in den Dreißigerjahren im Auftrag eines Hollywood-Studios gebaut worden. Brett verwandelte das vordere Schlafzimmer in ein Büro. „Dort legte ich richtig los mit Epitaph", erinnert er sich.

Brett kündigte seinen Job bei Sounds Good, damit er sich durchgehend um Westbeach kümmern konnte. Als Nächstes mietete er sich ein Apartment im Beachwood Canyon in Hollywood, damit er es nicht mehr so weit ins Studio hatte. Während er darauf wartete, dass sein Deal mit Sounds Good endete, damit er endlich Bands für Epitaph unter Vertrag nehmen konnte, arbeitete er jede Woche zwischen 80 und 90 Stunden im Studio. Eine der ersten Gruppen, die Brett in den neuen Räumlichkeiten aufnahm, waren die Little Kings – eine populäre Rock'n'Roll-Combo, bei denen ein gewisser Gore Verbinski Gitarre spielte. Brett war hinsichtlich seiner Kundschaft nicht wählerisch. Er nahm Lounge-Acts, Avantgarde-Bands und sogar Country-Interpreten auf. Steve Fishell, ein Country-Produzent und -Musiker, der für Emmylou Harris Pedal-Steel-Gitarre spielte, entdeckte Westbeach für sich und schickte fortan Musiker zu Brett. „Steve Fishell kannte viele Country-Studiomusiker", erzählt Brett. „Er schickte sie vorbei, weil er nicht fassen konnte, wie billig hier alles war."

Es sprach sich herum, dass es in Hollywood ein kleines Haus gab, in dem ein Toningenieur saß, der Ahnung von seinem Handwerk hatte und wusste, wie man einen guten Sound fabrizierte. „Ich entwickelte mich langsam zu einem guten Studiotechniker", so Brett. „Das war jetzt mein Leben – essen, schlafen, die Musik aufsaugen und aufnehmen. Ich komponierte zwar nicht selbst, aber ich lauschte dem, was alle anderen so spielten. Ich war wie ein Schwamm. Musik stand über allem. Drogen spielten auch eine große Rolle. Ich war über weite Strecken ziemlich hart drauf."

Bretts bevorzugte Droge war Kokainbase. Das Rauschgefühl war zwar intensiv, hielt jedoch nicht lange an. Außerdem musste er die Dosis laufend erhöhen, um die Dröhnung aufrechtzuerhalten. Um die herkulischen Portionen Koks auszubalancieren, die Brett sich reinzog, trank er täglich einen Liter Jack Daniel's, was ihn aber nicht weiter beeinträchtigte. Manchmal genehmigte er sich auch noch Beruhigungsmittel, um zwischenzeitlich wieder runterzukommen. Dieser Cocktail aus Drogen und Alkohol ließ sich zusehends schwerer managen, vor allem wenn die Nacht langsam dem Tag wich und er immer noch hellwach war. „Ich fuhr frühmorgens nachhause. Ringsum schien alles in ein bläuliches Licht getaucht zu sein. Eine seltsame Schattenexistenz. So sah mein Leben aus."

Dieses Leben – oder dieser Abschnitt davon – näherte sich seinem Ende. Eines Abends traf sich Brett mit einer Drogen-Connection in dessen Heimstudio. Sie fingen an, gemeinsam Musik zu machen und mit dem Aufnahmeequipment herumzualbern. Die Nacht wurde zum Tag, wie so oft, wenn Brett im Studio bastelte. Bevor er sich versah, brach auch schon wieder der nächste Abend an. Aus zwei Nächten wurden drei. Dann vier. Bretts Rausch dauerte eine ganze Woche.

In diesen düsteren sieben Tagen gingen seine Freunde und Bekannten, die von seinem Drogenkonsum wussten, von zwei Möglichkeiten aus. Entweder war Brett auf Achse, oder er war abgekratzt. Diejenigen, die jedoch keinen Schimmer davon hatten, wie schlecht es mittlerweile bereits um ihn bestellt war, wunderten sich, wo er bloß abgeblieben war. Nicht so seine Freundin Suzy. Die war fuchsteufelswild.

Brett wusste, dass er wegen seines Problems etwas unternehmen musste. Er hatte schon Erfahrungen mit Entzugskliniken gemacht, aber die waren nicht das Richtige für ihn gewesen. Entweder war es ihm gelungen, Drogen in diese Einrichtungen zu schmuggeln, oder er hatte die Behandlung vorzeitig abgebrochen. Nach einem einwöchigen Vollexzess ließ sich nicht länger leugnen, dass er die Kontrolle über die Drogen verloren hatte. Am 14. April 1987 verabschiedete Brett sich von Drogen und Alkohol – und dieses Mal schaffte er es tatsächlich, langfristig nüchtern und abstinent zu bleiben.

Auch Greg durchlief eine Phase persönlicher Veränderungen. Im Winter 1997, nach fünf Jahren und drei Hochschulen, schloss er sein Studium der Anthropologie an der UCLA ab. Doch bedeutete das noch nicht das Ende seiner akademischen Laufbahn. Vielmehr stand er erst am Anfang. Er hatte sich für den Masterstudiengang an der UCLA beworben und war angenommen worden. Fortan sollte er nun bei Peter Vaughn und Everett C. Olson studieren, zwei Koryphäen auf dem Gebiet der Wirbeltierpaläontologie. Zu seinen Pflichten gehörte auch, dass er selbst Studenten unterrichtete. Somit würde er den Mikrofonständer gegen ein Rednerpult eintauschen müssen. Bevor er sich jedoch auf den Weg zum Master-Abschluss begab und erneut in sein Studium vertiefte, beschloss Greg, ein Quartal lang eine Auszeit zu nehmen, um nach Südamerika zu reisen. Greg war vom naturhistorischen Museum von L.A. County, für das er schon als Schüler auf freiwilliger Basis gearbeitet hatte, ein Job angeboten worden. Nach ein paar Wochen erhielt er die Chance, eine Expedition ins Amazonasbecken im Norden Boliviens zu begleiten, um dort Proben zu sammeln und dabei behilflich zu sein, ein Naturschutzgebiet einzurichten. Greg zögerte nicht lange und sagte zu.

Sein offizieller Titel lautete „Sammler von Vögeln und Säugetieren“. Seine Jobbeschreibung sah vor, dass er so ziemlich alles abzuknallen hatte, was ihm im Regenwald vor die Flinte lief, kroch oder flatterte. Greg lernte zunächst, wie man in Präzisionsarbeit kleine Vögel und Tiere häutete oder rupfte, während er seine Arbeit akribisch dokumentierte. Nach sechs Wochen Einschulung war er startklar. Die Expedition flog von L.A. via Miami nach La Paz in Bolivien, wo erst einmal die nötigen Genehmigungen für den Amazonas eingeholt werden mussten. In diesen wenigen Tagen musste Greg zur Kenntnis nehmen, dass er nicht auf den drastischen Höhenunterschied zwischen L.A. und La Paz eingestellt gewesen war. Immerhin lag die bolivianische Hauptstadt 3.300 Meter über dem Meeresspiegel. Greg litt unter Höhenkrankheit und kotzte sich tagelang in seinem Hotelzimmer die Seele aus dem Leib. Es dauerte länger als ursprünglich angenommen, die erforderlichen Papiere zu erhalten, doch nach einer Woche ging es endlich weiter ins Amazonasbecken, wo die Expedition einen entlegenen Zufluss des Rio Madre de Dios in Nordbolivien auskundschaften sollte. Die Forschungsreisenden flogen von La Paz über Trinidad nach Riberalta, einer Stadt am Ufer des Rio Madre de Dios. Das Flugzeug trug den passenden Namen *El Tigre de Los Angeles* und war an der Seite mit dem Logo des Museums geschmückt, einem Säbelzahntiger.

Greg freute sich, dass die Expedition endlich ins Rollen kam. Aber schon nach einer Woche litt er mangels kameradschaftlicher Stimmung und wissenschaftlicher Diskurse intensiv unter der Einsamkeit und hatte Heimweh. Je weiter sie in den Dschungel vordrangen, desto mehr zogen sich die Wissenschaftler in ihre Gedankenwelten zurück.

Greg klammerte sich förmlich an seinen Walkman und sehnte sich nach der Gesellschaft seiner Bandkollegen. Ganz egal, wie ungemütlich es mitunter auf Tour mit der Band auch zugegangen war, zumindest war es nie langweilig gewesen. Die Jungs hatten sich stets über ihre Lektüre, ihren Lernstoff oder ihre Gedanken ausgetauscht und sich stundenlang über alle möglichen Themen unterhalten, von Musik über Politik bis hin zu aktuellen wissenschaftlichen Erkenntnissen. Erst jetzt, da ihm nur die Geräuschkulisse des tropischen Niederschlags Gesellschaft leistete, begriff Greg, wie sehr er diese Gespräche mit seinen Bandkollegen vermisste.

In seinem 2010 erschienenen Buch *Anarchie und Evolution: Glaube und Wissenschaft in einer Welt ohne Gott* erinnert sich Greg an die einsamen Stunden auf dem Boot. Die Musik, der er via Kopfhörer lauschte, entfachte in ihm ein neues Feuer: „Auf meinen Tapes befanden sich auch drei Songs, die ich im Studio mit Bad Religion aufgenommen hatte. Keiner der Songs war jemals auf einem unserer Alben erschienen, weil wir sie für zu unausgegoren hielten. Ich hörte mir diese Songs immer wieder an. Ich empfand es als großen Trost, darüber nachzudenken, wie ich die Band und mein Songwriting verbessern könnte. Die Musik half mir durch diese düsteren, einsamen Nächte im Urwald. Sie erinnerte mich daran, dass mich nach meiner Rückkehr wieder bessere Zeiten erwarteten."

Nach drei Wochen auf dem Boot ging es wieder zurück nach Riberalta, um die Vorräte aufzufüllen. Dort erfuhr Greg, dass der Kurator und noch ein paar andere der Expedition den Rücken kehren würden, womit nun plötzlich Greg zum Leiter des Unterfangens avancierte. Während sie durch den Dschungel geschippert waren, war es in Bolivien zu einem Putsch gekommen und die Regierung war gestürzt worden. Das bedeutete, dass alle Papiere, die ihnen ausgestellt worden waren, nicht länger gültig waren. In den Augen der neuen Machthaber stellten die wissenschaftlichen Proben nun Schmuggelware dar.

Greg wollte die Expedition zwar nicht aufgeben, fürchtete aber, dass er im Falle einer Konfrontation mit den Behörden als Anführer zur Rechenschaft gezogen würde. Daher beschloss auch er, das Land so schnell wie möglich zu verlassen. Mithilfe eines Missionars aus Indiana, der eine Cessna besaß, entfloh er dem Amazonas-Regenwald. Als er wieder in L.A. eintraf, fühlte sich Greg hinsichtlich der abgebrochenen Expedition zwar einigermaßen desillusioniert, war aber auch voller neuer Hoffnung, was seine Band betraf.

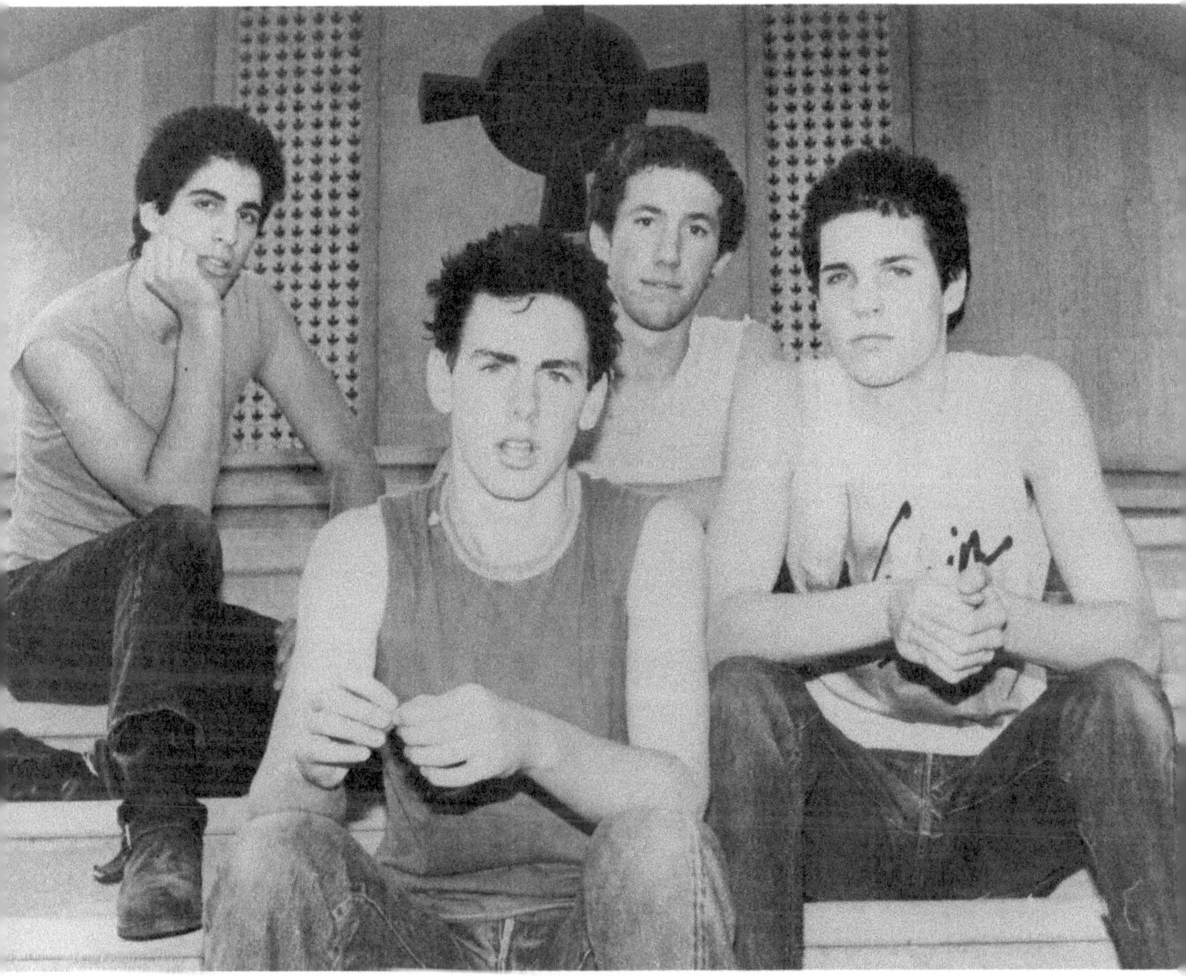

Erstes Bandfoto vor einer Kirche in Woodland Hills *Doug Coss*

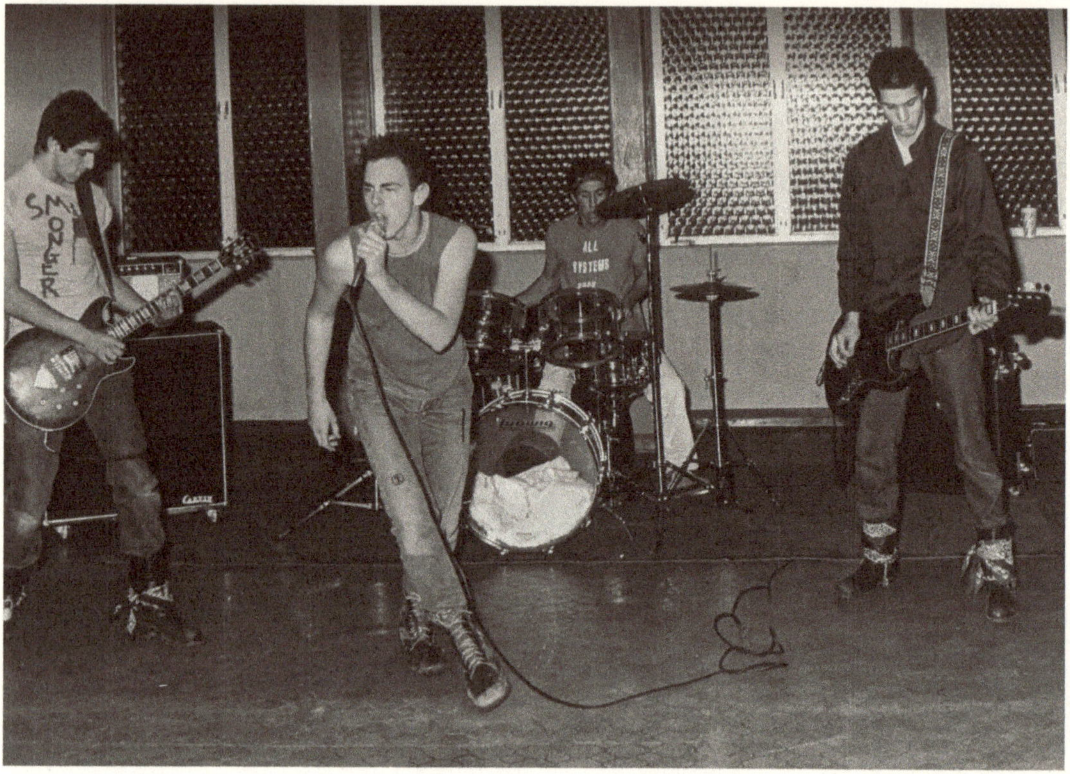

Studentenparty an der USC *Gary Leonard*

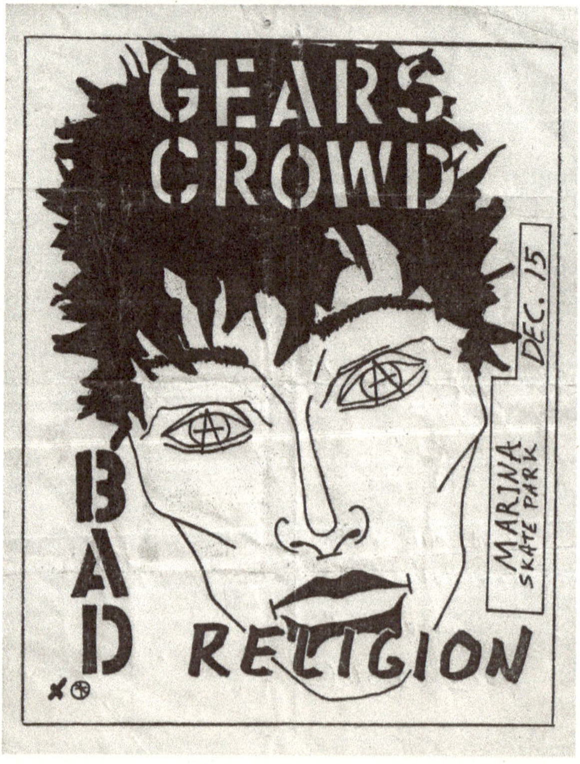

Ein von Brett entworfener Flyer aus dem Jahr 1980

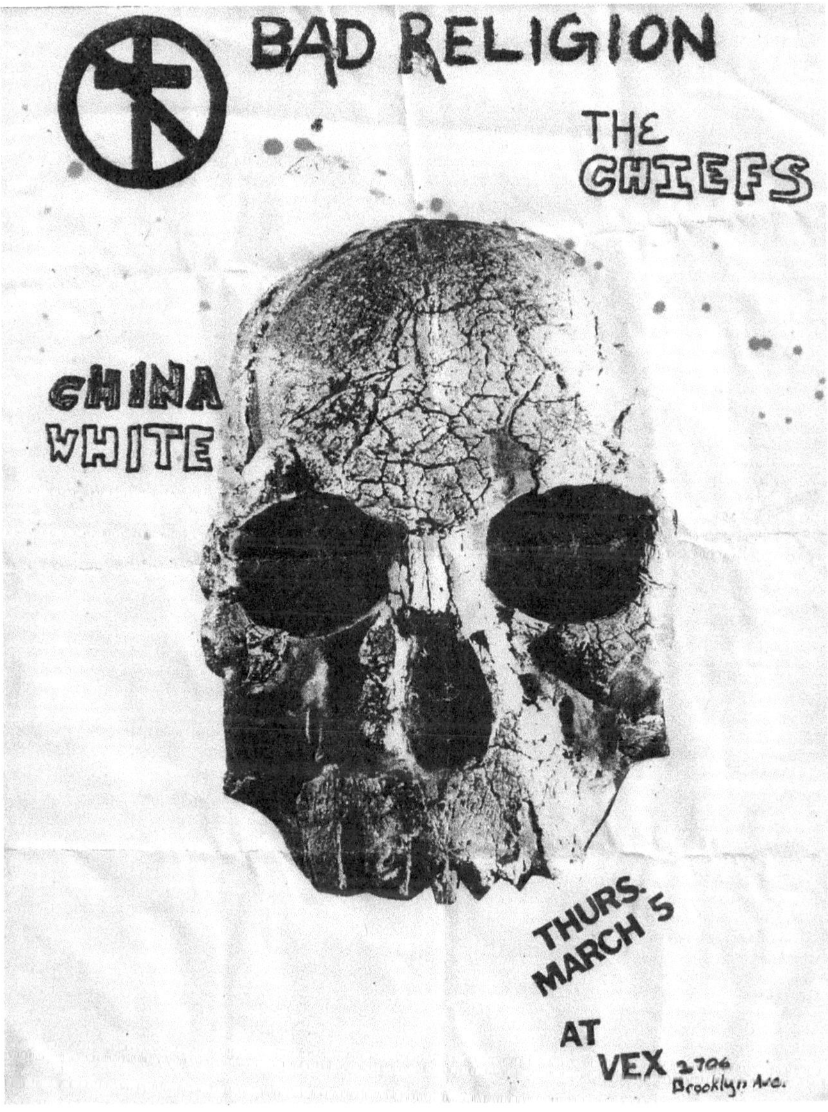

Flyer für eine Show von 1981. Der fossile Schädel
weist auf Greg als Urheber hin

(nächste Seite) In Begleitung einiger Freunde vor dem VEX in East L.A.

Gary Leonard

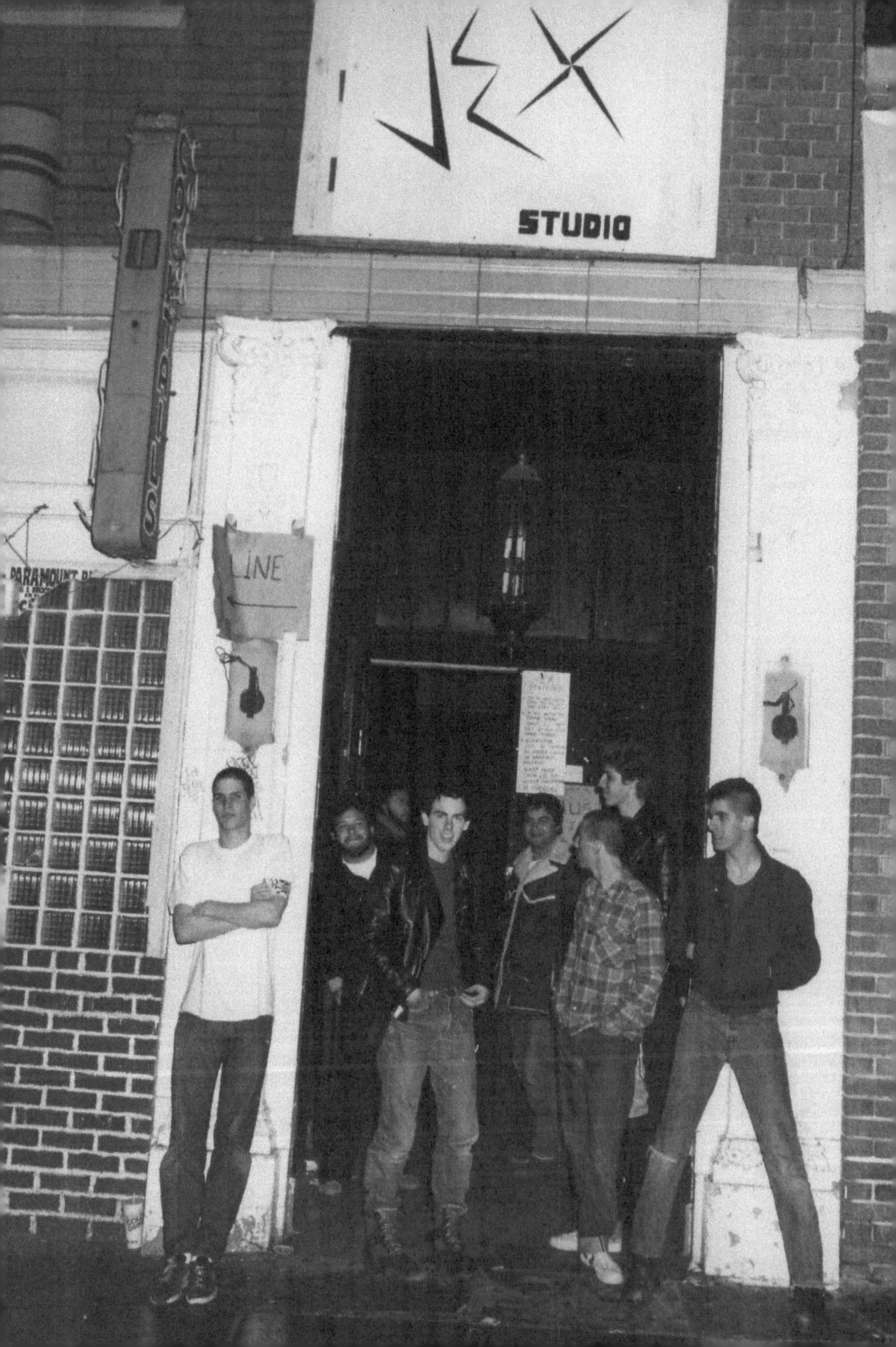
STUDIO
LINE

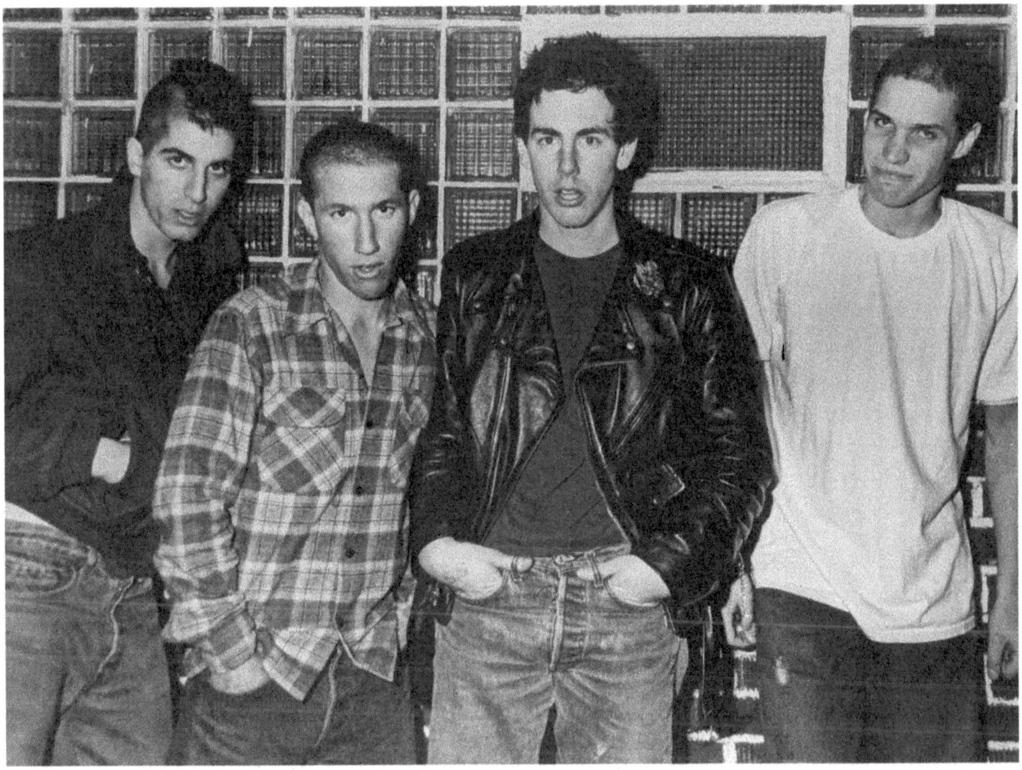

Brett, Ziskrout, Greg und Jay im VEX *Gary Leonard*

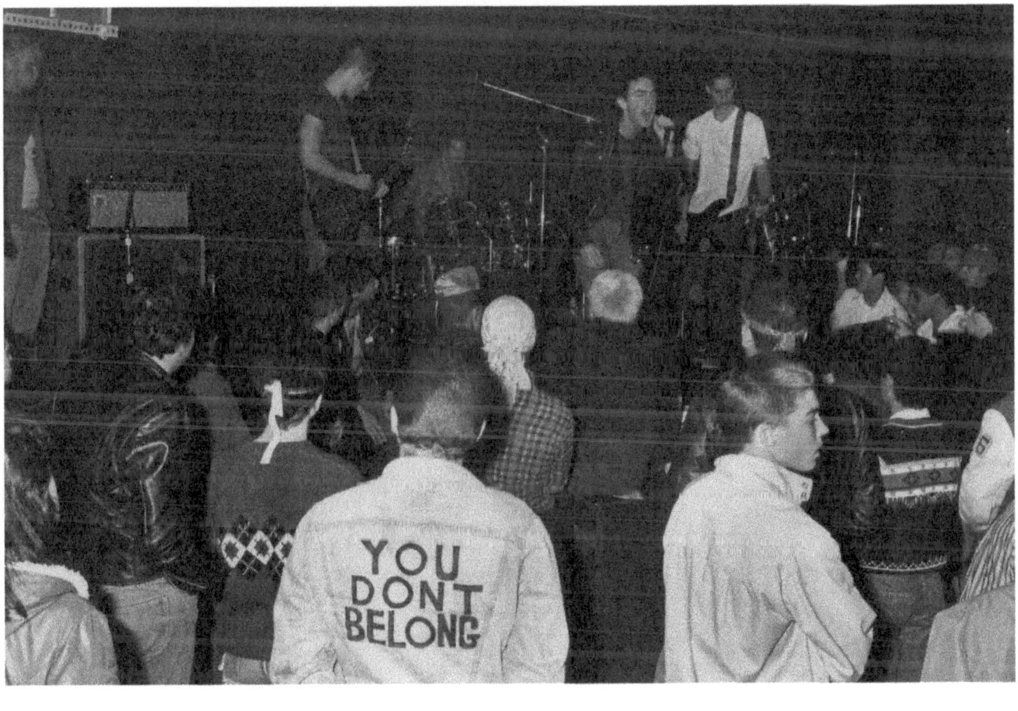

Live im VEX *Gary Leonard*

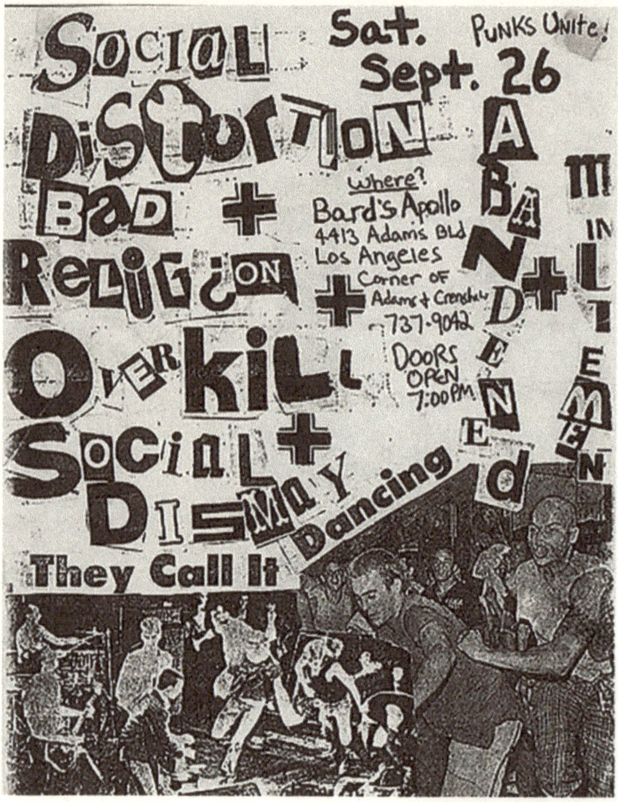

Flyer für einen Gig im Bard‘s Apollo in West L.A.

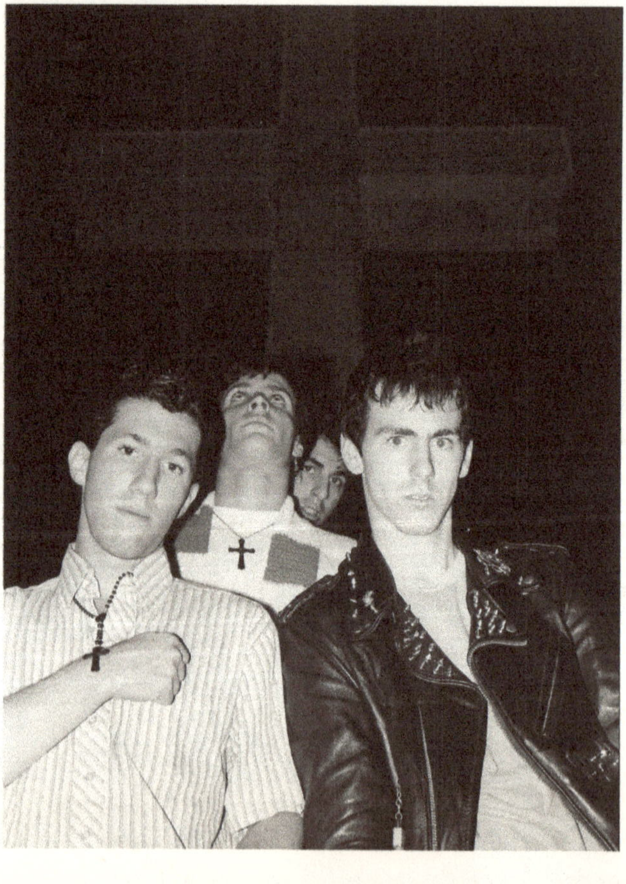

Fotosession für das Cover von *How Could Hell Be Any Worse?* im Jahr 1981 *Edward Colver*

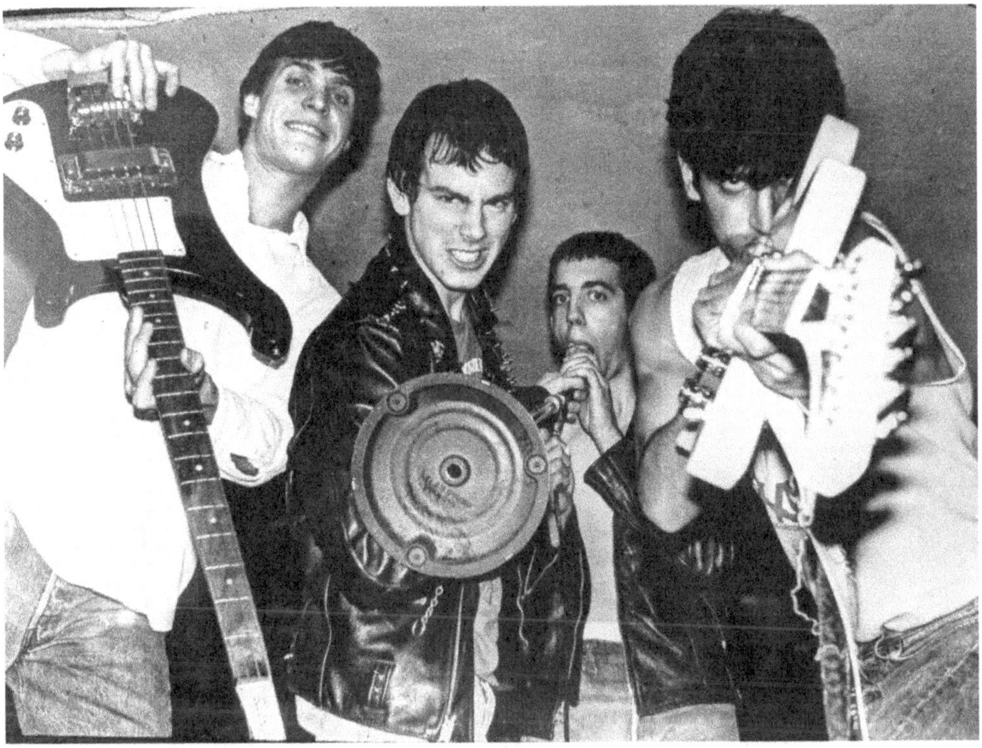

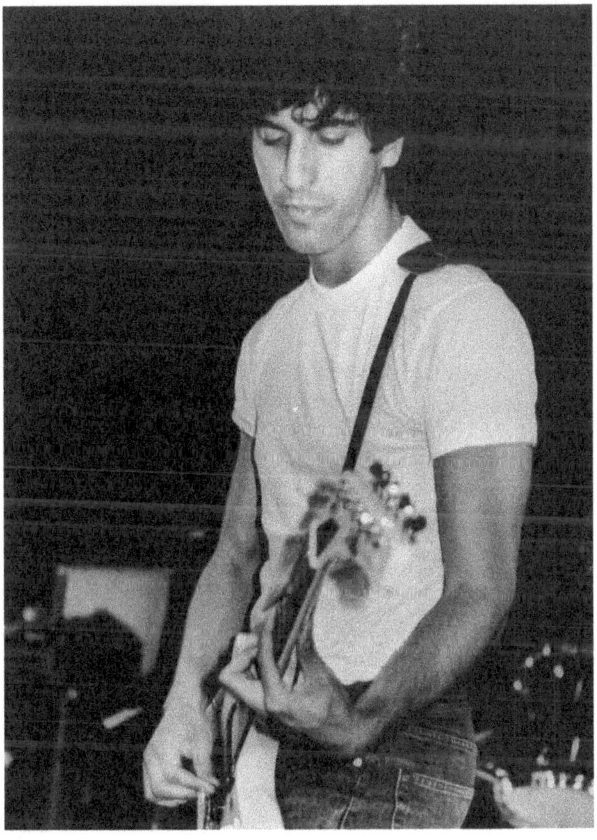

(oben) In einem Probelokal in North Hollywood *Edward Colver*

Brett bei einer Probe *Alison Braun*

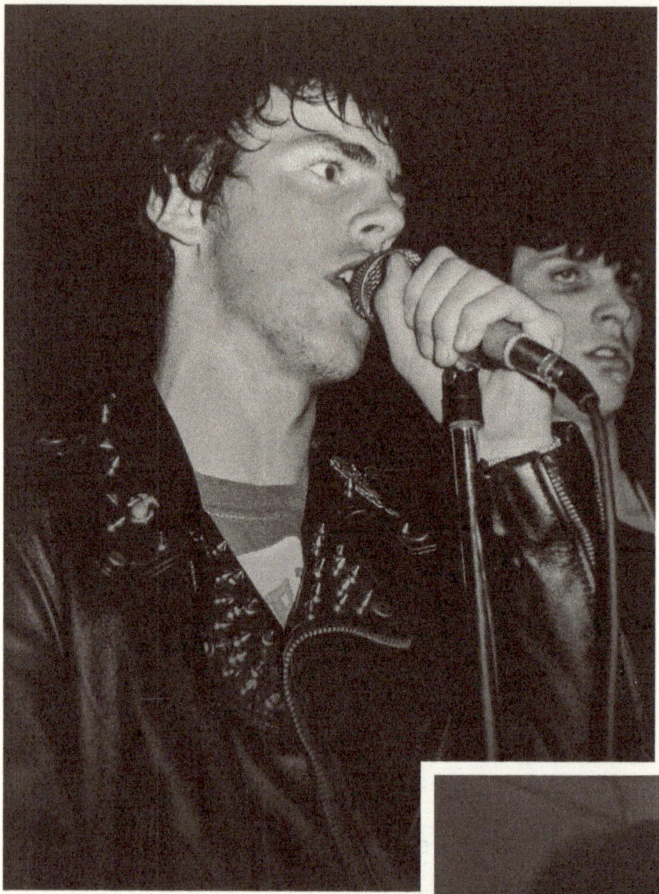

Greg und Jay (1982)
Alison Braun

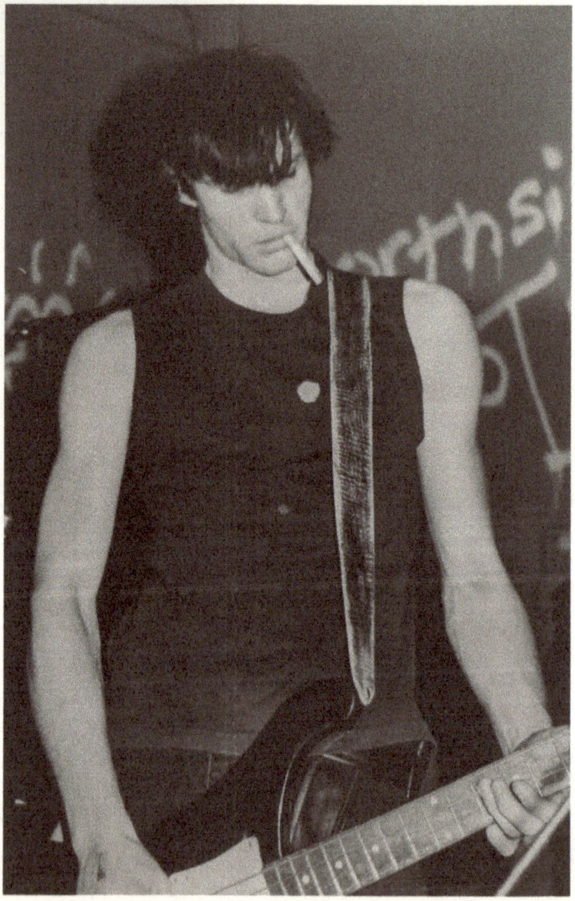

Jay im Godzilla's in Sun Valley
Alison Braun

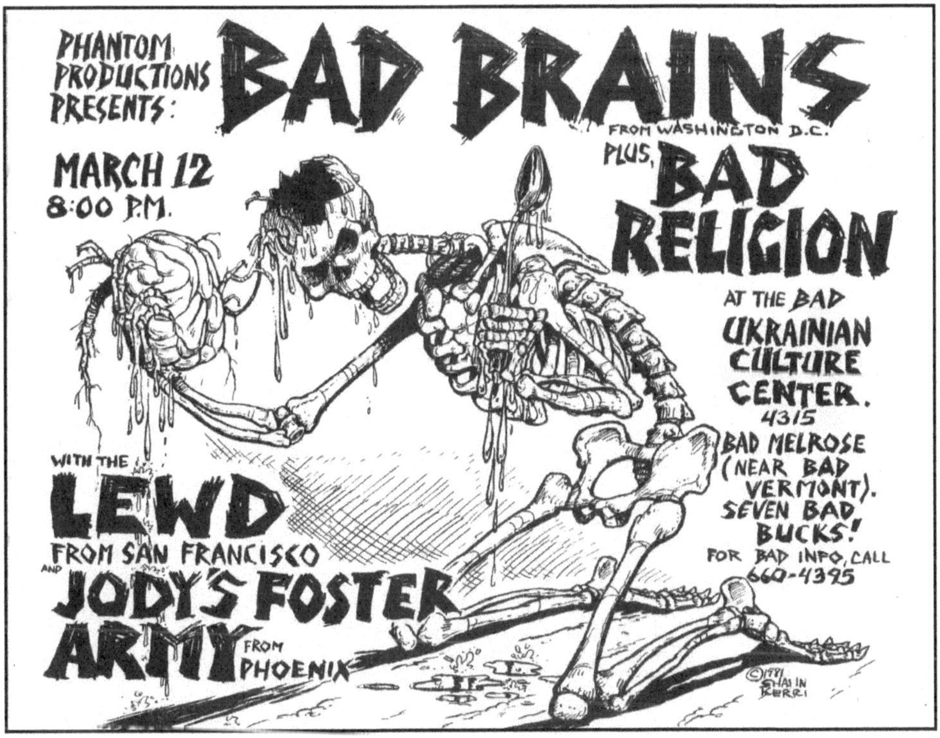

(oben) Ein von Shawn Kerri entworfener Flyer für eine Show mit den Bad Brains im Ukrainian Cultural Center

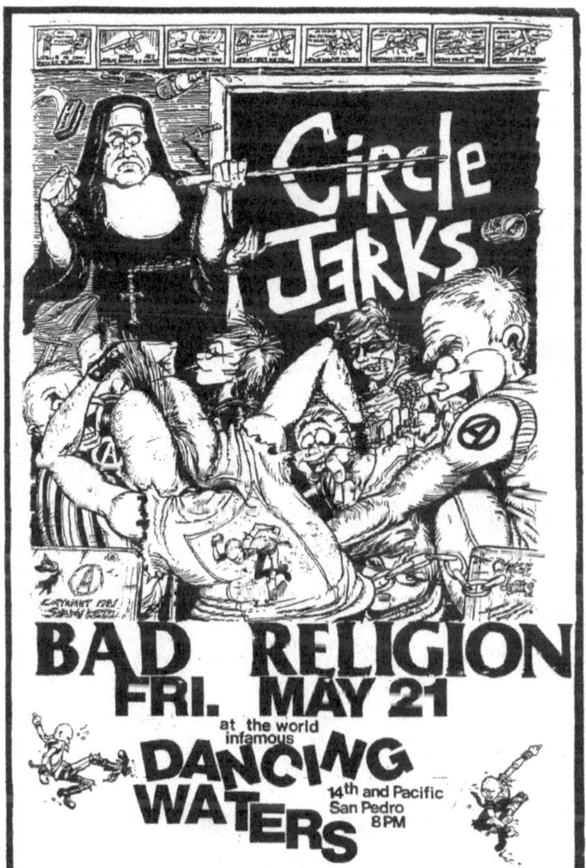

Ein von Shawn Kerri entworfener Flyer für eine Show mit den Circle Jerks in San Pedro

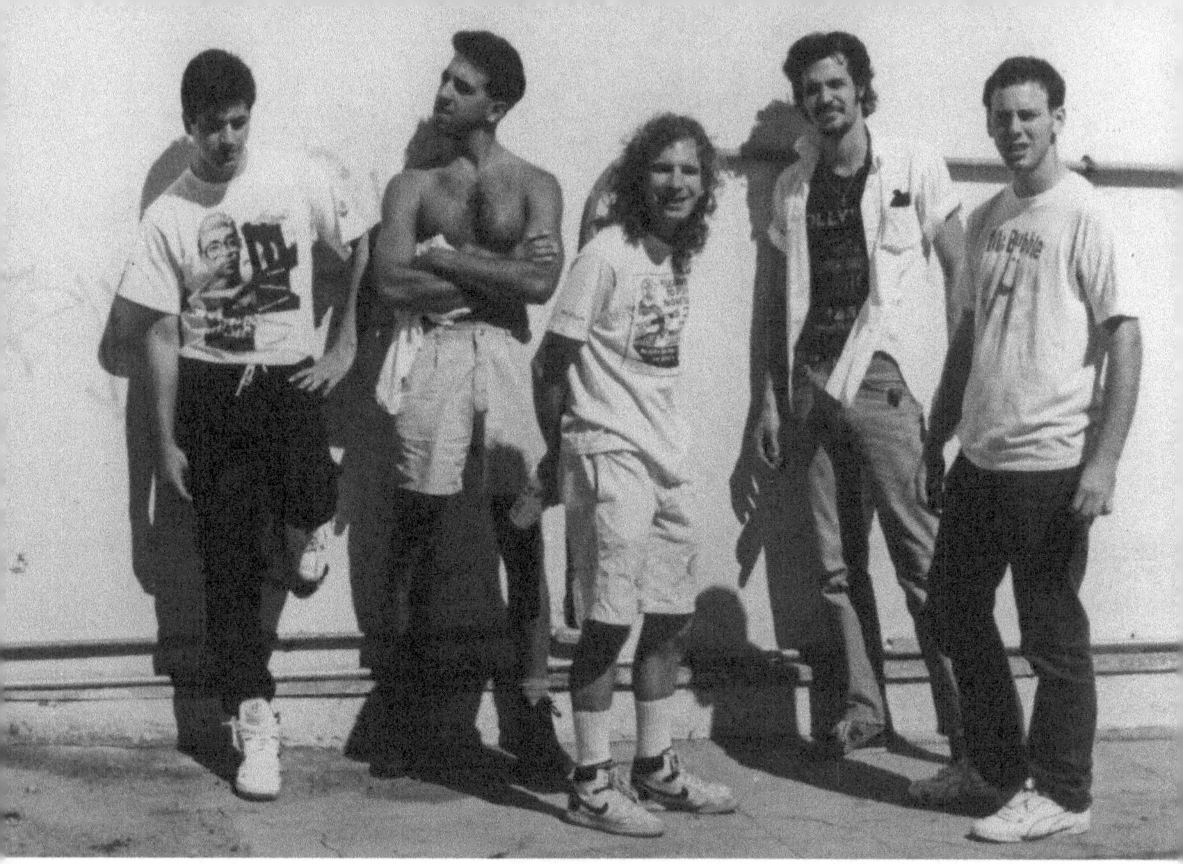

Vor Westbeach Recorders während der Aufnahmen zu *Suffer* *Wrye Martin*

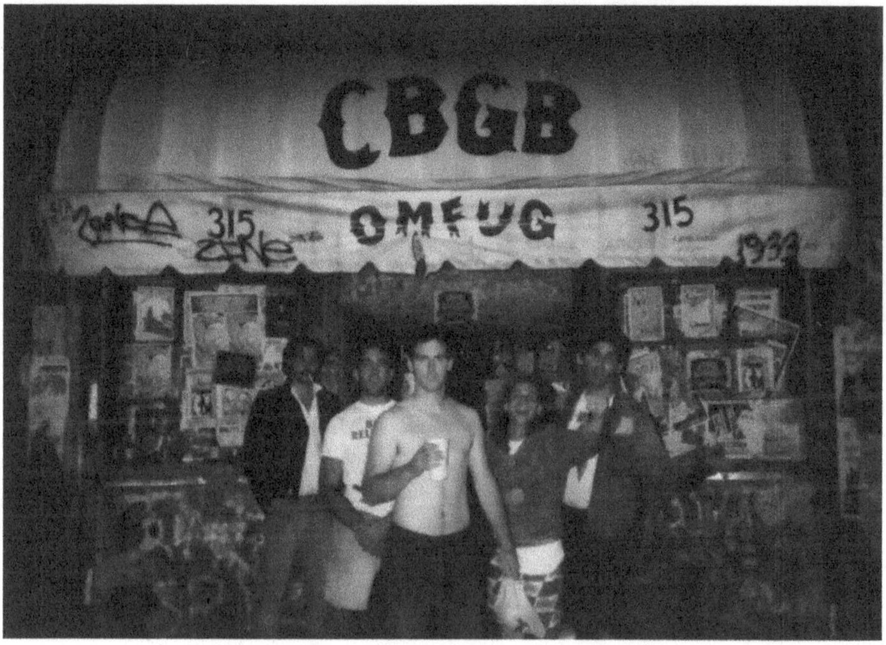

Vor dem CBGB während der *Suffer*-Tour *Unbekannt*

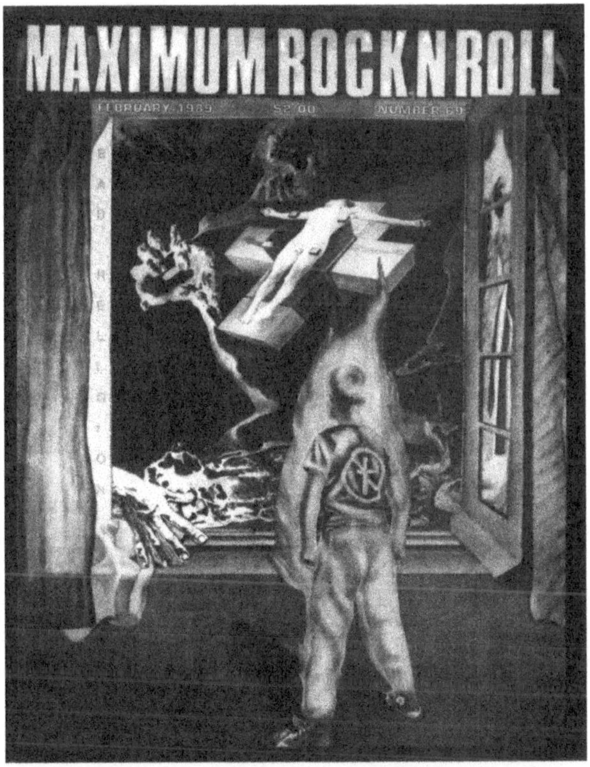

Das Cover von
Maximum Rocknroll #69

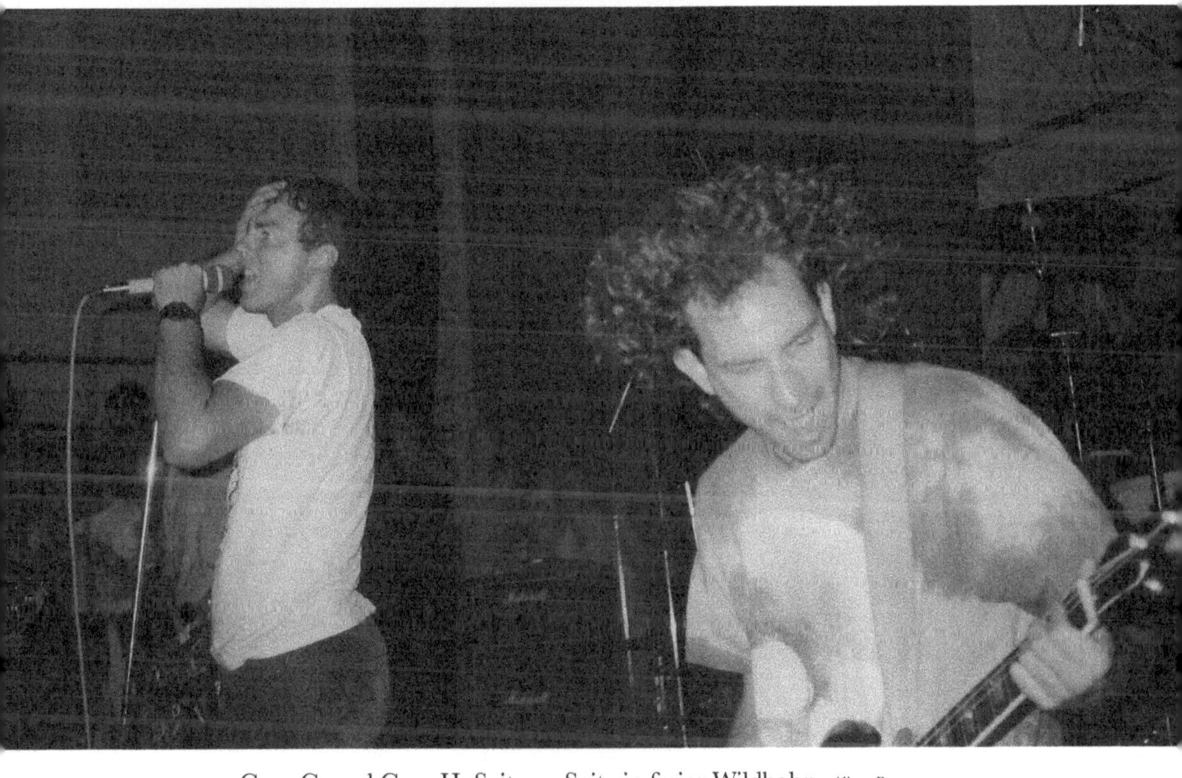

Greg G. und Greg H. Seite an Seite in freier Wildbahn *Alison Braun*

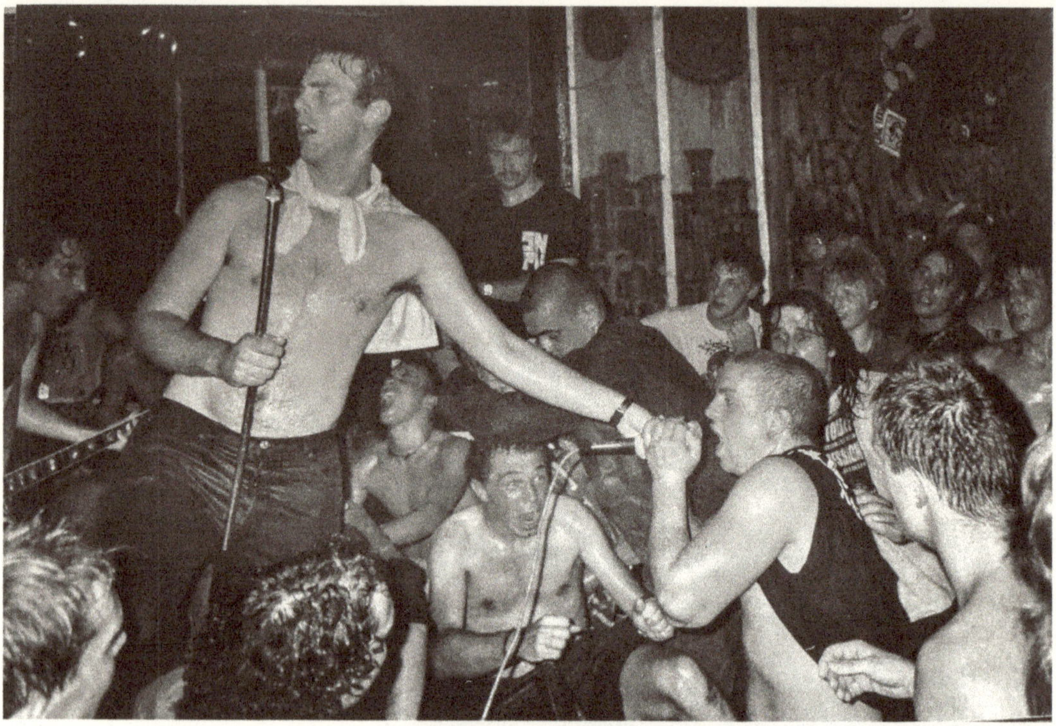

(oben) Bei einem Auftritt in einem Punk-Squat in Deutschland *Thorsten Zahn*

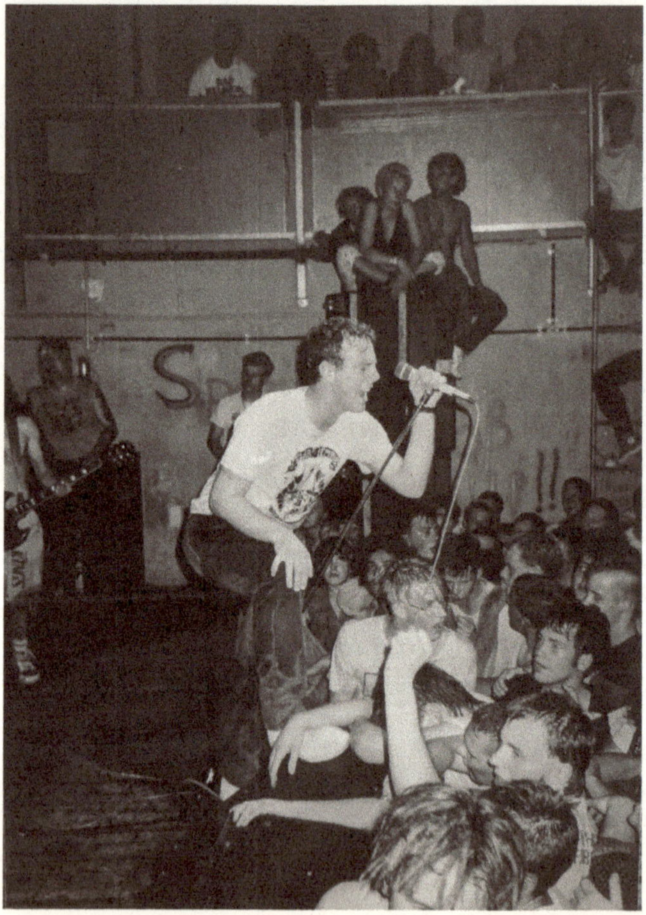

Auf der ersten Tour durch Europa (1989) *Thorsten Zahn*

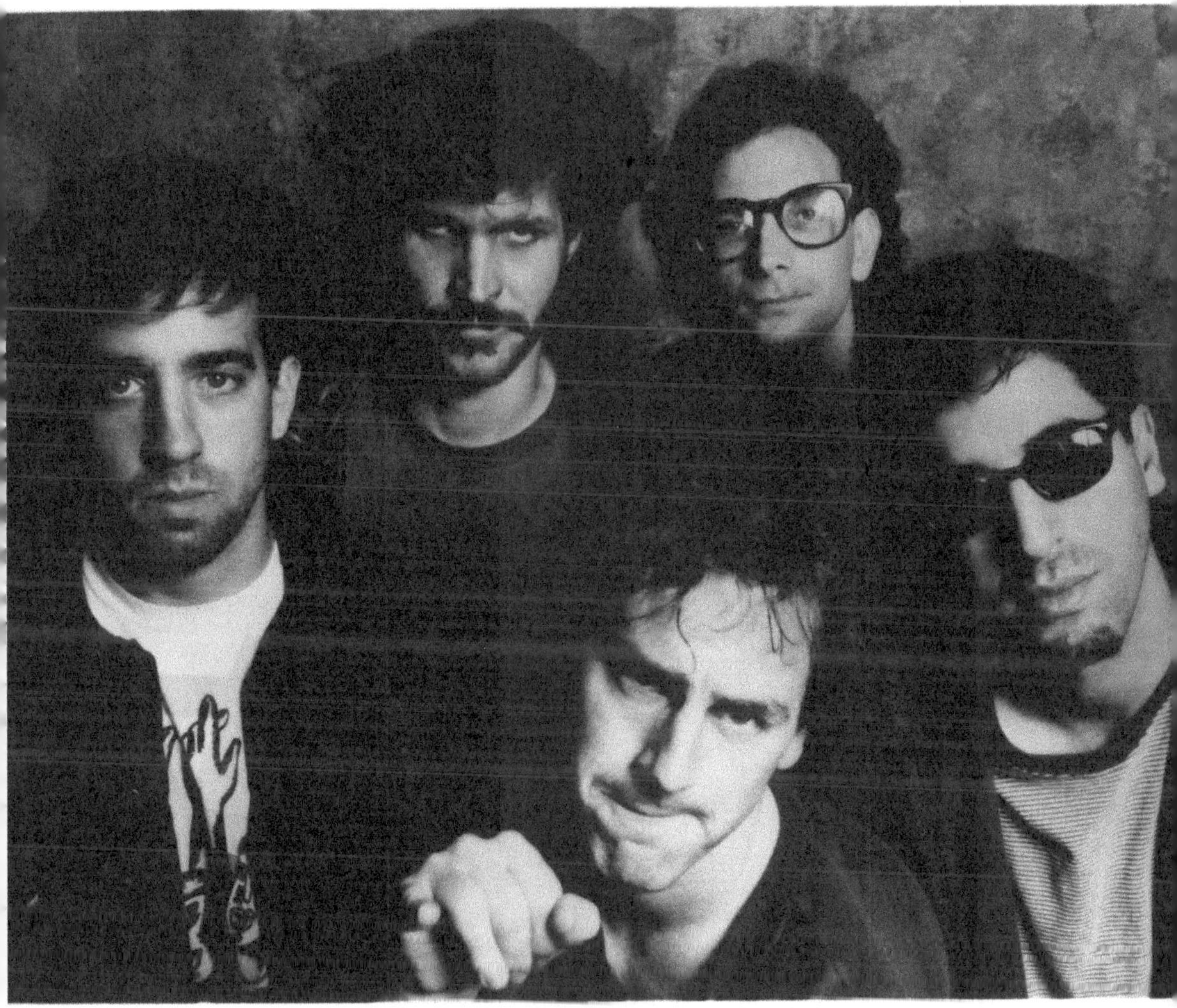

Promo Foto für *No Control* *Kim Bockus*

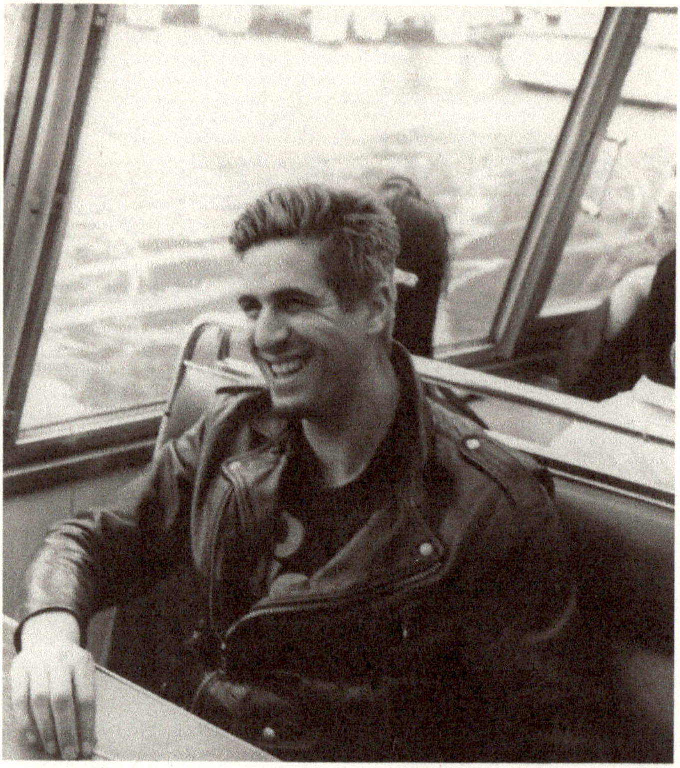

Brett auf einem Boot
in Amsterdam

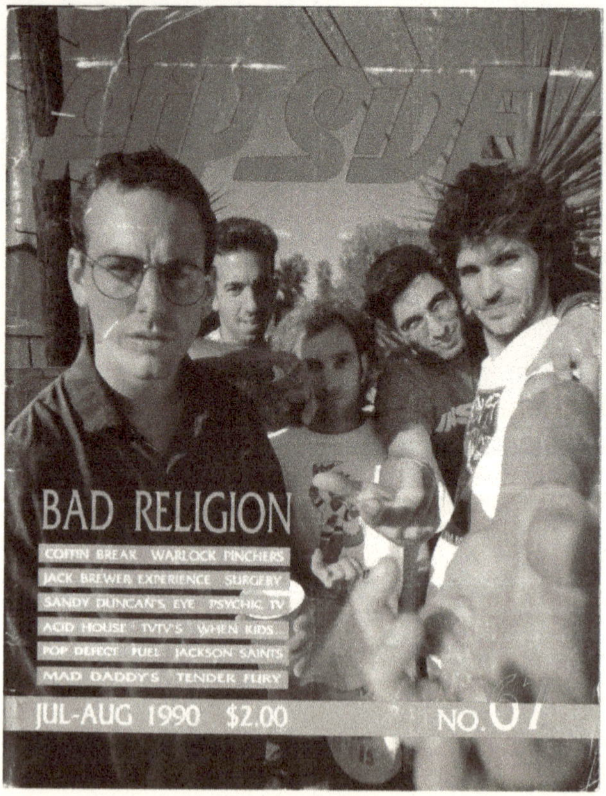

Das Cover von *Flipside* #67.
Das Foto entstand kurz vor
Gregs Umzug nach Ithaca,
um an der Cornell University
seinen Doktor zu machen

Michele Flipside

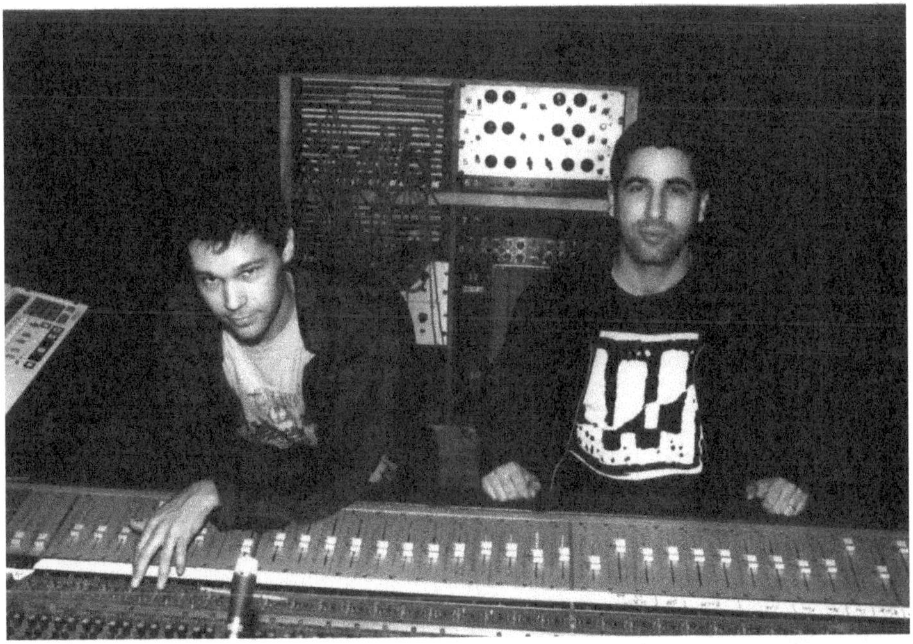

Paul du Gre und Brett beim Abmischen von *Recipe for Hate* im Westbeach Recorders (1993) *Unbekannt*

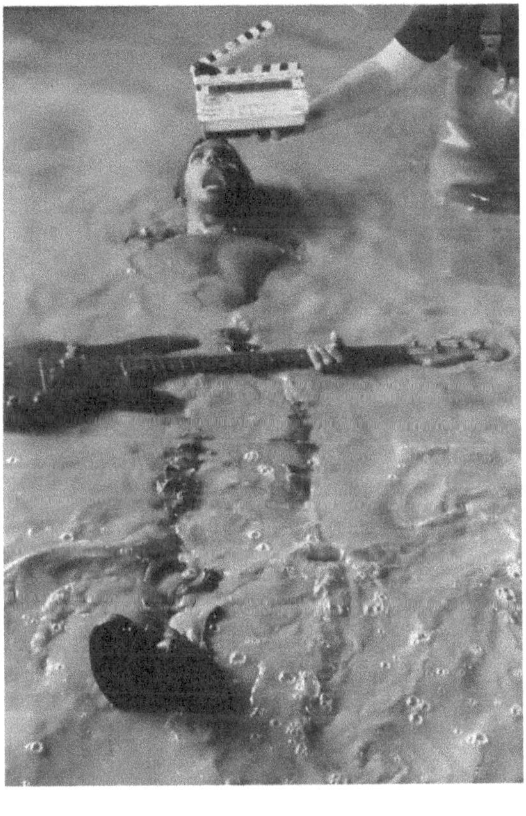

Jay am Set für das Video zu „21st Century (Digital Boy)“ *Unbekannt*

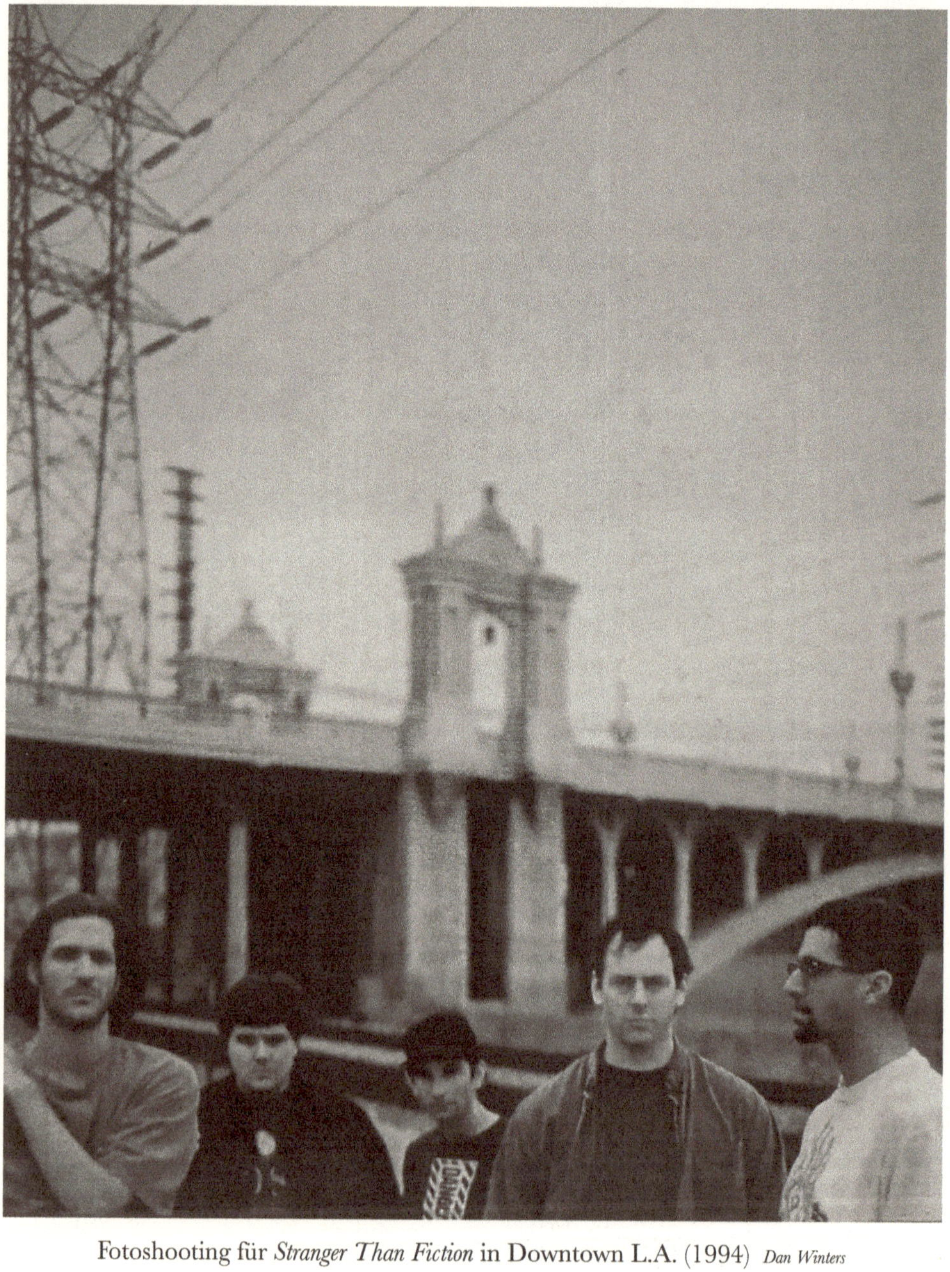

Fotoshooting für *Stranger Than Fiction* in Downtown L.A. (1994) *Dan Winters*

10
Was immer ihr wollt

Obwohl es damals niemandem so recht bewusst war, sollte eine ärgerliche Terminkollision letzten Endes den Kurs der Karriere von Bad Religion sowie in weiterer Konsequenz die Zukunft des Punkrocks unwiderruflich beeinflussen.

Die Band wollte das Jahr 1988 mit einem Gig in Berkeley, Kalifornien, einläuten. Das Konzert sollte in einem relativ neuen Punk-Schuppen in der Gilman Street 924 stattfinden, der erst ein Jahr zuvor eröffnet worden war. Die Sache hatte nur einen Haken: Die Circle Jerks wollten auf Tour gehen und Greg Hetson wäre somit unabkömmlich. In den vergangenen viereinhalb Jahren hatte die Rhythmussektion von Bad Religion auf Basis des Rotationsprinzips funktioniert, aber den Gitarristen zu ersetzen, stellte die Band vor eine neue Herausforderung. Wer sollte statt Hetson Gitarre spielen?

Greg streckte seine Fühler nach seinem alten Freund Brett aus, um herauszufinden, ob er überhaupt interessiert war, im Gilman aufzutreten. Laut Brett lief das Telefonat wie folgt ab:

GREG: Hey, Brett, wie läufts bei dir?
BRETT: Mir geht es richtig gut.
GREG: Großartig. Du wirst es kaum fassen können, wie groß die Band mittlerweile ist. Wir sind angesagter als je zuvor.
BRETT: Echt?
GREG: Yeah, wir spielen Shows im Fender's Ballroom und es kommen 1000 Leute.
BRETT: Wirklich?

GREG: Du solltest mal mit uns spielen. Es macht großen Spaß.
BRETT: Nö, damit bin ich durch.
GREG: Nun ja, wir haben ein Konzert im Gilman. Hetson ist verhindert, also können wir nur spielen, wenn du uns aushilfst.
BRETT: Ach, ich weiß nicht …
GREG: Na, komm schon. Vertrau mir. Das wird Spaß machen.

Brett ließ sich überreden und willigte ein, dabei zu sein. Er stellte seine Ausrüstung zusammen und übte zu den Platten seiner alten Band. Außerdem gesellte er sich vorab noch zu einer Probe im Uncle Rehearsal Studio in der Kester Avenue in Van Nuys. Alles lief prima und es fühlte sich bald wieder wie früher an. Die Band fuhr nun zu ihrem Konzert nach San Francisco und zu Bretts Überraschung und großer Freude hatte Greg hinsichtlich der Popularität von Bad Religion nicht übertrieben.

„Ich weiß gar nicht, wie viele Leute ins Gilman reinpassen", so Brett, „aber die Bude war brechend voll. Die Kids drehten komplett durch, als wir unsere alten Songs spielten. Sie drehten total am Rad bei ‚Fuck Armageddon', ‚Bad Religion' und ‚We're Only Gonna Die'. Das war echt geil."

Diese Wiedereinigung mit seinen alten Bandkollegen stellte sich als wegweisend heraus, da Brett nun über die Möglichkeit einer neuen Platte mit Bad Religion nachdachte. Er war clean, hatte sein eigenes Studio und als Toningenieur war er seit *Back to the Known* auch besser geworden. „Ich war 25, bekam endlich mein Leben auf die Reihe und mir stand ein Aufnahmestudio zur Verfügung", erinnert sich Brett. Außerdem war der Deal mit Sounds Good hinsichtlich Presswerk und Vertrieb ausgelaufen, sodass er endlich neue Bands unter Vertrag nehmen konnte. Tatsächlich hatte er gerade L7 für Epitaph an Land gezogen. Dennoch zögerte er, seine alten Bandkollegen zu fragen, ob sie vielleicht eine neue Platte machen wollten.

„Ich wusste, dass ich eine Killer-Aufnahme hinbekäme. Allerdings wussten die Jungs ja nicht, was ich so getrieben hatte. Sie hielten mich wohl für einen Nichtsnutz mit einem richtig heftigen Drogenproblem. So dachten zumindest Jay und Greg von mir."

Die zögerliche Haltung beruhte auf Gegenseitigkeit. Einen Gig mit Brett zu spielen, war eine Sache, aber ein ganzes Album mit ihm zu schreiben und aufzunehmen, eine ganz andere. Greg erinnert sich, dass Brett während der Aufnahmen zu *Back to the Known* gelegentlich bei ihm anrief, um ihm mitzuteilen, dass er Tantiemen für ihn hätte. Dabei handelte es sich stets um Barzahlungen, nie um formelle Abrechnungen. „Brett plagten arge Schuldgefühle", vermutet Greg. „*How Could Hell Be Any Worse?* war ein Erfolg, aber das Bandkonto lief auf Bretts Namen und er zahlte nie irgendwelche Tantiemen aus. Wir waren bloß ein paar Jugendliche und er hatte eigentlich keine Ahnung von dem, was er da tat."

Aber nun waren sie keine Jugendlichen mehr. Sie beriefen einen Kriegsrat ein, um die Zukunft der Band zu diskutieren. Brett betonte, vor allem gegenüber Greg und Jay, dass er nun trocken und clean sei und Epitaph ernst nähme. Er gestand seine Fehler ein, die ihm mit *How Could Hell Be Any Worse?* unterlaufen waren, und versicherte ihnen, dass er von nun an alles richtig machen würde. Bretts Ehrenwort reichte aus. Greg und Jay überwanden ihre Bedenken und willigten ein, mit der Arbeit an einer neuen Platte zu beginnen.

Allerdings blieb eine Frage noch ungeklärt. Wenn Brett nun wieder in die Band einstieg, was hieße das für Hetson?

„Als wir ‚Suffer' in Angriff nahmen", erinnert sich Greg, „sagte Brett, dass wir es mit zwei Gitarren versuchen sollten. Die doppelte Ladung Gitarren klang cool und Hetson war auch einverstanden damit. Ab da nahm er mit uns auf und ging auch auf Tour mit uns."

Kurze Zeit nach dem Gilman-Gig besuchte Brett Greg in seinem Studentenwohnheim an der UCLA. Greg wohnte nun mit Greta zusammen und die beiden waren inzwischen verlobt. Brett und Greg setzten sich mit zwei Akustikgitarren zusammen und schrieben einen Song. Als Ausgangspunkt benutzten sie die Akkorde von Neil Youngs „Cowgirl in the Sand" und begannen, damit herumzuspielen. So entstand schnell ein neuer Song. „Wir schrieben den ganzen Song – inklusive der Akkorde, der Übergänge, der Melodien und Texte – gleich an Ort und Stelle", so Brett. „Wir waren sehr glücklich mit dem Ergebnis."

Der Song trug den Titel „Suffer".

Obwohl die Art und Weise, wie sie den Song schrieben, sich stark von ihrer alten Arbeitsweise unterschied, war es doch das erste Mal seit *Into the Unknown*, dass die beiden gemeinsam neues Bad-Religion-Material komponiert hatten. „Das war ein nettes Wiedersehen", erzählt Brett von der Session. „Er und ich brauchten einen neuen Ausgangspunkt." Doch es war mehr als ein unbelasteter Neubeginn. „Suffer" erwies sich als richtungsweisend – für das ganze Album und auch darüber hinaus.

Die Band traf sich weiterhin zum Proben im Uncle in Van Nuys. Greg und Brett hatten vereinbart, dass sie zu jeder neuen Probe jeweils einen neuen Song mitbringen würden. „Zur ersten Probe", erzählt Brett, „steuerte ich einen Song mit dem Titel ‚Give You Nothing' bei. Das war mein erster Beitrag. Wenn ich mich nicht irre, brachte Greg ‚Land of Competition' mit. Jeder von uns beiden hatte einen Song im Gepäck. Der Band das Material beizubringen, war ziemlich unkompliziert."

Für Brett bedeutete der Prozess einen etwas größeren Aufwand, da er Greg beibringen musste, wie er die neuen Nummern singen sollte. Aber angesichts dessen, wie viel Zeit seit ihrer letzten kreativen Zusammenarbeit verstrichen war, lief eigentlich alles wie am Schnürchen. „Das festigte endgültig unsere Tradition, uns das Songschreiben aufzuteilen", erklärt Brett.

Doch seit dem letzten Mal, als sie alle zusammen an einer Platte gearbeitet hatten, hatte sich etwas geändert. Pete Finestones Spiel hatte sich merklich verbessert. Seit seiner Rückkehr aus London hatte Pete geübt und war konstant kompetenter geworden. Er strahlte nun viel mehr Sicherheit aus als noch seinerzeit, als er notgedrungen Jay Ziskrout ersetzen musste.

Greg und Brett schrieben unablässig neue Songs und präsentierten sie bei den Proben der Band. „Tagsüber arbeitete ich bei Westbeach Recorders", erzählt Brett. „Ich widmete mich dort irgendeiner Band, und sobald ich mal Pause machte, schrieb ich in der Lounge einen Song für Bad Religion. Ich saß mit meiner Gitarre auf dem Sofa und vor mir auf dem Tischchen lag etwas zum Schreiben."

Nach sieben oder acht Proben realisierten sie, dass sie innerhalb eines Monats 15 Songs geschrieben hatten. Das reichte aus für ein neues Album. „Es verblüffte mich, wie schnell sie diese Songs schrieben", erinnert sich Jay. Aber taugte das neue Material auch was?

Greg bejaht das: „An der Uni begann ein neuer Abschnitt für mich und ich wollte keine Songs mehr ohne intellektuellen Anspruch schreiben. Substanz war mir sehr wichtig. Das war der Beginn von dem, was die meisten Leute unter Bad Religion verstehen. Die Kombination aus dieser Art von Musik und intellektuellen und philosophischen Themen sollte meinen Lebensweg von nun an definieren."

Oder anders ausgedrückt: Greg wollte keine Songs wie „Frogger" mehr schreiben. Er widmete sich seinen Songs von nun an mit einer vergleichbaren geistigen Intensität wie seinem Studium. Greg jagte keinem Diplom hinterher, um sich dann im beruflichen Umfeld der Universität auf seinen Lorbeeren auszuruhen. Er betrieb sein Studium angetrieben von Wissensdurst und dem aufrichtigen Bedürfnis, in Erfahrung zu bringen, wie die Welt funktionierte. Bad Religion bot Greg eine geeignete Plattform, an einem solchen Verständnis zu arbeiten und seine Erkenntnisse auf sinnhafte Weise zu teilen.

Auch Brett sah ihrer weiteren Zusammenarbeit optimistisch entgegen. Allerdings war er sich nicht ganz im Klaren darüber, was die Qualität ihres Projekts betraf. „Ich war mir damals wahrscheinlich nicht bewusst, wie gut die Songs waren. Aber mir fiel auf, wie flüssig sie hervorsprudelten, was mir große Freude bereitete."

Genau das war der springende Punkt. Wenn die Sache keinen Spaß gemacht hätte, hätte man es auch gleich wieder bleiben lassen können. Nach acht Jahren, in denen es auf und ab gegangen war, begriffen die Bandmitglieder, dass sie sich nicht neu erfinden, sondern nur die Leidenschaft wiederfinden mussten, die sie einst im Hell Hole angetrieben hatte. Sie wussten zwar immer noch nicht, *was* sie da eigentlich taten, aber sie hatten inzwischen ein besseres Verständnis dafür, *wie* sie es auf die Reihe bekamen.

Trotz ihrer zunehmenden Begeisterung für das neue Material, hielten sich ihre Erwartungen für das neue Album in Grenzen. Es war ihre erste LP seit *Into the Unknown*. Aber zumindest ihre eingefleischten Fans – sollten noch welche existieren – würden die neue Scheibe sicher abfeiern. Aber ansonsten?

Im April 1988 begannen die Aufnahmesessions für das neue Album in Bretts Studio Westbeach Recorders. Der konnte es kaum erwarten, sein wertvolles 24-Spur-Aufnahmegerät, ein MCI JH24, mit einem zwei Zoll breitem Tonband zu bestücken. Nach nur einer Woche war das Album bereits im Kasten. Während der langen Abwesenheit von Bad Religion hatte Brett praktisch nonstop Bands aufgenommen und wusste inzwischen, wie man gut klingende Platten aufnahm. Außerdem entging ihm nicht, dass niemand sonst solche Musik fabrizierte.

„Als wir ‚Suffer' aufnahmen", so Jay, „hatte die Welt Bad Religion bereits abgeschrieben. Wir waren eine tote Band. Dann nahmen wir dieses Album auf – wie verrückte Wissenschaftler in einem Labor. Wir zogen unser Ding durch und die einzigen Leute, die darüber Bescheid wussten, was wir da erschufen, waren wir selbst. Uns war bewusst, dass wir etwas kreierten, das ganz schön abgefahren war."

Aber nicht allein Bad Religion waren mittlerweile von der Öffentlichkeit abgeschrieben worden. Punkrock befand sich allgemein an einem Tiefpunkt, nachdem er sich seit den frühen Achtzigerjahren im Sinkflug befunden hatte. Der omnipräsente Hype rund um MTV hatte Punk der alten Schule tief in den Orkus gedrängt, während sich das junge Publikum Bands zuwandte, die von Punk beeinflusst waren. Mitte der Achtzigerjahre veröffentlichten Indie-Labels wie SST zwar immer noch Platten von Gruppen wie den Minutemen, Hüsker Dü oder Sonic Youth, kämpften aber – gelinde gesagt – mit Problemen administrativer Natur. Immer weniger Bands brachten Punk-Scheiben heraus und denjenigen, die sich nicht davon abbringen ließen, war bewusst, dass dies kein vielversprechender Weg zum kommerziellen Erfolg war. Aber „Suffer" sollte all das im großen Stil ändern. „Es fühlte sich an, als würden wir in einen neuen Bereich vordringen", erinnert sich Pete. „Ein neues Kapitel würde beginnen."

Der erste Song wandte sich gleich direkt an den Hörer. „You Are (The Government)" beginnt mit einer Aufforderung: „Hey sit down and listen …" Als ob man es mit einem Geschichtenerzähler zu tun hatte. Die erste Textzeile des finalen Songs auf dem Album, *Pessimistic Lines*, lautete wiederum „So here we are again …", womit alles schön zwischen dem ersten und dem letzten Track eingepflegt zu sein schien – als ob hier eine lange Unterhaltung zwischen Bad Religion und ihren Fans, die loyal zu ihnen gehalten haben, stattgefunden hätte.

Die Songs unterschieden sich gar nicht so stark von ihrem frühen Material, doch waren sie nun schneller, melodischer und in manchen Fällen auch merklich kürzer. Die zweite Gitarre erhöhte den Druck, und dank Bretts neuer Fähigkeiten im Studio verbesserte sich der Sound im Allgemeinen. Es gelang ihm, die Vorzüge von Bad Religion gekonnt in Szene zu setzen – von Bretts Gesang über die schnelleren Rhythmen bis hin zu den harmonierenden Hintergrund-Chören.

„Mir wurde erstmals bewusst, dass wir etwas Besonderes geschaffen hatten", so Brett, „als ich nach einem Konzert im Iguana's in Tijuana mit Jay Bentley nachhause fuhr. Ich hatte das fertige, gemasterte Album auf Cassette dabei. Wir saßen in einem Buick Century aus den späten Achtzigern, der mit einer sehr guten Stereoanlage ausgerüstet war. Wir fuhren nachhause und hörten uns *Suffer* an – das ganze Album. Dann drehte sich die Cassette selbstständig um und wir hörten das ganze Ding nochmal an. Wir zogen es uns drei oder vier Mal von vorn bis hinten rein und sahen uns dabei an: *Du heilige Scheiße! Ist das tatsächlich so gut, wie ich glaube?*"

„Brett und ich tauschten Blicke aus und lachten", stimmt Jay zu. „*Verdammte Scheiße! Das kann doch fast nicht wahr sein!*"

In diesem Sommer arbeitete Greg in einem Restaurant an der Salatbar – Seite an Seite mit einem anderen Studenten der UCLA namens Jerry Mahoney, der ein besonders guter Airbrush-Künstler war. Greg verriet ihm den Namen des neuen Albums und Jerry ließ sich ein Motiv einfallen, das einen Jungen in suburbanem Ambiente zeigte. Er trug ein T-Shirt mit dem Crossbuster-Logo von Bad Religion und stand in Flammen wie ein buddhistischer Mönch. Während das Cover von *How Could Hell Be Any Worse?* ein apokalyptisches Bild von Downtown-L.A. zeichnete, fühlte sich Mahoneys Design, eingerahmt vom Vorstadtidyll, irgendwie heimeliger an. Der junge Mann wird auch nicht von den Flammen aufgezehrt, sondern scheint sie vielmehr mit der renitenten Kraft seines trotzigen Widerstands selbst zu erzeugen.

Suffer symbolisierte einen Neustart für die Band, doch gab es auch den einen oder anderen Anknüpfungspunkt zu den alten Bad Religion. Der erste war „Give You Nothing" mit seinen primitiven Drumbeats und gnadenlosen Gitarren. Ihr alter Freund aus der High School, Tom Clement, der Greg und Brett einander vorgestellt hatte, war unter rätselhaften Umständen bei einem Autounfall ums Leben gekommen und diente als Inspiration für den Song. Der Refrain – „I give you me, I give you nothing" – war eine Phrase, die Tom gern benutzt hatte. Der Song wird deshalb auch manchmal unter dem Titel „Give You Nothing (Tom Clement)" aufgelistet.

Eine andere Verbindung zu den Anfangstagen von Bad Religion führte über die Jahre hinweg zu einiger Verwirrung. „Part II (The Numbers Game)" ist der elfte Track auf dem Album und der vorletzte Song heißt wiederum „Part IV (The

Index Fossil)“. Doch befinden sich auf *Suffer* weder Songs mit den Titeln „Part I“ noch „Part III“. Bad Religion hatten zwar eine Nummer namens „Part III“ im Repertoire, doch war die schon auf *How Could Hell Be Any Worse?* erschienen und handelte vom Dritten Weltkrieg. Da es bei „The Numbers Game“ um die Vorbereitungen zum Krieg ging, entschied sich Brett letztlich für den Titel „Part II“. Dieser Logik folgend handelt „Part IV“ von den Nachwehen eines bewaffneten Konflikts und präsentiert einen Ausblick auf eine Gesellschaft in Trümmern. Es erübrigt sich hinzuzufügen, dass „Part IV (The Index Fossil)“ auch von Gregs Studium der Geologie inspiriert war. Aneinandergereiht ergeben die drei Teile das Vorher, den Ablauf und die Folgen eines verheerenden Kriegs.

Der Song, der eindeutig den Weg in die Zukunft wies, war „Do What You Want“. Einerseits enthielt er eine schlaue Kritik der heimtückischen Philosophie Friedrich Nietzsches. Der Titel entsprach Bretts Interpretation von Nietzsches Wille zur Macht, oder anders gesagt, der treibenden Kraft hinter dem Tun eines jeden Menschen. Der Philosoph glaubte, das der Wille zur Macht weder gut noch böse sei, aber sobald sich Faschisten oder sonstige autoritäre Kräfte dieser Denkweise bemächtigen, ignorieren sie das Schicksal jener, die dabei unter die Räder kommen. Denn diejenigen, die nach Macht streben, wollen immer mehr und mehr Macht haben. Ironischerweise mauserte sich „Do What You Want“ heimlich zur ultimativen Hymne und zum Startsignal unzähliger Skateboard-Sessions:

Say what you must
Do all you can, break all the fucking rules
And go to hell with Superman and die like a champion
Ya-hey!

Die messerscharfe Gitarrenattacke und der kompromisslose Rhythmus machen auch hier keine Gefangenen – auch wenn der Spuk kaum einmal länger als eine Minute andauert. Bezüglich der Verdichtung von „Yeah!“ und „Hey!“ zu „Ya-hey!“ verwies Greg auf Joey Shithead von D.O.A., bei dem er sich hier bediente.

Brett war sich absolut im Klaren darüber, dass Skater und Surfer das Kernpublikum von Bad Religion bildeten. Epitaph schaltete Anzeigen in der Szene-

Bibel *Thrasher* und Brett war aufgefallen, dass das Magazin neue Abonnenten regelmäßig mit Give-aways köderte. Er hatte nun eine Idee. „Ich telefonierte mit dem Typen von *Thrasher* und versprach ihm ein paar Bad-Religion-Cassetten, damit er sie an Abonnenten verschenken konnte. Davon waren die Leute dort begeistert. Als würde man Anzeigen schalten und dafür mit Tonträgern bezahlen. Außerdem richtete sich die Werbung an genau die richtige Zielgruppe. Eine richtig runde Sache eben.“

Suffer erschien am 8. September 1988, aber aufgrund eines Missverständnisses waren die Schallplatten noch nicht ausgeliefert, als die Band auf ihre erste landesweite Tour aufbrach. Bad Religion wurden von L7 begleitet, die auch auf *Suffer* mitgewirkt hatten. Jennifer Finch steuerte zu „Part II (The Numbers Game)“ Hintergrundgesang bei und Donita Sparks und Suzi Gardner spielten Gitarre bei „Best for You“. Jennifer kannte Bad Religion seit langem. Sie war seinerzeit im Oki-Dog genauso mit von der Partie gewesen wie schon auch beim ersten Konzert von Bad Religion überhaupt – obwohl sie damals keinen sonderlich guten Eindruck bei ihr hinterlassen hatten. Außerdem war Jennifer eng mit Maggie Tuch befreundet, einer weiteren Punkrockerin aus dem Valley.

„Wir kannten sie, weil sie alle zu unseren Konzerten kamen“, sagt Keith Morris. „Sie besuchten Gigs der Circle Jerks und kreuzten bei Konzerten von Bad Religion auf … Irgendwann wurden wir ihre persönlichen Chauffeure. Wenn Bad Religion – gemeinsam mit Social Distortion und Wasted Youth – unsere jüngeren Brüder waren, dann waren L7 unsere jüngeren Schwestern.“

Die Tour begann in Houston, Texas, und setzte sich dann quer durch den Mittleren Westen fort, bevor sie schließlich die Ostküste erreichte. Die Band war in der Landesmitte noch so unbekannt, dass die Flyer, die die Konzerte bewarben, Bad Religion „mit Greg Hetson von den Circle Jerks“ ankündigten.

„Auf der *Suffer*-Tour durch die USA“, so Jay, „stand da fast immer und überall ‚mit Greg Hetson‘. Das war nichts, was wir bewusst betonen wollten. Das passierte, weil er eben bekannter als wir war.“

Auf Tour entdeckte die Band noch ein weiteres von Greg Hetsons Talenten. Hetson kannte die meisten Städte bereits, da er dort schon mit den Circle Jerks aufgetreten war, und erinnerte sich nun daran, wie man zu all den Konzerthallen, Hotels und Restaurants gelangte. Sobald sie in einer neuen Stadt eintrafen, überließ der Fahrer Hetson das Lenkrad, der sie mühelos zu ihrem Zielort kutschierte. Das brachte Hetson den Spitznamen „Mr. Memory" ein.

Die fertigen Schallplatten erreichten Bad Religion schließlich in New York, wo sie einen ausverkauften Gig im CBGB's spielten. In Metropolen wie New York City und Chicago standen die Kids Schlange, um die Band zu sehen, doch abseits der Großstädte blieb das Publikum überschaubar. „Wir spielten oft genug vor weniger als zehn Leuten", berichtet Brett. „Ich erinnere mich an Shows im Mittleren Westen, wo gar niemand im Club war. Wir gingen dann hinaus auf den Parkplatz und da standen vielleicht vier Karren. Die Kids blieben draußen bei ihren Autos und tranken Sixpacks, weil das Bier drinnen zu teuer war. Wir flehten also die Leute, die vor den Locations herumhingen, an, in den Club zu kommen. Wir versicherten den Veranstaltern, dass sie sich keine Sorgen wegen des Publikums machen mussten. Wenn wir dann mit unserer Show anfingen, waren vielleicht zwölf Leute da."

„Der Spaß hört erst auf", so Greg, „wenn niemand zu deinen Konzerten kommt."

Auch Jennifer Finch war dieser Ansicht: „L7 waren mit Bad Religion auf US-Tour und es lief nicht so gut. In St. Louis waren gar nur acht Leute im Publikum. Ich habe auch noch ein tolles Foto aus Boston, auf dem ein paar Skinheads mit dem Rücken zur Band vor der Bühne sitzen. Es war eine unbezahlbare Erfahrung, aber Bad Religion waren noch nicht so groß, dass sie großartig Leute angezogen hätten."

Bad Religion spielten von Küste zu Küste ungefähr zwei Dutzend Konzerte in nicht mal einem Monat, doch die meisten davon waren nur spärlich besucht. Unterm Strich ergab das ein finanzielles Minus. Der Van, den sie von den Circle Jerks gemietet hatten, kostete Geld. Ebenso der Anhänger. Dann kamen noch Benzin, Kost und Logis hinzu. „Wir machten keine Kohle mit der Tour", erinnert sich Jay. „Vielmehr hatten wir anschließend alle Schulden."

Greg besaß als einziges Bandmitglied eine Kreditkarte und häufte unterwegs einen Stapel Rechnungen an. Er bezahlte jeden Abend für das Hotelzimmer, in dem dann alle fünf, zum Teil auf dem Boden, ihre Nachtruhe verbrachten. Greg kehrte mit 3.000 Dollar Schulden von der Tour zurück, was ihn ordentlich ins Schwitzen brachte. Kurz vor der Veröffentlichung von *Suffer* hatten Greg und Greta in einer kleinen Holzkirche am Meer in Del Mar, der Heimatstadt der Braut, geheiratet. Wie sonst ja auch dachte Greg über das nächste Konzert oder das nächste Album hinaus und machte sich Gedanken über seine Zukunft. Doch Geld auf Tour zu verlieren, war weder ein nachhaltiger Lebensstil noch ein Erfolgsrezept. Wenn das Ziel darin bestand, etwas Geld zu verdienen oder zumindest keine Verluste zu machen, dann musste die Tour als Fehlschlag abgehakt werden.

„Rückblickend sprechen heute viele von *Suffer*, als würde es sich um einen monumentalen Meilenstein handeln", so Greg. „Aber damals fühlte sich das nicht so an."

Mochte die Tour auch entmutigend gewesen sein, gab es dennoch genug Anlass zur Freude. Bis zum Jahresende verkaufte sich *Suffer* 10.000 Mal und es mussten Platten nachgepresst werden, um der Nachfrage entsprechen zu können. Noch wichtiger aber war, dass das Album von den einzigen beiden Printmedien im Land, die sich immer noch auf Punkrock konzentrierten, *Flipside* und *Maximum Rocknroll*, als Album des Jahres ausgezeichnet wurde.

Suffer hatte der Terminologie des Punkrocks auch einen neuen Begriff hinzugefügt. In den Liner Notes wurden die „Uuhs" und „Aahs" der Hintergrundsänger als „Oozin' ahs" aufgelistet. „Das war bloß ein Versuch, den Hintergrundgesang auf niedliche Art zu umschreiben", erklärt Brett. Doch sollten Bad Religion das fortan immer so handhaben. Die besagten „Oozin' Aahs" waren ein Markenzeichen ihres Sounds und hoben sie von den Punkrock-Bands ab, die es vor ihnen gegeben hatte.

Nun war es jedenfalls offiziell: Bad Religion waren wieder da – und besser als je zuvor. Mit *Suffer* definierten sie das Spiel neu. Ihre neuen Songs waren eingängig, melodisch und luden zum Mitsingen ein. *Suffer* ebnete der Band den Weg in das Pantheon jener südkalifornischen Punk-Bands, die clevere, aussagekräftige Alben veröffentlichten. Der abgefuckte Kauz mit dem Drogenproblem, der sich widerwillig hatte breitschlagen lassen, für den Typen einzuspringen, der ihn in seiner alten Band ersetzt hatte, hatte die beste Punk-Scheibe des Jahres produziert – eine Platte, die eine richtungsweisende Veränderung im Punkrock einläuten sollte und deren Nachwirkungen noch bis heute spürbar sind.

Doch im Jahr 1988 standen Bad Religion allein auf weiter Flur. Nicht dass dies die Qualität von *Suffer* auch nur im geringsten schmälern soll, aber zu jener Zeit spielte niemand sonst Musik, die mit Bad Religion vergleichbar war, wie Brett richtig prophezeit hatte. Auch das sollte sich schon bald ändern.

11
Immer noch mehr

Es stand außer Frage, dass Bad Religion etwas Außergewöhnliches kreiert hatten. Mit *Suffer* hatte die Band nicht nur ihr Formtief überwunden, sondern auch ihre eigenen Erwartungen übertroffen und den Respekt der Punkrock-Gemeinschaft zurückgewonnen. Im Pop-Geschäft gelten sieben Jahre als kleine Ewigkeit, doch für die Genre-Enthusiasten, die pflichtbewusst ihre Fanzines schmökerten sowie Platten und Tapes mit der Post bestellten, war die Rückkehr von Bad Religion ein Anlass zum Feiern. Obwohl der Verkauf aufgrund des verzögerten Eintreffens der LPs eher zögerlich angelaufen war, nahm er so richtig Fahrt auf, als die ersten Kritiken und Auszeichnungen eintrudelten.

Auch Musikerkollegen sangen Lobeshymnen auf *Suffer* und die Nachfrage nach Brett als Toningenieur war so groß wie nie zuvor. Eine der ersten Bands, die sich nun bei ihm meldete, waren NOFX. Ihr Leadsänger und Bassist Fat Mike liebte den Sound, den Brett auf *Suffer* eingefangen hatte, und wollte nun mit ihm ein Album aufnehmen. Brett produzierte für NOFX deren Album *Liberal Animation* im Westbeach Recorders und bot der Band an, es auf Epitaph zu veröffentlichen. Aber sie wollten es lieber selbst herausbringen. Als NOFX schließlich doch bei Epitaph landeten, wurde die Platte nach dem Erscheinen der Nachfolgealben *S&M Airlines* und *Ribbed* als dritte LP eines Plattenvertrags über ebenso viele Alben neu aufgelegt.

„Ich strotzte damals nur so vor Energie", erinnert sich Brett. „Ich war jung und ein Workaholic. Ich konnte die ganze Nacht durcharbeiten. Keine Ahnung, woher ich die Kraft nahm, aber ich war trocken, clean und motiviert. Als hätte ich Raketentreibstoff getankt. *Suffer* verkaufte sich gut und Westbeach lief auch prima. Ich nahm kontinuierlich Bands unter Vertrag, von denen jede Band erfolgreicher war als die vorangegangene. Ich arbeitete nonstop sieben Tage die Woche, 16 bis 18 Stunden am Tag."

Der Rest der Band teilte Bretts Begeisterung und strebte nach einer baldigen Wiederholung. „Mit *Suffer* gelang uns ein echter Homerun", so Brett. „Aber wir mussten nun unter Beweis stellen, dass das keine Eintagsfliege war. Wir hatten schon einmal nach einer guten Platte unseren Verstand verloren. Nun mussten wir beweisen, dass man sich auf uns verlassen konnte."

Abseits von Westbeach Recorders tüftelten Brett und Greg weiterhin an neuem Material. Obwohl die Songs nicht mehr ganz so schnell entstanden wie noch im Jahr zuvor, dauerte es auch jetzt nicht lange, bis es für ein neues Album reichte. Bad Religion gaben im Frühjahr einige Konzerte, so etwa auch einen Gig mit NOFX im Reseda Country Club am Sherman Way.

Dieser Veranstaltungsort war in den Fünfzigerjahren ursprünglich ein Drugstore gewesen, bevor das Gebäude in den Siebzigerjahren von Steve Wolf und Jim Rissmiller in einen Club für Rockkonzerte umfunktioniert wurde. Von Metallica über Tom Petty bis hin zu U2 trat jeder im Frühstadium seiner Karriere dort auf, doch als Bad Religion regelmäßig im Reseda spielten, war der Club nur mehr ein Schatten seiner selbst. „Da ging es nicht unbedingt nobel zu", erinnert sich Brett. „Alles wirkte ziemlich heruntergekommen. Die Bestuhlung war total im Eimer und der Teppich zerfetzt. Die Beleuchtung funktionierte auch nicht. Wir schienen da irgendwie gut hinzupassen. Wenn es eine nette Hütte mit Kronleuchtern und so gewesen wäre, hätten wir uns da nicht heimisch gefühlt."

Am 29. April 1989 beehrten Bad Religion gemeinsam mit Scream eine Halle in Phoenix. Pete erinnert sich, dass Scream auf die Bühne sollten, aber ihren Drummer nicht finden konnten. „Alle schrien durcheinander: ‚Wo steckt Grohl? Wo ist Dave Grohl?' Also machte ich mich auf die Suche nach ihm. Ich kannte ihn zwar nicht, aber der Roadie von Scream und ich fanden ihn in ihrem Van. Er war weggetreten." Pete weckte Grohl und Scream spielten ihr Set. Anschließend führte Pete mit seinem illuminierten Schlagzeuger Kollegen ein Gespräch, das sich als durchaus prophetisch erweisen sollte.

GROHL: Ihr müsst unbedingt nach Europa.
PETE: Wovon redest du da?

GROHL: Glaub mir, in Europa werdet ihr voll durchstarten.
PETE: Wer bist du nochmal?

Pete konnte ja nicht wissen, dass der Konzertagent von Bad Religion, Doug Caron, auch schon versucht hatte, Brett die Sache schmackhaft zu machen. Doug glaubte, dass Bad Religion in Übersee durchaus gefragt waren, und drängte sie, dort auf Tour zu gehen. Nach der wenig berauschenden Erfahrung mit ihrer US-Tour hatten sie es aber nicht allzu eilig, Europa zu bereisen, wo sie niemanden kannten.

Doch Doug beharrte darauf. Er hatte schon die Vandals nach Europa geschickt, die zufrieden zurückgekehrt waren. Bad Religion lenkten schließlich ein und beschlossen, es darauf ankommen zu lassen. „Er strengte sich an, unsere Erwartungen im Zaum zu halten", erklärt Brett. „Doug sagte, dass wir uns nichts Besonderes erwarten sollten. Wir könnten dort auf Tour gehen, aber sollten nicht erwarten, eine große Nummer zu sein."

Obwohl es stimmte, dass sie niemanden in Europa kannten, waren Bad Religion dort alles andere als unbekannt. Der wichtigste europäische Vertrieb von Epitaph war die niederländische Firma Semaphore. „Ich versandte eine Menge Platten nach Übersee", erinnert sich Brett. „Tatsächlich exportierte ich 50 Prozent unserer Produktion. Aber ich wusste nicht genau, was das nun bedeutete. Ich hatte keine Ahnung, ob wir nun an einem Ort sehr bekannt waren oder nur halbwegs bekannt an vielen verschiedenen Orten. Anhand der Fan-Post ließ sich das auch nicht wirklich bestimmen, da wir Briefe aus Spanien, Italien, Deutschland und dem restlichen Europa erhielten."

Noch bevor sie nach Europa aufbrachen, versammelten sich Bad Religion im Studio, um ein neues Album aufzunehmen. Die Arbeit an *No Control* begann im Juni 1989, nicht einmal zehn Monate nach der Fertigstellung von *Suffer*. Zum ersten Mal in ihrer Karriere kehrten sie mit derselben Besetzung ins selbe Studio zurück. Brett wollte unbedingt beweisen, dass *Into the Unknown* und nicht *Suffer* die Ausnahme von der Regel gewesen war. „Ich kann mich noch ganz klar daran erinnern, dass ich den Fehler, der uns mit *Into the Unknown* unterlaufen war, auf keinen Fall wiederholen wollte. Einmal war mehr als genug! *How Could Hell Be Any Worse?* war eine tolle Platte, die Leute fuhren darauf ab – und dann vergeigten wir es mit dem Nachfolger. Dann rehabilitierten wir uns mit *Suffer*.

Und nun mussten wir beweisen, dass das kein Glückstreffer war. Die nächste Platte musste genauso eingängig sein, aber noch brachialer. Ich wollte allen zeigen, dass wir eine authentische Punk-Band waren."

Sie machten sich daran, jene drei Dinge zu wiederholen, die ihnen auf ihrer letzten Platte am besten geglückt waren: Das neue Album sollte erneut besonders schnell, aggressiv und eingängig werden. „Wenn man sich eine Ramones-Platte kaufte, wusste man auch, was man bekam", meint Brett. „So mussten wir auch vorgehen. Das hätten wir schon nach *How Could Hell Be Any Worse?* tun sollen. Die schmerzliche Erfahrung mit *Into the Unknown*, die zu einhundert Prozent auf meine Kappe ging, war wirklich hilfreich, da ich aus diesem Fehler die richtigen Schlüsse zog."

Greg zeichnete für den Titeltrack des neuen Albums verantwortlich und griff erneut das vertraute Thema der Bedeutungslosigkeit des Menschen auf. Statt den Hörer vor den Schäden zu warnen, die unsere Eingriffe in die Natur verursachten, warf „No Control" mit einer Zeile von James Hutton, einem schottischen Wissenschaftler aus dem 18. Jahrhundert, der als Großvater der modernen Geologie gilt, einen Blick in eine weit entfernte Zukunft:

There's no vestige of a beginning, no prospect of an end.
When we all disintegrate it will all happen again.

Aus rein humaner Perspektive erscheint „No Control" entsetzlich trostlos, aber aus der Sicht eines Geologen wirkte der Song seltsam befreiend, weil er die Mühen und Konflikte der Menschheit wie Lappalien erscheinen ließ. Falls die Zeit als großer Gleichmacher fungieren sollte – und das geologische Protokoll unseres Planeten legt dies nahe –, dann ist alles, angefangen von unserer Suche nach einem Sinn bis hin zu kapitalistischem Konsum, letztlich ohne Bedeutung. Angesichts dieser Tatsache kann man sich nun zwar schlecht fühlen, aber auch das macht keinen Unterschied. Ganz schön tiefsinnige Gedanken für einen Song, der gerade einmal eine Minute und 45 Sekunden lang ist – und wenn man nicht auf den Text hört, könnte man meinen, dass es sich hier um eine fröhliche Nummer handelt. Das Tempo ist flott, der Gesang fast schon übermütig und der Refrain ein richtiger Ohrwurm. Dieser Song buhlt förmlich um die Aufmerksamkeit des Hörers. Es ist verlockend, „No Control" aus dem Blickwinkel eines jungen

Studenten zu betrachten, der einerseits mit den großen Fragen der Menschheit und ihrer gleichzeitigen Irrelevanz ringt, andererseits aber auch den sehr realen Ansprüchen und Abgabeterminen seines Studiums entsprechen muss.

Das neue Album enthielt mit „Automatic Man" auch einen von Bretts Lieblingssongs seiner Band. „Darin geht es um die Wertschätzung von Handlungsfähigkeit", erklärt er, „und sich darüber bewusst zu werden, dass unserem Alltag oft insgeheim ein automatisierter Ablauf zugrunde liegt. Eines Tages bin ich zum Beispiel mal an der Ausfahrt zu meinem Studio von der Straße abgefahren, obwohl ich das gar nicht musste. Da fühlte ich mich wie ein beschissener menschlicher Automat. Ich war so überarbeitet und so in Gedanken verloren, dass mein Körper auf Autopilot schaltete."

Das Album umfasste eine ganze Reihe zukünftiger Publikumslieblinge, was vor allem auf „I Want to Conquer the World" zutraf. Auch hier wurde ein Sujet satirisch auf die Schippe genommen. „Der Song ist eine ironische Kritik an Nationalismus, männlichem Machismo und Patriarchat", meint Brett. Natürlich hatte er nicht vor, „all den Idioten" eine „brandneue Religion" zu stiften, oder „die Missetäter bloßzustellen und sie an die Kinder zu verfüttern". Vielmehr nimmt der Song die Mächtigen in all ihrer Arroganz, Selbstherrlichkeit und Scheinheiligkeit ins Visier. Doch im Kontext der Surf- und Skate-Kultur, wo die erste Hürde darin bestand, die eigene Angst zu überwinden, genoss das Konzept des Bezwingens und Eroberns enorme Strahlkraft. Die ganze Gesellschaft unterwerfen? *Nicht so prickelnd.* Wellen besiegen oder einen Skatepark beherrschen? *Abgefahren!*

Es war von vornherein klar, dass es einem Wunder gleichkommen würde, wenn der Aufnahmeprozess genauso reibungslos wie bei *Suffer* verliefe. So bereitete „Sanity" Pete jede Menge Kopfzerbrechen. Die Anspannung ihm Studio nahm deutlich zu, während er sich abmühte, den Beat auf die Reihe zu bekommen. „Jetzt komm schon, Pete. Der Song ist doch ganz einfach. Warum kriegst du das Timing nicht hin?", tadelte ihn Brett. Irgendwann wurde es Hetson zu bunt. Er warf seine Kopfhörer hin und stürmte frustriert aus dem Studio. Pete spielte die Nummer letzten Endes zu einem Click-Track, was er als Erniedrigung empfand.

„Auf mir lastete ziemlich viel Druck", erinnert sich Pete. „Vor Brett fühlte ich mich immer unsicher. Als ob er mich beim nächsten Fehler aus der Band werfen würde!"

Diese Aussage hätte aus dem Mund eines jeden anderen Bandmitglieds unrealistisch geklungen, aber Pete war schon bei den Sessions zu *Into the Unknown* gebeten worden, seine Parts von jemand anderem einspielen zu lassen. Zu allem Überdruss hatten sich seine Kollegen in Interviews über seine Beschränktheit als Schlagzeuger geäußert. Obwohl sein mangelndes Training als Drummer meistens als Vorzug dargestellt wurde, fühlte sich Pete dennoch als schwächstes Glied bei Bad Religion entlarvt.

Auch nachdem das neue Album bereits im Kasten war, wollten die Probleme nicht abreißen. So war Brett unglücklich mit dem Sound, was aber nicht an der Darbietung der Band selbst lag. In seinem immerwährenden Bestreben nach dem vollsten Klang hatte Brett „No Control" mithilfe eines Aphex Compellors aufgenommen. Als alter Tüftler befand Brett sich auf einer Mission, Punkrock-Alben zu einem besseren Sound zu verhelfen.

„Bill Stevenson von Black Flag und den Descendents produzierte die Chemical People in meinem Studio", erinnert er sich. „Westbeach wurde damals gerne und oft gebucht. Er kam mit einem Gerät an. Das Ding hieß Compellor und wurde von der Firma Aphex hergestellt. Es sollte die Dynamik des Sounds kontrollieren. Ich fand das cool und musste mir auch gleich so ein Teil zulegen."

Der Aphex Compeller funktionierte gleichzeitig als Kompressor, Leveler und Limiter, wovon sich auch dessen Name ableitete. Das Gerät gehörte zu einer ganzen Welle neuer digitaler Ausrüstungsstücke, die gerade den Markt eroberten. Allerdings hieß das nicht automatisch, dass der Zauberkasten perfekt zu dem passte, was Bad Religion zu bewerkstelligen versuchten.

„Spätestens ab den frühen Neunzigerjahren konnte man aus allem jeden erdenklichen Sound machen", erklärt Jay. „Es gab Schlagzeug-Synthesizer, Pedalen und Computer. Es war gleichzeitig eine coole und eine schreckliche Zeit. Die Leute entsorgten reihenweise alte analoge Mischpulte, die heute Hunderttausende Dollar wert sind. Es hieß, sie wären Müll und man müsste sich diesen oder jenen digitalen Krimskrams besorgen. Nun ja, möglicherweise war das analoge Zeug doch besser."

Als Brett die Tracks durch den Compellor schickte, klangen sie okay, aber als es an der Zeit war, sie abzumischen, sah die Sache plötzlich anders aus. „Nachdem ich fertig war, dachte ich, dass ich das vielleicht doch hätte bleiben lassen sollen. Alles klang ein bisschen schräg. Mir kam es so vor, als würde ich überall Kompressionsartefakte, sogenanntes ‚Kompressor-Atmen' hören. Beim Abmischen konnte ich die Aufnahme aber noch retten, indem ich zu meiner altbewährten Ausrüstung zurückkehrte. Alles wurde gut. Aber dieser Effekt hat wohl oder übel zum Sound von ‚No Control' beigetragen."

So wie Brett im Studio immer gern experimentierte, war er auch ständig auf der Suche nach innovativen Ansätzen, seine Musik an den Fan zu bringen. Doch manchmal ergaben sich diese Möglichkeiten auch ganz zufällig. Einmal saß er gerade in seinem Büro, als Kelly Slater anrief.

SLATER: Hey, spreche ich mit Brett?
BRETT: Yeah.
SLATER: Mein Name ist Kelly Slater und ich bin professioneller Surfer.
BRETT: Ich weiß, wer du bist.
SLATER: Ich bringe ein Surf-Video heraus, das ich in allen Skate- und Surf-Shops verkaufen möchte. Wie viel würde es denn kosten, wenn ich eure Musik verwende?
BRETT: Gar nichts.
SLATER: Echt jetzt?
BRETT: Bediene dich einfach so viel du willst. Alles kostenlos. Es wäre mir eine Ehre!

Slater schwebte ein Format vor, das sich mit den Musikvideos auf MTV vergleichen ließ, doch statt Bands, die so taten, als würden sie auf ihren Instrumenten spielen, sollte man professionell geschnittene Clips von Slater bestaunen, wie er zwischen den Wellen waghalsig sein Ding durchzog.

Brett nahm an, dass Slater bereits bei Major-Labels um Musik angefragt hatte, was sich aber als überaus kostspielig herausgestellt haben dürfte. Brett entschied sich hingegen für eine entgegengesetzte Herangehensweise und stellte seine Musik für lau zu Verfügung.

Slater avancierte daraufhin zum berühmtesten Surfer aller Zeiten und seine Videos spielten dabei keine kleine Rolle. Brett erinnert sich, dass im Anschluss an die Veröffentlichung von Slaters Video sämtliche Surf- und Skate-Firmen bei ihm vorstellig wurden. „Sie baten mich um Musik, weil sie wussten, dass sie

sie umsonst bekämen. Für mich verstand sich das von selbst. Egal ob Surfen, Skate- oder Snowboard – unsere Musik passte perfekt."

Jener Song von *No Control*, der die meisten Leute erreicht haben dürfte, war „You", da er als musikalische Untermalung des Videospiels *Tony Hawk's Pro Skater 2* zu hören war. In diesem Game muss der Spieler sich einen Skater aussuchen und seine Figur gekonnt durch einen Parcours steuern, während im Hintergrund der Soundtrack auf Endlosschleife läuft. Der erste Teil verfügte über gerade einmal acht Songs, doch *Tony Hawk's Pro Skater 2* wies bereits dreimal so viele Tracks auf – und „You" war einer davon. So lernten viele junge Skateboard-Enthusiasten Bad Religion kennen und lieben, die die Band ansonsten vielleicht gar nicht auf dem Schirm hatten. Die Gamer fuhren auf den Song ab. Die Mischung aus unwiderstehlichen Hooks, kompromisslosem Hardcore-Sound und gekonnt vorgetragenen Harmonien entpuppte sich als perfekte Begleitmusik für stundenlange virtuelle Skate-Sessions.

„Das war eine große Sache", so Brett. „Wenn man dieses Game spielte, hörte man eine begrenzte Anzahl Songs – und die Musik wurde zum Soundtrack dieses Lebensabschnitts." Dieser neue Ansatz, Musik potenziellen Fans näherzubringen, glückte. Es war einfach die richtige Musik für das richtige Publikum.

Doch im Sommer 1989 musste die Band zunächst immer noch *Suffer* promoten, obwohl *No Control* bereits fix und fertig im Kasten war. Eine seltsame Situation. Sie traten am 20. Juni im Raji's in Hollywood auf und sollten als Nächstes im Vorprogramm ihrer Helden, den Ramones, im Warner Grand Theatre in San Pedro spielen. Sie erhielten diese Gelegenheit, indem sie Gary Tovar von der Konzertagentur Goldenvoice anboten, auf eine Gage zu verzichten. Obwohl es ein sagenhaftes Erlebnis war, sich die Bühne mit den legendären Ramones zu teilen und vor Kids zu spielen, die noch nie etwas von Bad Religion gehört hatten, zeigten sie sich doch auch enttäuscht von der schwachen Darbietung ihrer Idole. „Die Ramones näherten sich offenbar ihrem Ende", erinnert sich Jay. „Und sie waren grausam."

Abgesehen von einer weiteren kleinen Aufwärmrunde im Reseda Country Club absolvierte die Band vor ihrer Europatournee im Sommer keine Gigs mehr. Am 16. August flogen Bad Religion nach Amsterdam. Ihr erstes Konzert sahen nur 100 bis 150 Leute. Ihr Tourmanager wurde nicht müde zu betonen, dass es eben dauern würde, sich eine solide Anhängerschaft zu erspielen. „Ihr werdet hier nicht automatisch die größte Band sein, bloß weil ihr Amerikaner seid." Doch als Bad Religion nach Deutschland kamen, sah die Sache schon ganz anders aus.

Pete erinnerte sich, als wäre es erst gestern gewesen: „Die deutschen Clubs wurden von Punk-Kids betrieben und die Regierung unterstützte sie finanziell dabei. Im Prinzip waren das Jugendzentren. Ich weiß noch, wie wir einen Feldweg hinauf auf einen Hügel fuhren und tausende Fans Schlange standen. *Was zum Geier war das? Im Ernst? Vielleicht sind wir hier ja an etwas Großem dran …*"

Bad Religion konnten kaum glauben, dass die vielen Leute, die vor dem Club warteten, alle wegen ihnen gekommen waren. Dabei handelte es sich hier nur um jene Fans, die es nicht in die Location geschafft hatten. Drinnen warteten bereits weitere 1.000 Fans auf den Auftritt der Band.

„Das war ein ziemlich großer Veranstaltungsort", erinnert sich Brett. „Dort passten 500 oder 600 Leute rein. Vielleicht auch mehr. Es war eine besetzte Lagerhalle oder so. Es kann sein, dass sie zu einem Kohlebergwerk gehörte. Keine Ahnung, was es tatsächlich war. Ich weiß nur, dass da 3.000 Punks abhingen. 1.000 hatten sich in die Halle gequetscht und die übrigen 2.000 standen auf der Straße und wurden nicht mehr reingelassen. Sie kannten unsere Texte Wort für Wort. Sie sangen so laut mit, dass ich Greg gar nicht hören konnte. Das war komplett irre. Und unser Konzertagent so: ‚Wow, ich hatte ja keine Ahnung!'"

„Wir konnten es gar nicht fassen und freuten uns gewaltig", erzählt Greg. „Als wir nach Essen kamen, trugen die Leute unsere T-Shirts und sangen unsere Songtexte. Woher kannten die Leute uns nur? Und sie waren alle so leidenschaftlich. Wir gaben unzähligen Fanzines Interviews und eine Kameracrew verfolgte uns. Die wollte bloß eine Dokumentation über eine alte Punk-Band drehen, aber uns kam das wie eine Wiedergeburt vor."

Im Handumdrehen verwandelte sich die anfängliche Ungläubigkeit in ein aufrichtiges Verlangen, eine großartige Show abzuliefern. Hier handelte es sich um ein Publikum, für das *Into the Unknown* nie passiert war. Auf Grund von Bretts und Gregs Vorliebe für hochtrabende Wörter und anspruchsvolle Ideen mussten sich die deutschen Fans ein bisschen mehr ins Zeug legen, um die Texte der Band nachvollziehen zu können. Sie konsultierten ihre Wörterbücher und unterhielten sich mit ihren Freunden über die Bedeutungen und Hintergründe der Songs. Vielleicht identifizierten sie sich daraufhin sogar noch intensiver mit den Texten als ihre amerikanischen Pendants, da sie sich ihre Berechtigung als Fans auf diese Weise erst verdienen mussten. „Die europäischen Fans mussten einige Hürden meistern", stimmt Jay zu. „Sie mussten jedes Wort sezieren, um die Bedeutung eines Songs zu erfahren. Ein Fan stellte sich mir nach einer Show in den Weg und sagte: *Ich hasse dich, weil du ein Ami bist, aber ich liebe deine Musik!*"

Bad Religion stolperten nun quasi über genau jene Fangemeinde, die sie sich immer schon gewünscht hatten. Jetzt wollten sie aus der Situation das Maximum herausholen. Der Auftritt in Essen war lediglich das erste von zahlreichen ausverkauften Konzerten, die sie in jenem Sommer in Deutschland spielten. Vor den gerammelt vollen Veranstaltungsorten warteten stets viele Fans vergeblich auf Einlass. Brett fiel bald auf, dass sie in viel größeren Hallen auftreten könnten. „Wir waren riesig dort", erinnert er sich. „Überall sah man das Crossbuster-Logo, dessen Strahlkraft mir erstmals so richtig bewusst wurde. Sie verstanden das auf Anhieb und es verbreitete sich wie ein Lauffeuer. Vielleicht lag das daran, dass Europa in Bezug auf Säkularisierung viele Jahrhunderte Vorsprung auf Amerika hatte und das Timing einfach stimmte. Das Logo war jedenfalls omnipräsent – fast wie ein Meme, bevor es dafür überhaupt ein Wort gab."

Die Fans legten bei den Konzerten eine unglaublich intensive Energie an den Tag, und die Band klinkte sich allabendlich ein. Zum Teil lag der Erfolg von Bad Religion auch daran, dass damals, in den Zeiten, als die Berliner Mauer noch stand, nur sehr wenige Bands in Europa auf Tour gingen. Die Circle Jerks und Black Flag hatten jeweils ein paar Gigs gespielt, aber keine vollständigen Tourneen. Bad Religion halfen nun dabei, ein Netzwerk von Auftrittsmöglichkeiten zu etablieren, von denen ein Großteil staatlich geförderte Versammlungszentren waren, die aber über professionelle Sound- und Beleuchtungsanlagen verfügten.

„Wir wurden wie Könige hofiert. Die Leute schätzten uns und wir verdienten sogar ein bisschen Geld", so Greg. „Wir kamen zumindest nicht pleite nachhause. Also spielten wir ab nun gewohnheitsmäßig dort. Die Leute dort gehören zu den besten Fans auf der ganzen Welt."

In Jays Augen erfüllte die Tour die Band mit neuem Leben. Sie unterstrich den Wert der Arbeit, die sie bis dahin geleistet hatte, und motivierte die Jungs, bald zurückzukehren. „Das gab den Ausschlag", meint Jay. „Wenn wir in diesem Sommer nicht nach Europa geflogen wären, kann ich mir nicht vorstellen, dass wir weitergemacht hätten. Reden wir mal Tacheles: Es war die finanzielle Entschädigung für all unsere Mühen. Endlich wurden wir mal bezahlt. Wir flogen jetzt nicht im Learjet durch die Gegend, aber es kreuzten tatsächlich Leute zu unseren Gigs auf. Das war in Kalifornien sonst auch der Fall, aber nicht in diesem Ausmaß. Es war ganz offensichtlich, dass diese Leute wegen uns zu den Shows kamen. Das war eine hundertprozentige Bestätigung – eine Motivation, die einen weiter antreibt."

Ein Großteil der Europa-Tour wurde gefilmt und unter dem Titel *Along the Way* als Video veröffentlicht. Die Filmaufnahmen stammten von 14 Konzerten, nur die Audiospur stammte vom siebten Konzert in der Kesselhalle in Bremen. Auch enthielt das Video kurze Interviews mit den einzelnen Bandmitgliedern. So steht Brett in seinem Segment etwa freimütig Rede und Antwort über sein früheres Drogenproblem. Das Video erschien 1990 in Deutschland. In den USA wurde es erst im Jahr darauf veröffentlicht.

Bevor sie in die USA zurückkehrten, beendeten Bad Religion ihren erfolgreichen Europa-Trip mit einem Konzert in London. Die Band schaffte es somit gerade rechtzeitig zur Veröffentlichung von *No Control* wieder in die Heimat. Jay arbeitete nun ebenfalls bei Epitaph, um mit dem Nachfolger des Erfolgsalbums *Suffer* auszuhelfen. Zu diesem Zeitpunkt war er allerdings noch nicht fest angestellt und hatte auch noch keinen formellen Aufgabenbereich. „Ich besaß einen Pickup-Truck und fuhr damit zum Alberti-Presswerk, um die Vinyl-Platten abzuholen und ins Lager zu bringen, das sich unter dem Freeway befand."

Während Brett sich um die geschäftlichen Aspekte des Labels kümmerte, hielt ihm Jay mit der Erledigung von Routinearbeiten den Rücken frei. „Ehrlich gesagt", so Jay, „sah ich den Job bei Epitaph nicht als Arbeit für Brett, sondern als Arbeit für Bad Religion an. Alles, womit ich Bad Religion half, half letzten Endes auch mir. Also musste man mir auch kein Gehalt zahlen. Ich würde schon zu Geld kommen, wenn ich dabei half, den Prozess als Ganzes am Laufen zu halten. Das macht man, weil man an das Produkt glaubt, für das man später auch belohnt wird."

Abgesehen von Band und Label beschäftigten Brett aber auch noch andere Dinge. Nach seinem Entzug fing er an, sich mit Maggie Tuch zu verabreden.

Maggie war zuvor mit Hillel Slovak von den Red Hot Chili Peppers gegangen, doch der Gitarrist war im Juni 1988 an einer Überdosis gestorben. Brett meldete sich daraufhin bei Maggie und seitdem unterstützten sie sich gegenseitig dabei, clean zu bleiben. Daraus entwickelte sich mit der Zeit mehr als nur eine Freundschaft. Am 10. September 1989 liefen die beiden schließlich in den Hafen der Ehe ein.

Am 2. November jenes Jahres lieferte Epitaph 12.000 Exemplare von *No Control* aus. Der Erfolg von *Suffer* hatte zu einer großen Anzahl von Vorbestellungen geführt, doch wie Brett nur allzu gut wusste, bedeutete das noch nicht viel. Doch *No Control* verkaufte sich extrem gut und Brett musste Überstunden einschieben, um die Nachfrage stillen zu können. Bevor er sich versah, hatte sich das Album bereits mehr als 60.000 Mal verkauft. Das brachte Bad Religion in eine kuriose Lage. Sie hatten gerade eine neue Platte herausgebracht und waren unlängst erst von einer Tour, mit der deren Vorgänger beworben wurde, zurückgekehrt. Das ließ sich so nicht einfach wiederholen. Greg steuerte auf den Abschluss seines Master-Studiums der Geologie an der UCLA zu und würde erst nächsten Sommer wieder auf Tour gehen können. Im Jahr zuvor war Greg von der Society of Vertebrate Paleontology mit dem Bryan Patterson Prize ausgezeichnet worden, der mit einer bescheidenen Geldsumme dotiert war und landesweit jährlich nur an einen Studenten verliehen wurde. Er vertiefte sich so sehr in sein Studium, dass ihm der sprunghafte Anstieg der Plattenverkäufe gar nicht bewusst war. Greg war so ausgelastet wie noch nie zuvor. Außerdem musste er nun auch noch Verantwortung als Ehemann übernehmen.

Trotzdem probten Bad Religion weiterhin fleißig einmal in der Woche im Uncle in Van Nuys. Dort wurden auch alle geschäftlichen Angelegenheiten diskutiert. „Wir wussten, dass wir das tun mussten", erzählt Jay. „Wir setzten uns zusammen und irgendjemand sagte dann: ‚Ich habe mit dem und dem gequatscht und wir haben in zwei Wochen einen Auftritt.' Wir trafen uns, besprachen, was Sache war, und probten dann eine Runde. So wurde bei uns die Marschroute festgelegt."

Aufgrund ihrer eingeschränkten Verfügbarkeit hatte die Band keinen Konzertagenten in den USA. Stattdessen absolvierten sie lokale Gigs, die Brett, Jay und Hetson auf Konzerten anderer Bands angeboten bekamen. Bad Religion standen auch auf einer Shortlist mit Bands, die Goldenvoice anrief, wann immer Punk-Acts aus der ganzen Welt in L.A. haltmachten. So spielten Bad Religion zum Beispiel im späten November und frühen Dezember im Santa Monica Civic mit den Buzzcocks. Greg erinnert sich, dass er zum ersten Mal auf Eddie Vedder traf, als der damals für die Buzzcocks als Roadie arbeitete. Die beiden freundeten sich rasch an. Vedder war ein langjähriger Fan von Bad Religion und hatte die Band oft in San Diego gesehen. Damals wusste Greg allerdings noch nicht, dass Vedder selbst ein begabter Sänger war.

Bad Religion begaben sich auch wieder einmal nach Tijuana, wo sie im Iguana's auftraten, einem dreistöckigen Club, in dem eine kurze Zeitlang auch Rock-Konzerte veranstaltet wurden. Der Club befand sich in einer Einkaufsmeile am Stadtrand, wo es jedoch nicht weniger gesetzlos zuging als in den berüchtigten Lokalen im Zentrum von Tijuana. „Es war vollkommen durchgeknallt", so Jay. „Es gab dort keine Regeln. Ich nehme an, dass da in erster Linie Leute aus San Diego abhingen, aber ich weiß auch, dass viele Leute aus L.A. dorthin fuhren, weil es so ein Heidenspaß war. Die fuhren über die Grenze, um sich zuzudröhnen und einen drauf zu machen, aber es war auch unglaublich gefährlich. Beim Trinken gab es keine echten Altersbeschränkungen und es gab keine Sicherheitskräfte, also kletterten die Leute einfach auf die Bühne. Vor der Bühne war ein Gitterrost angebracht und ich sah Fans, die in die Löcher darunter stürzten. Auf einmal waren sie einfach weg."

Obwohl das Iguana's mindestens 1.000 Leute fasste, hatten nur 300 auch Sicht auf die Bühne. Außerdem wurden regelmäßig zu viele Leute eingelassen. Trotz aller Gefahren traten Bad Religion leidenschaftlich gern im Iguana's auf. „Alle unsere Konzerte dort waren hammermäßig", schwärmt Jay. „Jedes einzelne! Auch wenn es sich furchtbar anhört, aber es gab auch gebrochene Knochen und mitunter floss Blut. *Hast du den Typen gesehen, der aus dem dritten Rang gestürzt ist?* Es war schon irre."

Nach fast zehn Jahren und vier Studioalben befanden sich Bad Religion vorerst auf dem Zenit ihres Schaffens, doch wie sie schon bald herausfinden sollten, brachte der Popularitätsschub auch mehr Druck mit sich.

12
Gegen den Strom

Bad Religion waren endlich erfolgreich, aber was bedeutete das konkret? Zum einen gab es den künstlerisch-kreativen Erfolg, wenn man von Kritikern und Rezensenten mit Lob bedacht wurde – und dann gab es noch kommerziellen Erfolg. Aber im Punkrock durfte man weder mit dem einen noch dem anderen rechnen. Schon gar nicht 1990.

Bad Religion hatten innerhalb von etwas mehr als einem Jahr gleich zwei hochgepriesene Alben veröffentlicht. Indem sie den Fans bewiesen, dass Verlass auf sie war, hatten sie deren Vertrauen zurückgewinnen können. Neue Fans entdeckten ihre Musik dank einer Reihe von Skate- und Surf-Videos, was 1980 noch undenkbar gewesen wäre. Ihre überwältigende Popularität in Europa war nicht nur eine überaus angenehme Überraschung, sondern deutete auch auf eine lukrative Zukunft hin.

Der Erfolg spornte Bad Religion an, sich noch mehr ins Zeug zu legen. Bereits Anfang 1990 bastelten sie intensiv an neuem Material für ihr nächstes Album. *Suffer* und *No Control* verfolgten mit voller Absicht sehr ähnliche Konzepte. Beide Alben umfassten jeweils 15 Songs und dauerten nicht einmal 27 Minuten. Bad Religion hatten nicht nur zurück zu ihren Wurzeln gefunden, sondern gleichzeitig ihren Sound verfeinert, indem sie ihre Stärken betonten und Musik mit hohem Wiedererkennungswert fabrizierten. Gleichzeitig unterstrichen ihre Songtexte, dass sie eine Band mit Aussage waren, die die Neugier ihrer Fans zu belohnen gedachte.

Nun wollten Bad Religion unter Beweis stellen, dass sie auch Songs schreiben konnten, die weder ein Abklatsch von *Suffer* oder *No Control* waren, noch zu sehr von ihrer angestammten Formel und Identität abwichen. Auch wenn inzwischen schon sieben Jahre seit *Into the Unknown* verstrichen waren, war die Erinnerung an diese Schmach in ihren Köpfen immer noch frisch. Die Herausforderung bestand nun darin, Songs zu schreiben, die dem, was sie zuvor abgeliefert hatten, zwar ähnlich, aber auch nicht *zu* ähnlich waren. Schon anders, aber eben nicht *übertrieben* anders.

„Ich wollte relevant bleiben“, sagt Brett. „Ich wollte nicht jedes Mal die gleiche Platte machen. Ich versuchte zu zeigen, dass wir vielseitig waren. Wir hatten unser Format gefunden, aber wir wollten auch etwas Neues ausprobieren.“

Das begann beim Schreiben der Songs. Brett war sich der Reputation von Bad Religion als wortgewaltige, „nerdige“ Punkband für clevere Kids vollkommen bewusst. Allerdings wollte er sich nun ein wenig von diesem Image distanzieren – ein Impuls, den wiederum Greg, der fest an der Uni verankert war, nicht unbedingt teilte: „Ich vollzog in Bezug auf meine Texte eine gewisse Kehrtwendung. So viele barocke Wörter zu verwenden, kam mir langsam ein wenig abstrus vor – um ein ebensolches barockes Wort zu verwenden. Aber ich fragte mich, ob all die hochtrabenden Phrasen mehr schadeten als nutzten. Meine liebsten Texter waren immer schon Leute wie Elvis Costello, Bob Dylan, Joe Strummer und Bernie Taupin. Ihre Texte sind malerisch und voller Poesie.“

Brett wollte Greg sicher nicht vorschreiben, wie er seine Songs schreiben sollte, aber hinsichtlich seines eigenen Materials beschloss er, den alten „Lexikon-Punk“ einzumotten und sich fortan einer Sprache zu bedienen, für die die Fans nicht jederzeit ein Wörterbuch in Griffweite aufbewahren mussten, um den Songtexten folgen zu können. Der Junge, der die rätselhaften Texte eines Darby Crash favorisierte, war nun reifer geworden. Er befand es nicht länger für nötig, sich ständig der Welt zu beweisen. Stattdessen versuchte er, dem poetischen Impuls rund um das Schreiben eines Songtextes gerecht zu werden, um so einen Kontakt zu den Hörern herzustellen.

„*Suffer* und *No Control* verfolgen eher eine prosaische als eine poetische Herangehensweise“, erklärt Brett. „Das ist alles sehr explizit. Man verliert aber auch Leute, wenn sie nicht verstehen, was du sagen möchtest. Ich wollte mit meinen Texten die Hörer erreichen. Deshalb schlug ich mit *Against the Grain* bewusst eine poetischere Richtung ein.“

Greg steuerte einige einprägsame Songs zum Album bei, die sich bis heute im Live-Repertoire der Band befinden, etwa den Titeltrack „Against the Grain“.

Der Song wird von einem kolossalen Basslauf angetrieben und von einem geschmeidigen Gitarren-Hook akzentuiert, der die trotzigen Texte des Songs elegant ergänzt:

Against the grain,
That's where I'll stay.
Swimming upstream,
I maintain against the grain.

Trotz des grollenden Basses und der verdammt eingängigen Riffs begleitet den Song eine eigenartige Schwermut, die hervorzuheben scheint, wie schwer es sein kann, seinen Überzeugungen treu zu bleiben, wenn diese nicht den gängigen Mustern entsprechen.

Ein anderer von Gregs Songs, „Modern Man", ist eine wütende Abrechnung mit der Gegenwart, in der der Mensch den Planeten übel in Mitleidenschaft zieht. Zu „Operation Rescue" steuerte Hetsons Bandkollege von den Circle Jerks, der unvergleichliche Keith Morris, etwas Hintergrundgesang bei. Offenbar fanden Bad Religion die Idee witzig, weil sie den ähnlich betitelten Circle-Jerks-Song „Operation" mochten. In „God Song" nimmt Greg das Thema Religion aufs Korn. Nur dieses Mal, fand Greg selbst, schoss er übers Ziel hinaus.

Now we all see, religion is just
Synthetic frippery, unnecessary
In our expanding global cultural efficiency.

Es war nicht so, dass Greg nicht an die Botschaft seines Songtextes geglaubt hätte. Doch indem er Religion als klein und unbedeutend abtat, verringerte er gleichzeitig das Potenzial des Songs, Veränderungen anzuregen. Niemand entscheidet eine Debatte für sich, indem er dem Gegenüber geringschätzig und oberlehrerhaft entgegentritt.

Obwohl das Album relativ schnell Gestalt annahm, gingen die Songwriter mit großer Sorgfalt zur Sache. Sowohl Greg als auch Brett trieben sich ständig an, noch bessere Ergebnisse abzuliefern. Ein Paradebeispiel hierfür war Bretts Song „Anesthesia", der von Elvis Costellos „Watching the Detectives" inspiriert war. „Ich versuchte, einen Song zu schreiben, dessen Text vielschichtig aufgebaut war", erklärt Brett. „Der Songtext sollte doppelbödig sein, so wie das auch bei Elvis Costello der Fall war."

„Anesthesia" handelt vordergründig von Drogen und Rauschzuständen, die durch bewusstseinsverändernde Substanzen ausgelöst werden. Damit kannte er sich nur allzu gut aus. Doch nach einer anderen Lesart beschreibt der Song auch eine Frau und kann als Kriminalgeschichte interpretiert werden. Somit funktioniert die Nummer wie eine Kurzgeschichte und bedient sich Stilmitteln wie Bildsprache, Metaphern und Symbolen, die ihre Wirkung auf unterschiedlichen Ebenen entfalten.

Anesthesia, Mona Lisa,
I've got a little gun, here comes oblivion.

„Als Songwriter", fasst Brett zusammen, „strebte ich danach, mich Elvis Costello anzunähern. Ich halte ihn für den Bob Dylan der New Wave. Für andere ist das Joe Strummer, und ich widerspreche ihnen nicht, aber Joe Strummer ließ sich von seinem Herzen leiten, wohingegen Elvis Costello vor allem mit Köpfchen zur Sache ging."

Auf einem Album, das nur so vor großartigen Songs strotzt, die die Band in neue Richtungen vordringen ließen, sticht eine Nummer ganz besonders heraus: „21s Century (Digital Boy)".

„Es war der Versuch, eine neuartige Hymne für die Punk-Szene zu schreiben", erklärt Brett. Natürlich hatte er auch schon früher Songs in getragenem Tempo geschrieben, zum Beispiel „Drastic Actions" auf *How Could Hell Be Any Worse?* oder „Sanity" auf *No Control.* Greg hatte hingegen „Along the Way" zu *Back to the Known* beigesteuert, einen Song, der trotz eines fehlenden Refrains sehr hymnisch ist. „21st Century (Digital Boy)" war aber langsamer, länger und besaß einen Refrain zum Mitsingen.

Dazu hatte Brett sich vom Song „American Society" von Eddie and the Subtitles inspirieren lassen, einer Band aus South Bay, die einst vor Black Flag aufgetreten war. So wie auch The Last, die ebenfalls aus South Bay stammte, zeichnete Eddie and the Subtitles ein eigenständiger Sound aus, der sich nur schwer beschreiben ließ. Als Jay zum ersten Mal das Demo von „21st Century

(Digital Boy)" hörte, fühlte er sich sofort an „American Society" erinnert. Greg wiederum assoziierte die Nummer mit „Poison" von Alice Cooper.

„21st Century (Digital Boy)" sprüht nur so vor Ironie und besticht mit fesselnden Bildern. In der ersten Strophe ähnelt hier jemand einer „trampled flag on a city street", was man ansonsten kaum in einem Pop-Song zu hören bekommt. „Meine Mom war nicht auf Valium und mein Vater war kein träger Intellektueller aus der Mittelschicht", stellte Brett in Anspielung auf seine Texte klar. „Aber solche Dinge kamen in meiner Welt durchaus vor. Ich wurde Zeuge einer suburbanen Dystopie."

Brett erinnert sich, dass nicht alle aus dem Lager der Band von „21st Century (Digital Boy)" begeistert waren. „Wir hatten einen Tontechniker namens Kerry Faye, den wir Carrot nannten. Ich spielte ihm das Demo vor und er meinte, dass wir ihn nicht auf einer Bad-Religion-Platte veröffentlichen könnten, weil das kein Punk-Song sei."

Selbstverständlich ignorierte die Band diesen Rat, doch der Song landete weit hinten auf der B-Seite. „Wir hatten ja keine Vorstellung, wie beliebt die Nummer einmal werden würde", erklärt Jay. „Man weiß nie, was gut ankommt, bis man etwas live spielt. Dann heißt es: ‚Die Leute stehen total auf diesen Song, lasst ihn uns öfter spielen' oder ‚Kommt schon, lasst uns die Show damit eröffnen oder beenden' … Plötzlich entwickelte das Ganze eine Eigendynamik."

Brett hatte allerdings von Anfang an das Gefühl, dass dies ein ganz besonderer Song war. Selbst wenn sich „21st Century (Digital Boy)" nicht so eklatant vom restlichen Repertoire der Band unterschieden hätte, wäre der Track dennoch bemerkenswert, da er zu den wenigen Nummern der Band zählt, auf denen man Brett singen hört. So übernimmt er während der Bridge den Gesang:

I tried to tell you about no control,
But now I really don't know.
And then you told me how bad you had to suffer,
Is that really all you have to offer?

Eingebettet in diese Textzeilen fanden sich die Titel der zwei letzten Studioalben der Band, was einigermaßen rätselhaft anmutete. Es war fast so, als ob Brett realisierte, dass „21st Century (Digital Boy)" ein gewisses Risiko barg. Klar, der Song war eingängig und melodiös. Auch wies er die markanten „Oozin' Ahs" von Bad Religion auf, doch ging er nicht so gnadenlos nach vorn wie der Rest der Platte. „21st Century (Digital Boy)" war eben kein Hardcore-Song. Vielmehr war die Nummer um einiges näher an Pop als an Punk – und 1990 hörte man diese beiden Wörter nicht sehr oft in einem Atemzug. Indem Brett sowohl *Suffer* als auch *No Control* im Songtext erwähnte, belohnte er die Fans für ihre Treue auf dieser gemeinsamen Reise mit der Band.

Am meisten verblüfft an „21st Century (Digital Boy)", dass der Song heute relevanter erscheint als im Jahr 1990, als die digitalen Medien, die uns mittlerweile fest im Würgegriff haben, praktisch noch nicht existierten. Während der Konzerte von Bad Religion recken Fans ihre geballten Fäuste in die Höhe und singen inbrünstig mit. Doch nicht selten befindet sich in diesen Fäusten ein elektronisches Gerät, um die Show digital mitzuschneiden, damit das Erlebnis mit einem Netzwerk virtueller „Freunde" geteilt werden kann. Letztlich sind wir heute alle 21st Century Digital Boys (und Girls).

Der Aktionsradius von Bad Religion beschränkte sich Anfang 1990 auf das Gebiet zwischen der Bay Area im Norden, Tijuana im Süden und Phoenix im Osten. Im Mai fand sich die Band erneut im Westbeach ein und obwohl ihr mehr Material als sonst zur Verfügung stand, war die Arbeit an den Songs bereits weit fortgeschritten. Dennoch lag eine gewisse Spannung in der Luft. „Nach *Suffer*", erklärt Jay, „lautete der Konsens, dass uns nie mehr ein Album gelingen würde, das noch besser wäre. Wir sahen das anders und nahmen *No Control* auf. Ob das nun besser war, ist völlig subjektiv – und mir persönlich ist es eigentlich herzlich egal. Aber nun hieß es erneut, dass wir am Zenit angelangt wären. Das wirkte sich sehr negativ auf die Aufnahmesessions von *Against the Grain* aus, weil wir an unsere Grenzen gingen und uns das in Schwierigkeiten brachte. *Das muss einfach eine großartige Platte werden!* ist im kreativen Kontext immer der falsche Ansatz, weil man das Pferd von hinten aufzäumt. Das beschäftigte uns und ging uns an die Nieren."

Der Geschichte des Rock'n'Roll mangelt es nicht an Anekdoten von Musikern, die in der angespannten Atmosphäre eines Aufnahmestudios die Nerven verloren. Hier spielt sich der kreativste Aspekt ihres Daseins als Künstler ab, was natürlich mit unfassbarem Stress verbunden sein kann. Wenn man nicht gerade die Bühne verlässt, ist jeder Fehler, den man während einem Konzert macht, verzeihlich, da ihn vielleicht niemand bemerkt hat. Selbst wenn es auffällt, sollte einem das nicht den Abend ruinieren. Doch wenn einem ein Fehler bei der Aufnahme eines Albums unterläuft und niemand im Studio es merkt, dann lebt er für alle Ewigkeit weiter. Gewissenhaftigkeit ist in dieser spezifischen Arbeitsumgebung Voraussetzung, um solche Fehler, die für immer auf Platte gebannt werden, zu vermeiden. Wenn man allerdings den Fokus auf Fehlervermeidung legt, kann das den Aufnahmeprozess belasten.

Die Arbeit an *Against the Grain* nahm mehr Zeit in Anspruch als die beiden vorangegangen Alben. „Die Band konkurrierte im Prinzip mit sich selbst und verhielt sich extrem wählerisch, wenn es darum ging, wie die Songs aufgenommen werden sollten", erklärt Jay die Situation. „Brett machte sich Sorgen, und Stress wirkt in einer künstlerisch-kreativen Umgebung hochgradig ansteckend. Das geht allen unter die Haut. Irgendwann kommt man zu dem Schluss, dass hier ja nicht nach einem Heilmittel für Krebs geforscht wird, sondern nur ein paar Heinis in einem verdammten Aufnahmestudio herumlungern und versuchen, ein Album zu produzieren. Aber zwischendurch kann man schon mal die Perspektive verlieren – und genau das passierte auch."

Bad Religion veröffentlichten ihre Platten mittlerweile in so schneller Abfolge, dass sie neues Material bereits aufnahmen, noch bevor sie mit dem letzten Album überhaupt auf Tour gegangen waren. Sie waren sozusagen ihren Fans um eine Platte voraus und spielten kaum – wenn überhaupt – ganz neue Songs bei ihren Konzerten. Jay und ein paar seiner Bandkollegen hatten einst eine Show von D.O.A. besucht, bei der die kanadischen Punkrocker nur neues Material spielten. Viele der Fans – Bad Religion eingeschlossen – blieben enttäuscht zurück. Noch auf dem Parkplatz schworen sie sich, selbst lieber die Finger von einer solchen Herangehensweise zu lassen. „Uns war nun klar, dass das Publikum, wenn man ihm unbekanntes Material vorsetzt, nichts damit anfangen kann", so Jay. „Vielleicht gibt es drei Leute oder so beim Konzert, die sich über einen neuen Song freuen. Wenn Pearl Jam auf die Bühne gehen und verkünden, dass sie jetzt einen Song spielen werden, den sie gerade in der Garderobe geschrieben haben, ist ihr Publikum wahrscheinlich begeistert. Die scheißen sich vor Freude in die Hosen. Bei uns verhält sich das anders. Uns würde man wahrscheinlich mit Schuhen bewerfen."

Als *Against the Grain* endlich im Kasten war, begab sich die Band auf eine fünfwöchige Odyssee, die Bad Religion von San Francisco aus durch den Mittleren Westen bis an die Ostküste und dann weiter nach Europa führen sollte. In den USA kehrten sie in einige der Clubs und Hallen zurück, die sie bereits auf der *Suffer*-Tour beehrt hatten. Auch zogen sie die richtigen Schlüsse aus ihrem letzten Europabesuch und konzentrierten sich vor allem auf Deutschland. Von insgesamt 20 Europa-Shows fanden allein 17 auf deutschem Boden statt.

Das finale Konzert der Tour führte die Band nach Berlin. Obwohl die Berliner Mauer noch stand, erlaubte die DDR nun ihren Bürgern, in den Westen auszureisen. Umgekehrt verhielt es sich genauso. Bad Religion nutzten die Gunst der Stunde, um in einem ostdeutschen Club zu spielen. Dafür mussten sie den Grenzübergang Checkpoint Charlie passieren. Zwar dauerte die Fahrt gerade einmal 15 Minuten, doch fühlte es sich für die Band so an, als würden sie in eine andere Dimension reisen.

„Ostdeutschland war eine aufschlussreiche Erfahrung“, erzählt Brett. „Das lag am krassen Kontrast zum Westen. Brutalistische Gebäude. Verlassene Straßen. Desolate Graffiti. Im Gegensatz dazu wirkte der Westen lebendig und kreativ. Hier verlief gut sichtbar eine Sperrlinie zwischen zwei politischen Systemen. Die Punks, die zu unserem Konzert kamen, konnten mit dem Osten nichts anfangen. Sie wären von dort geflüchtet, wenn sie gekonnt hätten. Das waren keine Anhänger einer autoritären Regierung. Die wären mit Begeisterung in ein von Punks besetztes Haus in der BRD gezogen.“

Auch auf Jay hinterließ diese Erfahrung einen bleibenden Eindruck: „Es wirkte, als ob Gott einen Aschenbecher über der Stadt ausgekippt hätte. Grau in Grau. Als wir spielten, waren da jede Menge zorniger Skinheads. So richtig fiese, brutale Skins.“

Obwohl Bad Religion zu den ersten amerikanischen Punkbands zählten, die in der ehemaligen DDR auftraten, waren die Mächte des Kapitalismus ihnen sogar noch zuvorgekommen. Jay und Brett erkundeten Ostberlin und stolperten schon bald über einen 7-Eleven und einen Burger King. „Das ging aber prompt“, meinte Jay zu Brett.

Da Bad Religion nun in der Lage waren, größere und besser ausgestattete Veranstaltungsorte zu bespielen – oft vor mehr Zuschauern als zuhause in den

USA – erwies sich dieser Abschnitt der *No Control*-Tour als uneingeschränkter Erfolg und spülte etwas Kohle in die Bandkasse.

Nach ihrer Rückkehr in die USA erfuhr Greg, dass er ins Graduiertenprogramm der Cornell University aufgenommen worden war, wo er ein Doktorat in Evolutionsbiologie anstrebte und bei William Provine studieren wollte, über den Greg in höchsten Tönen schwärmte: „Er zählt zu den angesehensten Wissenschaftshistorikern im ganzen Land und hat bahnbrechende Arbeit in der Erforschung des geisteswissenschaftlichen Aspekts der Evolution geleistet."

Diese neue Entwicklung brachte es mit sich, dass Greg seinen Lebensmittelpunkt nach Ithaca im Bundesstaat New York verlegen musste – und zwar sofort. Die Band hatte bereits in der Vergangenheit, als er an der University of Wisconsin und UCLA studierte, um Gregs akademischen Kalender herum geplant. Das wollten sie auch jetzt wieder tun.

Trotzdem war es ein markanter Einschnitt und Bad Religion mussten sich erst einmal auf die für sie neue Situation einstellen. Tatsächlich ließ die Herausforderung nicht lange auf sich warten. Als sie für *Against the Grain* fotografiert wurden, warf sich Greg in New York in Pose, während der Rest der Band das in L.A. tat. „Das etablierte eine neue Arbeitsweise für die Band", erklärt Greg. „Von nun an wurde an beiden Küsten gearbeitet. Alle paar Wochen telefonierten wir miteinander."

Der Umzug brachte auch Vorteile mit sich. Da der Zeitunterschied zu Europa nicht so extrem war wie in Kalifornien, übernahm Greg die Kommunikation mit den europäischen Konzertagenten: „Ich kümmerte mich um die Terminplanung. Von Ithaca aus koordinierte ich einen Großteil der Touren."

Auch persönlich passte Greg das Leben in Ithaca gut in den Kram, da es ihm erlaubte, mehr Zeit in der Natur zu verbringen, weit abseits des Smogs und Verkehrs in Los Angeles. „Ich hatte es satt, in L.A. zu leben", gesteht Greg. „Der Verkehr trieb mich in den Wahnsinn. In Los Angeles ist alles eine Geduldsprobe. Selbst wenn man nur schnell in den Lebensmittelladen muss, um sich um ein paar Grundbedürfnisse zu kümmern. Eigentlich war ich das alles ab dem Zeitpunkt leid, als ich meinen Master-Abschluss in der Tasche hatte."

Obwohl Greg das Beste aus seiner neuen Umgebung im Bundesstaat New York herausholte, brachte der Umzug aber auch beschwerliche Aspekte mit sich. „Ich war nun noch mehr auf Achse, da ich ja gelegentlich auch einen

Abstecher nach L.A. einplanen musste. Wir waren eine international gefragte Band, weshalb wir unsere Touren in jeder beliebigen Stadt starten konnten. Aber ich musste zumindest alle drei Monate mal nach L.A. reisen."

Da Greg nun in New York lebte, intensivierte sich die Zusammenarbeit von Brett und Jay – und vor der Veröffentlichung von *Against the Grain* wurde den beiden auch garantiert nicht langweilig. „Ich erklärte den Leuten immer", so Jay, „dass sich auf jeder Platte von Bad Religion mein Daumenabdruck befindet. Es gab keine einzige Scheibe, die aus dem Lager ausgeliefert wurde, die ich nicht in Händen gehalten habe. Wir verkauften sie an Läden und Vertriebe. ‚Wir nehmen fünf oder zehn.' Ich zählte sie dann ab und steckte sie in eine Box, um sie zu verschicken. Die Verkäufe nahmen stetig zu. Monat für Monat. ‚Wir nehmen zehn. Wir nehmen 50. Wir nehmen 100. Wir nehmen 250. Wir nehmen 1000.' Die Vorbestellungen von *Against the Grain* waren einfach irre."

Der Nachfrage gerecht zu werden, erwies sich als enorm aufwändig. Bei Epitaph lief alles nach dem DIY-Prinzip und wurde von einer Handvoll Angestellter erledigt. Um das zu bewerkstelligen, waren Opferbereitschaft und Vision praktisch Voraussetzung. „Falls es jemals einen Moment gab, in dem Brett zu jenem Brett Gurewitz wurde, den wir heute kennen", so Jay, „dann war das zur Zeit von *Against the Grain.* Wir freuten uns riesig, all diese Bestellungen entgegenzunehmen, aber wir mussten diese Platten erst pressen lassen und es fehlten die finanziellen Mittel dafür. Ich begleitete Brett zu seiner Bank und sah ihm zu, wie er sich mit vollem Einsatz um einen Kredit bemühte. Er warf dabei alles in die Waagschale, was er hatte: das Studio, die Mischpulte, sämtliches andere Equipment, sein Auto – einfach alles setzte er aufs Spiel. Keiner von uns anderen tat das. Er hingegen schon."

Against the Grain erschien Ende November 1990 und fand großen Anklang bei den Fans der Band. Zum ersten Mal wurde eine Platte von ihnen über 100.000 Mal ausgeliefert. Doch am Horizont braute sich schon die nächste Wolke zusammen, die sich unmittelbar auf Bad Religion auswirken würde.

Pete spielte noch in einer zweiten Band namens The Fishermen, einer Blues-Rock-Combo in der Art der Black Crowes. Pete spielte nicht nur Schlagzeug, sondern schrieb auch Songs und Texte für die Band. Er empfand das als sehr erfüllend. Auch stand das in krassem Gegensatz zu seiner Rolle bei Bad Religion. „Es war nicht einfach, in dieser Band zu spielen", erinnert sich Pete an seine Zeit bei Bad Religion. „Greg und Brett hatten einen solch großen Stellenwert, dass für die anderen Bandmitglieder nicht mehr viel übrigblieb. Man musste sein Ego hintanstellen, wenn man in dieser Gruppe spielte. Sie waren die beiden Anführer und trafen alle Entscheidungen. Gelegentlich konnte man mal seine Meinung vorbringen, aber letzten Endes war es ihre Band."

Atlantic Records machten den Fishermen ein Angebot, doch unter der Bedingung, dass Pete nur bei einer einzigen Band spielen konnte. „Wahrscheinlich stellte ihm seine Band ein Ultimatum", mutmaßt Greg. „‚Entweder wir oder Bad Religion.'"

„Ich musste eine Wahl treffen", erzählt Pete. „Sollte ich Bad Religion verlassen? Ich weiß noch, dass meine damalige Freundin und sogar meine Mutter mich fragten, ob ich Bad Religion wirklich den Rücken kehren wollte." Tatsächlich war sich Pete selbst nicht ganz sicher. Nach allem, was er mit der Band durchgemacht hatte, wollte er gerne herausfinden, was als Nächstes auf sie zukäme. Allerdings war die Offerte von Atlantic auch höchst verlockend. Mithilfe einer großen Plattenfirma schien der große Wurf durchaus vorstellbar. Was, wenn das nun seine Chance wäre, groß rauszukommen? Schuldete er es sich nicht selbst, der Sache nachzugehen?

Pete machte sich die Entscheidung sicher nicht einfach, doch eine Verkettung verschiedener Ereignisse trug letztlich zu seinem Beschluss bei. Bad Religion sollten am 29. Dezember 1990 ein Konzert im Portal Theatre in North Hollywood geben. Außer ihnen sollten auch noch NOFX und Pennywise spielen, doch nach dem Auftritt von Pennywise kam es zu Ausschreitungen.

El Portal war ein richtiges Theater. Im Vorfeld des Abends hatten Bad Religion angefragt, ob man die ersten paar Sitzreihen vielleicht entfernen könnte. Als sie nun am Veranstaltungsort eintrafen, erfuhren sie, dass ihrem Wunsch nicht entsprochen worden war und auch noch zu viele Tickets für das Konzert verkauft wurden. „Die Feuerpolizei kreuzte auf und es hieß, dass sich alle hinsetzen müssten", erinnert sich Jay. „Als es nicht genug Sitzplätze für alle gab, wollten sie das Konzert abblasen."

Bei den Fans kam das nicht gut an. Sie zerbrachen Flaschen und warfen Fenster ein. Auch die Theatersitze mussten dran glauben. „Ich war gerade draußen vor der Bühne, als Fans einen Sessel durch die Glasfront schleuderten", erinnert sich Pete. „Da verlor die Polizei die Geduld, stürmte das Gebäude und fing an, auf die Leute einzuknüppeln."

Doch die Überreaktion der Polizeibeamten gegenüber den aufgebrachten Konzertbesuchern war noch nicht das Ende der Eskalationsspirale. Irgendjemand steckte die Vorhänge in Brand, was ernsthafte Schäden am Theater zur Folge hatte. Sobald die Flammen gelöscht waren, ging die Feuerwehr mit ihren Schläuchen gegen die Fans vor dem Theater vor, damit sie sich endlich in alle Windrichtungen verstreuten.

Die Band konnte das Theater nicht verlassen, bevor nicht alle evakuiert waren. Erst dann konnte sie ihre Ausrüstung abbauen und abtransportieren. Während sie warteten, wurde Pete von einem Nachrichtenteam interviewt, das zum Ort des Geschehens geschickt worden war. Als sich die Lage wieder beruhigt hatte, nahmen er und Jay mit dem Auto noch ein paar Kids mit, die draußen gestrandet waren, nachdem sie inmitten all des Pandämoniums von ihren Freunden getrennt worden waren. Da sie aus dem westlichen Ende des San Fernando Valleys stammten, wussten sie nur allzu gut, was es hieß, einen langen Weg auf sich zu nehmen, um eine Band zu sehen, nur um dann herauszufinden, dass das Konzert in allerletzter Minute abgesagt worden war. „Ich fuhr ein Geschwisterpaar irgendwo in die Nähe von Magic Mountain in Valencia", erinnert sich Pete. „Es war unglaublich nett, sie kennenzulernen und mit ihnen zu plaudern."

Goldenvoice setzte das Konzert am nächsten Abend neu an, im Whisky à Go Go auf dem Sunset Boulevard. Bad Religion sollten gleich zwei Gigs spielen – zunächst eine Matinee für das jüngere Publikum und am Abend ein Konzert für alle, die über 21 Jahre alt waren. Doch als Pete vor Ort eintraf, sprang ihm gleich ein Aushang ins Auge: BAD RELIGION ABGESAGT. Niemand hatte ihm etwas davon gesagt. Pete fühlte sich wieder einmal von der Band übergangen: „Für mich war das einer der letzten Tropfen, die das Fass zum Überlaufen brachten."

Als Pete wieder zuhause eintraf, rief er Greg an, der Pete mitteilte, er wäre davon ausgegangen, dass Brett ihn informiert hätte. Das ergab für Pete keinen Sinn, da ihm Greg in der Band am nächsten stand und ihn normalerweise auf dem Laufenden hielt. Es reichte. Es war an der Zeit, den Hut zu nehmen. Doch das hieß nicht, dass es Pete leichtfiel, der Band seinen Ausstieg mitzuteilen. „Als der Groschen gefallen war“, erinnert er sich, „ließ ich mich volllaufen, weil es mich so aufregte, zwischen den Bands wählen zu müssen. Ich schrieb den Jungs einen Brief, weil ich zu großen Schiss hatte, es ihnen von Angesicht zu Angesicht zu sagen.“ Pete befestigte den Brief an Hetsons Haustür.

Sobald sich herumgesprochen hatte, dass Pete die Band verlassen hätte, rief Greg bei ihm an, um ihn dazu zu bewegen, wenigstens noch die *Against the Grain*-Tour mit ihnen zu spielen, die im Sommer auf dem Programm stand. Doch Pete hatte bereits den Fishermen zugesagt, mit ihnen ein Album in Nashville aufzunehmen. Brett nahm die Nachricht nicht gut auf. Er verlor nicht nur seinen Bandkollegen und Freund, für ihn war es auch so, als würde Pete Epitaph das Vertrauen entziehen. Pete zufolge prophezeite ihm Brett: „Spätestens in einem Jahr werden sie euch fallenlassen.“

Damit war Petes Entscheidung in Stein gemeißelt: „Fick dich ins Knie, Brett, jetzt habe ich endgültig genug.“

Petes Abschiedsvorstellung fand am 1. Februar 1991 im Hollywood Palladium statt. Vor Bad Religion spielten L.O.S.T. (die Originalbesetzung von T.S.O.L.) und Insted. Auch Tickets für die abgesagten Auftritte im El Portal Theatre und dem Whisky besaßen an diesem Abend Gültigkeit. Bad Religion kommentierten das Fiasko im El Portal, indem sie ihr Konzert mit ihrer Version von John Lennons „Give Peace a Chance“ starteten – Give Punk a Chance.

„Wir spielten einwandfrei und klangen fantastisch“, erinnert sich Pete. „Leider war das mein letztes Konzert mit der Band.“

Petes Zeit bei Bad Religion war von Turbulenzen geprägt. Seine Rolle und sein Beitrag dürfen aber nicht unterschätzt werden. Heute gelten *Suffer*, *No Control* und *Against the Grain* als bahnbrechende Trilogie. Die Songs und die Aufnahmen entstanden binnen kürzester Zeit. Zur Besetzung gehörten Greg, Brett, Jay, Hetson und Pete. Diese drei Alben markieren den Übergang zu zwei Gitarren und sind geprägt von Petes kompromisslosem Schlagzeugspiel. Als Novize kreierte er einen Stil um die Songs herum. Sein einfacher, schnörkelloser Ansatz half dabei, die anderen einzigartigen Aspekte von Bad Religion gekonnt in Szene zu setzen. Pete Finestone war ein integraler Bestandteil ihrer Renaissance nach *Into the Unknown* und ihrer sich daran anschließenden Erfolge. Pete spielt seinen Beitrag zwar gern herunter, doch Jay widerspricht ihm vehement: „Pete war ein besserer Drummer, als er denkt. Sein einmaliger

Stil hievte die Band auf die nächste Stufe und gab die Richtung vor für alles, was noch kommen sollte."

Wieder einmal fanden sich Bad Religion in der inzwischen vertrauten Lage wieder, sich nach einem neuen Drummer umschauen zu müssen. Und zwar so schnell wie möglich.

Pete verließ Bad Religion und widmete fortan seine Energie den Fishermen. Leider traf Bretts Vorhersage jedoch ein. „Wir gingen nach Nashville und nahmen ein Album auf", erzählt Pete. „Die Platte kam aber nie raus und wir wurden fallengelassen."

13
Gott in elf Metaphern

Innerhalb der Hardcore-Szene von L.A. gab es eigentlich kaum unterschiedlichere Bands als Bad Religion und die Circle Jerks. Bad Religion schrieben Songs mit sozialem Gewissen und intellektuellem Bewusstsein. Die Circle Jerks wiederum waren besonders gut darin, den Soundtrack für eine Punkrock-Fete beizusteuern. Bad Religion wollten ihre Hörerschaft ermuntern, die Welt zu verändern. Die Circle Jerks hingegen zapften das nächste Bierfass an, um die Party am Laufen zu halten. Doch trotz aller Gegensätze sind die Geschichten dieser beiden Gruppen untrennbar miteinander verwoben. Als Bad Religion nun nach einem Ersatzmann für Pete suchten, wandten sie sich unter anderem an einen Zögling von Lucky, jenes Schlagzeugers, der sowohl bei den Circle Jerks als auch bei Bad Religion getrommelt hatte.

Bobby Schayer erblickte in Encino das Licht der Welt, wuchs in North Hollywood auf und besuchte eine katholische Schule in Burbank. Er entstammte einer Familie von Entertainern. Schon seine Urgroßmutter hatte sich als Charakterdarstellerin verdingt und zum Beispiel die Wahrsagerin in *Mr. Smith geht nach Washington* gespielt. Bobbys Mutter hatte die Familientradition fortgesetzt und war Schauspielerin und Tänzerin gewesen. Man konnte sie sowohl im Film *Blaues Hawaii* mit Elvis als auch in mehreren Filmen mit dem Kiffer-Duo Cheech und Chong bewundern; 1978 hatte sie an der Seite von Bobbys älterem Bruder und seiner älteren Schwester sowie dem späteren Bad-Religion-Bassisten Tim Gallegos in *Viel Rauch um Nichts* mitgespielt.

Obwohl er umgeben vom Showgeschäft heranwuchs und seine Mutter ihn dazu ermutigte, der Schauspielerei zumindest eine Chance zu geben, hasste Bobby das Business. Seine wahre Leidenschaft war die Musik und seine älteren

Geschwister unterstützten dabei seine Ausbildung in Sachen Punkrock. Als Bobby die Ramones im Fernsehen sah – in einer Wiederholung ihres Auftritts in *Don Kirshner's Rock Concert* – verliebte er sich sofort in ihren Sound. „Ich verfolgte die Show mit meiner Schwester und sie hatte die Ramones bereits 1976 im Starwood live gesehen. Es war ihr zweiter Auftritt in L.A. Sie besaß auch ihr erstes Album. Das war mein Einstieg."

Bobby und seine älteren Brüder lernten alle Gitarre, aber er sah ein, dass es keinen Sinn ergab, wenn alle drei dasselbe Instrument spielten. „Drei Gitarristen, das war schon irgendwie albern. „Daher wollte ich Schlagzeugunterricht nehmen, damit wir zusammen herumlärmen und Musik machen konnten." Bobby belegte Stunden am Finn's Music Emporium in Sherman Oaks. Zwar machte er rasch Fortschritte, doch seine Aufmerksamkeitsspanne ließ zu wünschen übrig. Er stand auf die Ramones, weil ihre Songs halt so kurz waren und er mit seinem Bruder Steve zu ihrem Album spielen konnte. „Wir kamen von der Schule heim und lernten die erste Seite", berichtet Bobby. „Am nächsten Tag kam dann die B-Seite an die Reihe. Am dritten Tag spielten wir schon das ganze Album. So lief das bei uns."

Er traf seine Helden nach der Veröffentlichung von *End of the Century* bei einem Auftritt im Plattenladen Music Plus in Hollywood. Bobby fragte Dee Dee Ramone, ob es noch Tickets für ihre abendliche Show im Hollywood Palladium gäbe. Dee Dee verneinte, riet ihm aber, zum Seiteneingang zu kommen, damit er ihn einschleusen könnte. Bobby war skeptisch, ob diese Einladung ernst gemeint war, begab sich jedoch trotzdem vor der Show zum Palladium. „Die Ramones stiegen gerade aus ihrem Van. Dee Dee drückte mir seinen Bass in die Hand und meinte, dass ich ihn hineintragen sollte. Das veränderte mein Leben und ich werde ihm das nie vergessen." Bobby wurde allerdings aufgrund seines Alters im Handumdrehen wieder auf die Straße gesetzt. Wenn es ihm gelungen wäre, unentdeckt der Show beizuwohnen, hätte er vielleicht Greg und Brett getroffen, die beide an diesem Abend im Publikum standen.

Bobby fühlte sich auch zu britischem Punk hingezogen, obwohl sein älterer Bruder Steve auf die L.A.-Szene abfuhr und Bands wie X und die Germs favorisierte. Doch die Geschichte dieses Jungen, der ohne jegliche Anknüpfungspunkte zu Bad Religion genau dort als Schlagzeuger einstieg, lässt sich wieder einmal zu den Circle Jerks zurückverfolgen.

Bobbys Freundin Alison Braun, eine Fotografin, die unter dem Künstlernamen „Mouse“ firmierte, hatte die Circle Jerks abgelichtet und ihn ermutigt, mit Lucky in Kontakt zu treten.

ALISON: Hast du gehört, dass er Schlagzeugunterricht gibt?
BOBBY: Tatsächlich? Kannst du mir seine Nummer geben?
ALISON: Die kann ich dir beschaffen.
OBBY: Hast du sie dabei?
ALISON: Hast du das Album *Group Sex*?
BOBBY: Aber sicher.
ALISON: Dann ruf ihn unter der Nummer auf *Group Sex* an.
BOBBY: Das ist Luckys Telefonnummer?
ALISON: Ruf ihn einfach unter dieser Nummer an.

Der Titeltrack des ersten Albums der Circle Jerks, „Group Sex“, basierte auf einer Kontaktanzeige für abenteuerlustige Swinger. Einige Textzeilen des Songs stammten direkt aus dieser Annonce. Die ebenfalls darin genannte Telefonnummer gehörte aber Lucky, da er das für eine witzige Idee hielt. Außerdem stand die Nummer auch auf dem Albumcover. „Group Sex“ war somit, wenn man es genau nahm, Luckys Visitenkarte.

Obwohl Bobby seine Freundin verdächtigte, ihm einen Bären aufbinden zu wollen, rief Bobby die Nummer an. Lucky hob ab. Nachdem sie die Details besprochen hatten, fand sich Bobby schon bald in einer Garage hinter Keith Morris' Haus in Inglewood wieder, wo sich die Circle Jerks zu ihren Proben einfanden. Die Unterrichtsstunde verlief gut und Bobby, der damals erst 14 Jahre alt war, konnte Lucky davon überzeugen, die Stunden fortan ins Valley zu verlegen, wo Lucky auch noch einen anderen Schüler unterrichtete, einen gewissen Pete Finestone von einer Band namens Bad Religion.

Irgendwann verschlug es Lucky nach Sherman Oaks und Bobby blieb ungefähr zweieinhalb Jahre lang sein Schüler, solange wie Lucky bei den Circle Jerks spielte. Lucky ließ Bobby gratis in Konzerte und Bobby erlebte die L.A. Punk Explosion aus unmittelbarer Nähe. Da er sich nie zu schade war, selbst Hand anzulegen, half er aus, wo immer er konnte. In mancherlei Hinsicht könnte man auch von einem Punkrock-Praktikum sprechen. „Meine

Lieblingsdrummer waren Lucky, Spit Stix von Fear und Robo von Black Flag. Diese Ära war einfach der Hammer. Wir alle waren fasziniert von England. *England dieses und England jenes*. Aber wir hatten hier unser eigenes Ding."

Irgendwann begann Bobby, selbst in einer Band zu spielen. So fand er sich in einer Gruppe mit einem Bassisten namens Tony wieder, der zuvor bei The Last gespielt hatte und dessen Vater die Titelmelodie zur Fernsehserie *Erwachsen müsste man sein* (im Original: *Leave It to Beaver*) komponiert hatte. Tony erzählte Bobby von einem Lounge-Act namens Too Free Stooges, bei dem er ebenfalls mitspielte. Mit dabei waren auch noch die Schauspieler Dick Rude und Zander Schloss, die in *Repo Man* mit Emilio Estevez und Harry Dean Stanton mitgespielt hatten. Bobby kannte Zander bereits, da der bei den Circle Jerks Bass spielte. Die Band spielte ausschließlich Coverversionen und suchte nach einem Drummer. Bobby stieg bei Too Free Stooges ein und spielte mit ihnen in der ganzen Stadt.

Wenn er nicht gerade auftrat oder probte, arbeitete er als Expedient bei A&M Records. „Ich spielte einfach aus Spaß an der Freude", erklärt Bobby. „Ich verfolgte nie ambitionierte Ziele."

Eines Tages kam Bobby von der Arbeit nachhause und fand auf seinem Anrufbeantworter eine Nachricht von Greg Hetson: „Wenn du Interesse hast, bei Bad Religion vorzuspielen, ruf mich zurück."

Zum letzten Mal hatte Bobby Bad Religion live gesehen, als sie zehn Jahre zuvor mit Christian Death im Godzilla's aufgetreten waren. Sein Interesse war auf jeden Fall geweckt. Bobby rief Hetson zurück und sie vereinbarten eine Probesession. Am Samstag darauf transportierte Bobby sein Schlagzeug ins Uncle nach Van Nuys. „Ich fuhr dorthin", so Bobby, „aber ich nehme an, dass sie nicht im Bilde darüber waren. Ich saß also zusammen mit Jay und Brett im Aufenthaltsbereich. Sie sahen mich an und fragten: ‚Wer bist du denn?'"

Bobby klärte sie auf, dass er für Bad Religion vorspielen wollte. Offenbar hatten sie angenommen, dass er erst am nächsten Tag aufkreuzen würde. Er fragte, ob er vielleicht erst morgen wiederkommen sollte. Aber da er nun schon einmal dort war, durfte er gleich mit ihnen spielen. Bobby baute sein Schlagzeug im Proberaum auf. Colin Sears, der Drummer von Dag Nasty, hatte sein Vorspielen gerade hinter sich. Auch Nickey Beat von den Weirdos war da. Als

Bobby schließlich an die Reihe kam, verkündete Brett, der seine Haare damals blaugefärbt trug, dass er zurück zur Arbeit müsste, und verabschiedete sich. Hetson erkundigte sich bei Bobby, welche Songs er vorbereitet hätte.

„Alle", antwortete er.

Bobby kannte nicht nur sämtliche Songs. Vielmehr hatte er sie sich zuerst auf der Gitarre beigebracht, bevor er sie am Schlagzeug einstudierte: „Auf diese Weise wusste ich, wo die Strophen und die Refrains waren. So war das einfacher für mich."

Bobby sagte an, was er spielen wollte. Hetson und Jay begleiteten ihn ungefähr eine halbe Stunde lang, bevor die Probe auch schon wieder vorüber war. Auf seinem Weg nach draußen passierte Bobby den Proberaum der Dickies, die ihre Session ebenfalls gerade beendet hatten. Er erzählte ihnen, dass er bei Bad Religion vorgespielt hätte. Da Brett auf ihn nicht wirklich enthusiastisch gewirkt hatte, bot er sich den Dickies für den Sommer als Roadie an. Doch als er zuhause eintraf, hatte ihm Hetson bereits auf den Anrufbeantworter gesprochen: „Hey, wir möchten, dass du morgen noch einmal vorbeischaust. Wir wollen, dass Brett dich hört."

Am nächsten Tag fuhr Bobby erneut ins Uncle. Nach fünf Songs unterbrach Brett die Probe.

BRETT: Spielst du Schach?
BOBBY: Ja, aber nicht sonderlich gut.
BRETT: Du wirst ein neues Schlagzeug brauchen.
BOBBY: Okay.
BRETT: Du bist in der Band. Ich muss jetzt zurück zur Arbeit.

Brett war gerade damit beschäftigt, Westbeach an seinen dritten und letzten Standort zu übersiedeln, der sich am Hollywood Boulevard, einen halben Block östlich der Gower Street befand. Bevor Westbeach dort unterkam, beheimatete das Studio den Producers Workshop, wo Fleetwood Mac Teile von *Rumours* aufgenommen hatten und auch *The Wall* von Pink Floyd entstanden war. Gleich davor lag das Mastering Lab von Doug Sax, einem Mastering-Engineer mit einer unfassbaren Diskografie, der unter anderem an *The Dark Side of the Moon* von Pink Floyd mitgearbeitet hatte. „Das war schon ein legendärer Raum", beschreibt Brett die neue Heimat von Westbeach. „Allerdings war alles ein wenig heruntergekommen, als wir dort einzogen. Ich musste einiges tun, um ihn wieder auf Vordermann zu trimmen."

Brett hatte eigentlich nicht vorgehabt umzuziehen, aber als Pennywise ihr Debütalbum für Epitaph aufnahmen, schneiten unangekündigt Cops herein und erklärten die Session für beendet. Obwohl sich zuvor noch nie jemand beschwert hatte, reichte das aus, um Brett dazu zu bewegen, sich nach einer neuen Bleibe umzusehen. Das Viertel war nicht aufs Geschäft ausgerichtet und das Unternehmen wurde langsam zu groß für das kleine Häuschen am Vista del Mar.

„Wir wünschten uns ein richtiges Studio", erklärt Brett. „Die Bude am Vista del Mar war ein schlecht konstruierter Bungalow, den ein Filmstudio in den Dreißigerjahren hatte errichten lassen. Es bestand nur aus Holzlatten und Gipsputz. Die Wände waren sehr hellhörig. Wir hatten viel zu tun und ich träumte von einer professionelleren Umgebung."

Diese Entscheidung brachte jedoch gleich zwei Umzüge mit sich. Westbeach übernahm zur Miete den alten Standort des Producers Workshop am Hollywood Boulevard, während Epitaph in einem Lagerhaus am Santa Monica Boulevard unterkam.

Jay kann sich sehr lebhaft daran erinnern: „Wir fuhren mit meinem Truck zum Lager, um unseren Kram abzuholen. Wir waren sehr aufgeregt. Dann verfrachteten wir alles in ein riesiges Lagerhaus, wo der ganze Scheiß verschwindend klein wirkte. Wir hatten so viel Platz und eigentlich gar nicht so viel Zeug. Aber es war ein Anfang."

Das erste Album, das Brett im neuen Westbeach aufnahm, war *Generator*. Jay, Hetson und Bobby arbeiteten zunächst an ein paar Demos, die ihnen Greg hatte zukommen lassen. Nach ein paar Wochen gesellte sich Brett zur Truppe, um den Proben den letzten Schliff zu verleihen. Schon bald stellte sich heraus, dass der neue Drummer mehrere Stilrichtungen und Tempos beherrschte. Außerdem hatte sich Bobby bereits das gesamte bisherige Repertoire der Band eingeprägt. Die Band ging mit ihm verschiedene Alben durch, konnte den Neuzugang aber mit nichts überraschen. Er konnte wirklich alles.

„Ich würde schon sagen, dass ich ein gutes Gedächtnis habe, wenn es um Dinge geht, die mich interessieren", sagt Bobby. „Die Arbeitsmoral stand schon immer bei mir hoch im Kurs. So bin ich nun einmal. Das ist bei mir eher keine Frage des Talents. Dass ich vorbereitet war, erleichterte allen ihre Arbeit."

Die Aufnahmesessions zu *Generator* starteten im Mai 1991. Da Greg nun in Ithaca wohnte, probten sie vorab nicht wie sonst im Uncle. Tatsächlich beschränkte sich ihre Vorbereitung dieses Mal auf ein Minimum, was Jay nicht weiter problematisch fand: „Wir waren bereits lange genug eine Band, um zu wissen, was wir zu tun hatten."

Die neue Örtlichkeit machte auch eine neue Herangehensweise erforderlich. Da das alte Westbeach so beengt gewesen war, hatten die Musiker zum Aufnehmen in verschiedenen Räumen Aufstellung beziehen müssen. „Das Studio am Vista del Mar befand sich in einem Haus", erklärt Jay. „Man konnte zwar zusammen aufnehmen, doch das Schlagzeug stand in einem Zimmer und du wiederum in einem anderen. Man konnte sich nicht sehen." Im neuen Westbeach waren die Räume aber groß genug, um allen Musikern gleichzeitig Platz zu bieten. Jay konnte seinen Bassverstärker nun in einer isolierten Kammer parken, damit der Lärm seines Amps nicht vom Schlagzeug-Mikrofon eingefangen wurde. Bobby und er konnte somit gleichzeitig spielen, während ihr Spiel separat aufgenommen wurde. Anders ausgedrückt: Sie befanden sich in einem professionellen Aufnahmestudio.

Brett beschloss, sich diese neue Situation zunutze zu machen, indem er die Band „live" aufnahm. Drums und Gesang wurden zwar gesondert aufgenommen, doch die Gitarren wurden mit wenigen Ausnahmen zusammen eingespielt.

„Als ich Greg zum ersten Mal traf", erinnert sich Bobby, „stellten wir gerade das Schlagzeug ein, was den ganzen Tag in Anspruch nahm. Irgendwann, es muss so gegen halb 12 nachts gewesen sein, sagte Brett: ‚Lasst uns einen Song aufnehmen!' Alle anderen waren schon gegangen. Also waren nur er, Jay und ich da. So nahmen wir dann ‚Atomic Garden' auf. Wir brauchten nur zwei Anläufe dafür. Am nächsten Tag steuerte Hetson noch seinen Part bei und Greg nahm seinen Gesang dazu auf."

„Atomic Garden" war ein weiterer von Elvis Costello inspirierter Song, der von den Gefahren des nuklearen Wettrüstens handelte – in einer Zeit, in der die Sowjetunion sich aufzulösen begann und der Zustand ihres atomaren Arsenals rund um den Erdball Sorgenfalten hervorrief.

Der Song markierte auch noch in anderer Hinsicht einen Meilenstein für Bad Religion, wurde um ihn herum doch das erste Video der Band gedreht, für das Gore Verbinski verantwortlich zeichnete. Das Video lief auf MTV in der Alternative-Rock-Show *120 Minutes* neben Videos von Gruppen wie Ministry, Red Hot Chili Peppers und The Cure. Nach Beendigung seiner musikalischen Laufbahn bei den Little Kings hatte Gore Verbinski seine Ausrüstung verkauft, um eine Filmhochschule besuchen zu können und den Traum von einer Karriere in Hollywood zu verfolgen. Später sollte er bei Blockbuster-Streifen wie *Fluch der Karibik* Regie führen und auch noch weitere Videos mit Bad Religion drehen.

Abgesehen von *Suffer*, wo Brett als Co-Autor fungiert hatte, steuerte der Gitarrist und Produzent zum sechsten Album von Bad Religion den Titeltrack bei. Es handelte sich dabei um einen seiner eher kryptischen Songs. Den Auftakt bildet eine Reihe von Vergleichen:

Like a rock
Like a planet
Like a fucking atom bomb

In Interviews gab sich Brett hinsichtlich des Songs stets wortkarg und zurückhaltend. Er ließ sich nur entlocken, dass der Song für ihn eine Metapher für Gott sei. „Generator" vergleicht Gott mit allem Möglichen: von „turbines in darkness" bis hin zu einem „hummingbird in silence". Insgesamt werden hier elf Vergleiche gezogen – in einem Song, der einerseits zwar poetisch ist, aber andererseits auf relativ simple Sprache setzt.

Greg und Brett etablierten sich zusehends als Beatles des Punkrock. Wenn Greg als gefühlvoller Sänger mit einem Händchen für einprägsame Melodien in Paul McCartney seine Entsprechung fand, so war Brett John Lennon – ein Poet, der danach strebte, die Welt besser zu verstehen. Als Atheist sah Greg die Dinge, wie sie waren. Brett empfand sich hingegen eher als Agnostiker, dessen Hoffnungen auf keiner konkreten Gottheit beruhten.

Die Band nahm das Album Song für Song auf, wobei sie die Nummern während des Aufnahmeprozesses zuerst einstudierten und dann verfeinerten. Sobald sie einen Take im Kasten hatten, der Brett zufriedenstellte, wandten sie sich dem nächsten Track zu. „Ich ging davon aus, dass sich ganz automatisch der beste Sound, den ich je aufgenommen hatte, ergeben würde", sagt Brett. „Immerhin arbeitete ich nun ja im professionellsten Studio, das mir jemals zur Verfügung stand. Aber tatsächlich ist es nicht unbedingt die Platte, die am besten klingt. Ich kannte den Raum noch nicht bis ins letzte Detail. Im Westbeach am Vista del Mar kannte ich den Raum gut. Ich wusste, wie er klang. Auch wenn das bloß ein Haus war, konnte ich dort schnell und einfach gute Sounds erzielen. Ich dachte nun: *Der neue Raum ist so viel besser, da wird automatisch alles besser klingen.*"

Nicht nur der Raum war neu. Brett arbeitete nun auch mit neuer Ausrüstung. Im Rahmen des Umzugs hatte er nämlich sein altes Mischpult verkauft, das Soundcraft 2400, eine relativ preiswerte britische Konsole. Das neue Westbeach in den alten Räumlichkeiten des Producers Workshops verfügte nun über ein Mischpult der Qualitätsmarke Trident, mit dem Brett sich erst noch anfreunden musste. „Ich hielt die Soundcraft-Konsole für ein grottiges Mischpult", erklärt Brett, „aber wie sich herausstellte, war das Ding ideal für Rockmusik. Jahre später weihte mich Mike Campbell ein, dass Tom Petty and the Heartbreakers damit ihr Album *Full Moon Fever* aufgenommen hatten, das ‚Free Fallin' und andere Hits enthält. Das ist eine meiner Lieblingsplatten."

Insgesamt umfasst *Generator* gerade einmal elf Songs, doch gleich fünf davon dauern länger als drei Minuten – und trotzdem nahm die Aufnahmesession nur drei Tage in Anspruch. Am Ende des letzten Arbeitstags packten sie ihre Instrumente und Verstärker zusammen, um sich in Al's Bar in Downtown L.A. zu begeben, wo sie ihren ersten Gig mit dem neuen Drummer absolvieren wollten.

Ebenfalls auf dem Programm stand die Retro-Band Yard Trauma, deren Bassist Lee Joseph bei Epitaph aushalf. Außerdem betrieb Lee das Indie-Label Dionysus, das sich auf Garage und Psychedelic Rock spezialisierte. Als Brett sich seinen ersten Computer zulegte, überließ Lee ihm seine Bemusterungsliste, damit Epitaph Tonträger an Magazine, Musikläden und College-Radiosender im ganzen Land verschicken konnte.

Doch Lee war nicht der erste offizielle Angestellte bei Epitaph. Das war vielmehr Jeff Abarta, der eines Tages einfach an die Tür von Westbeach geklopft hatte. Er war direkt von seiner Schicht im Drugstore gekommen und trug immer noch Hemd und Krawatte.

JEFF: Bin ich hier richtig bei Epitaph? Ich suche einen Job.

BRETT: Ja, hier bist du richtig, aber ich bin der einzige Angestellte und ich bezahle mich noch nicht einmal selbst.

JEFF: Ich arbeite auch umsonst.

BRETT: Du bist engagiert!

Jeff wurde nicht nur der erste Angestellte von Epitaph, sondern ist auch am längsten mit dabei und arbeitet noch heute dort.

Am Anfang gab es noch nicht genug zu tun, um Vollzeit dort zu arbeiten. Das traf sogar auf Brett zu. „Ich machte eine Platte", erklärt Brett. „Und dann ließ ich sie ausliefern. Vielleicht verbrachte ich dann mal 20 Stunden über zwei Tage verteilt damit, Platten einzupacken und zu verschicken, aber uns rief ja niemand an. Alles lief ziemlich formlos ab. Das musste auch so sein. Eigentlich verlief alles in ziemlich ruhigen Bahnen."

Jeff wusste, wie man Pakete verschickte und entgegennahm, was sich als nützlich erwies, wann immer Bad Religion auf Tour gingen. In der Vergangenheit war der Postversand nämlich einfach zum Erliegen gekommen, sobald die Band auf Achse war. Mit Jeff an Bord konnten Bestellungen nun das ganze Jahr lang abgewickelt werden.

Zwei Tage nach dem Auftritt in Al's Bar teilten sich Bad Religion im Reseda Country Club die Bühne mit Down by Law und Jughead's Revenge. Anfang Juni folgten ein paar Vorbereitungs-Gigs rund um die Great Lakes, bevor die Band schließlich für einen Monat in Europa auf Tour ging. Bobby war noch nie über den Großen Teich geflogen und hatte keine Vorstellung davon, was ihn dort erwartete:

„Nach meinem Einstieg sind wir in Deutschland auf Tour gegangen. Ich hatte ja nicht gewusst, wie populär die Band in Europa war. Das hatte ich überhaupt nicht auf dem Schirm gehabt. Ich erinnere mich noch an ein Konzert in München, als bei unserem Merchandise-Verkäufer die Nerven blank lagen, weil wir restlos alle T-Shirts verkauft hatten. Ich dachte: *Das ist ja gewaltig.*"

14
Ein zweischneidiges Schwert

Wie so viele Rockmusiker hatte es sich Jay zur Gewohnheit gemacht, sich auf Tour ordentlich die Kante zu geben und zuhause einem eher normalen Lebensstil nachzugehen. Doch im Indie- und Underground-Segment sowie bei Bad Religion im Besonderen lief eben nichts wirklich „normal" ab. Als die Band sich nun auf die *Against the Grain*-Tour begab, lief alles ziemlich ungewöhnlich ab.

Bad Religion waren nicht länger eine kleine Hardcore-Band aus den frühen Achtzigerjahren, auf die sich gerade einmal eine Handvoll eingeschweißter Enthusiasten freute, wenn sie alle Jubeljahre mal auftraten. Als die Band nun ihre dritte Konzertreise durch Europa in Angriff nahm, waren Bad Religion auf dem besten Wege, sich endgültig als feste Allzeit-Größe des Punkrock zu etablieren. Allerdings machten sich auch langsam die ersten Verschleißerscheinungen bemerkbar. „Ich ließ mich auf Dinge ein, die ich besser hätte bleibenlassen sollen", berichtet Jay von der *Against the Grain*-Tour. „Ich probierte Dinge aus, die ich mir eigentlich verboten hatte – Drogen, die ich niemals nehmen wollte, auf eine Art und Weise, die ich stets ausgeschlossen hatte. Man glaubt, dass man diesem Lebenswandel nur auf Tour frönt und sobald man wieder zuhause ist, damit aufhört. Ich bekam das aber nicht auf die Reihe. Als ich wieder zuhause war, hielt ich die Party weiterhin am Laufen. Aber eigentlich war das keine richtige Party, sondern nur ein schwerer Suff."

Im September 1991 hatte Jay endgültig genug. Er wohnte mit seiner Frau Michaela Vassos, die er während der Aufnahmesessions zu *Suffer* kennengelernt und 1989 geheiratet hatte, in einem Apartment im Valley, dort, wo sich der Topanga Canyon Boulevard und der Roscoe Boulevard kreuzen. Jay wusste, dass er ein Alkoholproblem hatte. Mit dieser Einschätzung der Lage stand er auch nicht allein da. Auf Tour hatte er jedoch abgesehen von den 90 Minuten auf der Bühne so wenige Pflichten, dass er schon zurechtzukommen schien. Zuhause verschlimmerte sich die Lage allerdings.

„Ich hing ständig in einer Bar ab. Meine Freunde schlossen den Laden zwischenzeitlich und ich trank einfach weiter, bis sie wieder zurückkamen. Ich und ein Barkeeper, der einen freien Abend hatte, gingen eines Abends in die Bar. Wir blieben bis 5 Uhr morgens dort, als mir einfiel, dass ich meinen Hund im Auto vergessen hatte. Ich hatte während unseres Besäufnisses kein einziges Mal an ihn gedacht. Es war zwar Nacht, sodass der Hund nicht in einem heißen Wagen eingesperrt war. Aber es war immer noch ein Hund, der in einer beschissenen Karre festsaß! Nicht cool …"

Jays exzessive Trinkgewohnheiten waren kein Geheimnis und sein Problem geriet immer weiter außer Kontrolle. Allerdings durfte er sich auch extrem glücklich schätzen, dass er, als ihm klar wurde, dass er Hilfe brauchte, sich einfach an einen Bandkollegen wenden konnte, der nur allzu gut verstand, was Jay gerade durchmachte. Er begab sich also zu Brett, der überaus einfühlsam reagierte und ihn auch dabei unterstützte, eine gute Einrichtung für einen Entzug zu finden.

Jay war mitnichten das Erste bei Bad Religion, der sich in einer persönlichen Notlage wiederfand – und er sollte auch nicht der Letzte sein. Doch Jays Entscheidung, sich Brett anzuvertrauen, war ein Präzedenzfall. So entwickelte sich ein Klima, in dem die Mitglieder der Gruppe einander um Hilfe bitten konnten, wenn sie in der Tinte saßen. Wie auch bei anderen Bands gab es mitunter Unstimmigkeiten zwischen ihnen. Diese Differenzen konnten groß oder klein sein, doch in Krisenzeiten hielten sie letzten Endes immer zusammen.

Jay besuchte von nun an Treffen der Anonymen Alkoholiker und schaffte es, trocken zu bleiben, obwohl er, wie er später einräumte, sich nicht völlig mit dem Programm der Selbsthilfe-Organisation identifizieren wollte. „Ich war ein echt schlechtes Beispiel für einen abstinenten Trinker. Ich trank zwar nicht mehr, aber ich verhielt mich dafür wie ein Oberarschloch. Ich verließ mich auf nichts außer meine Willenskraft und ein Sixpack Dr. Pepper."

Obwohl der Haussegen wieder zurechtgerückt war, war Jays Verhältnis zu Brett sehr angespannt. Immerhin handelte es sich hier um eine atypische Beziehung zwischen Arbeitgeber und -nehmer. Bei Bad Religion operierten sie auf Augenhöhe, doch bei Epitaph war Brett nun einmal der Boss.

Dieser Konflikt brachte beide Beteiligten in eine permanente Stresssituation, vor allem wenn sich ihre Gemüter erhitzten. Irgendwann wurde es sogar so schlimm, dass die beiden – es mag sich amüsant anhören – eine Paartherapie besuchten. Während einer Sitzung ermutigte der Therapeut Jay, sich bei Brett für etwas zu entschuldigen, von dem er wusste, dass es falsch gewesen war. Jay entschuldigte sich, wie er selbst sagt, eher halbherzig. Als der Therapeut Brett fragte, was er bei Jays Entschuldigung empfand, antwortete der, dass er sie „obskur“ fände. Jay wusste nicht, was dieses Wort bedeutete, war aber zu stolz, um nachzufragen. So musste er warten, bis er es zuhause nachschlagen konnte. „Fuck!“, entfuhr es ihm, als er die Bedeutung des Wortes herausfand. „Er glaubt mir nicht!“

Der Vorfall untermauerte den grundlegenden Zusammenbruch jeglicher Kommunikation, wie er in vielen Bands passiert. Je populärer eine Band wird, desto größer werden die Einsätze – und auch die Egos. In vielen Bands herrscht in Zeiten des Erfolgs eine starke Tendenz, Probleme herunterzuspielen, weil niemand Staub aufwirbeln will. So bleibt ein schlechtes Benehmen zumeist ungeahndet und Animositäten stauen sich auf, bis sich die Gemüter überhitzen und Emotionen nicht länger im Zaum gehalten werden können. Im Fall von Brett und Jay intensivierte sich das noch durch die Anforderungen, ein Label zu leiten, dessen Erfolgskurve steil nach oben zeigte, was vor allem Bad Religion zu verdanken war.

Während Jay in L.A. an seiner Abstinenz arbeitete, kam weiter nördlich an der Pazifikküste, in Seattle, eine weitere Veränderung ins Rollen. Eine mäßig bekannte Band namens Nirvana veröffentlichte ein Album, das die Landschaft des Rock'n'Roll nachhaltig transformieren sollte. Es geschah auch nicht über Nacht, dass „Smells Like Teen Spirit“ von Nirvana den Äther eroberte, doch die Welt hielt nun inne und nahm davon Notiz. Hier lief plötzlich ein Song mit verzerrten Gitarren, donnernden Drums und Texten, die zwar nicht viel Sinn ergaben, aber fesselnd und mit Inbrunst vorgetragen wurden. Und nun lief das sogar im Radio! Für die Plattenfirmen rochen Nirvana vor allem nach Geld, aber für viele Bands aus der Indie-Sparte roch die Sache verdammt nach Punk.

Für Bad Religion war es der Sound des Undergrounds, der nun endlich auch vom Mainstream zur Kenntnis genommen wurde. Als Szeneveteranen ließen sich die Mitglieder von Bad Religion nicht von der neumodischen Genrebezeichnung „Grunge“ irreführen, die die Medien zu pushen versuchten. Vielmehr fühlten sie sich an die Riffs von Iggy Pop, Generation X und Redd Kross erinnert. Obwohl Nirvana wirkten, als wären sie aus dem Nichts erschienen, waren sie den meisten Insidern der alternativen Musikszene schon länger ein Begriff. Nirvanas Drummer Dave Grohl stammte aus der Hardcore-Szene in Washington D.C. und hatte bei Scream getrommelt, die wiederum nicht nur einmal für Bad Religion ein Konzert eröffnet hatten. „Ich hatte Nirvana bei Rhino Records gesehen“, so Brett. „Sie waren bloß eine trashige, lärmige Punkband. Man sprach von Grunge, weil die Tempos ein wenig gedrosselt waren, aber für mich klang das schon sehr nach Punk. Vor Nirvana gab es keine Gitarren im Radio. Alles drehte sich um britischen Synth-Pop. Dann kamen Nirvana. Die großen Plattenfirmen hörten sie und dachten sich, dass die Zeit wohl reif wäre, wieder Gitarrenbands unter Vertrag zu nehmen.“

Dass eine Band wie Nirvana, die aus ihren Einflüssen keinen Hehl machte, immensen kommerziellen Erfolg hatte, elektrisierte die Punkszene förmlich. Nicht wenige glaubten, dass Bad Religion sich in einer hervorragenden Ausgangsposition befanden, um die Gunst der Stunde zu nutzen. Obwohl die Bandmitglieder selbst nicht ganz so optimistisch waren, beobachteten sie doch mit vorsichtigem Interesse, was sich da vor ihren Augen abspielte. „Zu dieser Zeit“, erinnert sich Brett, „waren die beiden größten Punkbands der Welt Fugazi und wir. Es half der Szene, dass es zwei große Bands sowie eine Reihe von mittelgroßen Gruppen gab. Die DIY-Szene florierte und das fühlte sich gut an. Mir kam es nicht so vor, als würden wir miteinander konkurrieren.“

Das Verhältnis von Fugazi zu ihrem Label Dischord ähnelte der Situation von Bad Religion insofern, als dass die treibende Kraft hinter der Kreativität und Ausrichtung von Fugazi, Ian MacKaye, auch die Plattenfirma leitete, die ihre Tonträger veröffentlichte. Fugazi waren berühmt für ihre Fünf-Dollar-Konzerte und die Weigerung, Fanartikel wie zum Beispiel T-Shirts zu verscherbeln. Viele Leute hätten nur allzu gerne aus ihrem Erfolg Profit geschlagen, doch Dischord weigerte sich, als Spielball missbraucht zu werden. Selbst wenn das Label so weniger verdiente. Obwohl viele Plattenfirmen Fugazi beknieten, war die Chance, dass die Band jemals bei einem Major-Label unterschreiben würde, gleich Null. Was Bad Religion betraf, waren die Würfel jedoch noch nicht gefallen. Vor allem nach dem Durchbruch von Nirvana.

Für Brett ging es nicht um „Major-Labels versus Indie-Labels", sondern um einen Konflikt zwischen Volksnähe und Elitedenken. In seinen Augen stellten Trendsetter wie Dischord und *Maximum Rocknroll* einfach zu viele Benimmregeln auf. „Die Ansicht, dass man nicht im Radio gespielt werden darf und man sich an gewisse Einschränkungen halten muss, ist in meinen Augen elitär", erklärt Brett. „Ich hatte nie ein Problem damit, dass man meine Platten in Ladenketten kaufen und meine Songs im Radio hören kann. Radio ist kostenlos. Was könnte denn volksnaher als das Radio sein? Ich habe jedenfalls nie versucht, etwas vor geheimzuhalten."

Sowohl Epitaph als auch Dischord zogen in kreativer Hinsicht ihr eigenes Ding durch, und jedes Mal, wenn Bad Religion oder Fugazi ein neues Album herausbrachten, begeisterten sie mehr und mehr Leute für Musik abseits der großen Plattenfirmen. Die Frage, die jeden beschäftigte, lautete somit: *Wie groß kann das alles noch werden?*

„Das Tennismatch zwischen Fugazi und Bad Religion endete mit einem Triumph für Nirvana", so Jay. „Plötzlich standen aber alle Türen weit offen. Nun war alles viel größer, als sich jemals jemand hätte ausmalen können."

Um es anders zu formulieren: Die Welle, die Bad Religion seit 1988 geritten hatten, war zu einer Flut angeschwollen, die sie in neue Höhen beförderte. Doch direkt hinter ihnen rollte bereits ein Tsunami namens Nirvana heran. Es hielten sich hartnäckige Gerüchte, Bad Religion würden bei einem Major-Label unterschreiben. Da Plattenfirmen nun relativ unbekannte Bands mit unfassbaren Deals köderten, bekamen die Mitglieder von Bad Religion oft genug zu hören, dass sie wohl als nächstes an der Reihe wären.

Jay sah die Angelegenheit höchst skeptisch und wusste etliche Gründe, warum das nicht Fall sein würde: „Wir sind nicht niedlich. Wir sind nicht Kurt Cobain. Man hält uns für zu clever. Unser Name und unser Logo sind extrem kontrovers und werden bei Walmart oder irgendeiner anderen Ladenkette im Mittleren Westen nicht wirklich gut ankommen."

Während fleißig über die Zukunft von Bad Religion spekuliert wurde, warf die Band noch einmal einen Blick zurück auf ihre Anfangstage. Im November

1991 veröffentlichten Bad Religion *80-85*, eine Sammlung der frühesten Aufnahmen der Band inklusive der ersten EP, des ersten Albums *How Could Hell Be Any Worse?*, der zweiten EP *Back to the Known* sowie dreier Songs, die für die Compilation *Public Service* von Smoke 7 Records aufgenommen worden waren: „Drastic Actions“, „Slaves“ und „Bad Religion“. (Auf der am 10. Dezember 1981 veröffentlichten Compilation mit Hardcore-Bands aus L.A. waren neben Bad Religion auch Circle One, Disability, Red Cross und RF7 zu hören.) So befanden sich nun gleich drei Versionen des Songs „Bad Religion“ auf der CD.

Für das Cover wandte sich die Band noch einmal an den Punk-Fotografen Edward Colver und griff auf ein Stiefel-Motiv zurück, das vor dem Starwood entstanden war. 1991 wirkte dieser ikonische Schnappschuss wie ein Portal zu einer längst vergangenen und für immer verlorenen Epoche. Auf dem Foto inszenierten sich Bad Religion ungewohnt direkt als Punkband. Doch der Titel war ein wenig irreführend und warf letztlich mehr Fragen auf, als er beantwortete. Bad Religion hatten sich zwar 1980 gegründet, doch erst im Jahr darauf ihre ersten Aufnahmen veröffentlicht. Also wieso nicht *81-85*? Außerdem enthielt die Zusammenstellung kein Material von *Into the Unknown*, obwohl das Album 1983 entstanden war. Auch die Katalognummer der Plattenfirma sorgte für Verwirrung. So legte sie nahe, dass *80-85* noch vor *Against the Grain* erschienen wäre, was nicht der Fall war. Kurioserweise stammte der Begleittext von Greg Hetson, der einen Großteil der Zeit zwischen 1980 und 1985 gar nicht Mitglied der Band gewesen war. Daher überrascht es auch nicht, dass Hetsons Notizen etliche Fehler und Ungenauigkeiten enthalten. Man kann sich kaum vorstellen, dass sich dahinter keinerlei Kalkül verbarg, denn obwohl Hetson auf *How Could Hell Be Any Worse?* einen Gastauftritt und dabei geholfen hatte, die Band nach *Into the Unknown* am Leben zu halten, war er sicher nicht der geeignetste Ansprechpartner in Bezug auf die Bandgeschichte von Bad Religion.

Der ungeschickt gewählte Titel, die schludrigen Liner-Notes und das nicht wirklich subtile Cover ergaben zusammen ein Produkt, das einen unbeholfenen Eindruck hinterließ. Irgendwann zog Epitaph *80-85* den Stecker und legte stattdessen lieber *How Could Hell Be Any Worse?* noch einmal neu auf und ergänzte das Album um die alten EPs und andere Aufnahmen. „Ich bereue das Ganze ein bisschen“, kommentiert Brett *80-85*. „*How Could Hell Be Any Worse?*

machte darauf den Großteil aus und kam nie als eigenständige CD heraus, weil *80-85* dem zuvorgekommen war. Das war vermutlich ein Fehler. Stattdessen hätte ich *How Could Hell Be Any Worse?* Zusammen mit Bonus-Material als CD herausbringen sollen. Das wäre cooler gewesen, weil *How Could Hell Be Any Worse?* schon einem Meilenstein gleichkam. Indem wir etwas anderes daraus machten, wirkte das nicht ausreichend respektvoll gegenüber der wahren Bedeutung des Albums."

Das Debütalbum von Bad Religion mag nicht ganz denselben Legendenstatus wie andere frühe südkalifornische Punkrock-Alben genießen, wie zum Beispiel die gleichnamige erste Platte der Adolescents oder *Mommy's Little Monster* von Social Distortion, aber das betont letztlich den komplizierten Werdegang der Band und spricht für die außergewöhnliche Qualität und Quantität ihrer seitdem entstandenen Alben. Die meisten Bands können von Glück reden, wenn sie zumindest einen echten Meilenstein in ihrer Diskografie vorweisen können. Bei Bad Religion war dies hingegen gleich mehrfach der Fall.

1992 dominierte Nirvanas Hit-Album *Nevermind* das Radio. Epitaph hatte seinen Talentkader inzwischen um Coffin Break aus Seattle, Dave Smalleys neue Formation Down by Law und die Post-Hardcore-Band Dag Nasty des ehemaligen Minor-Threat-Mitglieds Brian Baker erweitert. Baker musste jedoch unter dem Pseudonym Dale Nixon aufnehmen, da er mit der Band Junkyard noch bei einem anderen Label unter Vertrag stand. Unter diesem Namen hatte Greg Ginn auf dem Album *My War* von Black Flag Bass gespielt.

Nach vielen Verschiebungen veröffentlichte Epitaph *Generator* am 13. März 1992, fast ein Jahr nachdem die Band die Aufnahmen abgeschlossen hatte. Dafür gab es mehrere Gründe, zum Beispiel Probleme mit dem Grafikdesign des Covers. Man kann aber auch die Wachstumsschmerzen einer Band, die mit dem eigenen Erfolg erst umzugehen lernen musste, auf einem sich rapide vergrößernden Indie-Label dafür verantwortlich machen. Die verzögerte Veröffentlichung verlängerte den Zeitraum für Vorbestellungen. Als das Album endlich bereitlag, lagen Epitaph mehr Bestellungen für *Generator* als für *Against the Grain* vor, von dem 100.000 Exemplare ausgeliefert worden waren, was für Epitaph in dieser Größenordnung eine Premiere war. Das waren gewaltige Zahlen für ein Indie-Label. Mussten Bad Religion sich da wirklich Gedanken über einen Wechsel zu einer großen Plattenfirma machen?

Während Epitaph immer weiter wuchs, musste Brett Überstunden machen, um der Nachfrage gerecht zu werden. Gleichzeitig nahm das Label mehr Bands unter Vertrag, sodass Brett zusätzliche Angestellte anheuern musste, um sicherzustellen, dass nicht alles zum Stillstand käme, wenn Bad Religion auf Tour gingen. Inzwischen leistete Jay seinen Beitrag im Lagerhaus. „Ich kümmerte mich dort um den Versand", so Jay. „Dann bekamen wir endlich einen Gabelstapler, den ich fortan bedienen durfte. Das war der schönste Tag in meinem Leben. Der Gabelstapler war der Hammer!"

Um die Veröffentlichung von *Generator* angemessen zu feiern, spielten Bad Religion am 10. April im Iguana's in Tijuana und am 11. und 12. April im Hollywood Palladium. Die Melvins und H.R. von den Bad Brains traten im Vorprogramm auf. Bad Religion verbrachten den ganzen Sommer auf Tournee durch Europa und die USA. Die Band reiste nun nicht länger in Kleinbussen und Lieferwagen. Bad Religion konnten es sich fortan leisten, Tourbusse anzumieten, die das Unterfangen leichter und bequemer machten. Außerdem stellten sie weitere Leute an, die hinter den Kulissen der Tour aushalfen. Die Tage, in denen sie ihre eigene Ausrüstung und Boxen mit T-Shirts und anderem Kram selbst geschleppt hatten, gehörten der Vergangenheit an.

Das war nicht nur eine Frage von Komfort und Zweckmäßigkeit. Ihr Publikum war nun schlichtweg zu groß, um sich selbst um alle finanziellen Arrangements zu kümmern. Dies wurde nur allzu offensichtlich nach einem Konzert in Deutschland, wo die Band vor 5.000 Leuten in einem Zirkuszelt aufgetreten war. Nach diesem Konzert waren die Veranstalter zunächst unauffindbar und Greg und Jay mussten sich auf den Weg machen, um ihnen ins Gewissen zu reden. Die Veranstalter waren aber keine Punkrocker und sprachen obendrein kein Englisch. „Du stehst in einem Raum mit Typen in Anzügen, die wahrscheinlich Knarren bei sich tragen", erinnert sich Jay. „*Ich will eigentlich gar nicht hier sein. Das ist alles so dumm.* Uns wurde klar, dass wir Hilfe benötigten, weil wir total überfordert waren."

Obwohl keine weiteren Tourneen anstanden, war der Herbst für die Songwriter von Bad Religion überaus betriebsam. Greg kehrte an die Universität Cornell zurück, während Brett mit seiner Plattenfirma alle Hände voll zu tun hatte. Am 16. Oktober veröffentlichte Epitaph mit *Ignition* das zweite Album von The Offspring, das Brett im Westbeach Recorders aufgenommen und produziert hatte. Im Monat darauf erschien *White Trash, Two Heebs and a Bean* von NOFX. Zuvor war im Juni bereits *Blue* von Down By Law erschienen, als Bad Religion gerade in Europa auf Tour waren. Trotz all der Arbeit fand Brett dennoch Zeit, um neues Material zu schreiben, das später auf *Recipe for Hate*, ihrem siebten Album, zu hören sein sollte.

Ende 1992 hatten Bad Religion, angetrieben von Greg und Bretts produktivem Songwriting und einem praktisch täglich größer werdenden Label, fünf Platten in fünf Jahren veröffentlicht – vier neue Studioalben plus *80-85*. Da sich bereits das nächste Album in Vorbereitung befand, hatten sie nun wohl den Gipfel ihrer Produktivität erreicht. Die Medien schenkten der Band endlich Aufmerksamkeit und fanden oft genug Dinge, über die sie meckern konnten. Die Kritiker jammerten entweder darüber, dass Bad Religion sich zu weit von ihrer Basis entfernt hätten, oder dass sie ihr zu treu ergeben waren. Gelegentlich lobten Rezensenten die intelligenten Meinungen, die in den Songtexten zum Ausdruck kamen. Aber das erwies sich oft als zweifelhaftes Kompliment, wenn dieselben Kritiker die Band dann als „zu intellektuell" abtaten – als ob die Punks nicht in der Lage waren, ihre Songs zu verstehen … Tatsächlich waren ihre Fans im Gegensatz zu ihren Kritikern um einiges gewillter, sich mit ihren Texten auseinanderzusetzen.

Die Bandmitglieder entwickelten unterschiedliche Strategien im Umgang mit Kritik, ganz egal, ob diese nun positiv oder negativ ausfiel. Jay, der sich um den Ein- und Ausgang der Post kümmerte, kam oft genug damit in Kontakt. „Ich legte mir meine eigene Philosophie zurecht", erklärt Jay, „da ich, so wie jeder andere Mensch auch, all die guten Rezensionen las und mich gut fühlte, mich aber schlecht fühlte, sobald ich eine weniger gute Kritik in die Hände bekam. Mir wurde klar, dass ich mit ein und derselben Emotion an gute und schlechte Besprechungen herangehen musste: Ich bin dankbar, dass du dir die Zeit genommen hast, deine Meinung zu unserer Kunst kundzutun, aber es berührt mich nicht weiter, ob du uns gut oder schlecht findest. ‚Ich hasse eure Band!' Ich danke dir für deine Meinung. ‚Ich liebe eure Band!' Danke für deine Meinung. Ich entschied mich für einen gleichgültigen Ansatz, egal ob es sich nun um Kritik oder Lob handelte."

Diese Strategie stoischer Indifferenz gegenüber Feedback machte die Band auch angesichts der brutalsten Kritik überhaupt immun: Funkstille. Während ihre Kollegen aus der Underground-Szene im College-Radio gespielt wurden, traf dies auf Bad Religion nur selten zu. Interessanterweise wurden sie kaum wegen ihrer negativen Sichtweise des Christentums kritisiert. Wieder einmal schien die Moralpolizei über den provokantesten Aspekt der Band hinwegzusehen. Das war insofern überraschend, als dass die amerikanische Regierung und die mit ihr verbündeten Medien im Golfkrieg, der gerade im vollen Gange war, „christliche Werte" ins Feld führten. Bad Religion hinterfragten die toxische Kombination aus Religiosität und Kriegstreiberei mit „American Jesus", der ersten Single aus dem Album *Recipe for Hate*.

Der Songtext ruft dem Hörer früheste Songwriting-Impulse von Bad Religion in Erinnerung. Der als Reaktion auf George H. W. Bushs Invasion des Iraks entstandene Song greift den amerikanischen Imperialismus an, der sich scheinheilig auf christliche Moralvorstellungen beruft. Der ironische Ansatz ist so tief verwurzelt, dass man sich durchaus vorstellen kann, wie jemand, der den Song zum ersten Mal hört, die Texte als Empfehlung jener Werte missversteht, die hier eigentlich in der Kritik stehen.

In der dritten Strophe konterkarieren die Hintergrundsänger den Songtext, um den Standpunkt der Nummer zu verdeutlichen:

He's the preacher on T.V.
(Strong heart)
The false sincerity
(Clear mind)
The form letter that's written by the big computers
(And infinitely kind)
The nuclear bombs
(You lose)
The kids with no moms
(We win)
And I'm fearful that he's inside me
(He is our champion)

Diese brutal effektive Herangehensweise zieht sich durch die gesamte Strophe und half dabei, „American Jesus" als exemplarischen Bad-Religion-Song auf dem Album zu etablieren.

„American Jesus" erschien nicht nur als Single, sondern wies außerdem einen prominenten Hintergrundsänger auf, Eddie Vedder von Pearl Jam. Greg Graffin hatte Vedder ins Studio eingeladen, als die Band an *Recipe for Hate* arbeitete. „Ich rief ihn an und fragte ihn, ob er etwas Hintergrundgesang beisteuern könnte. Immerhin hatten wir ein paar Songs, zu denen seine Stimme gut passen würde." Vedder sang außerdem eine ganze Strophe von „Watch It Die".

Bad Religion nahmen ein Video zu „American Jesus" auf, bei dem wieder Gore Verbinski Regie führte. Der Clip strotzt nur so vor Kreuzen und anderen religiösen Motiven. Den Großteil des Videos über trägt Greg die Schutzbrille einer Gasmaske aus dem Zweiten Weltkrieg. Auch im Video zu „Struck a Nerve", für das Darren Lavette verantwortlich war, ein weiterer ehemaliger Schüler der El Camino Real High School, der etliche Videos für Epitaph drehte, sieht man Greg mit eigentümlicher Kostümierung, in diesem Fall einer Halskrause. Eine langjährige Freundin der Band, Johnette Napolitano von Concrete Blonde, steuerte zur Bridge des Songs stimmgewaltigen Hintergrundgesang bei.

Der Titeltrack „Recipe for Hate", der das Album auch eröffnet, entstand anlässlich des 500. Jahrestages der angeblichen Entdeckung Amerikas. So schnell, grimmig und kompromisslos wie sich der Song präsentiert, hätte er auch sicher gut auf *Suffer* gepasst. Das lässt sich nicht über viele Nummern auf dem Album sagen. Der größte Unterschied besteht in den Temposchwankungen. Mit *Recipe for Hate* fing die Band an, das Talent ihres Schlagzeugers voll auszuschöpfen. Viele andere Underground-Bands experimentierten Mitte der Neunzigerjahre mit verschiedenen Geschwindigkeiten. Bad Religion hatten schon auf *Generator* mit atonalen Einsprengseln überrascht und setzten dies nun mit *Recipe for Hate* fort. Doch die mutigste Neuerung kam in Form des Songs „Man with a Mission", der mittels Slide-Guitar das idyllische Feeling von Country-Musik heraufbeschwor.

Bevor *Recipe for Hate* ausgeliefert wurde, war eine enorme Anzahl an Vorbestellungen eingetroffen. Das Album erschien direkt vor der Europatournee der Band im Juni 1993. Auch dieses Mal sollte Deutschland den Schwerpunkt der Konzertreise bilden, und erstmals traten sie im Dock's in Hamburg auf. Zusätzlich standen noch ein paar Auftritte in Großbritannien auf dem Programm. Einen Monat nach Beendigung ihrer Europa-Tournee flogen Bad Religion erstmals nach Südamerika, wo sie in Buenos Aires zusammen mit Biohazard auftraten. Im Monat darauf folgten 40 Konzerte in den USA, Kanada und Mexiko. Auf diesem Abschnitt ihrer Welttournee wurden sie von Green Day begleitet, einer Band aus Nordkalifornien, die bereits bei Reprise Records unter Vertrag stand und in wenigen Monaten ihr erstes Album auf einem Major-Label, *Dookie*, veröffentlichen sollte.

Den einflussreichen Playern der Branche war auch der Aufstieg von Bad Religion von einer DIY-Hardcore-Combo zum Aushängeschild der Indie-Punk-Szene nicht entgangen. Nach dem Erfolg von Nirvanas *Nevermind* hatten Major-Labels hochdotierte Verträge an Punk-, Post-Punk- und Indie-Acts verteilt, da man hoffte, auf diese Weise weitere Hits für den neuen Alternative-Music-Markt zu generieren. Für viele Industrie-Insider erfüllten Bad Religion alle nötigen Kriterien. Plattenfirmen traten an Brett heran und er leitete deren Angebote an die Band weiter. Sobald er sichergestellt hatte, dass alle dem Schritt zu einem Major-Label zumindest offen gegenüberstanden, arrangierte er mehrere Meetings. „Lasst uns mal das Terrain sondieren und sehen, was wir wert sind“, meinte Jay. „Wir müssen bei niemandem unterschreiben, aber falls uns das Szenario zusagt, können wir das ja ins Auge fassen.“

Eine Plattenfirma hob sich vom Rest der Kandidaten ab, Atlantic Records unter der Führung von Danny Goldberg. Der hatte am Anfang seiner Karriere als PR-Mann für Led Zeppelin gearbeitet und später seine eigene Management-Agentur gegründet, die im Laufe der Zeit so klingende Namen wie Bonnie Raitt und die Allman Brothers betreute. Auf Anraten seiner Klienten von Sonic Youth nahm er auch Nirvana unter Vertrag. Infolge dieses Coups und des überwältigenden Erfolgs von Nirvana gelang es Goldberg, sich einen Posten in der Führungsetage bei Atlantic zu sichern.

„Wir trafen uns mit Danny Goldberg“, erinnert sich Jay. „Anschließend sagte Brett, dass er verstünde, um was es uns ginge. Wir verstanden uns ziemlich gut mit dem Typen. Wir glaubten, dass uns das in eine Lage bringen könnte, in der der große Strippenzieher weiß, wie bei uns der Hase läuft – und wir uns nicht abplagen müssen, damit man uns versteht. Alles ergab einen Sinn. Alles war plötzlich glasklar.“

Aber die Entscheidung wurde nicht nur an der Westküste getroffen. Auch Greg musste mit an Bord sein. „Brett traf sich mit Danny Goldberg in L.A.“, so

Greg. „Ich fuhr dann kurze Zeit später nach New York City, um mich ebenfalls mit ihm zusammenzusetzen."

Greg und Goldberg verstanden sich prima. Alle waren bereit, den großen Schritt zu wagen. Allerdings hieß das nicht, dass die Entscheidung allen leichtfiel – besonders Brett hatte sich den Kopf darüber zerbrochen. „Einer der Gründe dafür, warum ich zusagte, war der, dass ich nicht wusste, ob Epitaph in der Lage war, einer Gruppe Erfolg im Mainstream zu bescheren. Nirvana wurden immer größer, aber ich war mir nicht im Klaren darüber, ob ein Indie-Label das auch bewerkstelligen könnte."

Danny Goldberg erkannte das Potenzial von Bad Religion, auch die breite Masse anzusprechen. „Ich wusste, dass die Indie-Szene viele Acts herangezüchtet hatte, von denen ich annahm, dass sie ein größeres Publikum erreichen konnten", sagt Goldberg. „Als Manager hatte ich diese Erfahrung mit Nirvana gemacht. Atlantic wollte nun von mir, dass ich neue Künstler an Land zog und ihren Rock'n'Roll-Kader entstaubte. Bad Religion hatten einiges vorzuweisen. Sie verfügten über ein großes Publikum. Ihre Songs hatten Melodien und Refrains mit dem Potenzial, diese neue Rock-Klientel zu erreichen. Ich liebte ihre intelligenten Texte und ihren subversiven Subtext, weshalb ich mich auch persönlich angesprochen fühlte. Vom Geschäftlichen her war es keine schwere Entscheidung, weil sie ja bereits eine Fanbase mitbrachten. Sie waren genau die Art von Act, nach dem ich gesucht hatte."

Die meisten Leute im Pop-Establishment übersahen den „subversiven Subtext" von Bad Religion. Dass Goldberg dieser nicht entgangen war, machte ihn zum idealen Ansprechpartner für die Band. „Den unterschwelligen Sarkasmus von Bad Religion hat kaum jemand begriffen", erklärt Jay und verweist auf die Live-Darbietung von „You Are (the Government)" bei ihren Konzerten als Beispiel. „Wenn Greg am Ende singt: ‚And I make a difference too', dann fällt auf, wenn man ihn genau beobachtet, dass er die Kuppen seines Daumens und Zeigefingers ganz nah aneinanderhält. Man hört die Textzeile und denkt: *Yeah, auch ich kann etwas bewirken!* Aber dann sieht man, was er mit seinen Fingern anzeigt, und denkt: *Ach, Scheiße! Wir bedeuten gar nichts!* Dieser Ansatz war immer schon eine geheime Zutat unserer Spezialsauce."

Goldberg wollte dieses Geheimnis nun der ganzen Welt offenbaren. Er wusste nicht nur über die große Anhängerschaft Bescheid, sondern gab auch zu verstehen, dass sie die Art Songs schrieben, die von jener Aufmerksamkeit profitieren würden, die ihnen Atlantic verschaffen könnte.

Bad Religion erteilten ihrem Anwalt Eric Greenspan den Auftrag, in Verhandlungen mit Atlantic zu treten. Greenspan sicherte der Band einen Vertrag über vier Alben. Der Vorschuss war zwar relativ gering, doch konnte er im Gegenzug höhere Tantiemen für sie herausschlagen. Obwohl Plattenfirmen seinerzeit dazu übergingen, Bands mit verrückten Geldsummen zu ködern, war das letztlich eine smarte Entscheidung. „Wir kassierten keinen irren Betrag", stellt Greg klar. „Wir bekamen keine großen Vorauszahlungen, verdienten aber letzten Endes sehr gut an unseren Verkäufen. Wir hatten einen sehr guten Anwalt, der uns zu dieser Herangehensweise riet. Also hörten wir auf ihn. In dieser Hinsicht waren wir schon immer vernünftig gewesen."

Greenspan setzte sich auch dafür ein, die Märkte aufzusplitten. Statt Atlantic die weltweiten Vertriebsrechte für Bad Religion einzuräumen, schloss die Band einen Deal mit Atlantic für Nordamerika ab und einen mit Sony für den Rest der Welt. Die Band erkannte, dass sie sich am Verhandlungstisch in einer guten Ausgangsposition befand, da sie schon so viel auf sich gestellt erreicht hatte. Bad Religion konnten es sich leisten, auf einen üppigen Vorschuss zu verzichten, da sie keine abgebrannten Kids waren, für die die Musikindustrie Neuland war. Vielmehr waren Bad Religion ein international tourender Act, der beabsichtigte, überall neue Fans hinzuzugewinnen. Mit Greenspans rechtlichem Beistand gelang es der Band, einen Plan auszuarbeiten, der auf langfristigen Erfolg und nicht auf kurzfristigen Profit abzielte.

Die Band beschloss schließlich einstimmig, sich auf Atlantic und Sony Music einzulassen. Bad Religion waren nun offiziell keine Epitaph-Band mehr. Was nun passierte, sollte Plattensammlern künftig aber noch Kopfzerbrechen bereiten. Atlantic zeigte sich dermaßen beeindruckt von *Recipe for Hate*, dass man dort die Rechte am Album erstehen wollte, obwohl die Platte bereits auf Epitaph erschienen war. Tatsächlich hatte die Band, als sie bei Atlantic unterschrieb, bereits an die 200.000 Exemplare auf der ganzen Welt verkauft. Obwohl Bad Religion schon mit einem Vertrag über vier Alben ausgestattet waren, verhandelte Brett nun noch einen Deal für eine fünfte, der es der Plattenfirma erlaubte, *Recipe for Hate* noch einmal auf Atlantic zu veröffentlichen, während die Band an ihrer nächsten Platte arbeitete.

„Nach der ersten Pressung", so Brett, „ließ ich es gut sein. Atlantic kümmerte sich fortan um weitere Auflagen." Aus diesem Grund ist auf manchen Exemplaren von *Recipe for Hate* das Logo von Epitaph und auf anderen das von Atlantic zu sehen.

Nun war es an der Zeit für Bad Religion, der Welt der Mainstream-Musik ihren DIY-Ansatz zu demonstrieren und Atlantic ein Album zu liefern, das imstande wäre, neue Fans zu begeistern, ohne dabei alte Anhänger zu vergraulen. Das war keine einfache Aufgabe.

Schon in den Siebzigerjahren war der Vorwurf des „Ausverkaufs" in der in sich geschlossenen Welt des Punkrocks eine erhebliche Anschuldigung gegenüber Bands gewesen, denen der Durchbruch zum kommerziellen Erfolg unmittelbar bevorstand. In den frühen Neunzigerjahren war der Begriff bereits so etabliert, dass es schon als Ausverkauf galt, wenn man nur bei einem Major-Label unterschrieb. Doch Brett und Greg machten sich keine Gedanken darüber, wie sie auf dem Markt wahrgenommen würden. „Bei uns geht es um viel mehr, als darum, wer die Band vermarkten darf", so Greg.

Soweit es sie betraf, würden Bad Religion einfach weiterhin das tun, was sie auch bisher schon getan hatten, nämlich Songs schreiben, die zum Nachdenken anregten und ihren Reifeprozess als Vordenker und Musiker widerspiegelten. Wenn überhaupt, dann waren sie nun noch entschlossener, die bestmögliche Platte abzuliefern. Mit ihrem Absprung zu Atlantic und Sony wollten Bad Religion nur sicherstellen, dass ihre Botschaft von noch mehr Leuten gehört werden konnte.

Nach dem Wechsel zu Atlantic fand sich die Band sofort im Fokus eines landesweiten Publikums wieder. So traten Bad Religion in der TV-Show *Late Night with Conan O'Brien* auf, wo sie „Struck a Nerve" zum Besten gaben. Trotz der wachsenden Beliebtheit und des kontinuierlichen Erfolgs war es ein zufälliges Erlebnis auf dem Pacific Coast Highway, das Greg vor Augen führte, wie sehr sich das Schicksal von Bad Religion noch einmal zum Besseren gewandelt hatte. „Ich fuhr auf dem Highway", erinnert sich Greg, „und hörte *Recipe for Hate* im Autoradio des Wagens neben mir. Das war schon etwas Besonderes."

Es gab nun kein Zurück mehr. 13 Jahre, nachdem Rodney Bingenheimer das Demo der Band über den Äther geschickt hatte, um eine Handvoll eingeschworener Hardcore-Fans zu beglücken, gehörten Bad Religion nun den

Massen. Nur die Zeit würde zeigen können, ob der Schritt zu Atlantic eine kluge Maßnahme war. Nach den Weihnachtsfeiertagen begab sich die Band auf eine zweite Nordamerikatournee, um *Recipe for Hate* angemessen zu bewerben. Daraufhin sollten sie 1994 ganze acht Monate lang kein Konzert mehr spielen. In dieser Zeit sollten Bad Religion, Epitaph Records und das Punkrock-Establishment sich unwiderruflich verändern.

15
Ein subtiles „Fuck you“

Wenn 1991 das Jahr gewesen war, in dem die USA sich mit Underground-Musik vertraut gemacht hatte, dann war 1994 jenes Jahr, in dem der Underground endgültig den Durchbruch in den Mainstream schaffte – und Bad Religion sowie Epitaph Records waren mittendrin, um ihren Beitrag zu leisten. Zunächst veröffentlichten Green Day im Februar mit *Dookie* ihr drittes Album, das gleichzeitig ihr Debüt auf einem Major-Label war. Darauf folgten zwei Neuerscheinungen bei Epitaph, *Smash* von The Offspring im April und *Let's Go* von Rancid im Juni. Als Nächstes war im September mit *Stranger Than Fiction* das offizielle Debütalbum von Bad Religion bei einer großen Plattenfirma an der Reihe, ihr insgesamt achtes Studioalbum. Punkrock explodierte förmlich– und Brett Gurewitz hatte bei drei dieser vier Alben seinen Finger am Auslöser.

1991 kannte man Bad Religion bereits für ihren melodiösen Hardcore-Sound und ihre intelligenten Texte, doch es waren vor allem die Texte, denen der Löwenanteil der medialen Aufmerksamkeit zuteil wurde. Der Umstand, dass der Frontmann der Gruppe auf sein Doktorat in Evolutionsbiologie zusteuerte, trug ebenfalls seinen Teil dazu bei. Der „Punk-Professor“ Greg Graffin wurde zu einem Leitmotiv in Artikeln und Interviews. Bretts Geschäftssinn und unternehmerisches Genie hatte sich hingegen noch nicht so herumgesprochen. Obwohl es in den Reihen der Band ein mehr als offenes Geheimnis war, sollte auch der Rest der Welt schon bald erfahren, wie fabelhaft der Gründer von Epitaph Records war.

Das Jahr begann mit Bretts Beschluss, die Präsenz von Epitaph in Europa zu intensivieren. Neben der Ergänzung um weitere musikalische Acts und der Veröffentlichung zahlreicher neuer Platten beabsichtigte Brett, dort eine Niederlassung zu etablieren. Um das zu bewerkstelligen, wandte er sich an einen alten Freund, der gleichzeitig ein Gründungsmitglied von Bad Religion gewesen war, niemand Geringeren als Jay Ziskrout. Nach seinem Ausstieg hatte Ziskrout in der Musikbranche Fuß fassen können und war schließlich in der Marketing- und Promo-Abteilung von Arista Records in New York gelandet. Brett und Ziskrout nahmen ein paar Jahre später wieder Kontakt auf und trafen sich eines Tages bei einer internationalen Musikkonferenz in Frankreich wieder. Brett erwähnte, ein Büro in Europa eröffnen zu wollen. „Das könnte ich doch für dich übernehmen", schlug ihm Ziskrout vor.

Brett engagierte Ziskrout, woraufhin dieser New York hinter sich ließ, um vorerst im Epitaph-Büro in L.A. zu arbeiten. Gemeinsam feilten sie an einem ordentlichen Business-Plan, legten ein Firmenethos fest und schrieben ein Unternehmensleitbild nieder. Zusammen schufen sie die Richtlinien, die sich jeder im Betrieb sowohl in geschäftlicher als auch in künstlerischer Hinsicht zu Herzen nehmen sollte. „Tatsächlich verfügte er über mehr Erfahrung im Schallplattenbusiness als ich", sagt Brett über Ziskrout. „Ich kannte nur die DIY-Methode. Ich bewunderte ihn und brauchte jemanden, der ein Büro drüben in Europa eröffnen konnte."

Während sie an Epitaph Europe tüftelten, arbeiteten The Offspring am neuen Standort von Track Record in North Hollywood an ihrem neuen Album. Brett hatte seinen persönlichen Lieblings-Punkrock-Produzenten Thom Wilson angeheuert, der schon die beiden vorangegangenen Alben sowie eine EP der Band betreut hatte. Obwohl The Offspring noch bis zur allerletzten Aufnahmesession neues Material schrieben, zeigte sich Wilson gegenüber Brett durchaus positiv gelaunt und zuversichtlich. Dexter Hollands Gesang besaß die Dringlichkeit eines Punkrock-Sängers, ohne dabei allzu boshaft zu wirken. Dennoch war nichts Süßliches an seiner Darbietung. Seine Stimme würde das lauteste Instrument auf dem Album sein. Ziskrout erinnert sich, dass Brett ihn zu sich rief: „Jay, komm mal schnell her und zieh dir das rein." Brett spielte ihm daraufhin ein Demo der Offspring-Sessions vor. Ziskrout zeigte sich beeindruckt. „Es gab unterschiedliche Abmischungen, aber unsere Reaktion war immer gleich: *Shit, das ist unfassbar gut!* Wir waren ziemlich geplättet, wie großartig es klang."

Nach ein paar Wochen verließ Ziskrout L.A., um von den Niederlanden aus das Geschäft ins Rollen zu bringen. „Ich zog nach Amsterdam, um dort Epitaph Europe anzukurbeln – oder: Eurotaph, wie wir es nannten. Ich nahm mir eine Wohnung und engagierte zwei Leute. Wir saßen den ganzen Tag bei mir im Wohnzimmer und arbeiteten an Epitaph. Dann mieteten wir ein kleines Büro und später ein größeres. Eine meiner Aufgaben bestand darin, mich mit unabhängigen Vertrieben zusammenzuraufen, um einheitliche länderübergreifende Marketing-Strategien zu erarbeiten, was ich bei den großen Plattenfirmen gelernt hatte."

Dieses Vorgehen ermöglichte es Ziskrout, das neue Album von The Offspring europaweit anzupreisen. „Ich klapperte alle Vertriebe ab und informierte sie, dass wir von dieser Platte in Europa 500.000 Stück verkaufen wollten", erklärt Ziskrout. „Das war eine ganz schön dreiste Ansage. Sie dachten, ich hätte nicht alle Tassen im Schrank."

Ein Büro in Europa zu eröffnen, während sich all die anderen Dinge rund um sein Label, seine Band und sein Leben abspielten, zeigte, mit welchem Eifer und Weitblick Brett zur Sache ging. Während Ziskrout für The Offspring in Übersee die Werbetrommel rührte, mischte Brett Rancids zweites Album *Let's Go* ab, das 23 ungeschminkte, 90-sekündige Punk-Gassenhauer umfasste. Tim Armstrongs gesangliche Darbietung erweiterte den Sound des Albums dabei um eine ausgefuchste wie ungeschliffene Straßenschläue, die ihresgleichen sucht. Er schien die Songtexte förmlich auszuspucken, obwohl diese nicht annähernd so provokant waren, wie die ultra-punkige Aufmachung der Band suggerierte. In Bretts Augen hatte das neue Album von Rancid ein enormes kommerzielles Potenzial.

The Offspring und Rancid bildeten das Yin und Yang zu Epitaphs Vision von Punk: The Offspring repräsentierten die Weiterentwicklung des Skate-Punks zu etwas Geschliffenem und Vielversprechendem, wohingegen Rancid dreckiger daherkamen und definitiv für die Alte Schule des Punkrocks standen. Beide Bands wiesen auch einen deutlichen Bad-Religion-Einfluss auf.

Brett glaubte, mit diesen beiden Alben etwas Besonderes in der Hand zu haben, womit er Recht behalten sollte. Die unwiderstehliche erste Single von The Offspring, „Come Out and Play", lief pausenlos auf KROQ und startete auch überall sonst durch. In den Epitaph-Büros standen nun stapelweise

Kartons mit *Smash*-Tonträgern und Brett musste eine zweite Hypothek auf sein Haus aufnehmen, um der überwältigenden Nachfrage gerecht werden zu können.

Inmitten dieses Chaos' schrieben Bad Religion neue Songs und bereiteten sich darauf vor, ihr erstes Album für Atlantic aufzunehmen. Für ihre nächste Veröffentlichung schwebte Brett ein etwas anspruchsvollerer Ansatz vor als bei denen, die The Offspring und Rancid auf Epitaph herausbrachten. So wie Brett sich beim Schreibprozess vor *Against the Grain* und *Generator* bewusst dazu entschieden hatte, die poetische Qualität seiner Texte zu betonen, gab er sich nun im Kontext von *Stranger Than Fiction* seinen literarischen Vorlieben hin.

„Nach der Musik ist Literatur meine zweite große Leidenschaft", erklärt Brett. „Die Songs auf *Stranger Than Fiction* gehören zu meinen besten. Die Texte von ‚Stranger Than Fiction', ‚Hooray For Me' und ‚Infected' sind stark von Kerouac und Burroughs beeinflusst. Als junger Mann fuhr ich total auf sie ab."

Der Titeltrack, „Stranger Than Fiction", strotzt nur so vor literarischen Anspielungen, die sowohl offensichtlich als auch schleierhaft sein können.

Oh yea, cradle for a cat, Wolfe looks back,
How many angels can you fit upon a match?
I want to know why Hemingway cracked
Sometimes truth is stranger than fiction

„Cradle for a cat" bezieht sich auf Kurt Vonneguts Roman *Katzenwiege*. „Wolfe looks back" spielt auf Thomas Wolfes bekanntestes Buch *Schau heimwärts, Engel!* an, das sowohl Brett als auch einen anderen im Song erwähnten Schriftsteller, Jack Kerouac, maßgeblich beeinflusst hat. „Ich verehrte diese Autoren", erzählt Brett. „*Schau heimwärts, Engel!* hatte einen großen Einfluss auf mich. Es gibt noch viele andere Schriftsteller, die ich liebe, aber in diesem Abschnitt meines Lebens waren eben diese besonders angesagt bei mir."

Es war nicht das erste Mal, dass Brett sich von Wolfe inspirieren ließ. „Ein Blatt, ein Stein und eine nicht gefundene Tür", erklärt Brett, „sind wiederkehrende Motive in *Schau heimwärts, Engel!* und spielen auch im Song ‚Suffer' eine Rolle." Dass einer der einflussreichsten Romane Wolfes einen der einflussreichsten Songs von Bad Religion mitgeprägt hat, war eine mehr als angemessene Hommage.

Brett war es zwar gewöhnt, sich selbst zu Höchstleistungen anzuspornen, doch nun beabsichtigte er, Songs zu schreiben, die sich auch im Radio gut machen würden. Atlantic träumte davon, Bad Religion zu den nächsten Nirvana zu machen – da war es ganz egal, dass Bad Religion bereits angefangen hatten, Musik zu machen, als Kurt Cobain gerade einmal 13 Jahre alt gewesen war. Brett, der sich über jede Herausforderung zu freuen schien, war jedenfalls bereit, es auf einen Versuch ankommen zu lassen.

„Ich gab mir Mühe, etwas zu schreiben, das die Band auf die nächste Stufe emporheben könnte. Nirvana hatten bewiesen, dass man auch mit lauten Gitarren im Radio gespielt werden konnte, solange man hinsichtlich des Tempos keine Schmerzgrenze überschritt. Mit ‚Infected‘ versuchte ich, so etwas wie einen Grunge-Song zu schreiben. Wir unterschrieben bei einem Major-Label und ich dachte mir: *Wir sind zwar eine Punkband, aber gleichzeitig müssen wir relevant bleiben. Da könnte es doch eine gute Idee sein, einen von Grunge beeinflussten Bad-Religion-Song zu schreiben.* Das war mein Denkansatz bei ‚Infected‘.“

Wenn man Pop-Songs als Liebeslieder versteht, dann erkundet „Infected“ eher die düsteren Bereiche der Romantik. Allerdings wird hier keine Liebesgeschichte erzählt, sondern die Liebe wird vielmehr mit einem Leiden gleichgesetzt – einer Krankheit, die sich die beiden Partner unwissentlich eingefangen haben und von der sie nicht mehr genesen können. „Infected“ trieft vor Resignation und Verzweiflung und erzählt wie schon Bretts Song „Anesthesia“ eine Geschichte von Sucht und Abhängigkeit. Obwohl die Anfangszeilen wie der Hilfeschrei einer Person klingen, die sich kurz vor einem Rückfall befindet, ist der Ursprung dieses Textes doch eher profaner Natur. „Ich litt unter einen kleinen Schreibblockade“, gesteht Brett. „Allerdings spürte ich, dass ich mit ‚Infected‘ auf dem richtigen Weg war. Also fuhr ich mit meinem 67er-Camaro und einer Akustikgitarre nach Joshua Tree, um mich in einem kleinen Bungalow zu verschanzen, bis der Song fertig wäre. Mein Auto war ein maßgefertigter heißer Schlitten, der gerne mal überhitzte. Da sich der Wagen in so schlechtem Zustand befand, sang ich, als ich aus der Stadt aufbrach, vor mich hin: ‚Now here I go / Hope I don't break down‘ … Ich befürchtete einfach, dass die Karre liegenbleiben könnte. Diese Worte waren nur als Platzhalter vorgesehen, aber sie erwiesen sich letztendlich als perfekter Einstieg. Sie passten ideal zur Stimmung. Und der Rest ist Geschichte!“

Der Aufnahmeprozess von *Stranger Than Fiction* unterschied sich sehr von früheren Sessions, was natürlich auch auf die größeren finanziellen Ressourcen von Atlantic zurückzuführen war. Brett hatte außerdem einen Deal mit EMI über die Verlagsrechte abgeschlossen, der es ihm nun ermöglichte, deren Studios am Sunset Boulevard in Anspruch zu nehmen. Als der Schreibprozess beendet war, begab sich Brett mit Jay und Bobby in die EMI-Studios, um dort ein paar Demos aufzunehmen. Der Haustechniker hieß Ryan Greene, der auch noch an mehreren Alben von NOFX arbeiten sollte. So entstanden Demos von „Stranger Than Fiction" und „Infected", die dem neuen Produzenten der Band, Andy Wallace, zugeschickt wurden. Wallace konnte ein beeindruckendes Resümee vorweisen und war an Platten wie *Reign in Blood* von Slayer, *Electric* von The Cult, *Nevermind* von Nirvana, *Dirty* von Sonic Youth und dem Debütalbum von Rage Against the Machine beteiligt gewesen.

Alle waren von der Idee höchst angetan, mit einem so fähigen Produzenten zusammenzuarbeiten. „Er war der weltweit angesagteste Mixer", so Brett. „Da uns nun das Studio-Budget einer großen Plattenfirma zur Verfügung stand, konnten wir ihn tatsächlich engagieren. Ein Traum wurde damit wahr, da ich seine Arbeit schon immer bewundert hatte. Ich freute mich jedenfalls sehr darauf, vom Besten zu lernen." Brett bat Wallace zunächst darum, einen Test-Mix von „American Jesus" anzufertigen (der 2013 auf dem Weihnachtsalbum von Bad Religion, *Christmas Songs*, veröffentlicht wurde). „Er traf genau ins Schwarze", fand Brett.

„Sobald Andy Wallace mit an Bord war, probten wir täglich im Alley in North Hollywood", berichtet Bobby. „Nach einem Monat war die Band richtig gut eingespielt."

Anschließend enterten Bad Religion Rumbo Recorders in Canoga Park. Die Band verbrachte im April und Mai ganze fünf Wochen im Studio. Die Musiker waren nicht nur exzellent vorbereitet, sondern widmeten sich nun auch länger als je zuvor dem Aufnahmeprozess eines Albums. Im Westbeach Recorders hatten sie die Songs immer an Ort und Stelle eingeübt. Doch obwohl die Band ihre Parts im Schlaf beherrschte, brachte Wallace auch noch seinen persönlichen Denkansatz ein, was gewöhnungsbedürftig war. Abgesehen vom Ausflug nach New York, wo sie ihren Vertrag unterzeichnet hatten, war die Zusammenarbeit mit Wallace der erste echte Indikator für eine tiefgreifende Veränderung.

So herrschte definitiv eine andere Stimmung im Studio, da die Atmosphäre angespannter als üblich war und die Emotionen gelegentlich überkochten.

Bad Religion holten gleich mehrere Gaststars ins Studio, um sich auf dem Album zu verewigen. Wayne Kramer von den legendären MC5 spielte Gitarre und sang auf „Incomplete" – sehr zur Freude von Bobby Schayer, der den Detroiter Rocker zu seinen Idolen zählte. Der Pennywise-Sänger Jim Lindberg steuerte zu „Marked" Gesang bei. Tim Armstrong sang hingegen auf „Television", einem Song, den Brett mit Johnette Napolitano geschrieben hatte. Allerdings wird Tim in den Liner-Notes als „Lint" aufgelistet, was sein alter Spitzname bei Operation Ivy gewesen war.

Während der Aufnahmesessions von *Stranger Than Fiction* äußerten Repräsentanten der Plattenfirma ihre Bedenken, dass keiner der bereits im Rohzustand vorliegenden Songs sich wirklich als Single aufdrängen würde. Deshalb verlangten sie von der Band, „21st Century (Digital Boy)" für das Album noch einmal neu aufzunehmen. Obwohl Brett der Meinung war, dass sich „Infected" besser als erste Single eignete, war er auch nicht abgeneigt, „21st Century (Digital Boy)" noch einmal zu veröffentlichen. „Das hielt ich schon für sinnvoll", sagt Brett. „Ehrlich gesagt, hatte ich so große Ehrfurcht vor Andy Wallace und seiner noch nicht lange zurückliegenden Zusammenarbeit mit Nirvana und Rage Against the Machine, dass ich es kaum erwarten konnte, wie mein Song klänge, wenn er ihn produzierte. Das war auch einer der Gründe, warum ich mich dazu bereiterklärte."

Brett glaubte, dass „21st Century (Digital Boy)" die perfekte Synthese zwischen Punk und Pop war. Er freute sich daher, den Song im Kontext dieses neuen musikalischen Klimas einer breiteren Öffentlichkeit vorstellen zu können. Dennoch war er immer noch der Meinung, dass „Infected" eine größere Chance hätte, so richtig durchzustarten. Trotz der Unstimmigkeiten hinsichtlich der Entscheidung, welche Nummer nun als erste Single ausgekoppelt werden sollte, zeigte sich die Band sehr angetan von „Stranger Than Fiction". Auch wussten sie, dass ihre Fans das ebenso sein würden. Schließlich waren sie ihrem typischen Sound absolut treu geblieben. Tatsächlich gab es hier nun wieder weniger Experimente als noch auf den letzten beiden Alben der Band. Es drängte sich auch eher der Vergleich mit *Against the Grain* auf. Immerhin war nun auf beiden Alben „21st Century (Digital Boy)" vertreten.

„Auf *Stranger Than Fiction*", erzählt Bobby, „ist deshalb alles so präzise, weil wir so gut eingespielt waren. Mit den Songs gelang uns eine Punktlandung. Wir waren eine hervorragend eingestellte Maschine."

Die Band war sich der Bedenken ihrer Fans ob ihres Wechsels zu Atlantic nur allzu sehr bewusst und wusste, dass *Stranger Than Fiction* auf jegliches Anzeichen für einen möglichen Ausverkauf abgeklopft werden würde. Um allen Befürchtungen entgegenzutreten, wurde der Einstieg ins Album gleich mit mehreren von Gregs Uptempo-Granaten bestückt – „Leave Mine to Me", „Tiny Voices", „The Handshake" und „Individual" –, von denen sich viele bald zu Lieblingssongs ihrer Fans entwickeln sollten.

Alles sah gut aus für Bad Religion und Epitaph. *Let's Go* von Rancid erschien und das Video zu „Salvation" wurde auch auf MTV gespielt. *Smash* von The Offspring verkaufte sich weiterhin ausgezeichnet und brach allerlei Rekorde für eine auf einem Indie-Label veröffentlichte Platte. Sowohl Bad Religion als auch Epitaph freuten sich über Erfolge, die einst als unmöglich gegolten hatten. Kaum vorstellbar, aber es gab auch noch Spielraum nach oben.

Dennoch war es ein ungewöhnlich ruhiger Sommer für Bad Religion. Zum ersten Mal seit 1989 verbrachten sie die warme Jahreszeit nicht in Europa. Stattdessen wollten sie die Alte Welt dieses Mal erst nach der Veröffentlichung von *Stranger Than Fiction* im September beehren. Hetson begab sich einstweilen auf Tour mit den Circle Jerks. Jay verkaufte sein Haus in den Hollywood Hills und bereitete einen Umzug mit seiner Familie auf eine Insel vor Vancouver in Kanada vor. Seine beiden Söhne, Miles und Hunter, näherten sich dem Schulalter und die Bentleys fanden das Schulsystem von L.A. eher mangelhaft.

„Wir sahen uns an, wo Miles zur Schule gehen sollte", erinnert sich Jay. „Kein Rasen. Stacheldraht. Das war nicht sehr lustig. So sollte der Schulbesuch nicht sein." Das Paar sah sich daraufhin nach Privatschulen in L.A. um, doch die stellten sich als zu kostspielig heraus. Bevor sich die beiden auf British Columbia einigten, galten auch Portland und Seattle als mögliche Kandidaten für die Bentleys. Jays Frau Michaela war Kanadierin, weshalb ein Umzug dorthin sinnvoll erschien. „Hier wollten nicht ein paar Leute einfach so nach Kanada übersiedeln", erzählt Jay. „Vielmehr zog eine Kanadierin in ihre Heimat zurück. Ihre Familie lebte dort. Das war alles ziemlich schlüssig. Keine allzu große Sache."

Greg hielt weiterhin Kurs auf sein Doktorat und inspizierte an der Cornell University Fossilien durch ein Elektronenmikroskop. Er hatte sich ein kleines Heimstudio eingerichtet, dass es ihm nicht nur ermöglichte, Demos seiner eigenen Musik anzufertigen, sondern auch andere Bands aufzunehmen. Selbst in Ithaca blieb Greg nicht verborgen, dass das Ansehen von Punkrock sich gerade radikal wandelte. „Bad Religion existierten in einem Vakuum, doch sobald wir bei einer großen Plattenfirma unterzeichneten, wurde der Vertrieb schlagartig besser. Jetzt konnte ich in einen beliebigen Musikladen oder ein lokales Einkaufszentrum gehen und mir ein Album von uns kaufen. Das traf auch auf sämtliche anderen amerikanischen Städte zu, die wir besuchten. Unsere Musik gab es nun nicht nur in kleinen unabhängigen Geschäften, sondern eben auch in den Einkaufszentren. Das gehörte wohl zum Demokratisierungsprozess, den Punk zu dieser Zeit durchzumachen schien.“ Von seiner erhabenen Position im abgelegenen Ithaca aus konnte Greg mitansehen, wie sich auch die Demografie veränderte. Die Bands wiederum profitierten von diesen Veränderungen. „Ich bin der Auffassung, dass Green Day, The Offspring und Bad Religion nun immer größer werden konnten, weil die Kultur es eben auch zuließ“, mutmaßt Greg. „Es gab eine neue Generation von Kids, die sich aggressive Musik wünschte. Sie kauften auch mehr Skate- und Snowboards. Die X Games wurden immer beliebter. Es fand ein kultureller Umschwung statt, aus dem Bands Kapital schlagen konnten. Es waren aber nicht die Bands, die den Weg freimachten. Musiker glauben gerne, sie würden die Welt verändern. Tun sie aber nicht. Sie waren schlicht nicht in der Lage, sich ein kulturelles Milieu zunutze zu machen. Das glaube ich zumindest. Diese Erkenntnis leitet sich von meinem Studium und meinen Beobachtungen hinsichtlich der Funktionsweise der Natur ab. Ich bin Evolutionsbiologe und sehe Dinge in einem anderen Licht. Eine Spezies erblüht aufgrund ihrer Umgebung – und nicht umgekehrt.“

Gregs erfrischend rationale Perspektive auf diesen Umbruch innerhalb der Musikindustrie erklärte den gleichzeitigen Erfolg so unterschiedlicher Bands wie Bad Religion, Rancid, The Offspring und Green Day. All diese Gruppen waren in der Lage, das stetig größer werdende Reservoir von jungen Leuten in einem aufstrebenden Marktsegment anzuzapfen. Allerdings musste man auch nicht Gehirnchirurg oder Evolutionsbiologe sein, um zu verstehen, dass die Botschaft von Bad Religion für viele junge Fans eine Spur zu komplex war.

Allein die Albumtitel dienten als Gradmesser, was man von den jeweiligen Platten erwarten durfte. Wenn man nach einem Album sucht, das sich mit den Herausforderungen einer zunehmend komplizierten Welt auseinandersetzt, wird man dann eher bei *Stranger Than Fiction* oder bei *Dookie* fündig werden? Green Day schrieben Songs, die sich mit pubertären (und post-pubertären) Sorgen befassten: Ob man dazugehört, wie man mit Ängsten und Depressionen umgehen sollte oder herausfindet, was es bedeutet, sich zu verlieben oder sich zu entlieben. Die Genialität von Green Day bestand darin, sich jenen Anliegen zu widmen, die unauslöschlich im Gehirn eines Teenagers abgespeichert sind. Bad Religion schrieben keine solchen Songs. Nicht einmal als Teenager hatten sie das getan.

Bei Bad Religion galt es stets, den Subtext im Auge zu behalten. Manchmal war der sehr sarkastisch. Mitunter auch ironisch. Aber immer subversiv und er forderte den Hörer auf, sich Gedanken zu machen. Normen zu hinterfragen und sich gegen Dogmen aufzulehnen, sind aber nicht unbedingt die Eckpfeiler einer erfolgreichen Karriere als Popmusiker.

Doch lag Greg nicht falsch: Punk florierte wie nie zuvor. Dieser Neubeginn beeinflusste das Schicksal zahlreicher Bands nachhaltig. So manche Repräsentanten der Musikbranche mochten zwar geglaubt haben, dass diese Veränderungen einen Paradigmenwechsel zur Folge haben würden, aber die großen Player wussten genau, dass das nicht von langer Dauer sein würde. *Solange es andauerte, machte alles einen Riesenspaß,* fasste als Slogan perfekt zusammen, was unzählige Punkrock- und Hardcore-Bands, deren Erfolg kurz aufflackerte, bevor sie ausbrannten, damals durchlebten.

Die Historie des Punk ist seit jeher von kurzen Phasen intensiver aber wenig nachhaltiger Wildheit und Kreativität geprägt. So waren die Sex Pistols, die Germs und Operation Ivy ein Riesenspaß, solange es sie gab. Aber es gab sie eben nie sehr lange. Der sinnvollste Plan für Bad Religion bestand wohl darin, auch weiterhin ihrem längst eingeschlagenen Pfad zu folgen. Denn niemand war in dem, was Bad Religion machten, besser als Bad Religion.

Doch natürlich streute mal wieder jemand Sand ins Getriebe. Genau zu einem Zeitpunkt, als Brett Gurewitz und Jay Bentley in einen Streit gerieten, der den Kurs von Bad Religion langfristig beeinflussen sollte. So wie bei den meisten Trennungen ging auch hier alles mit einer trivialen Lappalie los, die im Nachhinein unsinnig erscheint. Im konkreten Fall ging es um eine banale Gästeliste. Bei Epitaph liefen bereits die Vorbereitungen zu den *Epitaph Summer Nationals* im Hollywood Palladium auf Hochtouren. Die Idee hatte man bei Dischord abgekupfert: eine Show mit Epitaph-Bands, die nur wenige Dollar Eintritt kosten sollte. Die *Epitaph Summer Nationals* erstreckten sich über drei Abende und zu den Hauptattraktionen zählten The Offspring und Down by Law am 27. Juli, Pennywise und Rancid am 28. Juli und NOFX und Bad Religion am 29. Juli. Es sollte alles im schlichten Rahmen ablaufen: nur die Bands und ihre Fans. Da die Garderobe des Palladiums so klein war, musste der Backstage-Bereich auf die Bands, ihre Crews und Epitaph-Angestellte beschränkt bleiben. Somit gab es auch keine Gästelisten. Leider hatte sich das jedoch nicht bis zu Jay Bentley herumgesprochen.

Als er im Epitaph-Büro anrief und bat, seine Frau doch bitteschön auf die Gästeliste zu setzen, wurde ihm sein Wunsch verwehrt. Daraufhin war Jay verständlicherweise empört. Immerhin war er ein Mitglied von Bad Religion, jener Band, die Epitaph aufgebaut hatte, und bis vor nicht allzu langer Zeit bei Epitaph angestellt gewesen. Da die Tickets für die *Summer Nationals* spottbillig waren, waren sie auch im Handumdrehen ausverkauft. Wenn man kein Ticket vorweisen konnte, durfte man nicht ins Konzert. Jay konnte – oder wollte – das nicht verstehen. Er sagte ein paar unfreundliche Dinge und hängte auf.

Ein paar Minuten später rief Brett ihn zurück. Sie kauten die Angelegenheit erneut durch. Jay konnte nicht fassen, dass er seine Frau nicht mitbringen konnte. Brett hingegen war stinksauer, dass Jay einen Angestellten von Epitaph angepöbelt hatte. Das Streitgespräch eskalierte rasch und beide Beteiligten warfen einander vor, unvernünftig vorzugehen. Es ging hin und her und sie beschimpften einander. Doch dann setzte Brett zum Todesstoß an: „Ich steige aus.“

Jay glaubte, Brett würde sich einen schlechten Scherz erlauben, als der erklärte: „Ich haben diesen ganzen Scheiß echt nicht nötig. Ich bin raus.“

„Ich lachte nur und er bestand darauf, es ernst zu meinen“, berichtet Jay von dem Zwischenfall.

Einfach so war Brett nun nicht länger ein Mitglied jener Band, die er einst gegründet hatte. Später am selben Tag erhielt Bobby einen Anruf vom Manager der Band, Danny Heaps, der ihn davon in Kenntnis setzte, dass Brett Bad

Religion verlassen hätte. Heaps informierte Bobby, dass Brett und Jay in Streit geraten wären, woraufhin Brett aus der Band ausgestiegen wäre. Danny bat Bobby, Brett anzurufen und ihn zu überreden, sich das Ganze noch einmal anders zu überlegen. Stattdessen rief Bobby aber bei Jay an, um sich zu erkundigen, was sich da abgespielt hatte.

Bei einem gemeinsamen Abendessen weihte Jay den Schlagzeuger der Band ein. Da er nun nochmals über alles nachgedacht hatte, ging Jay von zwei möglichen Szenarien aus. Entweder er müsste die Band verlassen und Brett würde zurückkehren. Oder Greg würde ebenfalls hinschmeißen und das wäre dann das Ende von Bad Religion.

„So dachte ich zumindest", erzählt Jay. „Ich ging automatisch davon aus, dass Brett sagen würde, er käme nur zurück, wenn ich meinen Hut nehmen würde. Davon war ich jedenfalls überzeugt. Warum sollten sie mich statt Brett in der Band behalten? Er schreibt Songs und ihm gehört das Label. Wer bin dagegen schon ich?"

Bobby sah die Sache anders. Als neuestes Bandmitglied war er in der Lage, die Situation ohne jeglichen emotionalen Ballast zu bewerten. „Ich sah es kommen", erinnert sich Bobby. „Wir wechselten zu einem Major-Label und von uns wurde erwartet, viel präsenter zu sein. Wir wussten, dass wir nun häufiger auf Tour gehen würden. Auf keinen Fall wäre Brett aber dazu in der Lage gewesen. Als The Offspring durchstarteten, war das eine Riesensache. Auf keinen Fall würde er gleichzeitig mit Bad Religion auf Tour gehen und seine Plattenfirma leiten können. Beides ging einfach nicht. Das war einfach nicht machbar."

Während Bobby und Jay die Situation besprachen, rief Brett bei Greg an, um ihm mitzuteilen, was vorgefallen war. „Er und Jay hätten sich gestritten", beschreibt Greg das Telefonat. „Ihm ging das, was Jay zu ihm gesagt hatte, extrem gegen den Strich. Er würde das nicht tolerieren, weshalb er nicht länger Mitglied der Band bleiben könnte."

Greg nahm die Nachricht von Bretts Streit mit Jay mit Vorsicht auf. Immerhin wusste er um die Vorgänge bei Epitaph gut Bescheid. Er verstand, unter welch immensen Druck Brett sich gerade befand. Sobald er die aufgestaute Emotionalität subtrahierte, lief alles auf eine simple Frage hinaus: „Möchtest du lieber Label-Mogul oder ein Mitglied bei Bad Religion sein? Ich war nie wirklich sauer auf ihn, weil er ja nicht sagte, dass er nicht mehr mit mir arbeiten könnte, sondern einfach alles darauf hindeutete, dass er lieber alleine die erste Geige bei Epitaph spielte als nur der Co-Chef bei Bad Religion zu sein."

Als langsam augenscheinlich wurde, dass Brett kein Interesse an einer Rückkehr zu Bad Religion hatte, fragte sich der Rest der Band, wie sich nun Greg verhalten würde. Würde er auch das Handtuch werfen? War das nun das Ende von Bad Religion?

Für Greg stellte Bretts Ausstieg einen besonders herben Verlust dar, da er nun ja nicht nur ein Bandmitglied und einen Freund verlor, sondern auch einen kreativen Partner. Es ist niemals ein guter Zeitpunkt, ein so wichtiges Mitglied einer Band zu verlieren, aber für Greg war das in doppelter Hinsicht ein enormer Rückschlag.

Ohne das Wissen der restlichen Band musste sich Greg, als er die Nachricht von Bretts Ausstieg erhielt, gerade mit ernsten Eheproblemen herumschlagen, die letzten Endes zur Scheidung führten. Somit war das auch ohne das Drama rund um Brett schon eine schwierige Phase für ihn. „Das ganze Gewicht seines Ausstiegs lastete schwer auf mir", so Greg. „Scheiße, Mann, würden wir die Band buchstäblich eine Minute, nachdem wir sie auf die nächste Stufe gehievt hatten, einfach auflösen? Ich lehnte das ab. Stattdessen wollte ich meine Bemühungen verdoppeln. Aber so einfach war das nicht. So traurig es auch klingen mag, musste ich mir selbst einbläuen, dass wir auch ohne Brett weitermachen konnten. Inmitten einer Tragödie wie dieser marschiert man einfach weiter ohne jedwede Selbstreflexion. Aber es fühlte sich so an, als würde alles den Bach runtergehen."

Obwohl Greg von Bretts Entscheidung überrumpelt worden war, zog er es nie in Betracht, es ihm gleichzutun. Wenn überhaupt, dann war er nun entschlossener denn je. Auch sonst wollte niemand in der Band den Schwanz einziehen. Sie hatten sich Atlantic Records und – noch viel wichtiger – einander verpflichtet, drei weitere Alben aufzunehmen. Und das wollten sie auch tun.

Das wirft jedoch eine Frage auf: Wenn nun wirklich so viel auf dem Spiel stand, warum suchte Brett nun tatsächlich das Weite?

Dazu scheint jeder seine eigene Theorie zu haben. Vielleicht mag die Auseinandersetzung mit Jay wegen einer Gästeliste den Stein ins Rollen gebracht haben, doch spielten selbstverständlich tiefgründigere Streitfragen eine größere Rolle. Über allem stand die Entscheidung, bei Atlantic Records zu unterschreiben. Der Schritt zu einer großen Plattenfirma sollte Brett eigentlich von seinen Pflichten als Labelboss der Band entbinden. Allerdings wurde nun umso mehr von ihm als Bandmitglied erwartet.

Atlantic wollte die Band öfter auf Tour sehen. Ihre Mitglieder sollten auch darüber hinaus mehr Termine wahrnehmen. Fast schon so lange, wie es die Band überhaupt gab, hing ihre Verfügbarkeit stets von Greg ab. Nachdem Bad Religion nun bei Atlantic unter Vertrag standen, hatte Greg erklärt, er würde sein Doktoratsstudium auf Eis legen, damit die Band länger unterwegs sein und reisen konnte. Doch aufgrund all seiner Aufgaben bei Epitaph würde nun Brett nicht dazu in der Lage sein. So hatte letztlich auch Gregs beschränkte Verfügbarkeit Brett immer erlaubt, sowohl ein Bandmitglied von Bad Religion zu sein, als auch deren Label zu betreiben. Gregs Sinneswandel brachte diese Situation nun aus dem Gleichgewicht und dürfte zu einigen Spannungen zwischen den beiden Songwritern geführt haben.

Jay fand sich wiederum zwischen den beiden Streitparteien wieder. „Ich weiß noch, dass ich sehr lebhaft darüber nachdachte: *Ich kann entweder auf Tour gehen und ein Bassist in einer Band sein – oder ich kann an einem Schreibtisch sitzen, Telefonate entgegennehmen und mit dem Gabelstapler fahren.* Ich kam zu dem Schluss, dass ich lieber auf Tour gehen und Bassgitarre spielen wollte. Das war für mich der Anfang der Auflösungserscheinungen innerhalb des Teams."

Rückblickend erklärte Bretts späterer Ausstieg aus der Band auch die ungewöhnlich angespannte Stimmung bei den Aufnahmen zu *Stranger Than Fiction*, vor allem zwischen Greg und Brett. „Plötzlich konnte man zu niemandem mehr etwas sagen, ohne dass man gleich angeschrien wurde", so Jay. „Das war richtig schräg."

Bad Religion hatten beträchtliche Erfahrung darin, Platten in allen möglichen Situationen aufzunehmen. Oftmals pushten sie einander auch gegenseitig, ihre absolut besten Darbietungen abzuliefern, doch die Atmosphäre im Studio hatte sich merklich verändert.

„Der Zustand der Band während der Aufnahmesessions von *Stranger Than Fiction* mit Andy Wallace war von Fehlverhalten und passiver Feindseligkeit geprägt", so Brett. „Wir waren vier Typen und sobald einer den Raum verließ, zum Beispiel Hetson, lästerten Greg, Jay und ich über ihn. Wenn derjenige zurückkehrte und Jay kurz hinausging, zogen wir über Jay her. Wenn dann

Jay wieder da war und Greg das Zimmer verließ, unterhielten sich Jay, Hetson und ich uns eben abfällig über Greg. Ich kann es leider nicht verifizieren, ob sie nun, sobald ich mal nicht da war, auch über mich herzogen, aber ich wäre sowohl schockiert als auch enttäuscht, wenn das nicht der Fall gewesen wäre. Uns verband eigentlich nur unser gegenseitiger Hass aufeinander."

Die Mitglieder von Bad Religion, vor allem aber Brett und Greg, waren Opfer ihrer eigenen hohen Ansprüche und außergewöhnlichen Arbeitsmoral. Zwischen 1987 und 1994 hatten Bad Religion acht Studioalben aufgenommen und waren konstant auf Tour gegangen. Darunter litten die Beziehungen der einzelnen Bandmitglieder zueinander. Greg verfolgte seine akademischen Ambitionen, während Brett seine geschäftlichen Unternehmungen vorantrieb. Greg, Brett und Jay hatten alle geheiratet und in dieser Phase intensiver Produktivität auch noch Familien gegründet. Angesichts der Tatsache, wie viel sie sich abverlangten, musste fast zwangsläufig irgendetwas auf der Strecke bleiben.

„Ich kam damals mit vier Stunden Schlaf aus", so Brett. „Letztlich litt ich unter chronischer Übermüdung. Ich hatte mich selbst verheizt. Obwohl ich meistens clean und trocken war und Arbeit als meine Droge ansah, was auch seine Vorteile hatte, musste ich auch etwas opfern – zum Beispiel die bandinterne Harmonie. Die ganze Situation war instabil und ich zog mich mit meinem Wutanfall billig aus der Affäre. Das war wohl nicht gerade mein bester Moment."

Ironischerweise hatte Brett zugestimmt, mit den anderen Bandmitgliedern von Bad Religion bei einem Major-Label zu unterschreiben, weil er nicht wusste, ob irgendein Indie-Label – ganz zu schweigen von Epitaph – einem Album zu weitreichendem Mainstream-Erfolg verhelfen könnte. Doch mit *Smash* von The Offspring war nun genau das gelungen.

„In Wahrheit", erklärt Brett, „hatten wir die beste Platte unserer Karriere abgeliefert. Ich war stolz darauf. Epitaph war inzwischen irre erfolgreich. Mehr als ich mir je hätte träumen lassen. Ich musste also gar nicht in einer Band spielen. Ich war 32 Jahre alt. Es ist mir unangenehm, wie sich alles abgespielt hat, aber es war der ideale Zeitpunkt, um mich zu verabschieden."

Der Erfolg von The Offspring muss für Brett eine enorme Ablenkung gewesen sein. Epitaph erreichte mit *Smash* einen Punkt, an dem jeder weitere verkaufte Tonträger die Band und das Label in unbekannte Sphären vordringen ließ. Letzten Endes sollte das Album Doppel-Platin einfahren und weltweit insgesamt über elf Millionen Mal über die Ladentische gehen. The Offspring vollbrachten, was keine andere Band auf einem Indie-Label jemals geschafft hatte. Es war eine historische Leistung epischen Ausmaßes. Das wäre schlichtweg nicht möglich gewesen, wenn Brett seine Zeit weiterhin zwischen Bad Religion und Epitaph aufgeteilt hätte.

Jay kam irgendwann zu dem Schluss, dass Brett Bad Religion aus demselben Grund den Rücken gekehrt hatte, aus dem viele Leute jeden Tag ihren Job kündigen: wegen mangelnder Wertschätzung. Brett steuerte die Hälfte der Songs bei – Musik *und* Songtexte. Da aber Greg der Sänger war, nahmen die Fans an, er würde sämtliche Texte schreiben. „Brett war vermutlich der Ansicht, dass er nicht die Anerkennung erhielt, die er verdient hatte", bestätigt Jay. „Vielleicht trug das dazu bei, dass Brett sich dachte: *Scheiß drauf. Ich ziehe jetzt mein eigenes Ding durch.*"

Dank Epitaph war Brett finanziell unabhängig von der Band. Für ihn war Bad Religion ein kreatives Ventil. Allerdings gab ihm das offensichtlich nicht mehr so viel wie früher. Der Deal mit Atlantic verschlimmerte die Lage, da er nun weniger Kontrolle darüber besaß, wie die Musik vermarktet und verkauft wurde. Ein großer Anteil des Erfolges von Bad Religion lag in ihrem markanten Sound begründet, den Brett mit großer Akribie in seinem Aufnahmestudio geschaffen hatte. Nun trafen plötzlich andere Leute die kreativen Entscheidungen.

Auch weniger greifbare Faktoren beeinflussten Bretts Entscheidung. Mitte der Neunzigerjahre galt es als ultimativer Verrat und Ausverkauf für eine Punkband, sich mit einer großen Plattenfirma einzulassen. Der Erfolg von Nirvana hatte das ein wenig abgeschwächt und mittlerweile bekam man krachige Gitarrenmusik und Punk auch in Werbespots und Fernsehshows zu hören. Dennoch galt ein „Ausverkauf" in der Punk-Community noch immer als großer Makel. Auch Green Day, deren Bandgeschichte nicht annähernd so weit zurückreichte wie die von Bad Religion, mussten sich von ihren Fans für ihren Wechsel zu Reprise Records, einem Label, das zur Warner Music Group gehörte, solche Vorwürfe gefallen lassen. Es schmerzte Brett, nun die Nebengeräusche für ihren Absprung zu einem Major-Label ertragen zu müssen, während gleichzeitig eine seiner Bands auf Epitaph Erfolge feierte, ohne diesen Preis zahlen zu müssen.

Oder wie es Brett ausdrückt: „Bad Religion verabschiedeten sich, unmittelbar bevor das Wunder geschah."

„Das muss qualvoll für ihn gewesen sein", mutmaßt Greg hinsichtlich Bretts Beschluss, der Band den Rücken zu kehren. „Da hat man einerseits eine Band, die einem sehr viel bedeutet. Sie ist ein Ventil für deine künstlerische Ausdrucksweise und bereitet sich darauf vor, den nächsten Schritt in Angriff zu nehmen. Aber gleichzeitig startet das Label, das man aufgebaut hat, so richtig durch. Er wusste wohl nicht, was er tun sollte. Aber der Würfel war gefallen und ich respektierte seine Entscheidung."

Brett war in Bezug auf den Wechsel von Bad Religion zu Atlantic sogar noch mehr hin- und hergerissen, als er es seine Bandkollegen wissen ließ. „Ich war dafür. Mein Selbstwertgefühl war schwach genug, um mir einzubilden, dass ein Major-Label für die Band mehr erreichen würde, als ich das jemals könnte. So wie viele Aufnahmekünstler fragte ich mich, ob die großen Plattenfirmen über eine Art Zaubertrank verfügten, den sie nicht mit uns teilen wollten. Wie sich herausstellte, war dem nicht so. Gleichzeitig kränkte mich das Ganze. Irgendwo tief drinnen hatte ich gehofft, dass ein Aufschrei durch die Band gehen würde: *Wir werden niemals zu einem Major-Label wechseln! Epitaph auf ewig!* Aber ich konnte die Band ja schlecht bitten, so zu reagieren, weil das so gewesen wäre, als ob man jemanden anfleht, einen zu lieben. Das wäre nicht echt gewesen."

Sobald Brett den Beschluss gefasst hatte, Bad Religion zu verlassen, widmete er sich voll und ganz seiner Plattenfirma. Der Arbeitsaufwand war gewaltig und das finanzielle Risiko beträchtlich. Der immense weltweite Erfolg von The Offspring brachte es mit sich, dass er quasi über Nacht die Vorgehensweise von Epitaph umkrempeln musste. Als der Musikindustrie schließlich dämmerte, was Epitaph da erreicht hatte, ging sie im Handumdrehen in die Offensive. Die Plattenfirmen schickten Abgesandte zu ihm, die Epitaph Rancid und The Offspring abspenstig machen sollten. Es kursierten Gerüchte, dass etwa Madonna versucht hätte, Tim Armstrong mit Nacktfotos davon zu überzeugen, mit Rancid zu ihrem Label zu wechseln. Eines Abends wurde Greg Graffin Zeuge, wie sie Armstrong hinter der Bühne eines Konzerts 20 Minuten lang vollquatschte.

Trotz der internen Konflikte und aller sonstigen Mühen, die man als Bandmitglied, Produzent und Betreiber einer Plattenfirma erlebte, erwiesen sich Bretts Unternehmungen alle als großer Erfolg. Die Platte, für die er als Co-Songwriter mitverantwortlich zeichnete, *Stranger Than Fiction*, sollte sich für Atlantic vielfach verkaufen und Epitaph war mit Abstand das größte Indie-Label auf dem Planeten. Das machte aus Brett einen sehr wohlhabenden Mann – und dennoch war das ein bittersüßer Moment. Genau so wenig vermochte sein neuer Reichtum es nicht, seine alten Dämonen in ihre Schranken zu weisen. Brett erlitt einen Rückfall und begann während der Aufnahmen zu *Stranger Than Fiction* wieder zu trinken. In weiterer Folge verfiel er auch wieder den Drogen. Es ist schwer zu sagen, in welchem Ausmaß sich das auf seine damaligen Entscheidungen auswirkte, doch stand er in allen Lebensbereichen – Band, Label, Familie – unter enormem Druck. Immer mehr wurde von ihm erwartet und letzten Endes stellte sich die Last als zu groß heraus.

Jay besteht darauf, dass es nicht fair ist, den Split innerhalb der Band auf das erratische Verhalten eines einzelnen Bandmitglieds zu schieben, da der Schritt zu Atlantic das Schlimmste in allen zum Vorschein brachte. „Genau an solchen Situationen zerbrechen Bands. Alle waren außer Rand und Band. Mich eingeschlossen. Wir verhielten uns alle ziemlich durchgeknallt."

Greg, Brett, Jay, Hetson und Bobby gingen bei den *Epitaph Summer Nationals* im Hollywood Palladium ein letztes Mal gemeinsam auf die Bühne. Es machten Gerüchte die Runde, dass Brett die Band verlassen hätte, weshalb die Leute neugierig waren, ob er noch diese letzte Show mit Bad Religion spielen würde. „Er war offiziell aus der Band ausgestiegen", erzählt Greg. „Aber er spielte diesen Gig noch mit uns."

Die *Summer Nationals* waren Bretts Abschiedsvorstellung und das finale Konzert von Bad Religion als Epitaph-Band. Zwischen Brett und dem Rest der Band gab es durchaus böses Blut. „Es war inzwischen bekannt, dass wir alle schlecht aufeinander zu sprechen waren", berichtet Jay. „Alle wussten, dass es unser letztes gemeinsames Projekt sein würde – aber wir haben es durchgezogen."

Es mochte eine peinliche Situation gewesen sein, aber sie brachte auch einen sauberen Bruch mit sich. An Bad Religion fiel auf, dass sie keine unzertrennlichen Freunde waren. Alle verfolgten sie nebenher ihre eigenen Interessen und mitunter legten sie ganz unverblümt den Fokus auf andere Prioritäten als die Band. Jahrelang hatte Gregs akademischer Terminplan den Konzertkalender der Band bestimmt. Auch Bretts Verfügbarkeit war aufgrund seiner Pflichten als Produzent und Labelboss limitiert. Selbst Hetson nahm sich Auszeiten von

Bad Religion, um mit den Circle Jerks auf Tour zu gehen. Diese konkurrierenden Agenden hätten für viele Bands das Ende bedeutet, jedoch nicht für Bad Religion.

„Das ist auch sehr gut so", erklärt Jay. „Das war schon immer typisch für Bad Religion. Wir wohnen und essen nicht zusammen. Atmen nicht im Einklang miteinander. Wir machen nicht alles als Team. So sind wir einfach nicht. Jeder lebt sein Leben für sich – abgesehen von der Band. Die verbindet uns, aber wenn die Probe oder auch eine Tour vorbei ist, gehen wir wieder getrennte Wege. Ich glaube, dass das auch jedem von uns ein Anliegen ist."

Nach Bretts Ausstieg fiel daher der Rest der Band nicht auseinander. Sie gingen ihren Weg konsequent weiter, in der Überzeugung, dass sie eine strahlende Zukunft erwartete. Immerhin hatten sie auch schon zuvor Besetzungswechsel überwunden. Für Greg Graffin und Greg Hetson war es noch nicht einmal etwas Neues, ohne Brett zu spielen. Schließlich hatten sie zwischen *Into the Unknown* und *Suffer* jahrelang ohne ihn auskommen müssen. Das letzte Mal, als Bad Religion Brett ersetzen mussten, hatte sich Hetson nahtlos in die Gruppe eingefügt. Doch dieses Mal sollte es anders ablaufen. Dieses Mal wartete niemand bereits in den Startlöchern, um die Lücke zu schließen. Um Brett zu ersetzen, mussten sie jemanden von außerhalb ihres unmittelbaren Umfelds hinzuholen.

16 Kollaps

Am Abend von Bretts letztem Auftritt mit Bad Religion befand sich sein zukünftiger Ersatzmann im Publikum. Brian Baker gehörte bereits zur Epitaph-Familie, als er gebeten wurde, sich Bad Religion anzuschließen. Brett hatte 1992 ein Album von Brians Band Dag Nasty veröffentlicht. Schon damals, so erinnert sich Jay, bewarb er sich um einen Posten bei Bad Religion. „Zu mir sagte er: ‚Sollte Hetson jemals aussteigen, ruft mich an.' Zu Hetson sagte er wiederum: ‚Wenn Brett mal aussteigt, ruft mich an.' Das war schon richtig komisch, denn als Brett nun die Band verließ, sagten sowohl Hetson als auch ich, dass Brian den Job haben möchte."

Natürlich kannte man Brian nicht so sehr als Gitarristen von Dag Nasty als vielmehr aus seiner Zeit als Gründungsmitglied der vielleicht wichtigsten Hardcore-Band überhaupt: Minor Threat.

Brian begann, Gitarre zu spielen, als er acht Jahre alt war. Er fing zur selben Zeit damit an wie sein bester Freund Michael Hampton, der ebenfalls ein wichtiger Gitarrist innerhalb der Hardcore-Szene von Washington D.C. war und mit Henry Rollins bei State of Alert und Ian MacKayes Bruder Alec bei Faith gespielt hatte. Mit zwölf hatte Brian sich seiner ersten Band angeschlossen, die Silent Thunder hieß und sich auf das Covern von KISS- und Aerosmith-Nummern im Keller des Schlagzeugers beschränkte. „Vielleicht sind wir sogar mal aufgetreten", meint Brian, „auf jeden Fall hatten wir aber eigene T-Shirts!"

Die Bakers zogen nach Michigan, wo Brian mit anderen Kids an seiner Schule Hameron gründete. Dieses Mal waren Coverversionen von Cheap Trick und Ted Nugent das Maß aller Dinge. Als Carlos Santana die Stadt besuchte, organisierte der Vater des Schlagzeugers Backstage-Ausweise für seinen Sohn, der Brian mitnahm. Vor dem Konzert durften die beiden den gesamten Backstage-Bereich besichtigen. Brian griff sich dort eine von Santanas Gitarren, um darauf zu jammen. Statt rausgeworfen zu werden, stellte die Crew Brian einen Verstärker zur Verfügung und ermunterte ihn weiterzuspielen. Das allein wäre für jeden Jugendlichen schon der absolute Höhepunkt des Abends gewesen, doch wie sich herausstellte, war das bloß der Auftakt. Kurz vor Santanas Zugabe hängte einer seiner Gitarrentechniker Brian eine Les Paul um den Hals und schubste ihn auf die Bühne, wo er zusammen mit Carlos Santana vor 25.000 Konzertbesuchern ein paar Songs spielte.

Allerdings blieb Brians neue Berühmtheit in Michigan von kurzer Dauer, da es seine Familie bald darauf wieder zurück in die Hauptstadt verschlug, wo all seine Freunde mittlerweile auf Punkrock abfuhren. Die meisten Kids wurden durch ihre Vorliebe für Punk zu Außenseitern, doch an der Georgetown Day School galt Punkals cool. Die ersten Punks abseits seines Freundeskreises sah Brian am 21. August 1980 bei einem Konzert der Cramps im Ontario Theatre. „Ich verspürte ein Prickeln. Ganz instinktiv“, berichtet Brian, „als ob ich in Flammen stand.“

Nachdem sich die Teen Idles aufgelöst hatten, gründeten der Sänger Ian MacKaye und der Drummer Jeff Nelson eine neue Band. Sie luden Lyle Preslar ein, für sie Gitarre zu spielen. Außerdem rekrutierten sie Brian als Bassisten. Das geschah ungefähr zur selben Zeit, als sich auf der anderen Seite der USA Bad Religion gründeten. So wie sein zukünftiger Bandkollege Jay Bentley war Brian ein Gitarrist, der gebeten wurde, auf Bassgitarre umzusatteln. Brian war damals gerade mal 15 Jahre alt und somit das mit Abstand jüngste Mitglied der Band.

„Ich hatte noch nie zuvor Bass gespielt“, erzählt Brian. „Ich war doch Gitarrist. Vermutlich wurde ich gefragt, mich der Band anzuschließen, weil sonst kein Bassist verfügbar war, der nicht schon in einer anderen Gruppe spielte. So klein war unsere Szene damals. Ich besuchte dieselbe High School wie der Gitarrist, der zwei Klassen über mir war. Ich musste Bass spielen, weil ich als letzter zur Truppe stieß. Dann fing ich an, darauf Akkorde zu greifen. Da hieß es, dass ich immer bloß eine Note auf einmal spielen sollte.“

Die meisten Szenen definieren sich über eine oder zwei Bands, doch die Punk-Community in D.C. war außergewöhnlich vital und bestand aus einer für eine solch relativ kleine Stadt recht großen Anzahl von Bands. Dischord, jenes Label, das MacKaye bis heute zusammen mit Jeff Nelson betreibt, war das Epizentrum der Szene. Mitunter kam es Brian so vor, als würde jeder einzelne seiner Freunde und Bekannten Musik machen.

„Ich gehörte zu einer Gruppe von 20 bis 30 Leuten in Washington D.C., von denen alle in einer Band spielten", sagt Brian. „Das war eine durch und durch einschneidende Erfahrung. Ich spielte bei Minor Threat und meine Freunde waren bei Faith. Dann gab es noch die Jungs von Void. Und die Typen von Marginal Mal. Wirklich jeder hatte seine eigene Band. Wenn jemand mit seiner Gruppe spielte, tauchten wir alle auf. Und umgekehrt genauso. Ganz egal, ob nun Minor Threat oder Government Issue spielten. Auf jedem Konzert traf man dieselben Leute. Der einzige Unterschied bestand darin, wer auf der Bühne stand."

Ähnlich der Szene in L.A. hatten auch hier alle Bands ihren eigenen Sound. Aber es waren Minor Threat, die sich besonders abhoben und auch über D.C. hinaus bekannt wurden. Als jüngstes Bandmitglied spielte Brian seinen Anteil daran herunter. „Ich konnte spielen und Lyle ebenfalls. Wir beherrschten beide unsere Instrumente. Aber wir hatten auch den besten Drummer der Stadt – und Ian schrieb großartige Songs."

Mit ihrer Mischung aus Presslufthammer-Riffs und kompromissloser Intensität galten Minor Threat als absoluter Gradmesser im Hardcore-Punk. Im Vergleich mit Minor Threat klangen die meisten anderen Bands bieder, doch die unmissverständliche und stimmige Botschaft MacKayes rückte dabei nie in den Hintergrund. Obwohl es damals noch nicht danach aussah, wurde seine Zeit mit Minor Threat zum Wendepunkt in Brians Leben und war eine wegweisende Phase in seiner Karriere als Musiker. „Ich war einfach ganz klassisch zur rechten Zeit am rechten Ort", beteuert Brian. „Als würde man einen Blitz in einer Flasche einfangen. So wurde meine High-School-Combo, die nach der Schule im Haus der Mutter unseres Gitarristen jammte, zu einer der einflussreichsten Punkbands aller Zeiten. Und das wird sie auch für immer bleiben."

Nachdem Minor Threat sich aufgelöst hatten, beteiligte sich Brian zunächst an einem Projekt von Glenn Danzig, aus dem letztlich Samhain hervorgehen sollten. Doch Brian verließ die Gruppe noch vor ihrem ersten Auftritt. Außerdem spielte Brian eine kurze Zeitlang bei den Meatmen, während er

„nebenher“ das College besuchte. Als er seine akademische Ausbildung für beendet erklärt hatte, formierte er 1985 Dag Nasty. Nachdem auch diese Band 1988 zumindest vorübergehend in die Brüche ging, schloss er sich einer Hardrock-Band aus L.A. namens Junkyard an. Mit ihnen nahm er zwei Platten für Geffen Records auf und tourte ausgiebig durch die USA, bevor sie 1992 vom Label fallengelassen wurden. Junkyard segneten schon bald darauf das Zeitliche und Brian nahm das nächste Projekt in Angriff.

Careless spielten Alternative-Rock, der laut Brian „ein seltsamer Mischmasch unterschiedlicher Stilrichtungen“ war. In jenen Tagen warfen große Plattenfirmen gerade mit schier lächerlichen Geldsummen um sich, da sie hofften, einen Alternative-Act an Land zu ziehen, der ihnen einen Hit bescheren könnte. „Wir waren Weezer, noch bevor es Weezer gab“, erzählt Brian. „Kein Metal. Kein Grunge. Keine Ahnung, was wir waren. Das Problem war nur, dass uns das keinen Plattenvertrag einbrachte.“ Obwohl die Band schon sehr nahe an ihr Ziel herangerückt war und sie bereits über einen Publishing-Deal mit Virgin verfügte, sollte es letzten Endes nicht zum ganz großen Wurf reichen.

An diesem Punkt beschloss Brian, sich eine Auszeit von der Musik zu nehmen. „Mir wurde bewusst, dass ich seit 14 Jahren durchgehend in Bands gespielt hatte. Es war nun an der Zeit, mich ein wenig zurückzunehmen, um meine Akkus aufzuladen.“ Er arbeitete daraufhin in den Cole Rehearsal Studios in Hollywood, wo nicht nur professionelle Acts, sondern auch Amateur-Combos proben konnten. Bands wie Danzig buchten dort schon mal einen Monat lang einen Proberaum, während ein paar Kids, die gerade erst mit dem Bus aus Tulsa angekommen waren, gleich nebenan spielten. „Das war sehr unterhaltsam. Ich war praktisch das Aushängeschild des Ladens. Wenn man zur Tür hereinspaziert kam, saß ich am Empfang und sagte: ‚Ihr spielt in Raum B. Eure Mikros sind bereits aufgestellt und wenn ihr sonst noch etwas braucht, lasst es mich einfach wissen.‘ Ich war im Grunde genommen eine Art Concierge. Es half auch, dass die Leute mich erkannten: ‚Ach du meine Güte, du bist doch Brian von Minor Threat!‘ Das gefiel den Leuten offenbar.“

Brian war ein begabter, liebenswerter Gitarrist und willens, alles zu tun, um anderen zu helfen. Es spielte keine Rolle, ob man nun gerade zum Höhenflug ansetzte, oder sich im freien Fall befand. Er war immer zur Stelle und bot seine Hilfe an. „Ich war ein Botschafter des guten Willens. Mit meiner Erfahrung, meinem Humor und meiner heiteren Art versuchte ich die Situation aufzulockern. Das war meine Aufgabe."

Bei Cole freundete sich Brian auch mit Tommy Stinson von den Replacements an, der eine neue Band namens Bash & Pop gegründet hatte und sich nun für sein zweites Album nach ein paar Musikern umsah. Stinson rekrutierte Brian für seine Gruppe und eine Zeitlang schrieben sie gemeinsam Songs und gaben Konzerte in Los Angeles. Ungefähr zur selben Zeit traf Brian auch Scott Litt, der gerade mit Juliana Hatfield arbeitete. Litt engagierte Brian, damit er ihm bei den Vorbereitungen zu Hatfields neuem Album unterstützte. Litt hatte bereits ein paar Alben von R.E.M. produziert und war so begeistert von Brian, dass er ihn der Band persönlich vorstellte. Wie es der Zufall so wollte, sahen sich die Alternative-Rocker aus Athens, Georgia, gerade nach einem Aushilfsgitarristen für ihre nächste Tournee um. Brian traf sich daraufhin mit Michael Stipe und wie so oft bei solchen Meetings kam dabei auch seine Zeit bei Minor Threat zur Sprache. Natürlich war es ein großer Vorteil, dass Brian ein begnadeter Gitarrist war, doch Stipe war auch mit Ian MacKaye befreundet. Darüber hinaus fand Brian heraus, dass die beiden noch viele weitere gemeinsame Bekannte hatten. Brian absolvierte ein offizielles Vorspielen und bekam den Posten angeboten.

„Ich arbeitete aber immer noch in den Cole Rehearsal Studios. In meinem Leben lief somit gerade alles wunderbar, als mich Greg Hetson und Greg Graffin per Konferenzschaltung anriefen, um mich zu einem Vorspielen bei Bad Religion einzuladen. Bald sollte ihr neues Album erscheinen und sie wollten gleich anschließend auf Tour gehen. Sie brauchten also ganz dringend einen Gitarristen und wollten nicht einfach irgendwen für den Job anheuern. Da Brett in der Band eine so integrale Rolle gespielt hatte, waren sie der Meinung, dass sie jemanden bräuchten, der einen Stammbaum vorweisen konnte."

Innerhalb weniger Tage war Brian von einem Typen, der stundenweise Proberäume vermietete, zu einem Kandidaten für Jobs sowohl bei R.E.M. als auch Bad Religion avanciert. Kurzum: Brian liebte Bad Religion. Sie waren seine liebste Punkrockband an der amerikanischen Westküste. „Ich hatte mein erstes Album von Bad Religion, *How Could Hell Be Any Worse?*, und *Jealous Again* von Black Flag am selben Tag gekauft. Ich fuhr total auf ‚We're Only Gonna Die' ab. Black Flag fand ich zwar insgesamt kraftvoller, aber der Gesang von Bad Religion gefiel mir besser."

Trotz seiner Begeisterung für die Band hielt Brian es für richtig, Greg davon zu informieren, dass er bereits zugesagt hatte, mit R.E.M. auf Tour zu gehen. Greg versicherte ihm, dass er nicht nur dieselbe Gage wie bei R.E.M. erhalten, sondern auch ein vollwertiges Mitglied der Band werden würde. Diese Aussicht erleichterte es Brian, R.E.M. doch noch abzusagen. „Somit war ich ein Bestandteil des Teams und nicht nur eine Hilfskraft. Das hieß, dass ich ein gleichwertiger Partner mit Mitsprachrecht sein würde. Manche Gruppen engagieren einen für eine Tour oder so und danach geht wieder jeder seiner Wege. Man verliert seine Strahlkraft oder die Frau eines anderen Bandmitglieds sieht einen vielleicht zu lange an. Es können alle möglichen Dinge passieren. Doch als vollwertiges Mitglied einer Band ist man als Partner involviert. Man verfügt über die Sicherheit, nicht nur ein Nebendarsteller zu sein."

Außerdem waren gleich mehrere Mitglieder der Band keine Unbekannten für ihn. Er kannte Brett und Jay noch von Epitaph, da dort das Album *Four on the Floor* von Dag Nasty erschienen war. Greg Hetson hatte er hingegen beim Ausgehen getroffen. „Hetson war wie ich eine durstige Seele und ein Hallodri", gesteht Brian freimütig. „Ich sah ihn regelmäßig in Bars abhängen. Wir kannten einander auch von den Circle Jerks und Minor Threat. Er war ja eine Punk-Ikone. Ich aber auch. Und wir gingen beide gerne in Bars, um dort die Punk-Ikone raushängen zu lassen."

Brian spielte in den Cole Rehearsal Studios vor, als Greg gerade zu Besuch in der Stadt war, sodass er gleich mit der kompletten Band proben konnte. Es war praktisch ausgemacht, dass er den Job bekam. Jedenfalls hatte die Band niemanden sonst zum Vorspielen eingeladen.

„Es lief großartig", erzählt Brian. „Sie sahen, dass ich auch nur ein Mensch war – und nicht nur eine mythische Figur."

Gleich im Anschluss an die Probe wurde ihm offiziell der Job als Gitarrist bei Bad Religion angeboten. Als Nächstes bekam Brian einen ersten Vorgeschmack auf ihre Arbeitsweise, die sowohl die Ost- als auch die Westküste einbezog. In L.A. probte er mit Jay, Hetson und Bobby – oder wer auch immer gerade verfügbar war. Dann flog er nach Ithaca, wo er mit Greg an ein paar Songs arbeitete. Das nächste Mal, dass er mit der gesamten Band spielte, war bei seinem ersten Gig mit Bad Religion in Deutschland. Die Fluggesellschaft verbaselte auf dem Weg dorthin eine seiner beiden Gitarren, was seinen ersten Trip nach Europa um einiges nervenaufreibender als nötig machte.

„Ich flog nach Europa, wo wir mit Bad Religion beim *Bizarre Festival* auftreten sollten", berichtet Brian. „Mein erstes Konzert mit der Band war also ein 45-minütiger Gig auf einem großen europäischen Festival vor 60.000 Leuten. Ich ging hinaus auf die Bühne, um zum ersten Mal mit Greg und der ganzen Band live zu spielen und war noch nie vor so vielen Menschen aufgetreten. Einfach irre. Der helle Wahnsinn."

Außerdem spielten auf dem *Bizarre Festival* in jenem Jahr noch zahlreiche Epitaph-Bands. So beobachtete Brett Gurewitz Brians Einstand vom Mischpult aus. Wie bei den *Epitaph Summer Nationals* – nur mit vertauschten Rollen.

Brians Performance verschob das Narrativ hinsichtlich Bretts Ausstieg aus der Band merklich. Nun herrschte nicht mehr Verzweiflung über den Verlust des alten Gitarristen, sondern vielmehr Begeisterung über Brians Ankunft. Minor Threat hatten nie in Europa gespielt, weshalb Brians Einstieg bei Bad Religion große Bedeutung zugemessen wurde. Bad Religion erregten auch großes Medieninteresse, der Großteil davon bezog sich aber auf Minor Threat.

„Nach außen", so Jay, „lautet meine Antwort auf die Frage, warum jemand die Band verlässt, immer: ‚Da müsst ihr den Betreffenden schon selbst fragen.' Aber wenn jemand wie Brett aussteigt und man einen seiner Songwriter verliert, kann man sich nicht so billig aus der Affäre ziehen. Das wird nicht funktionieren. Jemanden wie Brian Baker von Minor Threat zu präsentieren, half uns aber dabei, lästigen Gesprächen auszuweichen. *Hier ist Brian!* Das entschärfte die Situation ein wenig …"

Der Festival-Gig öffnete Brian außerdem die Augen hinsichtlich der Popularität von Bad Religion in Europa. „Mir war klar, dass Bad Religion erfolgreich waren. Aber ich hatte nicht gewusst, dass sie *so groß* waren. Ich wusste, dass sie im Hollywood Palladium in L.A. und im Roseland in New York auftraten. Aber ich hielt sie nicht für annähernd so erfolgreich wie The Offspring oder Green Day. Eher so in der Größenordnung von Soul Asylum oder den Replacements. Dann flog ich nach Deutschland und ich dachte nur … *um Himmels Willen!* Ich hatte ja keine Vorstellung."

Das *Bizarre Festival* mochte ein intensives Erlebnis gewesen sein, doch war es nicht mehr als eine Aufwärmrunde. Brian blieb nur weniger als ein Monat, um sich auf die *Ain't Life a Mystery*-Tour vorzubereiten, die ihn mit der Band innerhalb von fünf Wochen durch elf europäische Länder führen würde.

Dabei unterstützt wurde er ausgerechnet von Brett Gurewitz. Sein Problem bestand darin, dass er keine Tonträger der Alben von Bad Religion besaß, die er aber benötigte, um sich alle ihre Songs beizubringen. Brian hatte sich aus dem Zwist zwischen Brett und der Band herausgehalten, weshalb die beiden sich weiterhin gut verstanden. Brett warnte sogar seinen Nachfolger: „Diese Typen sind verrückt. Das hältst du keine drei Monate aus."

Stranger Than Fiction erschien Anfang September, ein paar Wochen vor dem Start der Europa-Tour. KROQ spielte *Infected* rauf und runter, obwohl sich Atlantic besonders für die erste Single-Auskoppelung „21st Century (Digital Boy)" starkmachte. Es war nicht unbedingt ideal, dass der einflussreichste Rock-Sender den einen Song spielte, während die Plattenfirma einen anderen pushte. Letztlich gelang es keinem der beiden Songs, landesweit für Furore zu sorgen, vielmehr wirkte sich diese suboptimale Situation negativ auf die Verkaufszahlen aus.

Noch vor Bretts Ausstieg hatten Bad Religion mit Gore Verbinski zwei Videos für das Album gedreht. Im Clip zu „Stranger Than Fiction" versammelt sich ein bunt zusammengewürfelter Haufen schillernder Charaktere zu einer Bücherverbrennung unter einer Brücke in Downtown-L.A. Die Dreharbeiten zum überaus abstrusen Video zu „21st Century (Digital Boy)" verlangten von der Band, sich mit blauer Farbe zu beschmieren und ein Bad in einem Becken mit grünem Schleim zu nehmen, der als zähflüssiger Greenscreen dienen sollte. Und sollten die Schwimmbrillen, die Greg hier zeitweise trug, eine subtile Anspielung auf einen ähnlichen Augenschutz im Video zu *American Jesus* sein? Das Leben war eben nicht immer ein Mysterium, wie der Songtext nahelegte, doch dieses Video gab den Zuschauern definitiv einige Rätsel auf.

Ende September begab sich die Band auf ihre erste Europa-Tour ohne Brett. Die Tournee startete in Frankreich und setzte sich dann in Spanien fort. In der Discoteca Erne in San Sebastian kam es zu einem verhängnisvollen Zwischenfall. Als die Band die Location durch das Erdgeschoß betrat, nahmen ihre Mitglieder an, das Gebäude würde gerade renoviert, da Bereiche des ersten Stockwerks, in dem sich der Club befand, mit Stützen abgesichert waren. Bad Religion tourten bereits das sechste Jahr in Folge durch Europa und waren bereits in einigen windschiefen Hütten aufgetreten – von heruntergekommen Squats bis hin zu Buden, die offenkundig nicht den Bauvorschriften entsprachen. Die Band war daran gewöhnt, an Veranstaltungsorten zu spielen, denen in den USA längst der Stecker gezogen worden wäre.

Bad Religion starteten ihren Auftritt an diesem Abend mit „Recipe for Hate". Die Fans begannen, zu springen und sich rhythmisch zur Musik zu bewegen. Als der Song seinen Höhepunkt erreichte, sackte der Boden links neben der Bühne ab. „Wir eröffneten die Show", erinnert sich Greg, „und plötzlich klaffte vor mir auf der Tanzfläche ein Loch, in das Leute hineinfielen." Die Konzertbesucher, die vor der Bühne gestanden hatten, verschwanden durch die Öffnung, wo Augenblicke zuvor noch der Fußboden gewesen war. Bad Religion unterbrachen ihr Set und die Leute, die rechts vor der Bühne standen, protestierten lautstark, da sie von dem Vorfall noch nichts mitbekommen hatten. Doch die Schreie jener Fans, die von der Bildfläche verschwunden waren oder Gefahr liefen, in das Loch zu fallen, übertönten sie locker. Eine gewaltige Staubwolke stieg auf, als immer mehr Leute hineinstürzten.

Die Band wurde rasch von der Bühne und aus dem Gebäude hinaus eskortiert, während sich Fans und Clubangestellte um die Betroffenen kümmerten. Das Loch, das sich vor der Bühne aufgetan hatte, war riesig – ungefähr 20 Meter lang, zwölf Meter breit und zwischen viereinhalb und sechs Meter tief. Hunderte Fans waren in diesem Schlund verschwunden. Ihre Schreie, die nach oben drangen, erinnerten an eine Szene aus einem Katastrophenfilm. Es dauerte 20 Minuten, bis der erste Rettungswagen eintraf, und ganze zwei Stunden, bis alle Verletzten geborgen waren. Zum Glück war niemand ums Leben gekommen.

Die Band hatte Fragen und verlangte Antworten. Was war vorgefallen? Waren etwa zu viele Tickets verkauft worden? Verfügte der Club über alle notwendigen behördlichen Genehmigungen? Der Veranstalter bestand darauf, dass in derselben Disco in der Vergangenheit schon Veranstaltungen mit bis zu 4.000 Besuchern stattgefunden hätten. Laut der Zählung der Band hatten sich weniger als 3.000 Leute im Konzertbereich aufgehalten. Rückblickend hätten die provisorischen Stützvorrichtungen als Warnsignal ausreichen müssen, um zu begreifen, dass es sich hier um eine unsichere Konstruktion gehandelt hatte.

Der Tontechniker von Bad Religion, Ronnie Kimball, dokumentierte den Schaden mit seiner Fotokamera, die ihm jedoch auf dem Weg nach draußen abgenommen wurde. Weder die Clubbetreiber noch die ortsansässige Polizei wollten, dass sich dieser Vorfall herumsprach. Auch drängten sie die Band, San Sebastian auf schnellstem Wege zu verlassen.

Zur großen Überraschung von Bad Religion erhielt das Fiasko in den Medien nur minimale Aufmerksamkeit. Weniger als zwei Wochen später stürzte bei einem Konzert von Pink Floyd in London eine Tribüne ein. Fast 100 Fans waren davon betroffen, doch keiner wurde verletzt. Über diese Geschichte wurde sowohl in den USA als auch in Europa ausführlich berichtet. Nicht nur deshalb wunderte sich die Band über die verdächtige mediale Ruhe nach dem Zwischenfall in San Sebastian. „Bis heute sprechen uns Leute in Spanien an, dass sie damals auf diesem Konzert waren", so Greg.

Es ist ein kleines Wunder, dass dieser Gig nur als eines der kürzesten Konzerte der Band in die Annalen von Bad Religion einging – und nicht als ihr tödlichstes. Obwohl sich die Tragödie in Europa herumsprach, wussten nur wenige amerikanische Fans von dieser Episode, bevor die Band sie in ihrem Newsletter *The Bad Times* zur Sprache brachte. (Dieses Rundschreiben erschien zwischen 1994 und 2001 in unregelmäßigen Abständen elf Mal.)

Obwohl die Band, ihre Crew und der Großteil der Fans an diesem Abend von dem Unglück verschont geblieben waren, hatten Bad Religion auch so ein paar äußerst turbulente Monate hinter sich. Nun waren sie sehr darauf bedacht, das Gefühl, den Boden unter den Füßen zu verlieren, endlich wieder abzuschütteln.

17
Der schnellste Fahrer sitzt am Steuer

Als die *Ain't Life a Mystery*-Tour zu Ende ging, herrschte große Übereinstimmung innerhalb der Band, dass es ein brillanter Schritt gewesen war, Brian Baker zu engagieren. Er war ein noch besserer Musiker als angenommen und vermochte Dinge auf seiner Gitarre zu spielen, die keiner der anderen Gitarristen, die bis dahin bei Bad Religion gespielt hatten, auf die Reihe gebracht hätte. Außerdem verfügte er über Erfahrung in der Welt des professionellen Rock-Business, die seinen Bandkollegen fehlte.

„Als ich mich Bad Religion anschloss", erzählt Brian, „hatte ich in Bezug auf Major-Labels mehr Praxiserfahrung als die anderen. Auch war ich öfter als alle andere Bandmitglieder mit einem Tourbus unterwegs gewesen. Mit Junkyard hatte ich große Platten aufgenommen. Ich kannte mich bereits aus in der Welt der Major-Labels, großen Studios und berühmten Produzenten. *Stranger Than Fiction* war hingegen ihr erstes Album auf diesem Level. Ich hatte das bereits hinter mir. Es war mir vertraut. Ich hatte keinerlei Berührungsängste."

Mit anderen Worten: Keine Bühne war zu groß für Brian. Doch er hatte noch mehr vorzuweisen als jede Menge Underground-Erfahrung und qualifizierte Sachkenntnisse in der Oberliga des Rock. So brachte er mit seiner dynamischen Persönlichkeit auch willkommenen Schwung in die Band. Er war ein cleverer, scharfsinniger und sarkastischer Zeitgenosse, der einen endlos unterhalten konnte. Außer vielleicht wenn man selbst in den Fokus seines Spotts geriet. Bobby, der für die Hintergrundgeschichten des Rock'n'Roll brannte, war jedenfalls ganz aus dem Häuschen: „Wow, ich spiele in einer Band mit einem Typen von Minor Threat!"

Zwar sind eine solide Arbeitsmoral und Talent überaus wichtige Eigenschaften für einen Musiker auf Tour, doch sein Charakter spielt eine ebenso entscheidende Rolle. Profi-Musiker verbringen in der Woche nur wenige Stunden miteinander auf der Bühne, aber in der restlichen „Freizeit" sollte man zum Wohle der Band auch miteinander klarkommen. Sinn für Humor, eine unkomplizierte Art und ein schlechtes Gedächtnis sind essenzielle Faktoren für die Langlebigkeit und den langfristigen Erfolg einer Band. Der Charakter steht über allem.

„Nachdem wir ein paar Shows mit Brian gespielt hatten", berichtet Jay. „begriffen wir, dass wir die richtige Entscheidung getroffen hatten. Wir konnten Brett nicht eins zu eins ersetzen, also engagierten wir einen verdammt guten Gitarristen mit einem beeindruckenden Resümee, der sich dann auch noch als richtig cooler Typ entpuppte. Mit der Zeit mochte ich ihn immer mehr. Uns verband eine Menge, obwohl wir auch das völlige Gegenteil voneinander waren. Ganz ehrlich gesagt, der schrägste Nebeneffekt von Bretts Ausstieg war, dass ich einen brandneuen besten Freund erhielt."

Jay war nun schon eine Zeitlang trocken. Von Brian konnte man das auf keinen Fall behaupten. Er genoss seinen Lifestyle als Rockstar und machte auch kein Geheimnis daraus. Oder wie er selbst es ausdrückt: „Ich wollte mir tonnenweise Koks durch die Nase ziehen, erster Klasse fliegen und bei gigantischen Festivals spielen. Aus allem machte ich das Beste und hatte einen Mordsspaß dabei. Ich war noch nicht völlig abgehalftert und auch noch kein beklagenswerter Alkoholiker." Jay genoss die Gesellschaft seines neuen Bandkollegen, selbst wenn Brian trank. „Er war immer großartig drauf. Also war es mir egal, dass er trank und auf den Putz haute. Eben weil es so lustig mit ihm war. Ich musste ja nicht mittrinken."

Brian betrat zu einer Zeit die Bildfläche, als Bad Religion immer populärer wurden. Großen Anteil daran trug ihre Plattenfirma, die sich ordentlich ins Zeug legte, Profit aus der globalen Kommerzialisierung des Punkrocks zu schlagen. Nicht alle Fans fanden das gut. In Deutschland verkauften ein paar geschäftstüchtige Punks T-Shirts mit dem Crossbuster-Logo und dem Slogan „DAS IST KEIN PUNKROCK, SONDERN SONY". Trotz solcher abfälligen Reaktionen verkaufte die Band nun weit mehr Konzerttickets und trat in signifikant größeren Hallen auf. So traten Bad Religion in der Lisbergshallen im schwedischen Göteborg auf, wo SNFU und Green Day für sie den Abend eröffneten. „In Europa warteten sie noch auf ihren Durchbruch", kommentiert Bobby die prominente Vorgruppe. „Dort waren sie noch absolute Nullen. Wir spielten in Schweden und in die Halle passten mindestens 6.000 oder 7.000 Leute hinein. Ich dachte: *Diese Hütte bekommen wir auf keinen Fall voll.* Am Abend hieß es dann, dass 8.000 Konzertbesucher da wären."

Unmittelbar nach ihrer Europatournee machte sich die Band bereits startklar, um den ersten Abschnitt ihrer *Stranger Than Fiction*- Tour durch Nordamerika in Angriff zu nehmen. Die sechswöchige Konzertreise umfasste auch zwei Auftritte in Jays neuer Heimatstadt Vancouver. 1995 begaben sich Bad Religion zum ersten Mal nach Japan, wo sie Konzerte in Osaka, Nagoya, Tokio und Sendai absolvierten. Eine Show in Sapporo wurde auch noch angehängt, da zwei Monate zuvor ein verheerendes Erdbeben Kobe, das ursprünglich als Konzertort vorgesehen war, erschüttert hatte. Vor ihrer Rückkehr aufs amerikanische Festland gaben Bad Religion auch noch zwei Konzerte auf Hawaii.

Die Band war fast sechs Monate auf Achse gewesen. Bad Religion hatten viel Zeit miteinander in Tourbussen, Garderoben und Hotelzimmern verbracht und versucht, ja keine Langeweile aufkommen zu lassen. Es mag aber durchaus überraschen, dass sie in dieser Zeit anfingen, sich für die nordamerikanische Automobilsportserie NASCAR zu begeistern. Auch wenn dieses Hobby für ein paar alte Punks relativ schrullig zu sein schien, gab es doch auch etliche Überschneidungen zwischen einem Stockcar-Rennstall und einer Rockband. Immerhin müssen beide jede Menge teure Ausrüstungsstücke so effektiv und schnell wie möglich quer durchs Land transportieren. Von beiden werden spezielle Fähigkeiten in Hochdrucksituationen verlangt. Beide müssen sich auf die jeweils bevorstehende Veranstaltung konzentrieren und im Anschluss alles zusammenpacken, um zum nächsten Event weiterzureisen. Man steht in Konkurrenz mit anderen Teams beziehungsweise Bands, die aber gleichzeitig auch Rückhalt bieten, da niemand sonst das Auf und Ab der jeweiligen Profession so gut versteht wie sie.

Die Arbeitsmoral und Vorgehensweise von Rennställen inspirierte die Band und eines ihrer organisatorischen Grundprinzipien. „*Der schnellste Fahrer sitzt am Steuer.* Das ist ein Zitat des Rennfahrers und Sportkommentators Darrell Waltrip", klärt Brian auf. „Das bedeutet, dass derjenige, der eine Aufgabe am effizientesten und schnellsten erledigen kann, auch mit dieser Aufgabe betraut werden soll. Das ist bis heute unsere Sicht der Dinge."

Dieses Mantra wurde auf alles, was die Band auf und abseits der Bühne trieb, angewendet. Daraus resultierten eine kameradschaftliche Hemdsärmeligkeit und spontane Flexibilität, die Bad Religion stets gute Dienste erwiesen. Auch waren dadurch sowohl die Band als auch die Crew angehalten, ihre Egos stets hintanzustellen. Wer darauf bedacht war, seinen Job zu behalten, musste ihn eben gut erledigen und dabei keine gröberen Spannungen auslösen. Sollte das nicht möglich sein, würde halt ein anderer für ihn einspringen.

Das Interesse der Band an flotten Boliden und ihren waghalsigen Piloten begünstigte auch eine beunruhigende Beobachtung hinsichtlich eines ihrer Busfahrer. Denn ihr fiel auf, dass der gute Mann gerne die Bremsen überhitzte und auch sonst kein sonderlich fähiger Fahrer war. Brian nahm außerdem wahr, dass er ständig an irgendetwas nuckelte – und Brian war sich ziemlich sicher, dass es sich dabei nicht um Mineralwasser handelte. „Immerhin bin ich selbst Alkoholiker“, erklärt Brian lapidar. „Mir fallen solche Dinge auf.“

Brian kam zu dem Schluss, dass ihr Fahrer während der Arbeit trank und angeschickert den Bus lenkte. Nachdem er die anderen Bandmitglieder davon in Kenntnis gesetzt hatte, stellte die Gruppe den Busfahrer vor ein Ultimatum. Brian erinnert sich an diese Unterredung:

BAD RELIGION: Folgendes, wir finden dich ja echt prima und so, aber du musst dich entscheiden. Du kannst gerne weiterhin für uns arbeiten, musst aber mit dem Trinken aufhören – oder du musst dich von uns verabschieden.

FAHRER: War nett, euch gekannt zu haben, Jungs!

Einen Ersatzmann aufzutreiben, war kein Problem, da Bad Religion so gefragt waren wie nie zuvor. Im Sommer begab sich die Band auf eine kurze Europa-Tour, bevor sie Pearl Jam auf deren viel geschmähte *Vitalogy*-Tour begleitete. Pearl Jam hatten gegen das Veranstaltungsunternehmen und vermeintlichen Monopolisten Ticketmaster klar Stellung bezogen und sowohl den Konzern selbst als auch Veranstaltungsorte, die mit diesem kooperierten, mit einem Boykott belegt. Nun musste die Band sich selbst um jedes Detail ihrer Tour kümmern, was einen enormen Aufwand mit sich brachte. Das lastete schwer auf den Schultern des passionierten Frontmannes der Band. Als Eddie Vedder erkrankte, fielen gleich mehrere Shows ins Wasser, was wiederum die Fans in

Rage versetzte. Trotz all dieser Unbilden durften Bad Religion vor gewaltigen Menschenmengen auftreten, die zum Teil nicht mit ihrer Musik vertraut waren.

„Die *Vitalogy*-Tour war ein großes Ding", erinnert sich Greg. „Wir spielten im Soldier Field in Chicago und im Golden State Park in San Francisco vor jeweils 100.000 Menschen. Damit waren diese Gigs unsere allergrößten Konzerte überhaupt."

Während sich Bad Religion als wahre Kilometerfresser herausstellten, schrieb Greg weiter an neuen Songs. Als nunmehr einziger Songwriter der Band spürte er den Druck, Atlantic Material für ein ganzes Album zu liefern und widmete sich seiner Aufgabe mit großer Sorgfalt. So nahm er sich auch eine Auszeit von seinem Doktorandum. Bobby und Brian reisten nach Ithaca, um in Gregs Heimstudio, das jetzt den Namen Polypterus Studios trug, das neunte Studioalbum der Band vorzubereiten. Es sollte schließlich den Titel *The Gray Race* tragen. Hetson war zu dieser Zeit unabkömmlich, da er mit den Circle Jerks auf Tour deren eigenes Major-Label-Debüt und unterm Strich letztes Album *Oddities, Abnormalities and Curiosities* promotete, über das man aber ansonsten besser den Mantel des Schweigens ausbreitet.

„Greg lud uns nach Ithaca ein, weil er ein paar neue Songs für uns hatte", erinnert sich Bobby. „Brian und ich probten dort ungefähr zwei Wochen lang. Greg hatte schon eine ziemlich klare Vorstellung von dem, was er machen wollte. Wir fütterten ihn noch mit unserem Input und das Ergebnis war der Hammer. Wir hatten großen Spaß bei der Arbeit. Alles verlief überaus positiv."

Diese Erfahrung war Neuland für Brian. Obwohl er schon vor der *Ain't Life a Mystery*-Tour nach Ithaca geflogen war, um ein – wie er es bezeichnet – „Gesangscamp" zu durchlaufen, hatte er sich bisher noch nicht mit Greg zusammengesetzt, um an neuem Material zu basteln. „Auf diese Weise hatte ich eigentlich noch nie komponiert", berichtet Brian. „Ich schrieb immer nur dann die Texte, wenn es niemand anderen gab, der sich darum kümmerte, etwa bei Dag Nasty, weil wir da noch nicht wussten, wer bei uns singen würde. Aber ich hielt mich nie für einen Texter. Ich kann einen aussagekräftigen Songtext ganz gut imitieren, weil ich ja kein dummer Junge bin. Aber wenn ich mal morgens mit einer Idee aufwache, dann ist das eher ein Riff. Eigentlich denke ich nie darüber nach, was der Sänger machen soll."

Das war das totale Gegenteil von Gregs Zugang zum Thema Songwriting. „Ein Song leitet sich von einem Gefühl ab", findet der. „Es muss einem irgendwie gelingen, die richtigen Worte zu finden, um eine Emotion auszudrücken. Die Musik ist nur Beiwerk. Sie ist der Sound, den man in seinem Kopf hört, und der die Melodie begleitet. Die Melodie steht nur an zweiter Stelle. Viel wichtiger ist es, die richtigen Worte zu finden."

Trotz ihrer unterschiedlichen Herangehensweisen gelang es ihnen, gemeinsam auf einen grünen Zweig zu kommen. Brian steuerte musikalische Ideen bei, die er im Verlauf der Tour gesammelt hatte. Greg suchte sich ein paar der Riffs aus, um die Songs als Team auszufeilen. Ein Vorschlag hier oder eine Änderung dort verwandelten einen Hook dabei mitunter zu etwas noch Besserem. Brian schätzt, dass er zu gut einem Viertel der Songs auf *The Gray Race* einen nachhaltigen Beitrag beisteuern konnte.

„Ich liebe den Song ‚Nobody Listens', an dem wir beide gearbeitet haben", erzählt Brian. „Aber auch den Titelsong, ‚The Gray Race'. Andererseits hatte ich mit ein paar meiner Lieblingssongs auf dem Album rein gar nichts zu tun. Ich spiele da nur. ‚Drunk Sincerity' zum Beispiel. Den hatte Greg bereits fertig."

Der Löwenanteil an den neuen Songs ging allein auf Gregs Kappe, und er ging mit demselben rigorosen Eifer zur Sache, den er auch als Akademiker an den Tag legte. „Letzten Endes geht es beim Schreiben eines Songs um Selbstkontrolle", doziert Greg. „Einen Großteil von dem, was man tagsüber so macht, kann man abends wieder entsorgen. Weil es einfach nicht gut genug ist. Man glaubt zwar zunächst, dass es cool klingt, aber unterm Strich reicht es dann eben doch nicht aus. Das ist harte Arbeit und kein Vergnügen. Es kann sogar ganz schön qualvoll sein, aber wenn man einen Song gut hinbekommt, ist das eine äußerst lebensbejahende Erfahrung. Ein richtiges Hochgefühl."

Für Greg war das Songwriting für *The Gray Race* ein intensives Erlebnis. In Interviews sprach er gelegentlich auch vom emotionalsten Album der Band. Obwohl es sich hier um kein Konzeptalbum handelt, gibt der Titeltrack die Richtung für den Rest der Platte vor. Mit der „grauen Rasse" ist die Menschheit an sich gemeint, da wir auf dem Planeten die einzige Spezies sind, die in der Lage ist, Dinge zu differenzieren und somit auch die Graustufen zwischen

Schwarz und Weiß abzuwägen versteht. Für uns gibt es mehr als nur den Kampf oder die Flucht, Fressen oder Gefressenwerden etc. Vielmehr begreifen Menschen Konzepte und Emotionen wie Liebe, Einfühlungsvermögen, Güte und andere altruistische Impulse. Sie sind die Gefühlsregungen, die unserem Leben einen Sinn verleihen. Trotz dieser Gefühlspalette erschafft unsere Art kontinuierlich Systeme, die das Schwarzweiß-Denken fördern und mitunter sogar erzwingen, was in weiterer Folge zu Krieg, Verderben und Hunger führt und sämtliche anderen Plagen unserer Existenz begünstigt. All dieses Ungemach könnte jedoch vermieden werden, wenn wir als Spezies enger zusammenarbeiten würden. Die Botschaft des Albums ist simpel: Entweder es gelingt uns, neue Wege der Koexistenz auf dieser Welt zu kreieren, oder wir sind dazu verdammt, uns gegenseitig auszulöschen.

Songs wie „Them and Us“, „Empty Causes“ und „Nobody Listens“ gehen näher auf diese These ein. „Punk Rock Song“ ist jene Nummer auf dem Album, die vielleicht am fröhlichsten klingt, doch die Botschaft dahinter ist letztlich von Pessimismus geprägt.

This is just a punk rock song
Written for the people who can see something's wrong
Like ants in a colony we do our share
But there's so many other fuckin' insects out there

Ihr „Punk Rock Song“, der für den deutschsprachigen Raum von Greg auch in deutscher Sprache eingesungen wurde, war ein Protestlied, das bei seiner Hörerschaft offene Türen einrannte. Die Nummer war eins der zahlreichen Beispiele im Repertoire der Band, die damit ihre Frustration gegenüber jenen zum Ausdruck brachte, die nicht einsehen wollten, dass etwas schieflief. Oder die Punks nur dem Namen nach waren. Der Song legt nahe, dass es nicht ausreicht, bloß Konzertkarten und T-Shirts zu kaufen. Man muss schon etwas mehr Initiative an den Tag legen. Wenn man nicht zu einer Besserung der Zustände in der Welt beitragen will, ist man unweigerlich ein Teil des Problems. Die letzte Strophe machte das unmissverständlich klar, indem sie eine Reihe von Zahlen abspult, die den vermeintlichen Bankrott der Grauen Rasse belegen sollen:

10 million dollars on a losing campaign
20 million starving and writhing in pain
Big strong people unwilling to give
Small in vision and perspective
One in five kids below the poverty line
One population runnin' out of time

Sobald die Band mit ihrem Material glücklich war, arbeitete sie mit ihrem Management daran, einen passenden Produzenten für das Album zu finden. Sie einigten sich auf Ric Ocasek, den Frontmann der Cars. Ocasek hatte schon mit den legendären Bad Brains zusammengearbeitet und erst unlängst das Debütalbum von Weezer betreut, das der Band den sofortigen Durchbruch bescherte. Noch wichtiger war aber, dass er einerseits ein Produzent war, der sich aktiv einbrachte, und andererseits auch als Songwriter zu brillieren verstand, was für Greg eine sehr wichtige Rolle spielte.

„Bad Religion profitieren immer von Zusammenarbeit", betont er. „Alles basiert auf Zusammenarbeit. Nach Bretts Ausstieg wusste ich, dass ich jemanden bräuchte, der in seine Fußstapfen treten könnte – als Fürsprecher aber auch Kritiker von Songs. Jemand, der es verstand, das Schiff in kreativer Hinsicht auf Kurs zu halten. Ric füllte diese Rolle ideal aus."

Angesichts der Lage, in der sich Greg nun wiederfand, wäre es nur allzu verständlich gewesen, wenn er darauf bestanden hätte, fortan der einzige Kapitän von Bad Religion zu sein. So hätte er ganz einfach einen Produzenten anheuern können, der im Studio nach seiner Pfeife getanzt hätte. Man muss ihm zugutehalten, dass Greg sich stattdessen nach jemandem umsah, der nicht nur Erfahrung und Renommee mitbrachte, sondern auch konstruktive Kritik beisteuern konnte. Greg wusste, dass er der Aufgabe auf sich alleine gestellt nicht gewachsen sein würde.

Die Aufnahmesessions zu *The Gray Race* starteten im Oktober 1995 und fanden in den Electric Lady Studios im New Yorker Greenwich Village statt. Das Etablissement war 1970 von Jimi Hendrix eingerichtet worden und unzählige legendäre Acts hatten über die Jahre hinweg dort aufgenommen – von Led Zeppelin über The Clash bis hin zu U2. Greg war angesichts all der neuen Möglichkeiten geradezu euphorisch. „Ich war begeistert, mit solch großartigen

Leuten zusammenzuarbeiten", erinnert er sich. „Wir hatten einen guten Manager und waren auf einem tollen Label. Wir konnten hinunter zur Rockefeller Plaza spazieren und bei der Plattenfirma vorbeischneien. Es war eine aufregende Zeit für mich. Ich war Vater zweier junger Kinder und sie kamen mich in der Stadt besuchen. Das war ein Riesenspaß."

Die Band bezog eine Mietwohnung an der Ecke Fiftieth Street und Third Avenue. Als Pop-Historiker der Band fiel Bobby auf, dass sich das Apartment unweit von Dee Dee Ramones alter Wirkungsstätte befand, wo er zunächst auf dem Bau gearbeitet und wenig später auf den Strich gegangen war.

Das neueste Bandmitglied freute sich ebenfalls über den Tapetenwechsel. „Ich wohnte in einem Apartment in New York City", erinnert sich Brian gerne zurück. „Ich nahm in einem der berühmtesten Studios der Welt mit einem unglaublich guten Produzenten auf, der auch noch ein lässiger Typ war und in einer ziemlich coolen Band spielte. Alles lief wie am Schnürchen und ich lebte den Traum vom Rockstar. Du hängst in Manhattan ab, triffst dich nach einem langen Tag im Studio auf ein paar Drinks mit anderen Musikern im Village. Es war so wie in den Büchern über Rockbands, nur dass es nun meine eigene Band war, die das erlebte."

Es schadete auch nicht, dass Ocasek selbst Gitarrist war und Brians Begabung zu schätzen wusste. Ihre Musikgeschmäcker deckten sich über weite Strecken und Brian war ein großer Fan des Weezer-Albums, das Ocasek unlängst produziert hatte. „Er war sehr entspannt", so Brian. „Er strahlte Selbstsicherheit aus und wusste genau, wie alles klingen sollte. Er war dabei aber kein Arschloch. Vielmehr hatte er das alles schon oft genug gemacht und auch ein paar sehr erfolgreiche Songs geschrieben. Wir verstanden uns ausgezeichnet – so gut sogar, dass er mich nach den Sessions bat, in seiner Solo-Band zu spielen."

Der Schreib- und Aufnahmeprozess zu *The Gray Race* bestätigte die Entscheidung, die Band auch nach Bretts Abschied am Laufen zu halten. Jegliche Zweifel, die die Mitglieder von Bad Religion nach dem Verlust ihres Gründungsmitglieds und kreativen Kopfes geplagt haben mochten, lösten sich nun in der Luft auf. Sie hatten ein paar erfolgreiche Tourneen absolviert, ein neues Album geschrieben und eine fabelhafte Zeit in New York City verbracht, während sie immer populärer geworden waren. All das legte nahe, dass der abrupte

Abgang von Brett Bad Religion mehr beschäftigt hatte, als ihre Fans. „Bretts Ausstieg vermochte es nicht, uns lahmzulegen", so Greg. „Wir können uns über all die Dinge unterhalten, die Brett und meine Beziehung zu etwas Besonderem machten, etwa unsere Partnerschaft als Songwriter oder unser Verhältnis als intellektuelle Weggefährten, aber wenn man die geschäftliche Seite ins Auge fasst, war den Fans sein Ausstieg völlig egal. Bis heute kann man unsere Fans fragen, wer welchen Song geschrieben hat, und sie werden antworten: ‚Na, der Sänger!' Sie wissen nicht, wer was geschrieben hat. Sie lieben einfach die Musik. Die Details des Songwritings spielen keine Rolle für sie."

Das wahrscheinlich einzige Bandmitglied, das den Aufnahmeprozess von *The Gray Race* nicht in guter Erinnerung behielt, war Hetson. Als Greg, Bobby und Brian in Ithaca an Songs arbeiteten, schickte Hetson ihnen ein Demo mit zwei Songs. Bobby ermunterte Hetson nachdrücklich, doch für ein paar Wochen nach Ithaca zu kommen: „Wir brauchen dich hier." Doch Hetson antwortete ihm, dass er immer noch bei den Circle Jerks eingespannt sei. Greg Graffin hatte zu diesem Zeitpunkt bereits zehn der Songs für das neue Album geschrieben und arbeitete gerade an weiteren Nummern. Außerdem hielt er nicht allzu viel von Hetsons Beiträgen, von denen einer noch nicht einmal fertiggestellt war. „Ich empfand sie als unpassend", gesteht Greg. „Das waren einfach keine Bad-Religion-Songs, noch nicht einmal Circle-Jerks-Songs."

So ging das nicht, vor allem nicht nach Bretts Ausstieg. Greg butterte schließlich jede Menge Blut, Schweiß und Tränen in die Songs für das neue Album. Da er seine Verpflichtungen noch nie auf die leichte Schulter genommen hatte, konzentrierte sich Greg darauf, die bestmöglichen Songs abzuliefern, um die loyalen Fans der Band von Bretts Abwesenheit abzulenken. Auf keinen Fall wollte er seine Ansprüche senken, um Hetson damit einen Gefallen zu tun. Die Situation eskalierte schließlich in den Electric Lady Studios. Hetson bestand darauf, einen seiner Songs für das Album aufzunehmen. Die Band war aber der Meinung, dass es dafür zu spät war; er hätte ja einfach Gregs Einladung nach Ithaca annehmen können, um etwas beizusteuern. So wie das Bobby und Brian getan hatten. Doch Hetson blieb stur. Greg schlug diplomatisch vor, dass der Produzent die Entscheidung treffen sollte, fügte jedoch hinzu, dass auf dem Album kaum noch Platz für einen Song von Hetson sein würde. Hetson verließ daraufhin abrupt das Studio und machte sich aus dem Staub. Da Bad Religion schon am nächsten Tag mit Ocasek die Arbeit am Album aufnehmen wollten, probten sie folglich ohne Hetson.

Am nächsten Morgen versammelte sich die verbliebene Band zu einem Kriegsrat, bei dem Greg enthüllte, dass er sich mit Hetson unterhalten hätte. Dieser hätte erklärt, er würde die Band nach Beendigung der Aufnahmen zum neuen Album verlassen. Die Band war sich einig, dass Hetson, wenn er gehen wollte, doch besser gleich seinen Hut nehmen sollte. Bad Religion konfrontierten ihren langjährigen Gitarristen mit einem Ultimatum: Wenn er am Abend im Studio erscheinen würde, wüssten sie, dass er weiterhin in der Band bleiben wolle. Wenn nicht, dann wäre es das für ihn. Hetson kreuzte aber auf und damit hatte es sich.

Die Band schloss die Aufnahmen zu *The Gray Race* im November ab und die einzelnen Mitglieder der Gruppe begaben sich heimwärts. Hatten sie einst alle in unmittelbarer Nähe zueinander im San Fernando Valley gewohnt, lebten sie nun über ganz Nordamerika verstreut. Greg kehrte nach Ithaca zurück, Jay flog nach Vancouver und die drei „Neuzugänge" Hetson, Bobby und Brian, die erst später zu Bad Religion gestoßen waren, verschlug es wieder zurück nach L.A. in die ursprüngliche Heimat der Band.

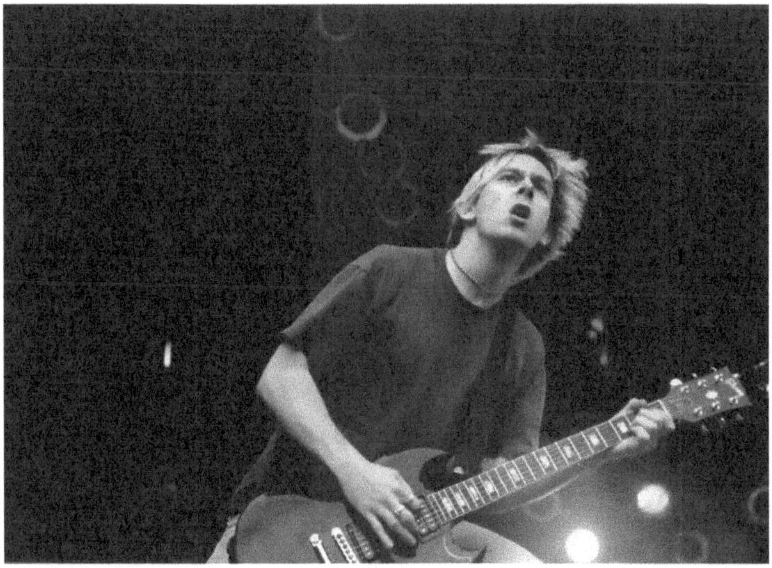

Brians erster Gig mit Bad Religion beim *Bizarre Festival* 1994

Thorsten Martin-Edingshaus

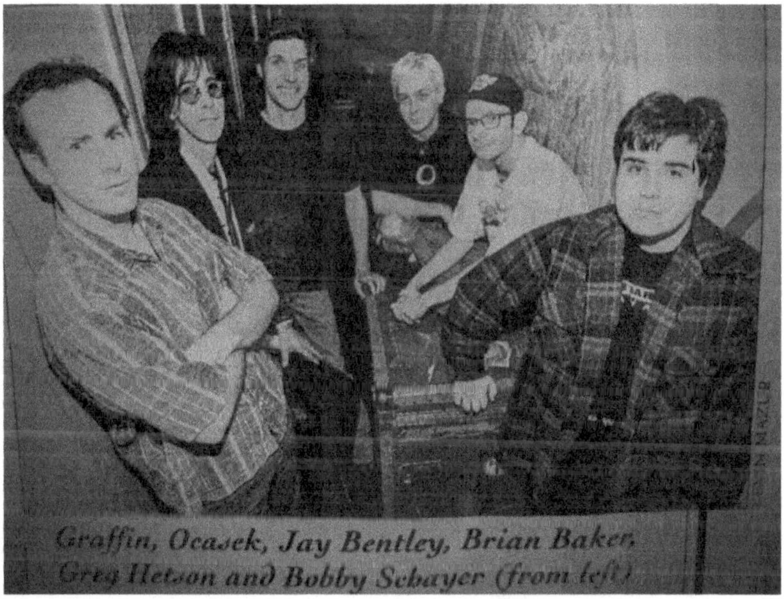

Während der Aufnahmesessions zu *The Gray Race* mit Ric Ocasek in den Electric Lady Studios in New York City *Kevin Mazur*

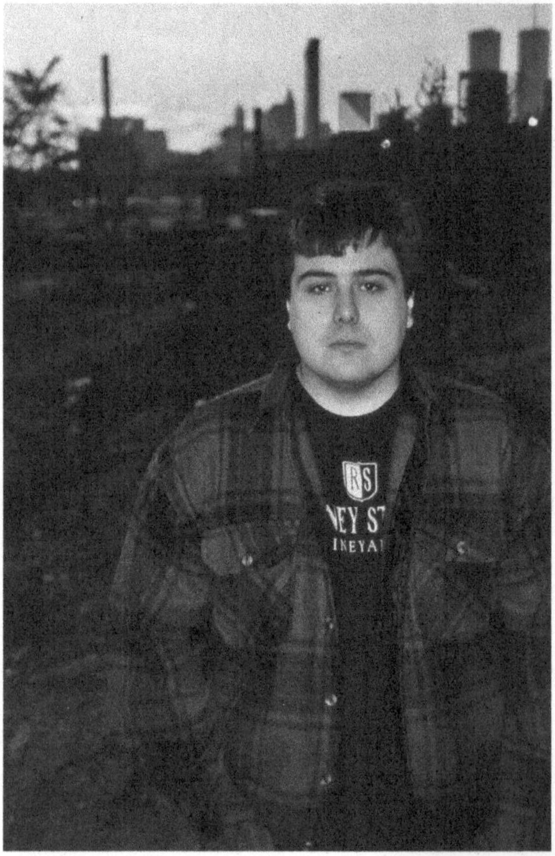

Bobby Schayer in New York *Walter St. Clair*

(rechts) Jay und Brian während der Tour mit Pearl Jam in Sacramento, Kalifornien (1996) *Walter St. Clair*

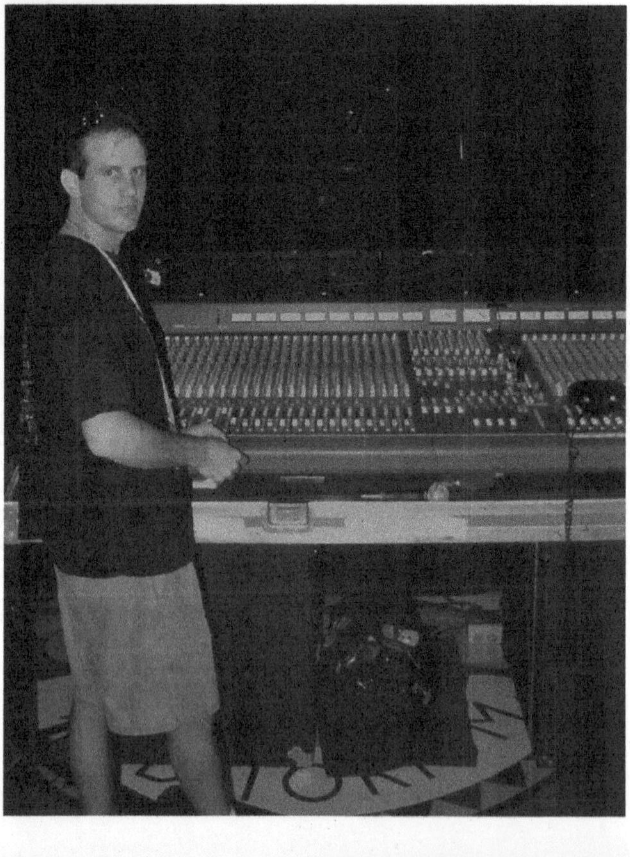

Ronnie Kimball ist seit der *The Gray Race*-Tour 1996 für die akustische Magie bei den Konzerten der Band zuständig. Noch heute steht er hinter dem Mischpult *Walter St. Clair*

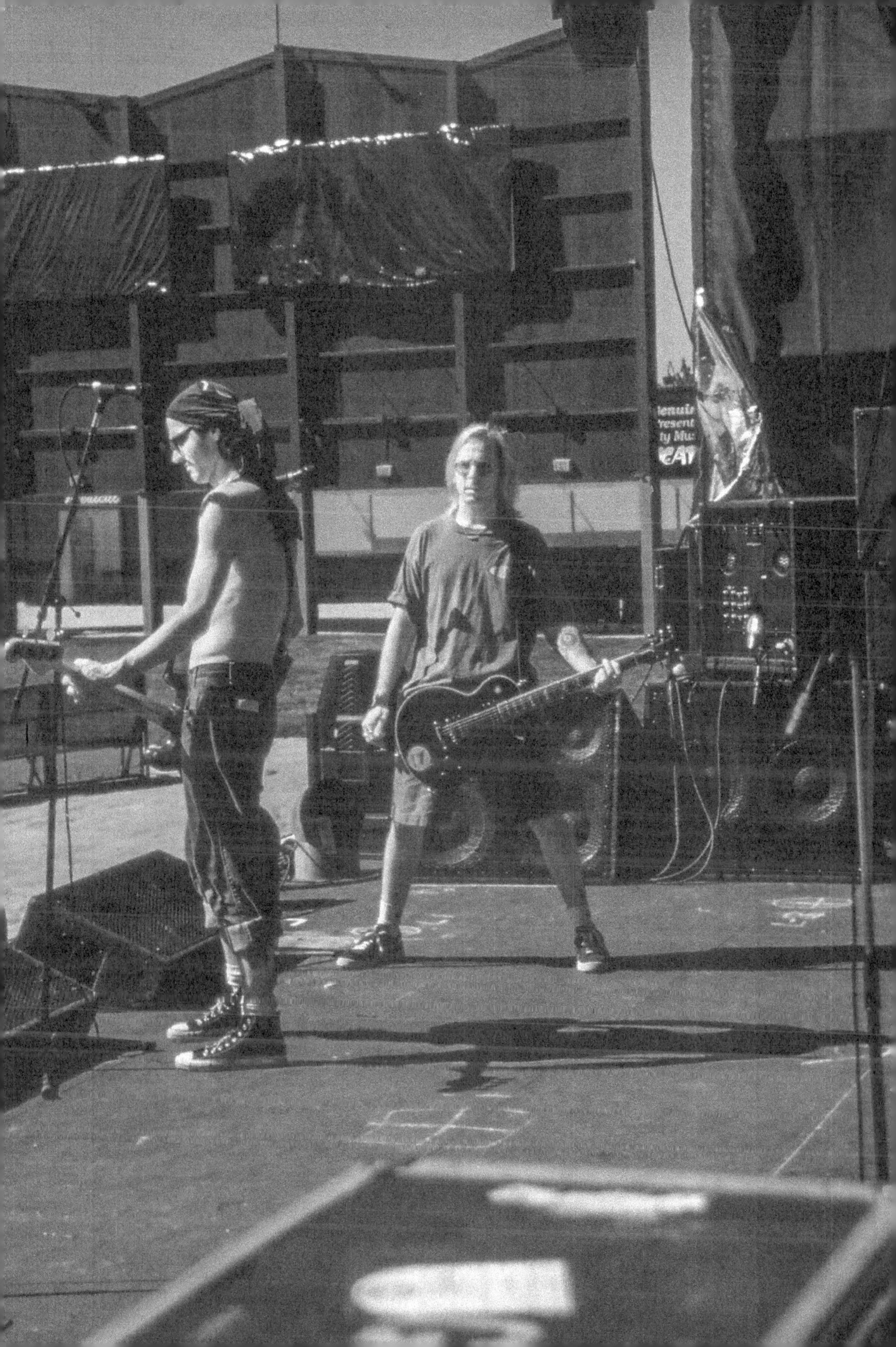

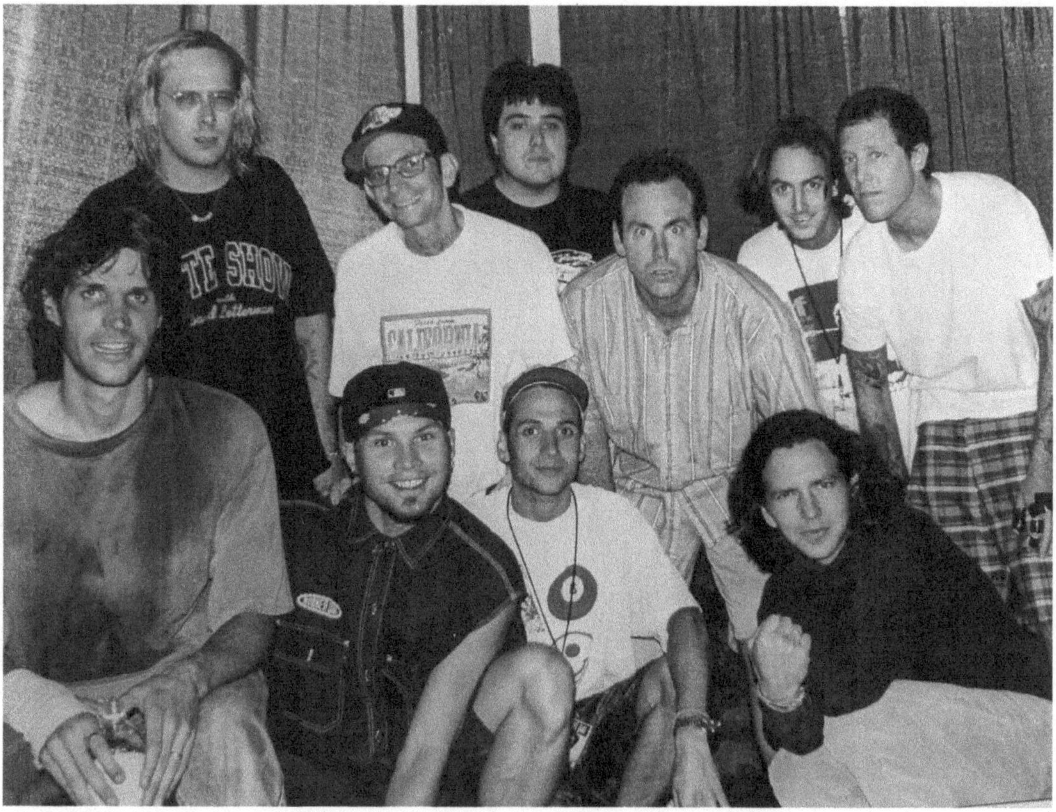

Bad Religion und Pearl Jam bei ihrer Show
im Soldier Field in Chicago 1996 *Michele Ceazan-Fleischli*

Jay trug diesen feschen Pyjama 1996 bei jeder einzelnen Show *Olaf Heine*

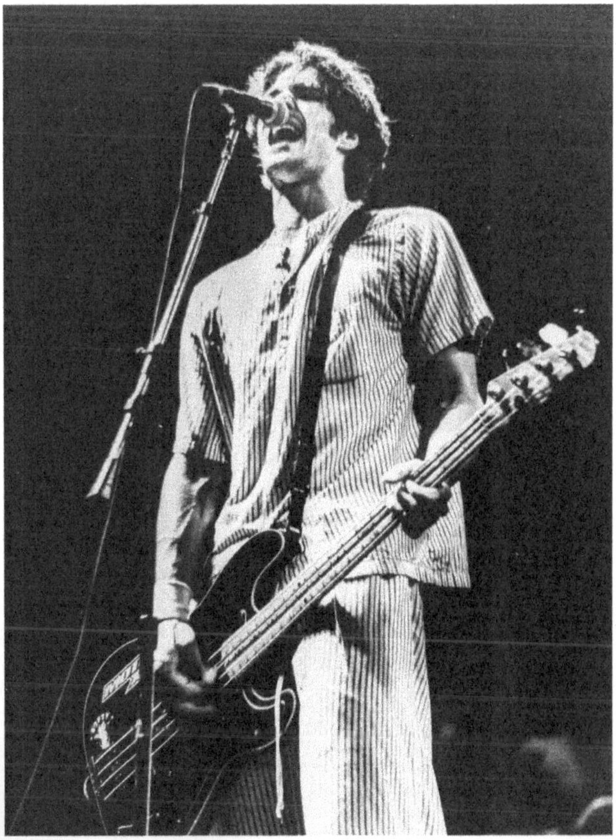

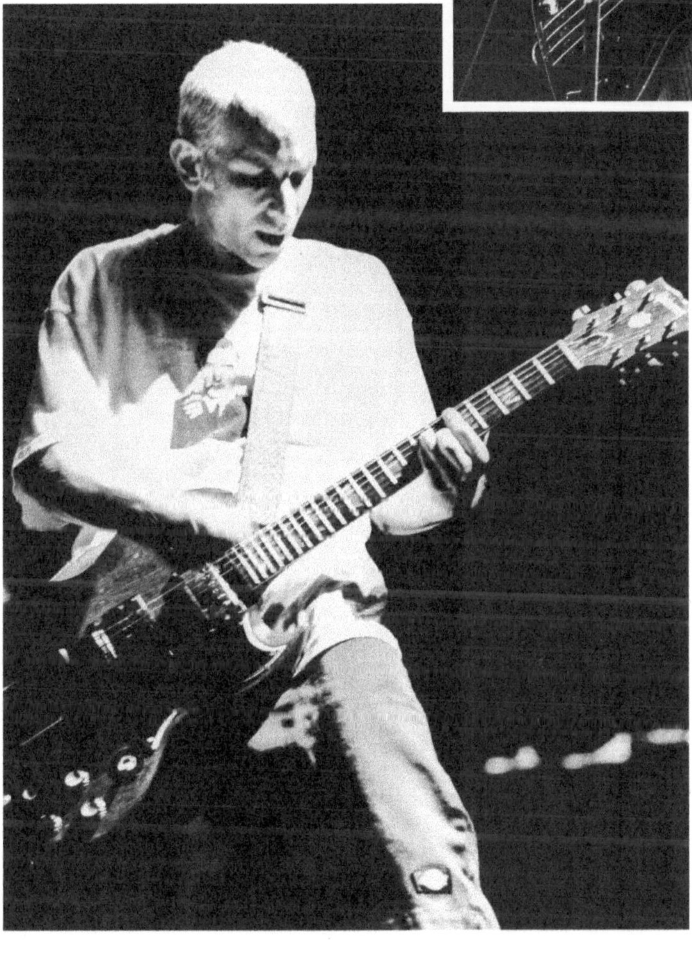

Hetson rockt Europa
Olaf Heine

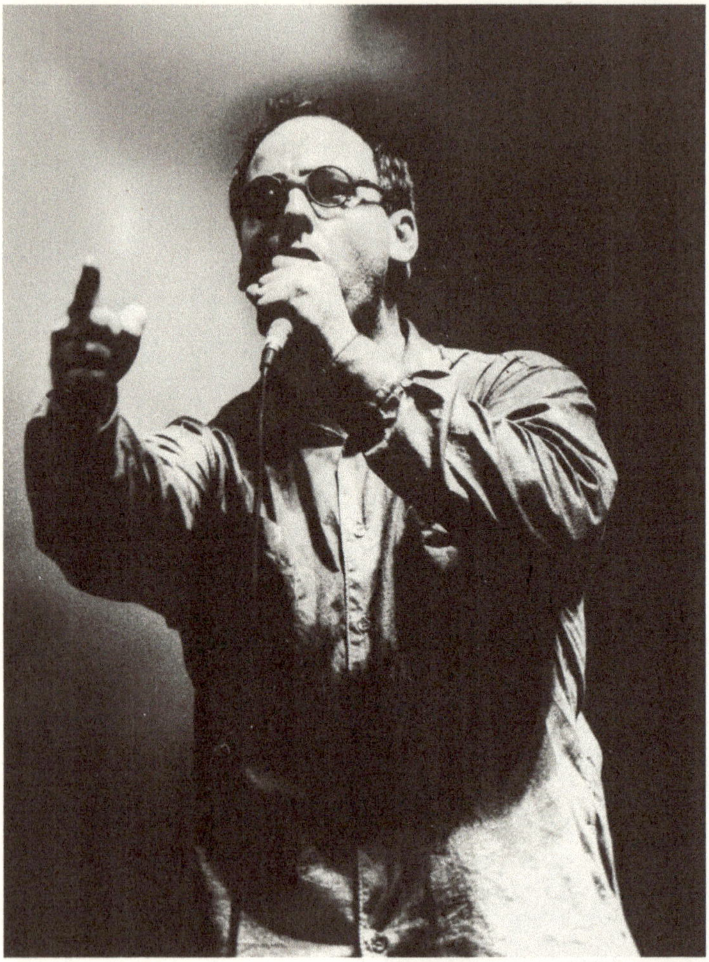

Greg Graffin im Jahr 1998

Olaf Heine

(rechts) In einem Favela in São Paulo, Brasilien (2000)

Olaf Heine

(rechts) Fototermin mit Jay, Brian, Greg, Hetson, Brooks und Brett anlässlich der Veröffentlichung von *The Process of Belief*

Olaf Heine

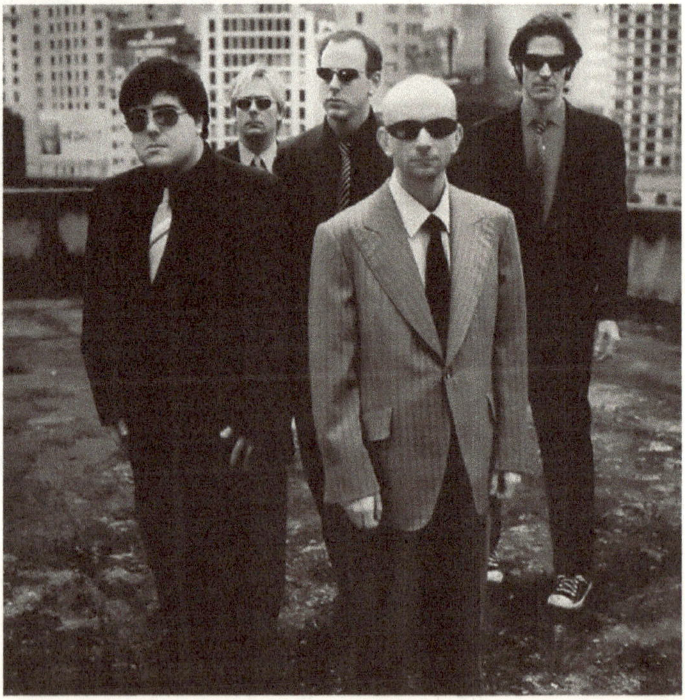

Promo-Foto für die Veröffentlichung von *The New America* auf dem Dach eines Hauses in Sao Paulo, Brasilien

unbekannt

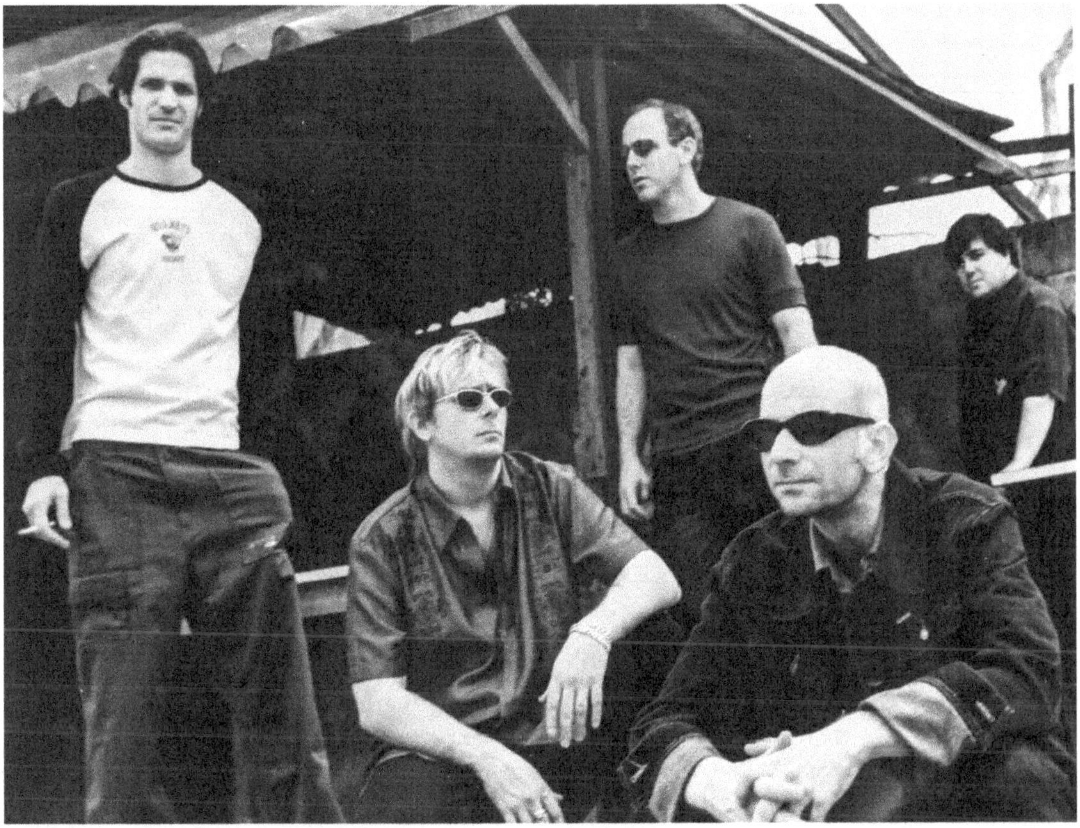

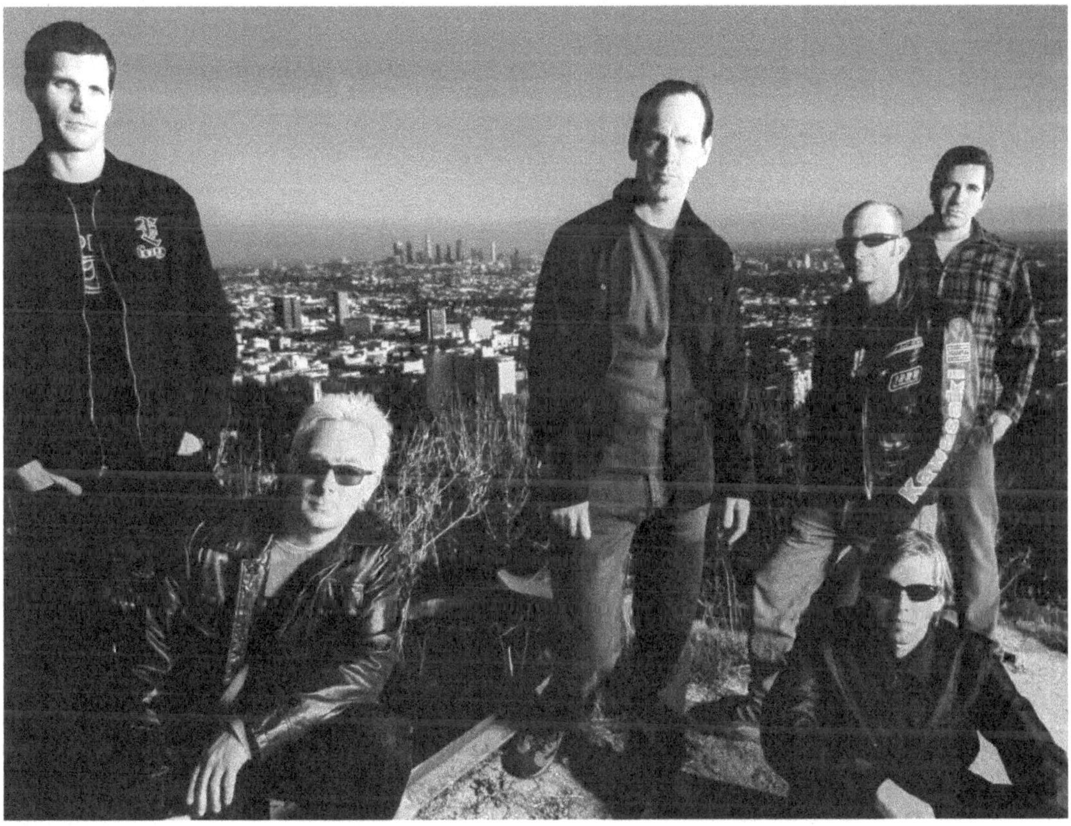

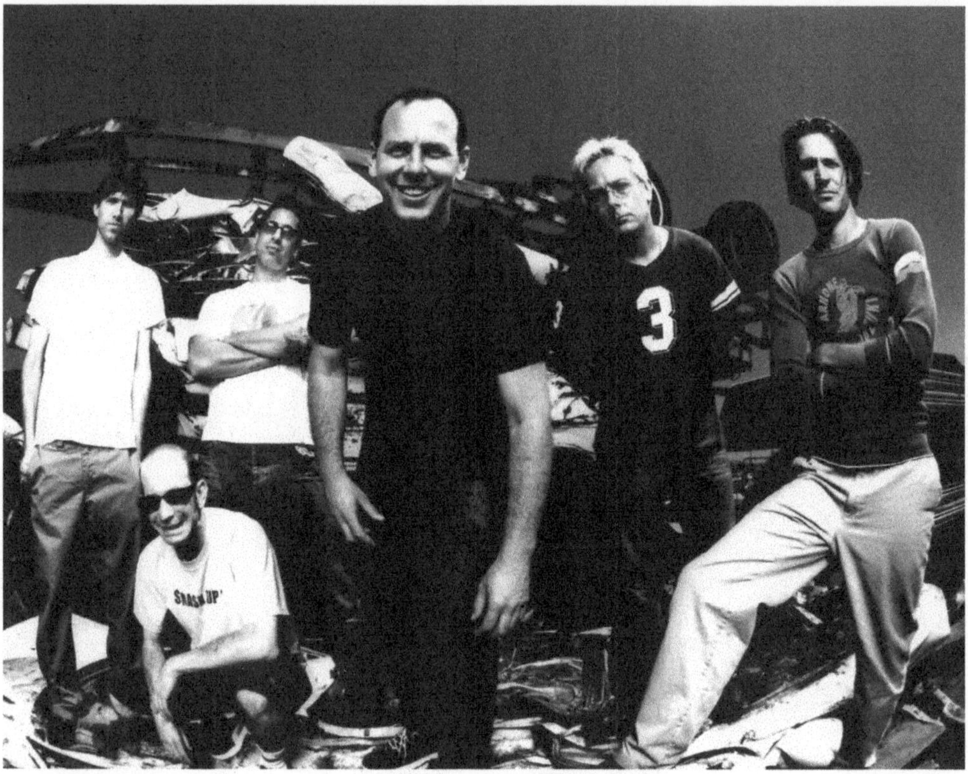

Auf einem Schrottplatz im San Fernando Valley anlässlich einer Fotosession zur Veröffentlichung von *The Process of Belief* Unbekannt

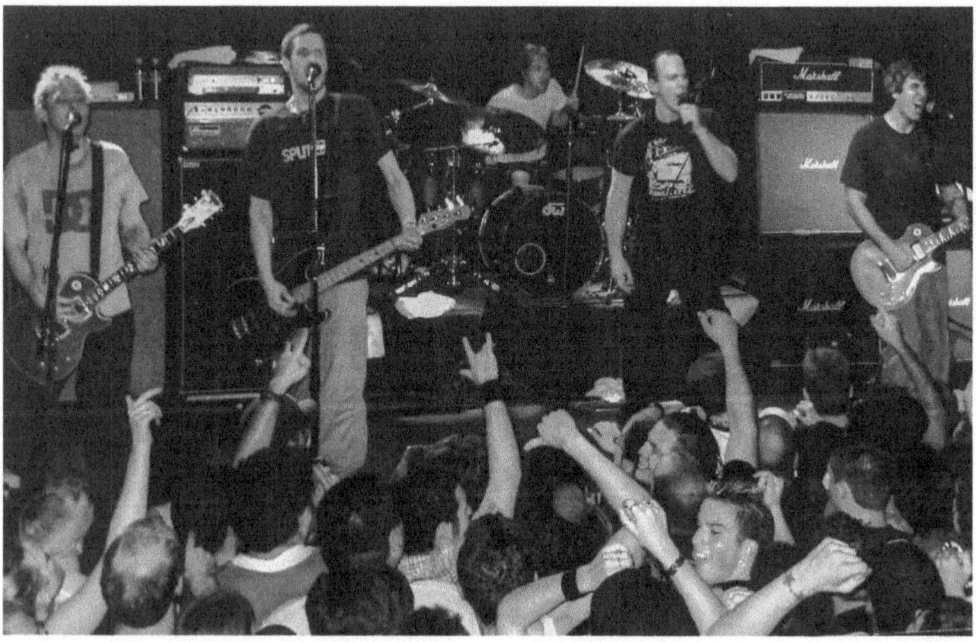

Auf der Bühne (circa 2002) *D.J. Farley*

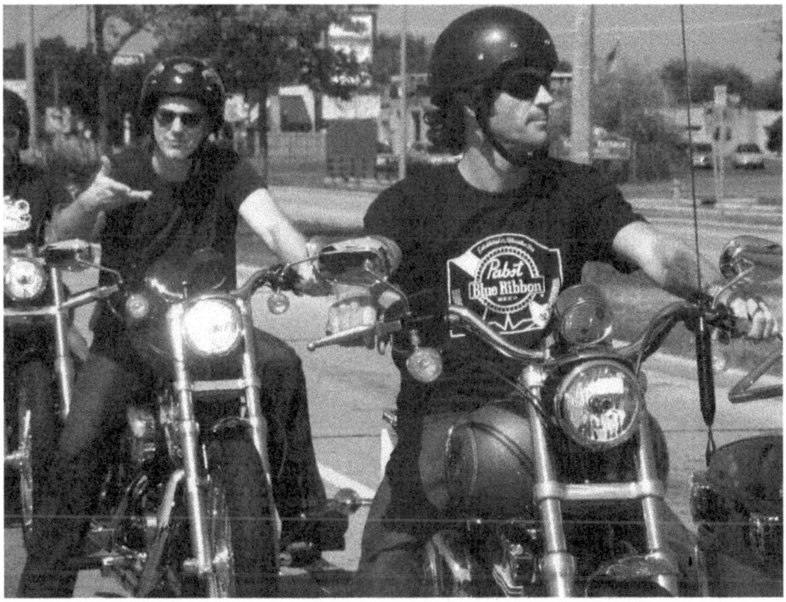

Hoch zu Ross während der *Warped*-Tour in Milwaukee *Unbekannt*

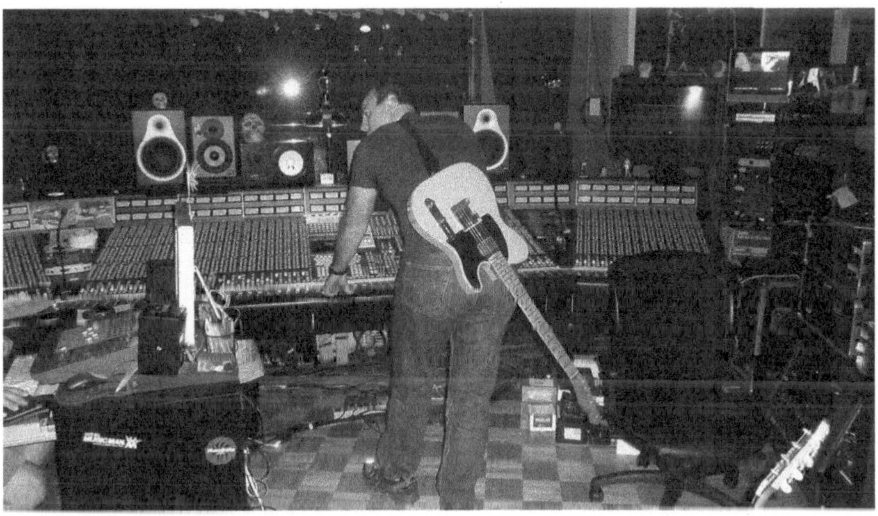

Greg im Studio während der Aufnahmen zu *The Dissent of Man* *Unbekannt*

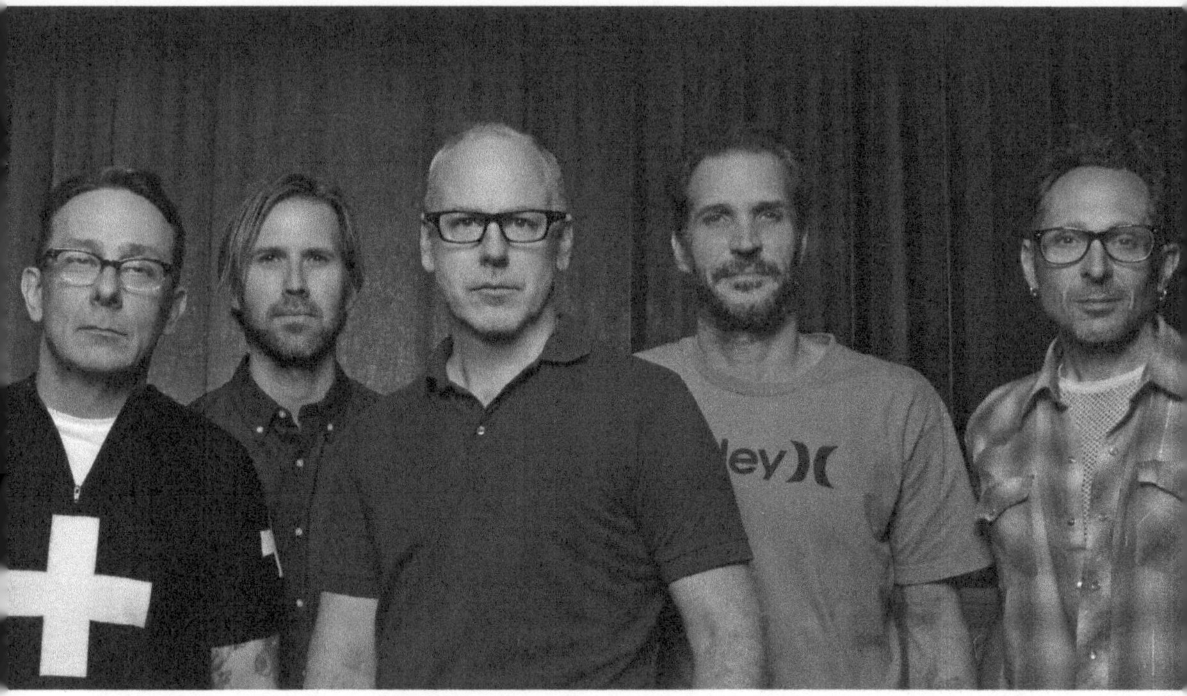

Brian, Brooks, Greg, Jay und Mike *Lisa Johnson*

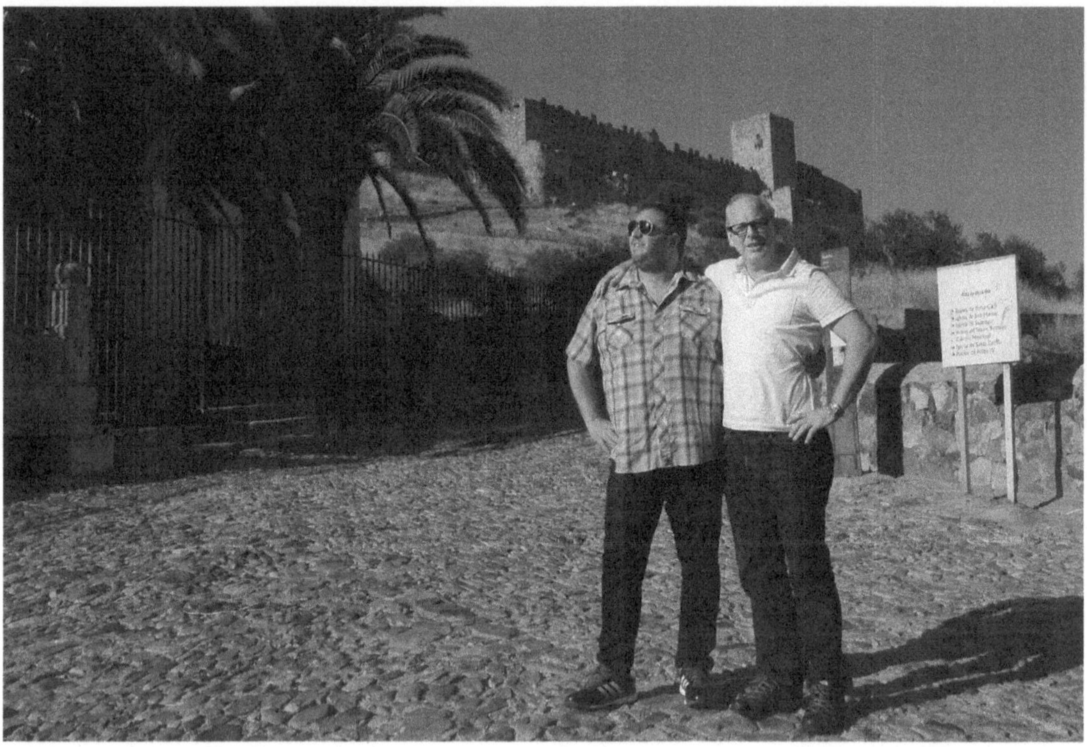

Tourmanager Rick Marino und Greg in Medellin, Spanien (2016) *Walter St. Clair*

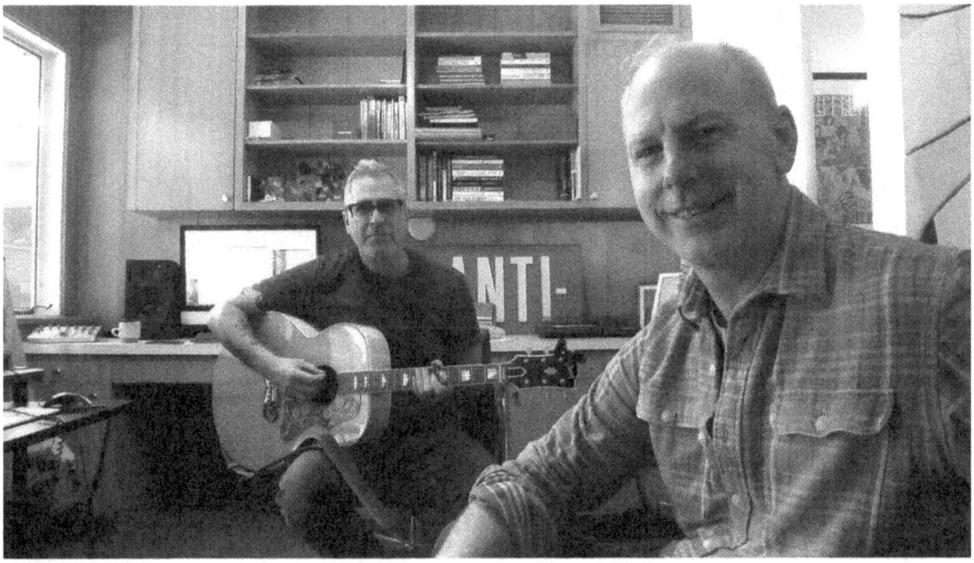

Beim Tüfteln an den Demos für *Age of Unreason* in Bretts Heimstudio in Pasadena *Walter St. Clair*

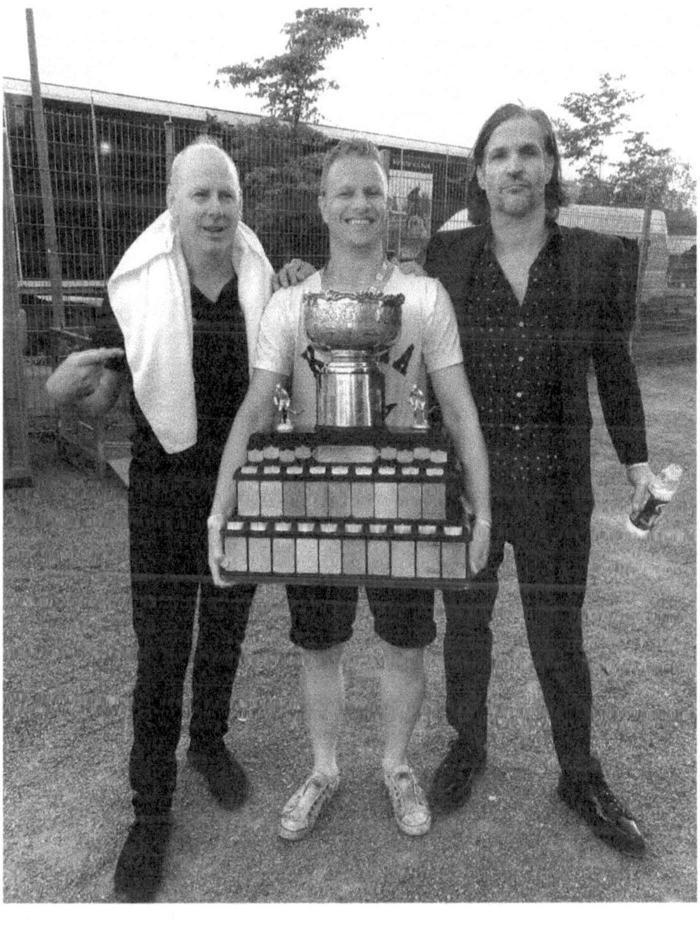

Jay und Greg mit Lasse Kukkonen, dem Kapitän der Eishockeymannschaft Oulun Kärpät, in Oulu, Finnland (2018) *Rick Marino*

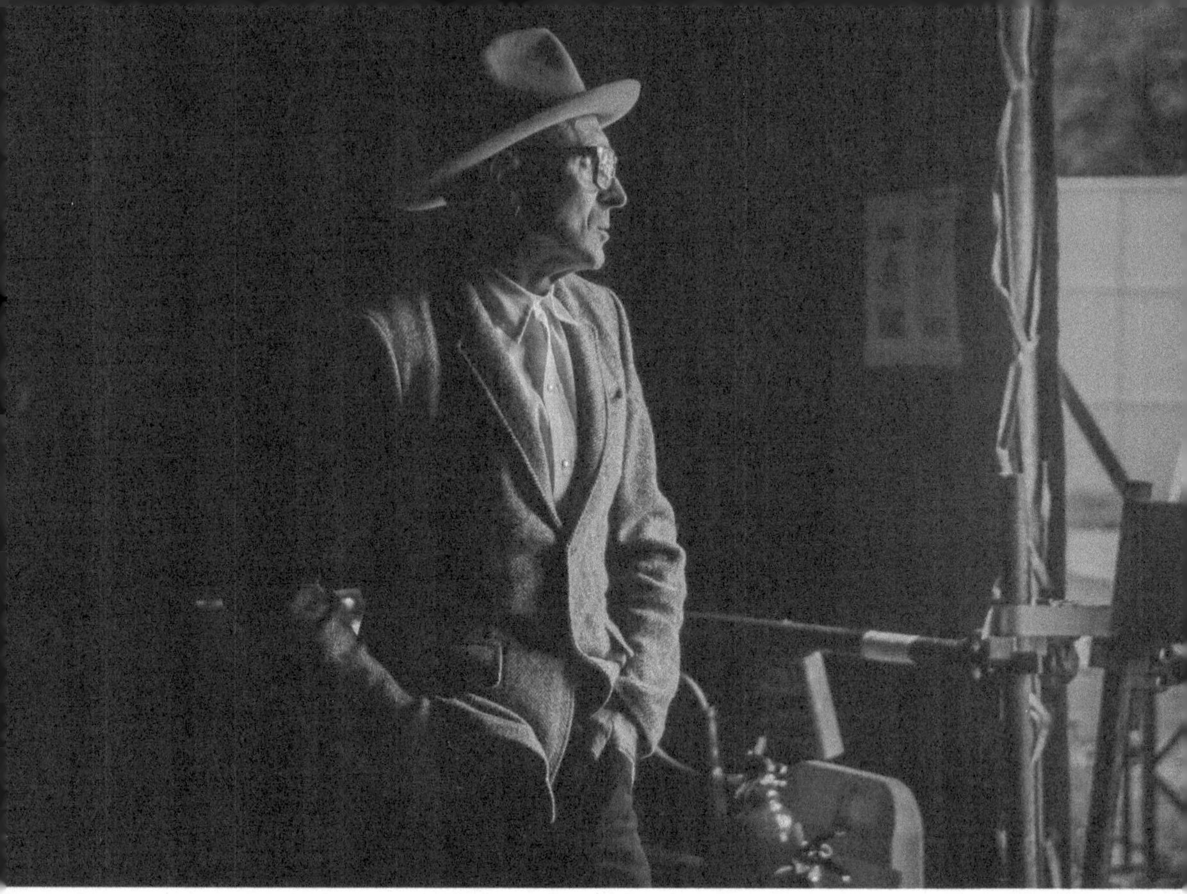

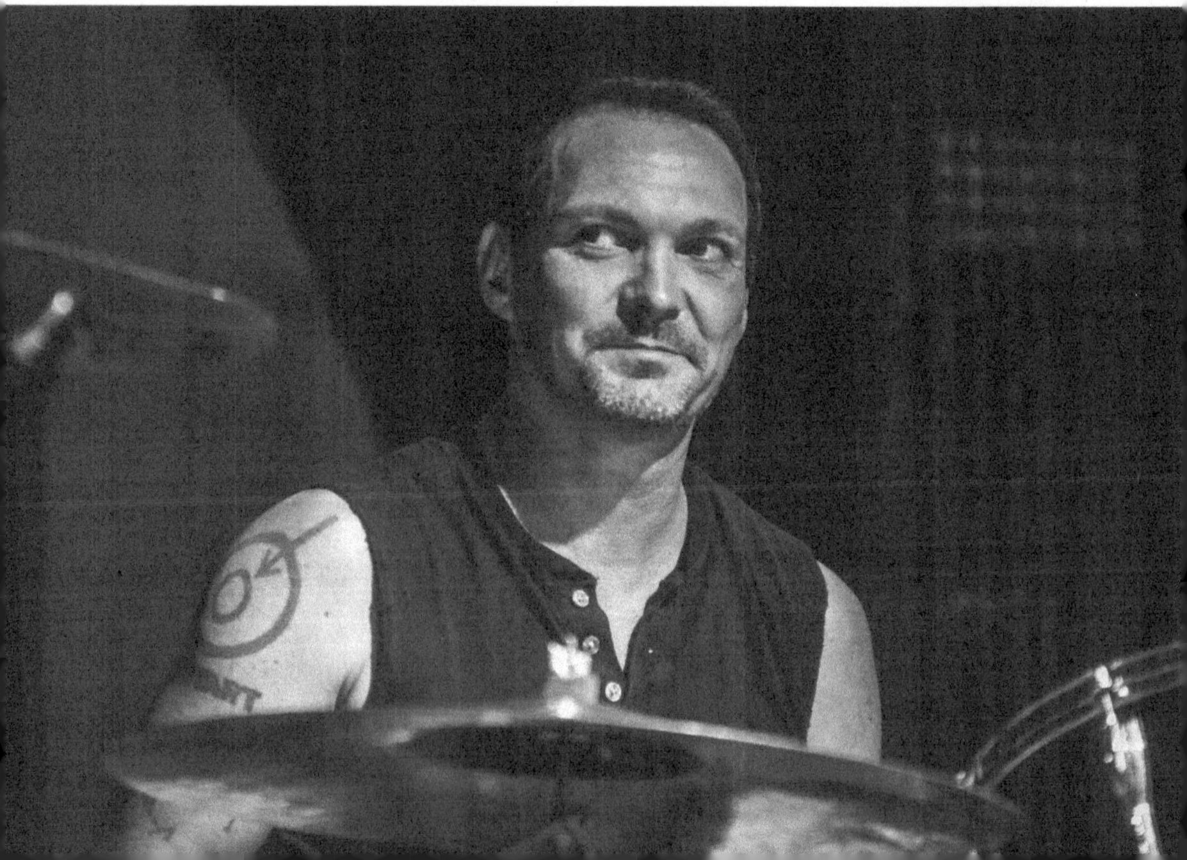

(links oben) Mike versprüht sein unwiderstehliches Flair auch beim *Download Festival* in Donington Park
Clair McAllister

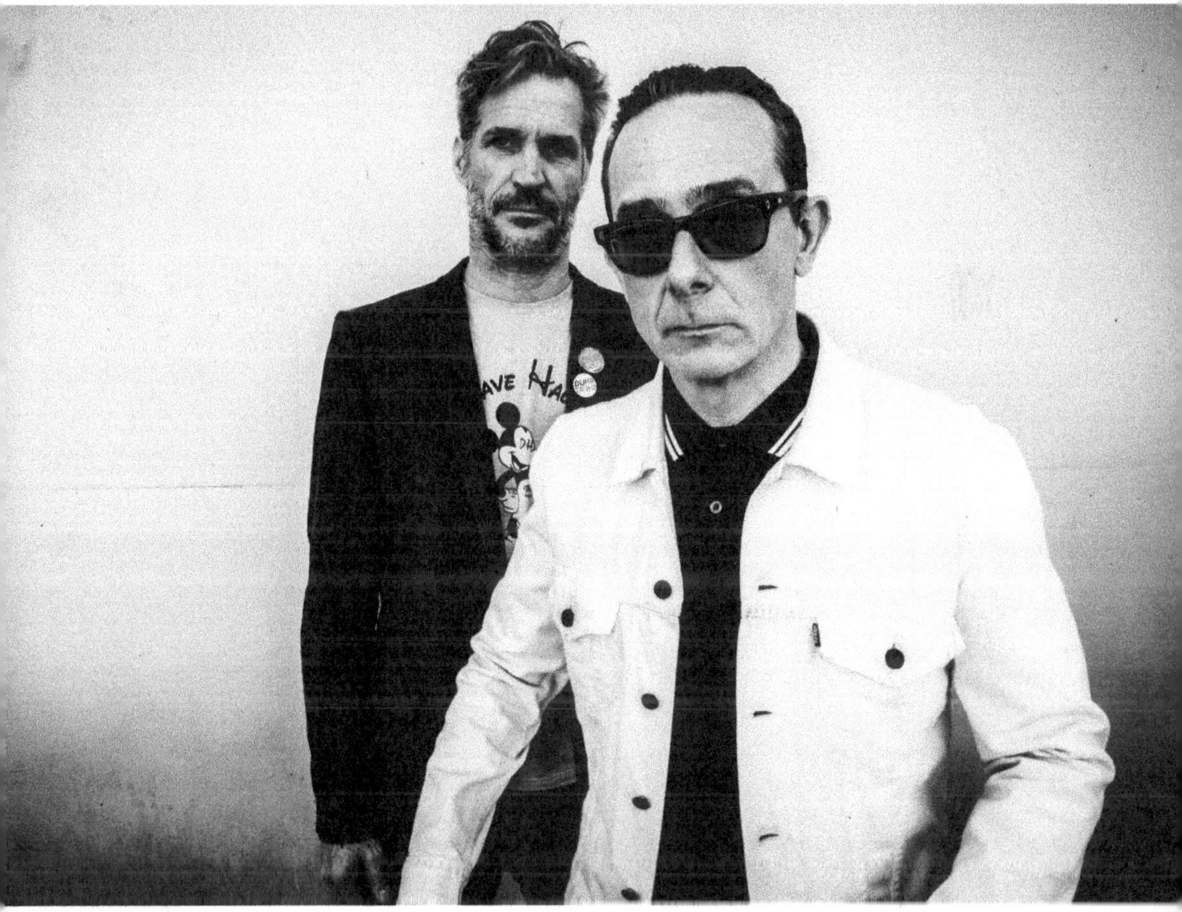

Jay und Brian *Jim Wright*

(links unten) Jamie beim *Download Festival* 2018
Clair McAllister

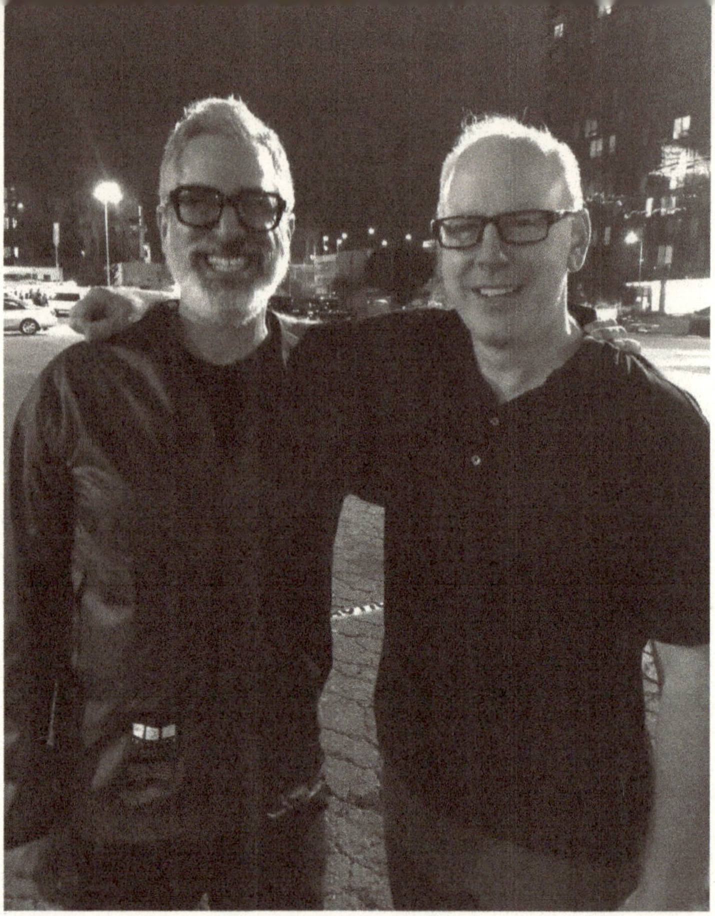

Alte Kumpels in Hollywood
Rick Marino

(unten) Bad Religion in Mexiko (2019) *Greg Stocks*

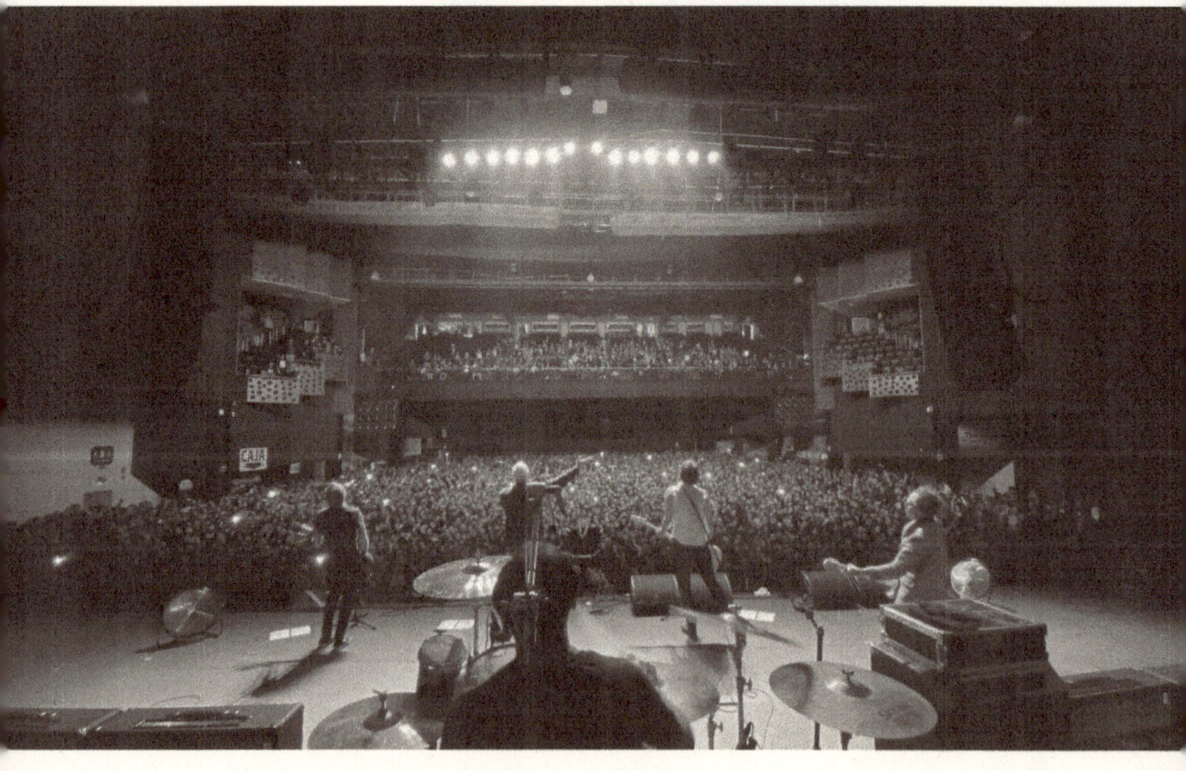

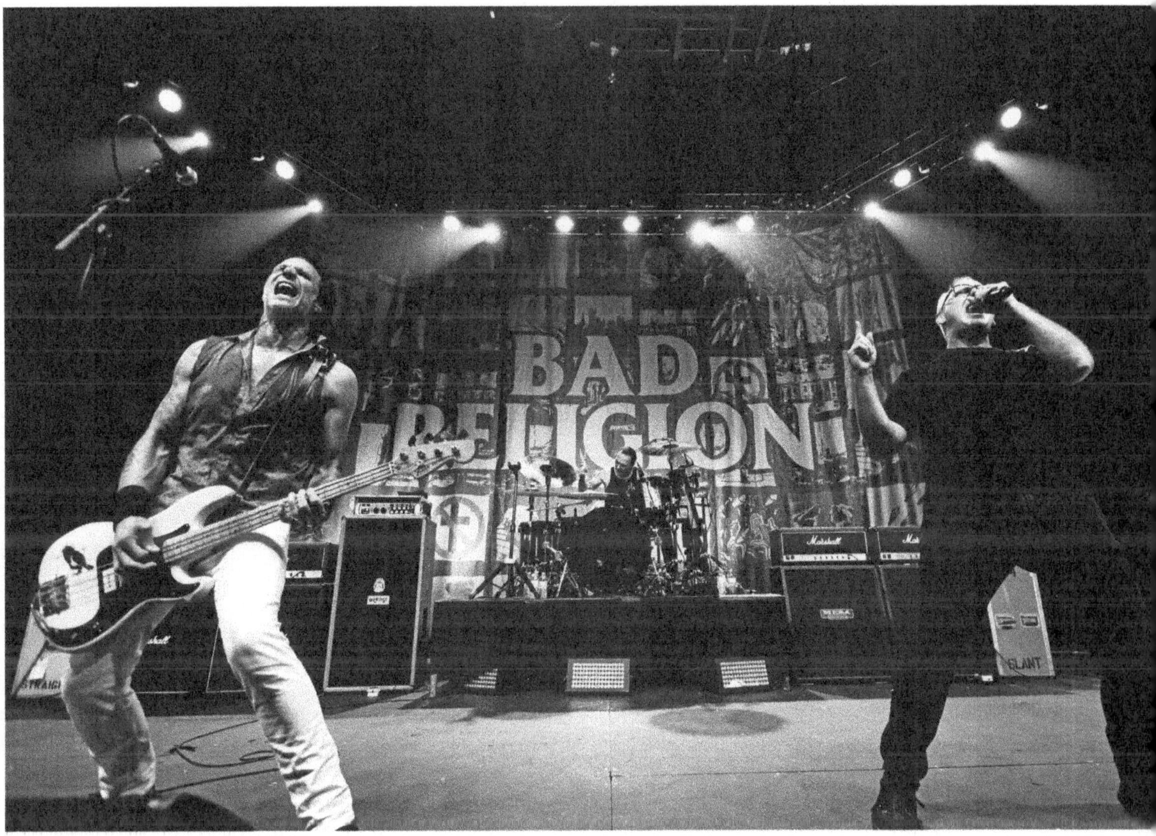

Jay, Jamie und Greg im Hollywood Palladium *Steve Albanese*

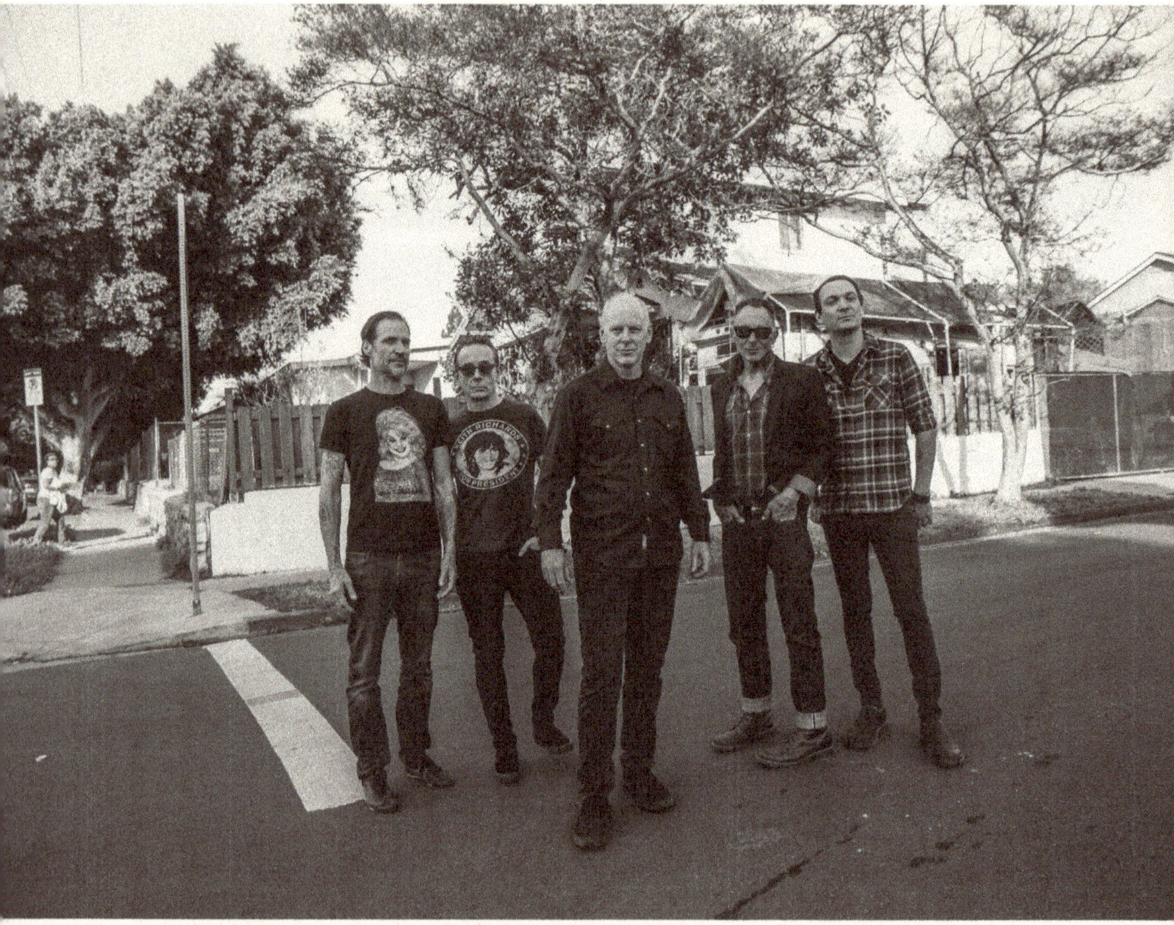

Eine wohlverdiente Pause während der Sessions zu *Age of Unreason* *Alice Baxley*

18
Logik und Leidenschaft

Nachdem sich Gregs und Bretts Wege getrennt hatten, brachen Bad Religion in die eine und Epitaph in die andere Richtung auf. Beide Parteien richteten ihren Fokus auf die Zukunft aus. Doch die ehemaligen Partner bemühten sich auch, ihr gemeinsames kreatives Erbe zu verwalten. Beide Songwriter von Bad Religion standen im Ruf, überaus intelligente Texte zu schreiben. Auch wenn sie ihre jeweiligen Images als Professor und Label-Mogul nicht bewusst kultivierten, waren ihnen solche Zuschreibungen auch nicht direkt unangenehm. Die Art und Weise, wie die beiden Songwriter im Anschluss an ihre Trennung den Nachlass der Band präsentierten, enthüllte unweigerlich, wie emotional sie dem Thema begegneten.

Ende 1995 veröffentlichte Epitaph *All Ages*, eine Sammlung von Bad-Religion-Songs, die die Zeitspanne zwischen *How Could Hell Be Any Worse?* und *Generator* abdeckte. (Songs von *Recipe for Hate* und *Stranger Than Fiction*, selbst jene, die Brett geschrieben hatte, wurden ausgespart, da sich die Rechte an ihnen nicht im Besitz von Epitaph befanden.) *All Ages* enthielt darüber hinaus noch zwei Live-Tracks, „Do What You Want" und „Fuck Armageddon … This Is Hell", die die Band bereits mit Brian Baker während der *Ain't Life a Mystery*-Tour im Jahr zuvor aufgenommen hatte. Aus rein geschäftlicher Perspektive war *All Ages* für Brett eine willkommene Gelegenheit, ein Best-Of-Album zu veröffentlichen und dabei vom zeitlichen und finanziellen Marketing-Aufwand, den Atlantic und Sony für Bad Religion betrieben, zu profitieren. *All Ages* war nicht nur ein cleverer Schritt eines gewieften Unternehmers, sondern auch Bretts Versuch, die kreative Kontrolle über den musikalischen Output aus zehn Jahren zu behalten.

Bad Religion selbst veröffentlichten im Februar 1996 *The Gray Race*. Nach ein paar Shows in Kalifornien brach die Band sofort nach Deutschland auf, um von dort aus eine Club-Tour durch Europa in Angriff zu nehmen. In der Absicht, noch einmal den Zauber ihres ersten Europa-Trips im Jahr 1989 heraufzubeschwören, traten sie in kleineren, intimeren Locations auf, wobei die Atmosphäre in diesem Rahmen eher an die fast schon heimelige Stimmung von Platten-Release-Partys erinnerte. Ihre deutschen Fans belohnten die Band dafür, indem sie die erste Single des Albums, „Punk Rock Song“, bis auf Platz 6 der deutschen Charts katapultierten. Auch in Skandinavien erwies sich *The Gray Race* als Bestseller. Tatsächlich war es das bestverkaufte Album der Band außerhalb der USA.

Doch diese Shows bildeten nur den Auftakt zu ihrer bis dato längsten und weitreichendsten Tour. Nach ihrer zweiwöchigen Europatournee verbrachten Bad Religion sieben Wochen auf Tour durch die USA und Kanada. Greg las regelmäßig die Fanpost der Band und viele Fans hatten sich darüber beklagt, dass Bad Religion noch nie in ihrer Stadt aufgetreten waren. So spielten sie nun auf ihrer Tour quer durch Nordamerika in vielen Städten zum ersten Mal.

Nach einer einmonatigen Unterbrechung tingelten Bad Religion das restliche Jahr durch Europa, Nordamerika, Asien und Südamerika. Nach einer wohlverdienten Weihnachtspause ging es aber schon wieder weiter nach Australien, um mehrere ausverkaufte Konzerte Down Under zu absolvieren. Nach Beendigung ihrer Welttournee hatten sie über 110 Konzerte auf fünf Kontinenten in weniger als einem Jahr gespielt. Die Tage, in denen sie auf Studentenpartys und in Lagerhallen aufgetreten waren, lagen unendlich weit hinter ihnen. Sie waren nun ein anerkannter internationaler Act mit Fans auf der ganzen Welt.

Das Ergebnis ihrer ausgiebigen Tourneen manifestierte sich in Form eines Audiodokuments namens *Tested*. Wie ein Wissenschaftler, der ein Experiment austüftelte, fragte sich Greg, wie es wohl wäre, die Aufnahmen unterschiedlicher Bad-Religion-Konzerte an vielen verschiedenen Orten aufzuzeichnen und miteinander zu vergleichen. Würden die Resultate brauchbare Informationen liefern, die gar einen Nutzen für die Zukunft der Band zur Folge haben könnten?

Greg wollte es herausfinden. Er nahm sein mehrspuriges Aufnahmegerät ADAT (Alesis Digital Audio Tape) mit auf Tour und war dank der tatkräftigen Mithilfe des Tontechnikers Ronnie Kimball in der Lage, das Konzerterlebnis Bad Religion in vielen Clubs und Konzerthallen rund um den Globus festzuhalten.

Nachdem er ein paar dieser Aufnahmen analysiert hatte, entstand die Idee, ein Live-Album zusammenzustellen. Greg hatte kein Interesse daran, den Sound mit Overdubs und anderen Studio-Effekten aufzumotzen. Es ging ihm nicht darum, dem Hörer die Illusion eines einzigen, zusammenhängenden Konzerts zu vermitteln. Stattdessen bestand er auf Authentizität. Indem Songs aus diversen Veranstaltungsorten auf dem Album vertreten waren, wurde *Tested* zu einer Art Best-Of-Scheibe der *The Gray Race Tour*. Das Publikum war darauf so gut wie gar nicht zu hören. Vielmehr standen hier Bad Religion in Bestform im Mittelpunkt, wie sie 24 ihrer Hits in Baltimore und Berlin, Melbourne oder Montreal zum Besten gaben. Das Album enthielt darüber hinaus noch drei bisher unveröffentlichte Tracks, die in Gregs Heimstudio in Ithaca entstanden waren: „Dream of Unity", „It's Reciprocal" und „Tested". „Tested" leitet seinen Titel von der Vorstellung ab, dass Dinge, die sich dauerhaft bewähren sollen, einen Test bestehen müssen, ob sie zeitlos sind. Auf Bad Religion traf das mit Sicherheit zu. Der Titel suggeriert außerdem, dass die *The Gray Race Tour* in Gregs Augen einem Testverfahren hinsichtlich der Ausdauer und Qualität der Band gleichgekommen war. Greg sammelte sozusagen umfangreiches Beweismaterial, dass Bad Religion ohne Brett genauso gut funktionierten wie zuvor mit ihm.

Das Album erschien jedoch nicht auf Atlantic. Die Plattenfirma war von dem Projekt nicht so angetan wie Greg und weigerte sich, es zu veröffentlichen oder zu vertreiben. (Später hieß es von Seiten des Labels, dass man dem Wunsch der Band, ein Live-Album aufzunehmen, gerne entsprochen hätte, man aber nicht vorab darüber informiert wurde.) Bad Religion brachten *Tested* bei Sony heraus und Atlantic stimmte dem Verkauf in den USA als Import-Scheibe zu. *Tested* erschien somit im Januar 1997 als Doppel-LP mit Gatefold-Cover und auf CD mit einem 20 Seiten starken Booklet.

Die meisten Songs auf *Tested* stammten aus Gregs Feder, obwohl das Album Material enthielt, das bis zu *How Could Hell Be Any Worse?* zurückreichte. Nachdem der erste Schock über Bretts Ausstieg aus der Band verpufft war, begannen die beiden Gründungsmitglieder, langsam bittere Gefühle einander gegenüber zu hegen. Was wahrscheinlich auch zu Gregs Entscheidung beitrug, über weite Strecken des Albums auf Bretts Beiträge zu verzichten.

Brett hatte sich zwar zu schnippischen Kommentaren bezüglich seiner alten Band hinreißen lassen, doch Greg achtete darauf, seine Gefühle nicht öffentlich auszubreiten. „Ich habe bei Interviews nie gesagt: ‚So ein Arsch! Hat uns sitzengelassen, als wir ihn am meisten gebraucht haben!' Ich bin vermutlich einfach zu arrogant dafür. Ich dachte vielmehr: *Du willst einfach alles hinschmeißen? Dann werde ich dir mal zeigen, dass wir dich nicht brauchen.* Ja, das ist vielleicht arrogant. Aber das hat mich wahrscheinlich davor bewahrt, den Mut zu verlieren. Statt einen selbstzerstörerischen Weg einzuschlagen, sagte ich mir: ‚Wir müssen jetzt einen Gang hochschalten und unser bestes Album überhaupt abliefern!'"

Ob das nun Arroganz war oder als Bewältigungsstrategie durchging, Greg gelang es, seinen Schmerz in Motivation umzuwandeln. Obwohl er Bretts Beweggründe verstand, wurmte ihn dessen Kritik immer noch. Trotz der ausgiebigen Tourneen und Marketing-Bemühungen verkaufte sich *The Gray Race* in den USA nicht so gut wie *Stranger Than Fiction*. Allerdings herrschte überall sonst auf der Welt eine große Nachfrage nach dem Album.

Danny Goldbergs Rolle im Umgang mit den Acts auf Atlantic Records war zu dieser Zeit nicht mehr so aktiv wie zuvor. Doch seine Meinung über Bad Religion war unverändert: „Ich halte sie für eine der besten amerikanischen Bands überhaupt. Sie sind nicht in den Mainstream-Pop vorgedrungen wie Green Day oder The Offstring, aber ihr Songwriting verfügt über echten Tiefgang, vielleicht sogar über mehr Tiefgang als ihn Bands hatten, die erfolgreicher waren."

Obwohl *Stranger Than Fiction* mit Abstand das meistverkaufte Album von Bad Religion war, konnte es die Erwartungen von Atlantic nicht erfüllen. Das überraschte Jay aber kein bisschen: „Mein Ziel bestand darin, unsere Verkäufe, die wir bei Epitaph erzielt hatten, zu verdoppeln. Und ihr Ziel war es, 17 Millionen Platten zu verkaufen. Diese beiden Vorhaben lagen weit auseinander. Als wir dann nicht 17 Millionen Alben verkauften, waren sie enttäuscht. Nicht das Klima um uns herum hatte sich geändert. Es war die Erwartungshaltung, die sich veränderte."

17 Millionen mögen ein bisschen hochgegriffen sein, doch der astronomische Erfolg des Green-Day-Albums *Dookie* und von *Smash* von The Offspring trieb die Erwartungen sehr wohl in unrealistische Höhen. Daraus ergab sich eine

eigenartige Dynamik. Bad Religion waren zwar noch nie populärer gewesen und diese neue Beliebtheit eröffnete der Band eine Vielzahl von Möglichkeiten, doch aus Sicht des Labels, schlugen sie sich unter Wert. „Eine weniger bedeutende Band hätte zu diesem Zeitpunkt wohl das Handtuch geworfen", sagt Greg. „Wir zerbrachen uns die Köpfe. Wir spielten seit 15 Jahren zusammen und hatten viele Multi-Platin-Bands beeinflusst. Wir nahmen sie mit auf Tour und Brett veröffentlichte und bewarb ihre Alben auf Epitaph. Aber wir selbst blieben auf der Strecke. Was machten wir nur falsch?"

Diese Frage stellten sich damals nicht wenige Punkrocker, doch nicht viele Bands konnte auf einen Einfluss verweisen, wie ihn Bad Religion auf die Neue Welle des Neunzigerjahre-Punks ausgeübt hatte. Es mag zwar stimmen, dass Nirvana die Punkrock-Explosion von 1994 maßgeblich begünstigt hatten, doch wird ihre Rolle oft falsch interpretiert. Nirvana veränderten die Musikindustrie, indem sie Barrieren aus dem Weg räumten, die populäre Bands aus dem Indie-Bereich bis dahin am Durchbruch gehindert hatten. Doch ihre Musik beeinflusste nicht jene Punkbands, die schon bald auf der ganzen Welt bekannt werden sollten. Bands wie NOFX, Rancid und The Offspring zogen in jenen Tagen bereits ihr Ding durch, nahmen Alben auf, gaben Konzerte und gingen auf Tour – und die Band, die sie dazu inspiriert hatte, hieß Bad Religion.

Als 1988 *Suffer* erschien, trug das Album dazu bei, dem Punkrock neues Leben einzuhauchen. Das Album beeinflusste zahlreiche Bands im ganzen Land und vor allem an der Westküste, laute und schnelle Musik zu spielen. Es veränderte die Vorstellung vieler Menschen, wie Punkrock Ende der Achtzigerjahre und Anfang der Neunzigerjahre aussehen könnte. *Suffer* diente sowohl als Standortbestimmung als auch als Wegweiser in die Zukunft.

Obwohl Bad Religion das Format de facto erfunden hatten, das nun anderen Bands große Erfolge bescherte, schien es, als ob sie selbst um ihren Lohn gebracht würden. Greg hatte das Recht, sich darüber zu ärgern. Allerdings wusste er auch, dass es nicht gut aussehen würde, wenn er auf den großen Einfluss von Bad Religion auf all jene Bands hinwies, die nun im Grunde genommen die Früchte seiner Arbeit ernteten. „Das hätte zu sehr nach dem Neid der Besitzlosen ausgesehen. Ich versuchte stattdessen, immer langfristig zu denken, und bereue nichts. Ich bin froh, dass ich mich dazu nicht geäußert habe. Wir rissen uns am Riemen und gingen weiterhin fleißig auf Tour."

Als die Vorbereitungen für das nächste Album anstanden, war der Band nur allzu bewusst, dass sie mit ihren letzten beiden Alben die Zielvorgabe der Plattenfirma verfehlt hatte. Ob die nun realistisch gewesen war oder nicht, so hing nun doch das Damoklesschwert über dem kollektiven Haupt der Band, dass Atlantic sie vor die Tür setzen könnte, wenn sich ihr Album nur mäßig verkaufte. Der Vertrag sah vor, dass ihr Vorschuss von Platte zu Platte größer wurde. Das stand aber im diametralen Gegensatz zu den jeweiligen Verkaufszahlen, was den Druck sicher nicht verringerte.

Da Major-Labels ihr Augenmerk primär auf große Megaseller legen und weniger auf das Wohl ihrer Künstler achten, ließen sie ihre Marketing- und Promotion-Bemühungen sowie PR-Ressourcen in erster Linie den Acts an der Spitze der Nahrungskette zukommen. Sobald die Verkaufszahlen einer Band abnahmen, beschränkte man den Aufwand, um diesen Act zu pushen. Offenbar behielt Atlantic Bad Religion aber auch deshalb in seinen Reihen, um mithilfe des Prestiges der Gruppe andere Bands an Land zu ziehen.

Bevor er sich dem nächsten Album seiner Stammband zuwandte, verfolgte Greg noch ein Projekt persönlicher Natur. Er nahm ein Soloalbum auf, dass sich in erster Linie mit dem Scheitern seiner Ehe befasste. Seine Gedanken kreisten weniger um politische Belange und wandten sich nun eher introspektiven Themen zu. In einem in der Zeitschrift *Details* erschienenen Essay spekulierte Greg, dass seine Sozialisation durch Punkrock ihn zwar lehrte, Dogmen und Autoritäten zu hinterfragen, aber gleichzeitig auch seine Beziehungsfähigkeit in Mitleidenschaft gezogen hätte. Trotz mehrmaliger Versuche, mithilfe einer Eheberatung doch noch die Kurve zu kratzen, sogar während der Aufnahmen zu *The Gray Race* in New York, ließen sich die Graffins schließlich scheiden. Im Laufe mehrerer Jahre verarbeitete Greg seine private Krise in einer Vielzahl seiner Songs, die sich mit allen möglichen Themen auseinandersetzten, zum Beispiel der Scheidung seiner Eltern („Opinion“), der Hoffnung auf Versöhnung („Maybe She Will“) oder schonungsloser Selbstreflexion („In the Mirror“). Greg begleitete seinen Gesang auf dem Klavier und der Akustikgitarre. Das Schlagzeug wurde erst nachträglich hinzugefügt. Das Album enthält außerdem den Song „Cease“, den Greg für *The Gray Race* geschrieben und in einer viel langsameren Version noch einmal aufgenommen hatte.

Das traurige, aber sehr gefühlvolle Album war kein kathartischer Versuch, einen schmerzhaften Lebensabschnitt zum Anlass zu nehmen, der Welt zu zeigen, wozu er als Songwriter imstande war. Vielmehr wirkt *American Lesion*, so der Titel der Soloplatte, wie der Klageschrei eines Mannes, der sich der Realität seiner Scheidung auf die einzige Art und Weise stellt, die er kennt. Jeder muss sich Tag für Tag im Spiegel anschauen, doch nur wenige besitzen die Courage, auch Lieder darüber zu singen.

Der Albumtitel will andeuten, dass der Kapitalismus alles in eine Ware verwandelt, deren Wert letztlich vom Markt bestimmt wird. Produkte, die keinen Profit abwerfen, ganz egal, wie hoch ihr künstlerischer Wert ist, werden verdrängt und als schädlicher Einfluss auf die Wirtschaft gebrandmarkt. Das Coverdesign illustriert diese Vorstellung mit einer amerikanischen Fahne, deren Sterne und Streifen durch Dollarzeichen und aneinandergereihte gebrochene Herzen ersetzt wurden.

Greg schloss die Aufnahmen zu *American Lesion* gerade rechtzeitig ab, um mit Bad Religion auf Achse zu gehen und im Juni 1997 für eine dreiwöchige Tour nach Europa zurückzukehren. Sie traten auf einer Reihe von Festivals auf, zum Beispiel beim *Go Bang!* in München, wo sie vor David Bowie spielten und gemeinsam mit Biohazard eine frenetische Version von „We're Only Gonna Die" darboten. In Österreich und Frankreich fanden sie sich hingegen in kleineren Locations wieder.

Da er höchst selten einmal auf der faulen Haut lag, hatte Greg bereits begonnen, Material für ein neues Bad-Religion-Album auszuarbeiten. Tatsächlich starteten die Aufnahmesessions zur neuen LP der Band gleich im Anschluss an ihre Rückkehr aus Europa.

Für Bad Religion war das eine verwirrende Zeit. Einerseits versorgte Punkrock die Gruppe mit einem regelmäßigen Einkommen, das es den Mitgliedern erlaubte, ihre Hypotheken abzubezahlen, Lebensversicherungen abzuschließen und für ihre Familien zu sorgen. Andererseits galt Punkrock mittlerweile mehr oder weniger als Mainstream. Niemals zuvor in der turbulenten Geschichte des Genres hatten so viele Leute mehr Geld für Punk-CDs, Punk-Shirts und Konzerttickets ausgegeben. Aufgrund dieses kulturellen Wandels schien sich der Schwerpunkt des Punk verlagert zu haben – weg von seinem ursprünglichen Impuls, den Status quo infrage zu stellen, und hin zu einem Verkaufsvehikel von Konsumartikeln für diese Subkultur. Das war aber nicht das, wofür Bad Religion stehen wollten. Die Mitglieder der Band waren längst keine Teenager mehr. In den Augen der meisten Teenager wären sie nicht einmal mehr als „jung" durchgegangen. Doch ihre Botschaft blieb unverändert. Sie plädierten immer noch auf intelligente, wenn auch kompromisslose Art und Weise für persönliche Verantwortung.

Bad Religion scherten sich nicht wirklich um die neue Landschaft des Punk. Sie versuchten nicht, eine breiter aufgestellte Zielgruppe zu erreichen, obwohl die Punk-Community oft so reagierte, als ob genau das der Fall war. Der Aufstieg des Internets erlaubte es der Band, mit ihren Fans direkt in Kontakt zu treten und sie auf den neuesten Stand zu bringen. Auch ermöglichte die neue Technologie ihren Fans, Bad Religion ohne Umwege mit Feedback zu versorgen, wozu sie von der Gruppe, die selbst fleißig mitlas und kommentierte, selbst ermutigt wurden. Die meisten Fans wollten auf diesem Wege der Band bloß ihre Unterstützung und Wertschätzung aussprechen, oder Fragen bezüglich einer Textzeile oder eines bevorstehenden Konzertes übermitteln. In so mancher Mail wurde der Band aber auch zur Last gelegt, sich verändert und verkauft zu haben. Langsam fühlte es sich für Bad Religion so an, als wäre es ganz egal, was sie machten, denn irgendwer hätte bestimmt was daran auszusetzen. Ihr Label wollte, dass sie sich mehr an jenen Gruppen orientierten, die Hits am Fließband lieferten. Ihre Fans wiederum bevorzugten die alten Bad Religion, denen sie *How Could Hell Be Any Worse?* und *Suffer* zu verdanken hatten. Keine dieser Wunschvorstellungen war realistisch.

Die Band spürte, dass es vielleicht am besten sein würde, wenn sie für ihr nächstes Album wieder zu ihren DIY-Wurzeln zurückkehrte. Nach all den Jahren mit Brett, in denen sie in vertrauten Studios gearbeitet hatten, waren die letzten beiden Alben in neuen Umgebungen entstanden und von Fremden betreut worden. Greg strebte nun eine Kehrtwende zugunsten eines einfacheren, hemdsärmeligen Ansatzes an. Wo ließe sich das besser gewährleisten als zuhause?

Außerdem gab es natürlich praktische Gründe, ein Album in Ithaca aufzunehmen. Nachdem sie während ihrer Welttournee so weit gereist waren, wollte Greg schlichtweg mehr Zeit zuhause in New York verbringen. Zusätzlich zu seinem Soloalbum hatte Greg noch andere Acts produziert, zum Beispiel das Album *Oz Factor* von Unwritten Law, das im Studio seines Freundes Alex

Perialas, Pyramid Sound, entstanden und auf Epic Records erschienen war. Als renommierter Thrash-Metal-Produzent hatte Alex bereits mit etlichen Szenegrößen wie Anthrax, Overkill oder Testament zusammengearbeitet.

Da er nun über mehr Erfahrung und Ressourcen verfügte, drängte Greg darauf, das neue Album von Bad Religion in Ithaca aufzunehmen. In den nächsten Monaten begaben sich Jay, Hetson, Bobby und Brian also ins Kernland des Bundestaates New York, um dort Songs zu schreiben und Spuren einzuspielen. Mitunter fanden die Aufnahmesessions auch bei Pyramid Sound statt, dann wieder in Gregs Heimstudio Polypterus. Im Vergleich zur vorangegangenen Platte war der Aufnahmeprozess zu *No Substance* völlig anders und sie gingen eher relaxt an alles heran. Wie zuvor schon bei *The Gray Race* arbeitete Greg erneut mit Brian an mehreren Songs. „Ich steuerte musikalische Ideen bei", so Brian. „Und Greg hatte seine Songs in einem Aktenordner abgeheftet, wie das eben so seine Art ist."

Anders als beim letzten Album orientierten sich Bad Religion dieses Mal aber nicht an vorab aufgenommenen Demo-Aufnahmen. Stattdessen arrangierten sie die Songs im Zuge des Aufnahmeprozesses. Alles verlief nun viel spontaner als bei den vergangenen Alben der Band, woraus sich die Gelegenheit für zahlreiche Kollaborationen ergab. Jay trug zu einem Song bei und auch Hetson wird zweimal als Songwriter aufgeführt. Nach der Fertigstellung von *The Gray Race* und *American Lesion* hatten sich die Befürchtungen, dass Greg der Herausforderung als alleiniger Songwriter nicht gewachsen sein könnte, in Luft aufgelöst. Unterstützt von fähigen Musikern, Technikern und Produzenten fühlte sich Greg inspiriert und erfreute sich an ihrem kollaborativen Spirit.

„Für mich war der Prozess ein offenes kreatives Verfahren, zu dem alle beitragen durften", beschreibt Greg die Arbeit an *No Substance*. „Ich war bereit, jedem gestalterische Freiheit einzuräumen. Ich verstand uns als loses Konsortium von Leuten, die zusammengetroffen waren, um ihre Kreativität miteinander zu teilen. Ganz anders als bei Leuten, die mit eiserner Faust regieren wollen. In gewisser Hinsicht sind wir eher eine Familie. Man darf auf keinen Fall vergessen, dass es ein Privileg ist, eine Platte machen zu dürfen – und nicht etwas, über das man mit aller Gewalt die Kontrolle bewahren muss. Vermutlich ist das auch das Geheimnis unserer Langlebigkeit – oder zumindest ein Teil davon."

Oder anders ausgedrückt: Der schnellste Fahrer saß am Steuer.

Im September genehmigten sich Bad Religion eine Pause von den Aufnahmen zu *No Substance*, um ein paar Konzerte in kleineren Hallen im Bundesstaat New York zu geben. Die Tickets für diese Gigs kosteten schlappe fünf Dollar. Als Andenken an diese „Tour" ließ die Bands eigens T-Shirts bedrucken. Im Anschluss daran kehrten sie nach Ithaca zurück, um dem Album den letzten Schliff zu verleihen. Als die Arbeit abgeschlossen war, wurden die Aufnahmen an Chris Lord-Alge in L.A. weitergeleitet, der sie abmischen sollte. Lord-Alge war ein renommierter Studio-Experte, der zusammen mit seinem Bruder Tom schon an einigen Top-Hits gearbeitet hatte. Bad Religion zeigten sich zufrieden mit dem Resultat. Es herrschte Konsens darüber, dass es Greg, Ronnie Kimball, Alex Perialas und Lord-Alge gelungen war, den frühen Sound von Bad Religion zu rekonstruieren und das volle Potenzial der Band auszuschöpfen, indem sie mit unterschiedlichen Stilen und Tempos experimentierten.

In Interviews erklärte Greg, dass er mit *No Substance* seine Besorgnis hinsichtlich einer Gesellschaft zum Ausdruck bringen wollte, die immer oberflächlicher agierte. Die Menschen widmeten sich in erster Linie Banalitäten und handelten entgegen ihrem sozialen Gewissen und politischen Bewusstsein. *No Substance*, so hoffte er, sollte als Weckruf wahrgenommen werden.

Jeder Song auf dem Album erzählte eine Geschichte aus der Vergangenheit Amerikas und unterstrich Gregs Vorliebe, die Aggression des Punk mit dem Storytelling der Folkmusik und eingängigen Pop-Hooks zu kombinieren. „The Biggest Killer in History" berichtet etwa in düsteren Farben vom militärisch-industriellen Komplex und erwähnt dabei Edward Teller, der zusammen mit Robert Oppenheimer die Atombombe entwickelte.

„The State of the End of the Millennium Address" greift noch einmal die erste Textzeile von *The Voice of God Is Government* auf, dem ersten Album der Band, auf dem Greg mit der Stimme eines Predigers zu uns sprach: „Neighbors, no one loves you like he loves you …" Statt wie bei *The Voice of God Is Government* in ein Hardcore-Tempo überzugehen, verbleibt diese Nummer vor einem Hintergrund mahlender Gitarren durchgehend in einem Spoken-Word-Modus, der auch Jello Biafra gut zu Gesicht gestanden wäre.

Mit „The Hippy Killers" zieht ein nostalgischer Greg den Hut vor der Punkszene seiner Jugend in L.A. Der Song handelt nicht etwa von Meuchelmördern wie der Manson Family, sondern von jenen Kids, die der Flower-Power-Generation seinerzeit den Saft abdrehte und „good times during horrible times" erlebte. Greg strebte intensiv danach, Punk mit der viel älteren Tradition der Protestmusik zu verknüpfen. Der Titeltrack „No Substance" orientiert sich an den aussagekräftigen Punk-Balladen solcher Bands wie Sham 69 und Stiff Little Fingers, die Bad Religion vor allem in ihren Anfangstagen so sehr inspiriert hatten.

Als sich die Band vor den Feiertagen wieder einmal in alle Windrichtungen verstreute, ließ Greg noch lange nicht locker. *American Lesion* erschien im November 1997, ohne dass darum großes Aufheben gemacht wurde. Singles waren nicht vorgesehen und die Promo-Kopien des Albums wurden ohne Begleittext ausgeliefert. Um *American Lesion* zu bewerben, spielte Greg im selben Monat noch drei Solo-Shows in der Knitting Factory in Brooklyn, im Haunt in Ithaca und dem Viper Room in Los Angeles. Greg performte dabei eine Mischung aus Songs vom Album sowie gefühlvolle Akustik-Versionen von Bad-Religion-Songs wie „Struck a Nerve", „Punk Rock Song" und „God Song".

Das Soloalbum wurde von freundlich gesinnten Journalisten wie Jack Rabid von *The Big Takeover* und auch Gregs altem Wegbegleiter Pete Finestone öffentlich angepriesen, doch verfehlte es die *Billboard*-Top-200 und erhielt auch vom Radio kaum Aufmerksamkeit. Das Publikum wurde von diesen traurigen, langsamen Songs schlichtweg auf dem falschen Fuß erwischt.

Obwohl Atlantic Greg einen Vorschuss auf das Album angeboten hatte, hatte er dies abgelehnt und sich dafür größere kreative Kontrolle über das Projekt ausgebeten. Er hatte alle Songs geschrieben, alle Instrumente gespielt und die Platte schließlich veröffentlicht, als befände er sich immer noch auf einem Indie-Label und könnte nicht die Ressourcen einer großen Plattenfirma nutzen. Indem er zu seinen Wurzeln zurückkehrte und dieses grobkörnige, aufrichtige und überaus persönliche Album herausbrachte, machte Greg seine Botschaft unmissverständlich klar: Nehmt es an, so wie es ist, oder lasst es bleiben.

19
Jenseits von Gut und Böse

Obwohl Bad Religion im Ruf standen, die cleverste Punkrock-Band überhaupt zu sein, neigten die Bandmitglieder stets zu selbstzerstörerischem Verhalten, das alles andere als intelligent erschien. Während Greg in Ithaca mit persönlichen Problemen zu kämpfen hatte, rang Brett in L.A. mit seinen eigenen Dämonen. Sein Drogenmissbrauch geriet zusehends außer Kontrolle. Im Gegensatz zu früher, als sein Einkommen und Zeitplan seinen Konsum einschränkten, war Brett nun überaus wohlhabend.

1994, als Punkrock Teil des Mainstreams wurde, scheffelte Epitaph 60 Millionen Dollar. Brett, der der Mittelschicht entstammte und noch nie einen Neuwagen besessen hatte, traf die abrupte Veränderung völlig unvorbereitet: „Punk schoss durch die Decke und ich hatte plötzlich Platin-Schallplatten an der Wand hängen.“ Auf einmal boten ihm Investoren 50 Millionen Dollar für die Hälfte seiner Firma. Jimmy Iovine, der Mitbegründer von Interscope Records, lud Brett zu einem Treffen ein, an dem auch Suge Knight von Death Row Records und Bryan Turner von Priority Records teilnahmen. Iovine glaubte, dass Epitaph, Interscope, Death Row und Priority sich zusammenschließen sollten, um so ein Mega-Indie-Label zu bilden, das es mit jeder großen Plattenfirma aufnehmen könnte. Brett zog den Vorschlag zwar in Erwägung, lehnte letzten Endes aber ab. Aber immerhin war er nun um eine gute Anekdote reicher.

Dennoch brodelte es in der Gerüchteküche. Es hieß, Brett würde Epitaph verkaufen. Tatsächlich hatte er kein Interesse an solch einem Schritt. Brett prüfte die Angebote, beabsichtigte aber, unabhängig zu bleiben. Außerdem genoss er die Vorzüge seines Lebens als Selfmade-Tycoon. Er hatte ein Haus in den Hollywood Hills gekauft, das sich direkt über dem Sunset Strip und nur einen Steinwurf entfernt vom House of Blues, dem Roxy und dem Troubadour befand. Das erleichterte es ihm, Konzerte zu besuchen und anschließend Partys für die Bands seines Labels zu veranstalten.

Doch nach siebeneinhalbjähriger Abstinenz erlitt Brett einen Rückfall. Als er während der Aufnahmesessions von *Stranger Than Fiction* wieder mit dem Trinken begann, gelang es ihm, das noch geheimzuhalten. Sein Heroin-Rückfall war schwerwiegender, aber er entgleiste nicht vollends und vermied es, völlig abhängig davon zu werden. Zumindest fürs Erste. „Es gab in den ersten Monaten eine Phase", erzählt Brett, „in der ich nur dilettierte. Drogen nahm ich nur am Wochenende. Ich gab mir Mühe, dem Typus des oftmals verklärten Gentleman-Junkies zu entsprechen."

Es mag zwar als Zeitvertreib an den Wochenenden begonnen haben, doch entwickelte sich Bretts Heroinkonsum schon bald zu einer täglichen Gewohnheit. Seine Suchtkrankheit war erneut ausgebrochen. Er gesteht, während des Abmischens einer LP der Pietasters und der Demos für das Rancid-Album *Life Won't Wait* zugedröhnt gewesen zu sein. (Dieses Album war der Nachfolger von … *And Out Come the Wolves*, das Brett als das „*Born to Run* des Punkrocks" bezeichnet.)

Obwohl Brett nach wie vor Platten veröffentlichte und sein Geschäft vorantrieb, hatte sich das Tempo nach jenen manischen Tagen, in denen The Offspring und Rancid die Charts gestürmt hatten, wieder eingependelt. Sein Lifestyle mag im Kontext der Musikindustrie bewältigbar gewesen sein, doch ließ er sich nicht mit seinem Familienleben in Einklang bringen. Am 10. Juli 1997 ließen Brett und Maggie sich scheiden. Wieder einmal hatte Brett ein schweres Drogenproblem an der Backe. Nur musste er sich dieses Mal auch um seine beiden Kinder, Max und Frida, kümmern. Seinem Verlangen, sich zuzudröhnen, stand er aber völlig machtlos gegenüber.

„Ich versetzte ständig alle", erinnert sich Brett. „Eine Zeitlang wohnte ich im Hotel gegenüber von meinem Haus auf dem Sunset Boulevard. Leute wollten mich zu Interventionen zwingen, und ich wollte nicht, dass sie mich finden. Also versteckte ich mich in Hotels."

Bretts Eskapaden endeten schließlich, als er sich wieder in seinem Haus in den Hollywood Hills verschanzte. Er verbrachte die meiste Zeit in einem Bademantel, der mit zwei großen Taschen versehen war, einer für Heroin, die andere für Crack. Er bediente sich abwechselnd aus beiden, während im Fernsehen *Scarface* in Endlosschleife lief. Eines Morgens hörte Brett ein lautes Klopfen an der Tür. Als er vom Balkon nach draußen blickte, erspähte er auf dem Rasen vor dem Haus Polizeibeamte in Einsatzausrüstung. Naiverweise ging Brett davon aus, dass in der Nachbarschaft ein Banküberfall oder ein Einbruch passiert sein musste, weshalb er gelassen die Eingangstür öffnete.

POLIZEI: Sind Sie Brett Gurewitz?
BRETT: Was gibt es denn? Alles in Ordnung, Officer?
POLIZEI: Ich wiederhole, sind Sie Brett Gurewitz?
BRETT: Yeah, der bin ich.
POLIZEI: Befinden sich im Haus irgendwelche Drogen, von denen wir wissen sollten?
BRETT: Braucht ihr nicht eine Vollmacht für so etwas?
POLIZEI: Wir haben einen Haftbefehl für Sie.
BRETT: Na gut. Die Drogen sind gleich hier in meiner Tasche.

Die Polizei war davon überzeugt, dass Brett ein Drogendealer war, da sie nicht glauben konnten, dass sich jemand, der Punk-Platten produzierte, sich ein Haus in den Hollywood Hills leisten konnte. Brett konnte es ja selbst kaum glauben. Nun wehte ihm die kalte Brise der Realität ins Gesicht und er fand sich plötzlich im Bezirksgefängnis von L.A. wieder.

Am 21. Dezember 1997 wurde Brett vom Gericht dazu verdonnert, sich in eine Drogen- und Alkoholentzugsklinik im Nordosten der Stadt zu begeben. Die Einrichtung war für ihre strengen Methoden berüchtigt. Schon Bretts Freund, der ehemalige Bad-Religion-Drummer John Albert, hatte hier erfolgreich einen Entzug gemacht. Zu behaupten, Brett hätte der Maßnahme widerwillig gegenübergestanden, wäre eine glatte Untertreibung. „Ich war voll drauf und dröhnte mich ununterbrochen zu", gesteht Brett. „Ich hatte das vergangene Jahr damit verbracht, davon loszukommen. Aber nichts wollte funktionieren. Irgendwann gab ich einfach auf. Ich machte bis zum bitteren Ende so weiter."

Bis zu jenem Augenblick also, in dem er eine Entzugsklinik betrat. Nachdem er vor Gericht gestellt worden war, hatte sich Brett noch einmal nachhause begeben und dort einen Plan ausgetüftelt. Er schlug seinem Dealer, einem Straßenjunkie namens Chuck, vor, gemeinsam mit ihm einen Entzug zu machen: „Ich werde in einer Entzugsklinik einchecken und mein Leben auf die Reihe bekommen. Wenn du mitkommen willst, werde ich für die Kosten aufkommen. Lass es uns zusammen tun." Chuck hatte schon Dutzende Male im Bezirksgefängnis gesessen. Er nahm Bretts Angebot an und begleitete ihn in die Klinik.

Fletcher Dragge von Pennywise fuhr die beiden in Bretts Chevy Suburban ins Therapiezentrum, während sie auf der Rückbank Crack rauchten und „I Fought the Law" von den Bobby Fuller Four aus der Stereoanlage des Wagens dröhnte. „Wir ließen den Song immer und immer wieder laufen und rauchten dabei Crack", erinnert sich Brett. „Plötzlich tauchte ein Polizeiwagen hinter uns auf. Der Innenraum des Suburban war voller Rauch. Fletcher kam ordentlich ins Schwitzen!"

Als sie ihr Ziel erreicht hatten, warf Brett seine Crackpfeife zu Boden, die dabei zersprang. Außerdem zermalmte er die Glasscherben noch mit seinem Fuß, um seine Entschlossenheit zu unterstreichen, sich endgültig von seinem alten Leben zu verabschieden.

Nach ein paar Wochen hatte Chuck die Schnauze voll. Anders als in vielen Entzugskliniken kam man hier nicht so leicht an Drogen heran. „Keiner kann sich hier zudröhnen", sagt Brett. „Das geht hier einfach nicht. Es handelt sich um das Hochsicherheitsgefängnis unter den Reha-Einrichtungen."

Während Brett sich bemühte, sich den strengen Auflagen und der rigorosen Disziplin zu unterwerfen, brachte eine lokale Tageszeitung eine Titelgeschichte über seinen jüngsten Konflikt mit dem Gesetz. Daneben erschien eine Karikatur von Brett, in der er sich aus seinem Grab erhob, dessen Grabstein selbstverständlich das Epitaph-Logo zierte. Ein Angestellter der Klinik zeigte sie Brett und fragte: „Bist das etwa du?"

Die Entzugsklinik wies strenge Sicherheitsmaßnahmen auf und wurde wie ein Gefängnis geleitet. Im Gegensatz zu Brett war Chuck aber nicht dazu verurteilt worden, dort bleiben zu müssen. Er durfte jederzeit gehen. Als Chuck Brett davon in Kenntnis setzte, dass er keine Lust mehr hätte, arbeiteten sie gemeinsam einen Plan aus, damit Brett sich noch ein letztes Mal in die Umlaufbahn schießen konnte. „Das untermauert, was für ein furchtbarer, wenn auch kreativer Drogensüchtiger ich war", räumt er ein. Brett bat Chuck, etwas Crack und Heroin in Alufolie einzuwickeln, das Ganze in eine Orange zu stopfen und um Mitternacht des nächsten Tages über die Mauer der Klinik zu werfen. Chuck willigte ein. In der darauffolgenden Nacht lag Brett nach dem Zapfenstreich wach in seinem Bett. Um Mitternacht schlich er sich hinaus und fand die Orange. Zurück in seinem Zimmer, verkroch Brett sich im Bad und zog sich abwechselnd Crack und Heroin rein. Als er alles aufgebraucht hatte, legte er sich wieder ins Bett. Doch an Schlaf war nicht zu denken. Er wollte mehr, doch dafür müsste er ausbüchsen.

Er ging direkt ins Büro und konfrontierte das Personal mit seinem Problem „Ich rechnete damit, dass sie mich hinauswerfen würden, wenn ich sie über meinen Zustand informierte. Dann dürfte ich nachhause und könnte mich weiter zudröhnen." Sein Geständnis brachte ihn aber in eine Zwickmühle. Die Einrichtung konnte ihn aus Versicherungsgründen nicht einfach so vor die Tür setzen, da sie haftbar wäre, wenn ihm auf Drogen etwas zustöße. Während man sich nun nach jemanden umsah, der Brett nachhause fahren könnte, sprach sich seine Aktion in der Klinik herum. „Ich wurde augenblicklich zu einer Art Legende dort, weil ich es geschafft hatte, mir eine Dröhnung zu beschaffen. Das war dort noch nie jemandem gelungen. Keiner wusste, wie es mir gelungen war."

Ein Angestellter lieferte Brett schließlich bei seinem Haus ab, woraufhin er keine Zeit verschwendete, für narkotischen Nachschub zu sorgen. Brett konsumierte gerade in aller Ruhe seine Drogen bei sich zuhause, als sein Anwalt anrief.

ANWALT: Was machst du da bloß?
BRETT: Ich gönne mir die volle Dröhnung.
ANWALT: Das kannst du doch nicht machen, du hast dich auf einen Deal eingelassen.
BRETT: Schon klar, ich habe Mist gebaut.
ANWALT: Du kannst nur hoffen, dass sie dich zurücknehmen.
BRETT: Ich will aber gar nicht dorthin zurück.
ANWALT: Wenn sie dich nicht zurücknehmen, wanderst du direkt in den Knast.
BRETT: Au weia.

In seinem veränderten Bewusstseinszustand hatte Brett vergessen, dieses Dilemma genauer zu bedenken. „Ich verschwendete keinen Gedanken an die gerichtliche Anordnung, die vorsah, dass ich automatisch und unwiderruflich für sechs Monate hinter schwedische Gardinen käme, wenn ich positiv auf Drogen getestet oder Scheiße bauen würde, weil ich mich schuldig bekannt hatte."

Schließlich nahm man Brett wieder ins Programm auf, damit er seine Behandlung fortsetzen konnte. Doch schon am folgenden Morgen wurde ihm mitgeteilt, dass er vor Gericht erscheinen musste, weil er positiv auf Kokain und Heroin getestet worden war. Der Richter schickte Brett zur Abschreckung für ein paar Tage in den Knast und warnte ihn, dass er die gesamte Haftdauer von sechs Monaten absitzen müsste, sollte er noch einmal positiv getestet werden. „Ich wusste, dass ich mir keinen Ausrutscher mehr erlauben durfte."

Er landete im Lynwood Jail und teilte sich eine Zelle mit einem Insassen namens Pee Wee, der nicht nur Drogendelikte, sondern auch etliche Einbrüche auf dem Kerbholz hatte. Nach ein paar Tagen mit Pee Wee wurde er zurück in die Entzugsklinik überstellt. Brett war bereit, endgültig zu kapitulieren. Er widmete sich nun ganz seiner Behandlung und blieb clean.

Sechs Monate vergingen ohne weitere Zwischenfälle. Daraufhin wurde Brett in ein Reha-Zentrum im San Gabriel Valley überführt, wo er drei weitere Monate verbrachte. Anschließend durfte er endlich wieder nachhause. Allerdings wurde er weiterhin fünf Mal pro Woche auf Drogen getestet. Seine Gesamtsituation hatte sich jedoch merklich verbessert. „Nachdem ich sechs Monate sauber war, kam ich zu mir und wurde wieder ich selbst. Mir ging es ausgezeichnet und ich besuchte jede Menge Meetings. Ich war von den ganzen bewusstseinsverändernden Substanzen richtig von Sinnen gewesen. Ich war einfach nicht mehr ich selbst. Von nun an wollte ich aber clean bleiben."

Brett wusste nicht, ob seine Drogenabhängigkeit eine Krankheit war oder auf Willensschwäche beruhte. In der Vergangenheit hätte sich diese Unklarheit negativ auf seinen Genesungsprozess ausgewirkt, doch nun hatte er realisiert, dass die Antwort auf diese Frage letzten Endes keine Rolle spielte. Er gestand sich ein, ungeduldig und impulsiv zu sein und sich viel zu leicht ablenken zu lassen. Brett hatte gerade den Zenit seines Erfolgs erreicht, als er rückfällig wurde. Wenn er nicht lernte, die Früchte seiner Arbeit zu genießen und gleichzeitig an seinen Fehlern zu arbeiten, bestünde auch weiterhin die Gefahr, dass sich dieses Schreckensszenario wiederholte. Brett gelobte, von nun an für immer clean zu bleiben, was er auch bis heute geblieben ist.

Er kehrte mit einer neuen Einstellung zu Epitaph zurück. In dieser Zeit, in der er der Musikindustrie notgedrungen den Rücken kehren musste, schwand die Verbitterung, die er gegenüber seiner alten Band empfand. Die Drogen hatten zwar keine Rolle bei seinem Abschied von Bad Religion gespielt, doch half ihm sein nunmehr wieder abstinenter Lebensstil sehr dabei, jeglichen Groll zu überwinden, der all seine Beziehungen zu seinen Mitmenschen belastete. Das ebnete auch den Weg zu einer Versöhnung mit seinen alten Bandkollegen.

Auch bei Bad Religion gab es Grund zum Feiern. Während *No Substance* abgemischt wurde, erfuhr die Band im März 1998, dass *Stranger Than Fiction* mit einer Goldenen Schallplatte ausgezeichnet würde. Das Album hatte sich offiziell über eine halbe Million Mal verkauft. Das war ein echter Meilenstein für die Band, Brett Gurewitz und das Label. Zusammen war ihnen zweifellos etwas Besonderes geglückt, das ihnen niemand mehr nehmen konnte.

Es ist immer schön zu erfahren, dass man eine Auszeichnung gewonnen hat. Aber einen echten Beweis für diese Leistung in Händen zu halten, ist noch einmal etwas anderes – und kaum ein Preis ist eindrucksvoller als eine Goldene Schallplatte. Alle Mitglieder von Bad Religion erhielten je fünf Exemplare, mit denen sie anstellen konnten, was sie wollten. Die meisten hängten sich eine Goldene Schallplatte an die Wand und bewahrten die restlichen vier auf. Nicht so Bobby Schayer.

Er verschenkte alle seine Exemplare, unter anderem an seinen Mentor Lucky Lehrer und Wayne Kramer von MC5. „Ich liebe Wayne", gab Bobby unumwunden zu. „Als *Stranger Than Fiction* eine Goldene Schallplatte einheimste, gab ich Wayne eine von meinen. Das war einer meiner stolzesten Momente. Er war ein großer Held von mir. Auf diese Weise wollte ich mich bei ihm bedanken." Auch hielt Bobby sein Versprechen gegenüber dem Merchandise-Verkäufer von Bad Religion, Paul Glackin. Dem Mann mit dem schütteren Haar hatte er versprochen, ihm neue Haare zu kaufen, wenn *Stranger Than Fiction* vergoldet würde. Obwohl dieses Versprechen eigentlich ein Scherz war, ließ Bobby sich nicht lumpen und spendierte Paul ein Haartransplantat. „Ich Depp und meine große Klappe", sagt Bobby.

Die Band befand sich verständlicherweise in Feierlaune und bereitete sich auf die bevorstehende *No Substance*-Tour mit einer Reihe von Einzel-Gigs im Bundesstaat New York, in Kanada und Spanien vor. Besonders stach dabei der unkonventionelle Auftritt im kanadischen Edmonton hervor. Im Rahmen des Konzerts trat der Bad Religion Hockey Club in einem von einem Fan der Band organisierten Eishockeymatch gegen die Musician's Hockey League of Canada an, für die auch Mitglieder von SNFU auf dem Eis standen.

Greg Graffin hatte bereits in seiner Jugend in Wisconsin Eishockey gespielt. Hetson, der jahrelang regelmäßig eine Dauerkarte für Spiele der L.A. Kings hatte, und Jay hatten außerdem in L.A. ein Team gegründet, das seine Partien in einer lokalen Amateurliga unter dem Namen Hollywood Tornados bestritt und unter anderem auf Taime Down von Faster Pussycat, Tony DeFranco und Riki Rachtman als Spieler zählen konnte. Dabei spielte es eine absolut untergeordnete Rolle, dass sie regelmäßig vom Team des L.A. County Sheriff's Department und einer Frauenmannschaft aus dem Simi Valley vorgeführt wurden.

Angeführt von Greg als Topscorer und Jay als Goalie rettete sich der Bad Religion Hockey Club gegen seine kanadischen Rivalen überraschend in die Verlängerung, bevor man sich letztlich im Penaltyschießen doch noch geschlagen geben musste. Das Publikum war jedenfalls höchst angetan davon, dass eine südkalifornische Punkband sich einer solch unterhaltsamen Herausforderung als gewachsen erwies. Die Veranstaltung wurde nicht nur in der lokalen Tagespresse erwähnt, sondern spielte auch Geld für eine karitative Essensausgabe ein. Aber vor allem amüsierten sich alle Beteiligten prächtig dabei.

Im April brachen Bad Religion zu ihrer bis dato längsten Tournee auf. In 120 Städten sollten Gigs sowohl in kleinen Clubs als auch in eindrucksvollen Arenen stattfinden. Die *No Substance*-Tour begann in den USA, wo vor allem kleinere Veranstaltungsorte den Vorzug erhalten hatten. Besonders beschaulich war dabei ein Auftritt in Linda's Doll Hut, einem winzigen Wahrzeichen von Orange County in Anaheim, Kalifornien, in dem auf gerade einmal 92 Quadratmetern lediglich 49 Zuschauer zugelassen waren. Greg spielte zwischendurch auch ein paar Solo-Gigs, um *American Lesion* vorzustellen, zum Beispiel auch an der California State University in Northridge, wo seine akademische Reise einst ihren Ausgang genommen hatte.

Anfang des Jahres hatte die Band den Bad Religion Research Fund ins Leben gerufen. Die Idee dahinter war, einen Studenten im Aufbaustudium mit 3.000 bis 5.000 Dollar bei einem naturwissenschaftlichen Projekt zu unterstützen. Antragssteller mussten eine Beschreibung ihres Projekts einreichen und die Band suchte sich dann das Vielversprechendste aus. Greg selbst hatte als Student an der UCLA seine Feldstudien mit einer Vielzahl von Stipendien und Geldpreisen finanziert. Mit dem Bad Religion Research Fund sollte nun das Interesse an Naturwissenschaft gefördert werden. Während die Band auf Tour war, sichteten die Musiker die unterschiedlichen Projektvorschläge und sprachen schließlich Lena Sharon Nicolai, einer Biologie-Studentin von der University of Michigan, den Preis zu. Der Bad Religion Research Fund existierte bis zum Jahr 2000.

No Substance erschien am 15. Mai 1998, als Bad Religion sich gerade mitten auf ihrer Clubtour befanden. Auf „Raise Your Voice!", der ersten Single-Auskopplung aus ihrem Album, ist als Gastsänger auch Campino von den Toten Hosen zu hören, Deutschlands größter und bekanntester Punkband. Nach ihrer Gründung im Jahr 1982 hatten sich die Hosen als Radaubrüder mit sozialem Gewissen etabliert, die sich selbst nicht übertrieben ernst nahmen. Der Song war vor allem in Deutschland sehr beliebt, wo Campino sich während der zweiwöchigen Europatournee von Bad Religion auf die Bühne gesellte, um seinen Part auch live zu singen. So feierten Bad Religion ihre zehnte aufeinanderfolgende Europa-Tournee auf gebührende Art und Weise.

Als Routiniers der europäischen Festivalszene fanden sie es beklagenswert, dass es dafür kein Pendant in ihrer amerikanischen Heimat gab. Ihnen schwebte eine Festivalserie im Kreis ähnlich gelagerter Bands und Acts vor, die in allen großen Städten Station machen würde. Genau das dachte sich wohl auch Kevin Lyman, als er 1995 die *Vans Warped*-Tour aus der Taufe hob. „Die *Warped*-Tour trug das südkalifornische Lebensgefühl in die weite Welt hinaus", erklärt Jay. „Wir machen Musik, kippen Bierchen und skaten in Swimmingpools. So sind wir eben drauf."

Im Sommer 1998 ergab sich endlich auch für Bad Religion die Möglichkeit, sich diesem Punkrock-Wanderzirkus anzuschließen und gemeinsam mit Acts wie Cherry Poppin' Daddys, Deftones, NOFX, Rancid, Reverend Horton Heat und den Specials aufzutreten. Die 34 Städte umfassende Tour begann in Phoenix, Arizona, und dauerte vom 30. Juni bis zum 9. August.

Bad Religion hatten zu der Zeit längst ihre logistische Herangehensweise an eine Tournee perfektioniert. Die Band wusste aufgrund ausführlicher Feldversuche, dass die effektivste Art, von Gig zu Gig zu reisen, darin bestand, mit dem Tourbus gleich nach einem Konzert zum nächsten Auftrittsort aufzubrechen. Indem sie die Nacht durchfuhren, sparte die Band Geld fürs Hotel. Auch die Crew war auf diese Weise rechtzeitig vor Ort, um für das nächste Konzert aufzubauen. Greg lehnte sich eine Zeitlang dagegen auf und setzte durch, dass sowohl die Band als auch die Crew in jeweils eigenen Bussen reisten, da er begriffen hatte, dass sich die nächtlichen Busfahrten und Flüge überaus schlecht auf seine Stimme auswirkten. Die Lösung, die letzten Endes am besten für alle funktionierte, war die, dass Greg jede Nacht nach der Show in einem Hotel schlief und am nächsten Tag der Band per Zug, Auto oder Flugzeug hinterher reiste. „Ich muss nur irgendwie in die nächste Stadt gelangen", erklärt Greg seine Reisegewohnheiten. „Mein Arbeitstag dauert nur von 18 bis 23 Uhr, aber mein Weg ins Büro zieht sich oft über 400 Kilometer und mehr hin."

Zu den Eigenheiten der *Warped*-Tour zählte, dass alle Bands jeden Tag denselben Weg zurücklegen mussten. Also fuhr man auch schon mal in den Bussen anderer Bands mit, da es nicht an Mitfahrgelegenheiten mangelte. Auf der *Warped*-Tour riss der Spaß niemals ab, selbst dann nicht, wenn sich die musikalische Karawane wieder in Bewegung gesetzt hatte. Auf jeden Fall machte es dieses Umfeld für Greg noch wichtiger, auf seine Stimme zu achten, indem er sich vor den Auftritten möglichst ausgiebig erholte. Das war im orgiastischen Durcheinander der *Warped*-Tour leichter gesagt als getan. Da machte es auch keinen Unterschied, dass die Mitglieder von Bad Religion im Schnitt zehn Jahre älter als ihre Punkrock-Kollegen waren. „Als Sänger gleicht dein Job dem eines Werfers in der Baseball-Major-League", so Greg. „Mehr als 100 Würfe gehen daneben. Je mehr desto schlechter. Deshalb schont man den Arm und ruht ihn aus, damit man bald wieder werfen kann."

Doch die Bandmitglieder wussten auch ihre Freizeit gut zu nutzen. Statt den lieben langen Tag nur im Bus herumzulungern, bauten sie ein öffentlich zugängliches Zelt auf. Dort hing die Band ab, grillte und unterhielt sich mit ihren Fans. Greg vertrieb sich die Zeit auch gerne mit leichter Lektüre wie *Die Atombombe oder die Geschichte des 8. Schöpfungstages* von Richard Rhodes. Das Zelt beherbergte außerdem den Piratensender No Substance Radio, der innerhalb eines Radius' von fünf Kilometern Punkrock aus den Siebziger- und Achtzigerjahren und gelegentlich auch Demo-Tapes lokaler Musiker über den Äther schickte.

Um all diese Aktivitäten zu koordinieren, hatte die Managerin von Bad Religion, Michele Ceazan (mittlerweile Michele Ceazan-Fleischli), die als Danny Heaps Assistentin angefangen und nach seinem Weggang zu RCA seinen Job übernommen hatte, Rick Marino engagiert. Rick kümmerte sich um den Grill, betreute den Radiosender und war eine Art Mädchen für alles. Die *Warped*-Tour bot für jemanden mit einer solchen Anpacker-Mentalität die ideale Umgebung, weshalb ihn auch die Band bald ins Herz schloss. „Sie wollten alle nur ihren Spaß haben", erinnert sich Michele an die erste Warped-Tour der Band. „Sie schufen sich ihre eigene kleine Welt, und die anderen Bands verehrten sie."

Obwohl die Band durch die europäischen Festivals in gewisser Hinsicht auf die *Warped*-Tour vorbereitet war, war diese Tour eine völlig neue und einzigartige Herausforderung, die ihren eigenen Regeln folgte. „Es war buchstäblich so, als wären wir mit all unseren Freunden im Ferienlager", beschreibt Jay das Szenario. „Natürlich gab es auch hier reichlich Egos, aber man schob das beiseite, um alles auf die Schiene zu bringen. Mit was auch immer man sich herumschlug, man bemühte sich, dass es letzten Endes funktionierte."

Über die Jahre hinweg lernten die Bandmitglieder von Bad Religion, dass sie *Warped*-Tour-Routiniers vertrauen konnten. Es war so was wie ein Testgelände: Sich auf der *Warped*-Tour zu profilieren, sagte viel über die Arbeitsmoral und die Bereitschaft eines Individuums aus, das eigene Ego hintanzustellen. Vieles, was sich normalerweise hinter den Kulissen einer Rock-Tour abspielte, fand hier vor den Augen aller statt. Von den Bands wurde verlangt, Opfer zu bringen, die ihnen bei ihren eigenen Touren erspart blieben. Auch die Crews mussten gegebenenfalls improvisieren.

„Auf der *Warped*-Tour gab es keine intakten Scheinwerfer", erinnert sich Jay. „Die Show sollte ja schon vor Einbruch der Dunkelheit vorüber sein. Könnt Ihr euch vorstellen, wie oft wir in der Scheiß-Finsternis spielen mussten? Wir hatten zwei Scheinwerfer an der Seite der Bühne und ein paar Typen mit Taschenlampen. Egal. Man sah zu, dass alles klappte. Das war der Zauber der *Warped*-Tour. Alle zogen an einem Strang, aber es war ganz schön viel Arbeit notwendig, um Großartiges zu ermöglichen."

Die *Warped*-Tour erlaubte Bands nicht nur, sich neuen Fans im ganzen Land zu präsentieren, sondern auch vor Ort die Auswirkungen der neuen Popularität des Punkrocks zu bestaunen. Obwohl der Kontakt zu neuen Fans vergnüglich war, hinterließen Begegnungen mit Leuten, die das Festival nur besuchten, um Kohle zu scheffeln, doch einen eher schalen Nachgeschmack. „Warum bist du hier? Was trägst du dazu bei?“, erkundigte sich Jay einmal. „Ach, ich verkaufe hier nur diesen Mist.“

Dennoch gab es von Zeit zu Zeit schier magische Momente. In Montreal verpassten Bad Religion den Einstieg zu „Generator“ und Greg sang die ganze erste Strophe ohne instrumentale Begleitung. „Daraus ergab sich eine Art Singalong, was sich sehr cool anhörte“, berichtet Jay. Als die Band nach der Zeile „It's the generator ...“ schließlich einstieg, drehte das Publikum völlig durch. Die Band war offenbar immer noch in der Lage, ihre Anhänger zu überraschen – und nicht zuletzt auch sich selbst.

Nach der finalen Vorstellung der *Warped*-Tour in Austin, Texas, begab sich die Band nach Übersee, um die allererste *Warped*-Tour in Europa in Angriff zu nehmen. Für viele Veteranen der *Warped*-Tour mochte Europa buchstäblich Neuland bedeutet haben, doch nicht für Bad Religion.

Dennoch mussten manche Bandmitglieder den Anstrengungen zweier direkt aufeinanderfolgenden *Warped*-Touren Tribut zollen. Trotz der Popularität von Bad Religion und der Goldenen Schallplatte für *Stranger Than Fiction* fand sich Jay plötzlich in einem Stimmungstief wieder. „Gegen Ende der europäischen *Warped*-Tour 1998 hasste ich mein Leben“, sagt er. „Ich fühlte mich hundeelend. Wir waren ewig auf Achse gewesen, und um mein Privatleben und meine Ehe war es nicht allzu gut bestellt. Mich beschlich eine große Traurigkeit und ich war nicht dagegen gewappnet.“

Jay wurde rückfällig. Doch seine Rückkehr zum Alkohol verlief zunächst relativ sanft. Zumindest für einen Punkrocker wie ihn. „Das größte Problem ist mein Kopf“, erklärt Jay. „Manchmal möchte ich einfach mein Gehirn ausknipsen. Ich möchte ihm einfach nicht länger zuhören. Da saß ich nun im Bus und konnte einfach mein Gehirn nicht herunterfahren. Dann fiel mir ein, wie ich es ausschalten könnte. Ich entkorkte eine Flasche Wein und trank ein Gläschen. Das war alles. Ein Gläschen und nicht mehr. Das fand ich ziemlich cool und ich dachte: *Ich bin ein erwachsener Mann, ich bekomme das schon gebacken.*

Ich muss ja nicht gleich wieder wie der ärgste Depp saufen. Ein Glas Wein und alles ist cool. Ich trank also allabendlich nach der Show ein Glas Wein. Das ging ungefähr sechs Wochen so, bis ich dachte, dass ein Shot Wodka noch viel besser wäre."

Die Band kehrte in die Heimat zurück, um sich eine wohlverdiente Ruhepause zu gönnen. Doch die weiten Reisen lagen noch lange nicht hinter ihnen. Die Arbeit an ihrem nächsten Album sollte nämlich fernab des amerikanischen Festlands stattfinden. Und weit außerhalb ihrer Komfortzone.

20
Das verlorene Paradies

Greg nahm auf einem Hügel Aufstellung, um die Metropole zu seinen Füßen besser überblicken zu können. So wurde er Zeuge, wie Block für Block die Lichter erloschen – vom Dschungel bis hin zur Küste. Die brasilianische Stadt Santos lag in unmittelbarer Nachbarschaft zu São Paulo und versank vor seinen Augen in einem Meer aus Finsternis. Starkregen hatte auch im Jump, wo Bad Religion an diesem Abend mit den White Frogs, einer dynamischen lokalen Band, auftreten sollten, einen Stromausfall ausgelöst.

Der Wolkenbruch hatte nach dem Soundcheck eingesetzt und seither nicht mehr nachgelassen. Nach der ersten Stunde hatte sich langsam Nervosität auf den Gesichtern der einheimischen Punks breitgemacht. Planen und Baldachine sollten die Bühne und die Ausrüstung vor der Nässe schützen, doch die 4.000 Fans, die sich versammelt hatten, um Bad Religion zu sehen, fanden sich inmitten eines gnadenlosen Schauers wieder. Nach zwei Stunden fielen hinter der Bühne die Lichter aus. Als Nächstes wurde es auf der Bühne dunkel. Die Musik, die über das Soundsystem des Veranstaltungsortes gespielt wurde, verhallte. Trotz des Niederschlags harrten die Fans weiterhin aus. Doch ihre Nervosität war nun Wut gewichen. Ihn Brasilien gab es keine Rückerstattungen, wenn ein Konzert buchstäblich ins Wasser fiel. Den durchnässten Fans reichte es langsam.

Bad Religion kamen zu dem Schluss, dass es vermutlich am vernünftigsten wäre, ein Akustik-Set zu spielen. Doch ohne funktionierende Mikrofone war auch das nicht möglich. Als die Clubleitung erfuhr, dass der Sturm den ganzen Küstenabschnitt erfasst hatte und die Stromverbindung im ganzen Bundesstaat mit seinen ungefähr 20 Millionen Einwohnern unterbrochen war, riet man den Musikern, das Gelände zu verlassen, bevor das Publikum seinen Unmut an den

Bandmitgliedern und ihrer Entourage ausließe. Leichter gesagt als getan. Der Club war nur durch eine zweispurige Straße an die Stadt angebunden. Wegen des Stromausfalls war diese aber nun mit Menschenmassen verstopft, die sich ihren Weg talwärts bahnten, um nachhause zu gelangen. Die Band schaffte es schließlich zurück in ihr Hotel und begab sich zu Bett. Doch um 1 Uhr morgens erfolgte ein Anruf vom Club. „Der Strom ist wieder da, ihr müsst schnellstens zurückkommen", hieß es nun.

Eine seltsame Situation, doch konnte keiner abschätzen, wie schräg das alles tatsächlich war. „Niemand spielte damals in Brasilien oder überhaupt in Südamerika", erklärt Michele. „Das war noch kein Thema. Aber Bad Religion ließen sich darauf ein, und nun warteten im Dschungel 4.000 junge Leute auf sie."

Sie wurden also zurück auf den Hügel kutschiert. Der Club verfügte zwar nun über Elektrizität, aber der Rest der Stadt lag nach wie vor im Dunkeln. Die Straßenlaternen versagten ihren Dienst und der Verkehr war zum Erliegen gekommen. Nachdem sich herumgesprochen hatte, dass die Show nun doch stattfände, pilgerten die Leute zu Fuß den Hang hinauf. Bad Religion selbst trafen um 2 Uhr morgens ein. Die White Frogs hatten gerade ihren Auftritt beendet. Die Band ging auf die Bühne und startete ihr Set passenderweise mit *Generator*, da nicht etwa ein göttlicher Akt, sondern eine mit Benzin betriebene Maschine ihren Gig ermöglichte.

Auch 1999 blieben Bad Religion ihrem Vorhaben treu, das sie 1997 ersonnen hatten und das einen vergleichsweise locker bewältigbaren Konzertplan für das Jahr zwischen zwei Veröffentlichungen vorsah. In Zürich durfte Brian Baker noch einmal seine Kenntnisse des Repertoires von Carlos Santana unter Beweis stellen, als die Band während eines relativ kurzen Gigs eine Version von „Black Magic Woman" anstimmte. Den Großteil des Frühjahrs und Sommers widmeten Bad Religion jedoch den Vorbereitungen auf das letzte vertraglich vereinbarte Album für Atlantic. Obwohl sich *No Substance* nicht sonderlich gut verkauft hatte, zog die Plattenfirma die Option auf eine weitere Platte, womit der Vertrag erfüllt wäre. „Raise Your Voice!" kam zwar in Deutschland gut an, blieb in den USA jedoch hinter den Erwartungen zurück. Auch die zweite Single aus dem Album, „The Biggest Killer in American History", erhielt kaum Airplay im amerikanischen Radio.

Das nächste Album sollte außerdem das 20-jährige Jubiläum der Band angemessen feiern. Da wäre es besonders enttäuschend gewesen, wenn das Label sie fallengelassen hätte. „Greg hatte großen Respekt für die Plattenfirma und wollte für sie eine gute Platte abliefern", betont Michele. „Ich glaube aber nicht, dass Atlantic das zu schätzen wusste."

Atlantic begründete das bescheidene Budget für das nächste Album mit den mauen Verkaufszahlen von *No Substance*. Major-Labels waren berüchtigt dafür, Indie-Acts erst zu umgarnen und dann ihre Platten jeglicher Ecken und Kanten zu berauben. So versuchten sie, sowohl echte als auch eingebildete Probleme mit Geld in den Griff zu bekommen. Atlantic schickte sich nun an, den Drang von Bad Religion nach Unabhängigkeit unter Kontrolle zu bekommen, indem es ihnen einen prominenten wie kostspieligen Produzenten vor die Nase setzte. Jay widersprach der Einschätzung der Plattenfirma hinsichtlich *No Substance*. „Der Plattenverkauf litt nicht darunter, dass wir kein Geld in das Album investiert hatten. Es verkaufte sich nur deshalb nicht, weil wir das Projekt nicht ernst genug nahmen. Als wir ins Studio gingen, waren zum Beispiel noch keine Songs fertig", gesteht er. „Wir wussten nicht, was wir machen wollten. Stückwerk eben."

Wie auch immer. Greg hatte jedenfalls schon 1997, als er an *American Lesion* arbeitete, mit der Idee kokettiert, ein Album mit Todd Rundgren aufzunehmen. Sein Manager ließ damals Rundgrens Team ein paar Demos seiner Songs zukommen. Der Rückmeldung zufolge fand Rundgren auch Gefallen daran. Innerhalb der Band war es kein Geheimnis, dass Greg zu Todd Rundgren aufsah. „Wenn man mich fragt, wer Gregs musikalisches Idol ist", holt Jay aus, „dann weiß ich, dass er Todd Rundgren nennen würde."

Selbst Keith Morris wusste, wie viel Greg die Musik von Todd Rundgren bedeutete. Als sie einander in den frühen Achtzigerjahren kennenlernten, versorgte Keith Greg mit Tapes von Nazz, Rundgrens alter Psychedelic-Rock-Band aus den Sixties. „Er wusste, dass ich total auf Todd abfuhr", so Greg. „Er meinte, dass mir diese Aufnahmen gefallen könnten. Damit lag er goldrichtig."

Greg entdeckte den Sound des aus Philadelphia stammenden Musikers Todd Rundgren schon im zarten Alter von neun. Rundgren hatte in den Siebzigerjahren ein paar Hits mit Songs wie „Hello, It's Me" oder „I Saw the Light", bevor ihm „Bang the Drum All Day" 1983 den endgültigen Durchbruch bescherte und fortan in Sportarenen und Stadien auf und ab gespielt wurde. So auch in Gregs heißgeliebtem Lambeau Field, der Heimstatt der Green Bay Packers. Rundgren hatte auch als Produzent einige überaus beeindruckende Projektbeteiligungen vorzuweisen, etwa an *We're an American Band* von Grand Funk Railroad, am Debütalbum der New York Dolls, an Meat Loafs Megaseller *Bat Out of Hell* sowie an dem mit Kritikerlob überhäuften Album *Wave* der Patti Smith Group. Rundgrens bevorzugter Toningenieur, Bob Clearmountain, konnte ebenfalls auf eine einschlägige Punkrock-Erfahrung verweisen. So hatte er das erste Album der Dead Boys produziert und darauf sogar Bassgitarre gespielt.

Greg befand sich auf der Suche nach jemandem, der das Maximum aus seiner Musik herauskitzeln und ihn antreiben könnte, originelle Songs zu schreiben, die der gängigen Wahrnehmung bei Atlantic widerspräche, wo man glaubte, der melodische Hardcore-Punk von Bad Religion habe sich abgenutzt. Rundgren, der als genialer Studio-Hexer galt, entsprach diesen Ansprüchen.

Greg war begeistert, mit einem seiner musikalischen Helden kollaborieren zu können. Allerdings arbeitete Rundgren damals ausschließlich auf Kauai, das zur hawaiianischen Inselgruppe gehört. Außerdem hieß es, dass die Zusammenarbeit mit ihm nicht immer ganz friktionsfrei abliefe. Sollte Greg tatsächlich darauf bestehen, dass Rundgren das nächste Album der Band betreute, müssten Bad Religion mit einem längeren Aufenthalt auf dem westpazifischen Archipel rechnen. Die Entscheidung fiel Greg nicht sonderlich schwer. „Wir wurden äußerst gut dafür bezahlt, zwei Monate auf Kauai zu leben und dort unserer Lieblingsbeschäftigung nachzugehen", sagt Greg. „Ich kann keinerlei Nachteil daran erkennen."

Greg hatte außerdem damit begonnen, die Gräben zwischen sich und Brett zuzuschütten. Der war nun wieder drogenfrei und trocken. In der Band herrschte Konsens darüber, dass es nicht richtig wäre, das 20-jährige Jubiläum von Bad Religion ohne Brett zu feiern. So diskutierten sie, ob sie ihn nicht fragen sollten, einen Song zum nächsten Album beizusteuern. Die Aufgabe, den Stein ins Rollen zu bringen, fiel schließlich Greg zu. „Es fing mit einem Mittagessen an", erzählt Brett. „Greg kontaktierte mich. Er war einer meiner ältesten Freunde von der High School und wir hatten jahrelang in derselben Band gespielt. Obwohl wir uns mitunter schrecklich auf die Nerven gegangen waren, liebten wir einander. Es war jedenfalls ein sehr nettes Mittagessen."

Sie unterhielten sich über die Pläne von Bad Religion für das nächste Album, die bevorstehende Zusammenarbeit mit Rundgren und all die Fortschritte in der Audiotechnologie, die seit *Stranger Than Fiction* erzielt worden waren. Irgendwann brachte Greg das Thema einer möglichen Kooperation zur Sprache und fragte Brett, ob er einen Song zu ihrem neuen Album beisteuern wollte. „Ich hatte seit drei oder vier Jahren keinen Song mehr geschrieben", erklärt Brett. „Zuvor hatte ich acht Jahre lang durchgehend komponiert. Aber nach meinem Ausstieg hatte ich damit aufgehört. Als er mich einlud, einen Song zu schreiben, fragte ich mich, ob ich das immer noch draufhätte."

Brett machte sich daraufhin prompt an die Arbeit. Bevor Greg nach Hawaii flog, traf er sich erneut mit seinem alten Bandkollegen, um sich von Brett dessen neuen Song vorspielen zu lassen. Ohne zu zögern willigte er ein, den Song mit Bad Religion aufzunehmen. Brett dazu aufzufordern, sich anlässlich des 20-jährigen Jubiläums der Band an ihrem Album zu beteiligen, mag eine schlichte Geste gewesen sein, doch sollte sie maßgeblich dazu beitragen, den Dialog zwischen Brett und seiner alten Band zu festigen.

Bad Religion trafen mit mehr Material als benötigt auf Kauai ein. Abgesehen von Bretts neuer Nummer verfügten sie über einen Überschuss an Songs, um aus ihrer Zeit in Rundgrens Studio das Beste herausholen zu können. Obwohl Greg sein eigenes Heimstudio erweitert und seine digitale Ausrüstung auf den neuesten Stand gebracht hatte, um einen angemessenen Rahmen für seine Demos zu schaffen, reichte es nicht annähernd an Rundgrens Möglichkeiten auf Kauai heran. Um Bad Religion aufzunehmen, hatte Rundgren eine Scheune angemietet, um zu vermeiden, dass Bobbys Schlagzeug die Nachbarn aufscheuchte. Er hatte dort sein komplettes Equipment inklusive etlichem Computerzubehör installieren lassen.

Rundgren war bekannt für seine innovativen Aufnahmetechniken. „Im Bereich der digitalen Studiotechnologie gab es eine Reihe neuer Entwicklungen", erzählt Greg. „Todd zählte diesbezüglich definitiv zu den Erstanwendern." Doch Bad Religion hatten ihn nicht engagiert, um sich auf Experimente einzulassen. Sie hatten ihn engagiert, um Bad Religion zu Höchstleistungen zu inspirieren. Als die Band nun auf der alten Zuckerrohrplantage eintraf, waren ihre Mitglieder angesichts des Studios, das eigentlich immer noch eher einer Scheune glich, mehr als skeptisch. Der Umstand, dass die Konstruktion über keine Klimaanlage oder andere Annehmlichkeiten eines modernen Aufnahmestudios verfügte, machte die Situation nur noch schlimmer. Um die Luft in Bewegung zu halten, mussten sie die Türe offenlassen, was wiederum die Moskitos als Einladung interpretierten, sich am köstlichen Blut der Eindringlinge vom Festland zu laben. Bobby hatte darunter besonders zu leiden. Brian beschrieb die Arbeitsbedingungen als „primitiv".

Besonders besorgniserregend war jedoch die Tatsache, dass weit und breit kein Verstärker zu sehen war. Rundgren bestand nämlich darauf, sogenannte PODs einzusetzen. Mit diesen Geräten konnte man verschiedene Gitarrenverstärker digital simulieren, was damals noch relativ neu war. Langsam dämmerte es der Band, dass sie nicht mit einem konventionellen Studioequipment aufnehmen würden. Dies ging vor allem den Gitarristen der Gruppe gegen den Strich. Um es in Gregs Worten auszudrücken: „Sie waren todunglücklich."

Rundgren wusste, was er wollte. Auch hielt er sich nicht zurück, seinen Standpunkt deutlich klarzumachen, wenn er nicht bekam, was ihm vorschwebte. Manche Produzenten lassen sich von ihren Acts leiten, aber nicht Rundgren. Er ließ von Anfang an keinen Zweifel daran aufkommen, dass auf diesem Schiff nur ein Kapitän das Kommando hätte. Niemand konnte sich vor seiner Kritik sicher sein. Nicht einmal Greg. „Er ist berüchtigt für seine ungeschminkte Aufrichtigkeit", beschrieb Greg den Produzenten Rundgren. „Dafür habe ich ihn auch immer respektiert. Todd ist ein begnadeter Künstler. Eine Legende. Er ist in seiner Kunst offen und ehrlich, aber nicht sonderlich gut im Umgang mit Menschen. Vielleicht bin ich das aber auch nicht."

Sie machten sich an die Arbeit, um an Gregs Songs zu arbeiten. Doch Rundgren drängte nicht nur auf Änderungen hinsichtlich des Aufbaus der Songs, sondern auch in Bezug auf die Texte. Ihm waren Gregs Texte zu wütend, weshalb er ihm eine hoffnungsvollere Perspektive vorschlug. Immerhin waren sie ja keine Teenager mehr.

Greg fand sich nun zwischen den Stühlen wieder. Einerseits wollte er die Früchte seiner Kreativität schützen, andererseits aber auch dem Rat eines Künstlers folgen, den er praktisch schon sein ganzes Leben lang bewunderte. Ob er nun mit seinen Bandkollegen an einem Song arbeitete oder sich seiner Dissertation widmete, Greg war es gewohnt, sich mit konstruktiver Kritik auseinanderzusetzen. Seine Mitstreiter erkannten, dass sich ihr Frontmann in einer schwierigen Lage befand.

„Wenn Greg eine Demoversion eines seiner Songs anfertigt", erklärt Brian „dann ist dieser praktisch fertig. Bei den Solos und solchen Dingen lässt er mir gewisse Freiheiten, aber generell bevorzugt er es, wenn ich seine Ideen ausführe – nur eben besser. Schließlich kennt er die Grenzen seines Gitarrenspiels. Experimente sind halt nicht so sein Ding."

Anders als auf den beiden vorangegangenen beiden Alben steuerte Brian keine Songs zu *The New America* bei. „Sie haben mich nicht dafür eingestellt, ein Festmahl auf den Esstisch zu zaubern", greift Brian zu einer kulinarischen Metapher. „Ich konnte ihnen anbieten, eine Beilage zuzubereiten und mitzubringen. Mit meinen grünen Bohnen. Ich kann auch die Füllung übernehmen. Das tat ich auch zwei Alben lang. Nur dann bemerkte ich, dass sie meine Beilagen verschmähten. Keiner hatte sich etwas auf seinen Teller geschöpft. Die Schüssel war immer noch randvoll."

Trotz aller Herausforderungen, die die Studioarbeit mit sich brachte, war die Band entschlossen, das Beste aus dieser Erfahrung zu machen. Greg ließ seine Familie und seine Mutter nach Kauai einfliegen. „Hawaii war berauschend", sagt Greg. „Ich bin ein Naturforscher, und hier war ich ganz in meinem Element. So ging ich auf Wanderungen und beobachtete Vögel. Ich spazierte am Strand entlang und vergaß die Zeit. *Ach, um 14 Uhr muss ich ja im Studio sein …*"

Jay und Brian waren nicht weniger selbstvergessen, obwohl es sich bei ihnen eher um eine bewusste Entscheidung handelte. Für sie war dieser Trip eine Art Arbeitsurlaub. Mit Betonung auf Urlaub. Während des Aufnahmeprozesses gab es jede Menge Auszeiten und das Duo war schon bald berüchtigt dafür, sich zu verdrücken, um am Strand abzuhängen.

Wie immer hielt Bobby als Fels in der Brandung die Stellung. Daran konnten auch die Stechmücken nichts ändern. Seine Arbeitsmoral war die eines echten Profi-Entertainers. So war er allzeit bereit und beschwerte sich nur in Ausnahmefällen, wenn etwas mal nicht nach Plan lief – was auf Kauai permanent der Fall war. Außerdem machten ihm keine Suchtprobleme zu schaffen. Wie Greg hatte auch Bobby nichts mit Drogen oder Alkohol am Hut. Nicht einmal in diesem tropischen Ambiente. „Für mich ging es ausschließlich um die Arbeit", erklärt Bobby. „Dieses und jenes muss erledigt werden, lasst es uns in Angriff nehmen. Es dauerte zehn Jahre, um dorthin zu gelangen, weshalb ich es nun nicht in den Sand setzen wollte. Das war echt das Allerletzte, was ich wollte."

Mitte September legten Bad Religion eine kurze Pause von den Aufnahmesessions ein, um nach Honolulu zu fliegen, wo sie beim *Big Mele*-Festival mit The Offspring, den Fun Lovin' Criminals, den Vandals und AFI auftraten. Direkt im Anschluss daran ging es wieder zurück an die Arbeit.

Nachdem die Musiker Bretts Song aufgenommen hatten, schickten sie ihm das Resultat, damit er ein Gitarrensolo dafür einspielen konnte. Trotz all der fortschrittlichen Technologie, die bei *The New America* zum Einsatz kam, wurden die Tonaufnahmen mit dem Flugzeug über den Pazifik transportiert. Der Track trug den Titel „Believe It" und alle waren froh darüber, einen Beitrag von Brett auf dem Album zu wissen.

Die Songs auf *The New America* sind eher persönlicher als politischer Natur. „1000 Memories" beschäftigt sich mit dem Prozess, eine verflossene Beziehung hinter sich zu lassen. „Whisper in Time" gebärt sich hingegen als Ode an die Nostalgie, die wir angesichts der für immer verflossenen Vergangenheit empfinden. „Streetkid Named Desire" war eine Reminiszenz von Greg an seine Anfänge, als es schon ausreichte, ein zerschlissenes T-Shirt und einen Kurzhaarschnitt zu tragen, um die Verachtung der Gleichaltrigen auf sich zu ziehen.

Ihre Konzerte in Brasilien, wo die Kids zu ihren Gigs in Kleidung aufkreuzten, die von Patches und Sicherheitsnadeln zusammengehalten wurde, weckte in Greg Erinnerungen an seine eigene Sozialisierung als junger Punkrocker. Es war Teil seiner Identitätsbildung gewesen, T-Shirts und abgetragene Stiefel mit Stolz zu tragen. Als 14-jähriger Punk musste er kreative Methoden entwickeln, um seine Ablehnung gegenüber dem Status quo und seine Vorliebe für die Punkszene mit ihrer Musik, ihrer kunstvollen Ausdrucksweise und Mode adäquat zum Ausdruck zu bringen. Im jetzigen Amerika konnte sich ein Jugendlicher hingegen sein Punk-Outfit online bestellen und mit der Kreditkarte der Eltern bezahlen, bevor er anschließend Bad Religion eine gesalzene E-Mail schrieb und ihnen vorwarf, sich verkauft zu haben.

Obwohl etliche der Songs auf dem neuen Album die Sehnsucht der Songwriter nach einfacheren Zeiten zum Ausdruck brachten, fühlt es sich manchmal so an, als ob Rundgren die Band mit aller Gewalt ins 21. Jahrhundert pushen wollte. Der außergewöhnlichste Song auf dem Album – und womöglich gar im gesamten Repertoire der Band – ist sicherlich „I Love My Computer". Gespickt mit Zweideutigkeiten nimmt die Nummer dabei das Thema Online-Romantik aufs Korn. Verzerrte Gitarren werden hier von befremdlichen Computer-Geräuschen untermalt.

Als das Album fertiggestellt war, wurden die Masterbänder an Bob Clearmountain nach Kalifornien geschickt. Greg und Brian unterstützten ihn gerade beim Transfer von digitaler zu analoger Technik, als sie endlich von seiner Verbindung zu den Dead Boys erfuhren. Clearmountain, der wie die Band altmodisches Equipment bevorzugte, gefiel besonders der Song „1000 Memories", der mit einer offenkundigen Hommage an den Dead-Boys-Klassiker „Sonic Reducer" einsetzt.

Zum Glück blieb das Album von jeglichen Pannen rund um die Jahrtausendwende verschont und lag nun zur Veröffentlichung bereit. Allerdings lief die Zusammenarbeit mit der Plattenfirma nicht völlig friktionsfrei ab. Atlantic sträubte sich gegen das von der Band bereitgestellte Coverdesign. Das Motiv zeigte Kinder, die wie bei einem Treueschwur aufs Vaterland eine Hand auf ihr Herz legten, während sie in der anderen eine Schusswaffe hielten. Dieses Artwork wurde letztlich in Europa verwendet. In Amerika erschien das Album hingegen mit einem Cover, das einen Schwarm von Kampfhubschraubern über einer städtischen Mietskaserne zeigte.

Im Großen und Ganzen stellte der laute, klare Sound des Albums Greg durchaus zufrieden. Er verglich die Zusammenarbeit mit Rundgren mit dem Beitrag eines gestrengen Lektors, doch die folgende Äußerung, die er kurz nach der Veröffentlichung des Albums tätigte, lässt erahnen, dass sich Gregs Blickwinkel auf Rundgren verändert hatte. „Früher war er einmal mein Held", ließ Greg tief blicken. „Aber jetzt ist er mehr mein Freund."

The New America erschien im Mai 2000 und wurde mithilfe eines einmaligen Marketing-Gags beworben. Jeder, der den Kauf des Albums belegen konnte, sollte in diesem Frühjahr freien Zutritt zu einem Konzert der Band erhalten. Doch dann sagten Bad Religion ihre geplante Mini-Tour ab. Der Grund dafür schockierte viele langjährige Fans. Die Band hatte sich nämlich entschlossen, stattdessen als Anheizer für die Pop-Punk-Sensation der Stunde zu fungieren. Bad Religion gingen auf Tour mit Blink-182.

21
Eine beschissene Band wie eure

Als *How Could Hell Be Any Worse?* 1980 erschien, waren Mark Hoppus acht und Tom Delonge sowie Travis Barker von Blink-182 gerade einmal fünf Jahre alt. Jetzt baten Blink-182 aus San Diego Bad Religion darum, im späten Frühjahr und Frühsommer 2000 mit ihnen auf Tour zu gehen. Blink-182 waren spezialisiert auf flotten, melodischen und radiotauglichen Pop-Punk und ihr Album aus dem Jahr 1999, *Enema of the State*, hatte wie die sprichwörtliche Bombe eingeschlagen. Ihre rotzfrechen und mitunter höchst sexualisierten Songtexte waren extrem populär bei ihren jungen Fans, von denen die meisten noch gar nicht auf der Welt gewesen waren, als Bad Religion sich im San Fernando Valley zu ihren Probesessions im Hell Hole getroffen hatten.

Selbst wenn ihre Anhänger nicht mit Bad Religion vertraut gewesen sein mochten, waren Blink-182 das sehr wohl. Sie waren in der Vergangenheit bereits mehrmals vor Bad Religion aufgetreten und hatten sie als wichtigen Einfluss bezeichnet. Tatsächlich hatten sie bei ihren ersten gemeinsamen Proben in den Garagen ihrer Eltern auch Songs von Bad Religion gespielt.

So wie jede Punkband, die bei einem Major-Label unterschrieb, wurden auch Blink-182 von ihren Fans mit dem Vorwurf des Ausverkaufs konfrontiert. Genre-Blätter wie *Punk Planet* prangerten darüberhinaus den himmelschreienden Sexismus des Trios an. Die Einladung an Bad Religion, sich der *Mark, Tom and Travis Show*, so der offizielle Name der Tour, anzuschließen, sollte nun die Glaubwürdigkeit von Blink-182 als Punk-Act stärken. Bad Religion sahen darin hingegen die Möglichkeit, in Stadien und Arenen vor Menschenmassen aufzutreten, die mit den europäischen Festivals vergleichbar waren, auf denen sie Jahr für Jahr spielten. Um sich auf die Tour einlassen zu können, musste die

Band jedoch ihre Mini-Tour entlang der Westküste absagen und die Konzerte später im Jahr im Rahmen einer viel längeren Tournee durch ganz Nordamerika nachholen.

Die *Mark, Tom and Travis Show* startete am 11. Mai in Chula Vista, einem Vorort von San Diego, und endete am 2. Juli in Milwaukee, Wisconsin. Bad Religion kamen aus dem Staunen kaum heraus, wie viel die finanzstarken Sponsoren in die Bühnenproduktion von Blink-182 steckten. Auch gab es Fans beider Bands, die sich dagegen aussprachen, dass Bad Religion vor den intellektuell weit unterlegenen Pop-Punkern auftreten.

Der Schlagzeuger von Bad Religion konnte diesem Gezeter nichts abgewinnen. Bobby begriff vielmehr den historischen Kontext dessen, was seine Band zu erreichen versuchte. „Man gibt sich Mühe, Leute für sich zu gewinnen, von denen man nie gedacht hätte, dass sie einen vielleicht gut finden könnten. So wie damals, als die Ramones vor Black Sabbath auftraten, Jimi Hendrix vor den Monkees oder Prince vor den Rolling Stones. Das geht alles in dieselbe Richtung. Vielleicht wurden sie von manchen Leuten ausgebuht, aber dennoch waren es Konzerte, die man nie vergessen wird. Und unterm Strich behandelten uns die Blink-Typen gut. Das reichte mir schon."

Wo auch immer sie gerade unterwegs waren, zeigte Bobby großes Interesse an der Rock-Historie der jeweiligen Region und unternahm auch gerne den einen oder anderen Ausflug. So besuchte er etwa gemeinsam mit Hetson die Rock and Roll Hall of Fame in Cleveland. Manchmal musste der Tourbus auch einen Umweg einlegen, um Bobbys Neugier zu befriedigen, als sie beispielsweise den Rose Hill Cemetery besuchten, wo Duane Allman und Berry Oakley nach ihren tödlichen Motorradunfällen, die sich in aufeinanderfolgenden Jahren ereignet hatten, zur letzten Ruhe gebettet worden waren.

Auf Tour mit Blink-182 fuhr die Band gerade durch Georgia, um zu einem Konzert in Atlanta zu gelangen. Allerdings mussten sie erst am späten Nachmittag dort sein. Bobby erkundigte sich beim Busfahrer, ob auch Macon auf ihrem Weg läge. Als der Mann hinterm Steuer nachhakte, warum Bobby das wissen wollte, erklärte der Drummer, dass er das Grab von Berry Oakley von der Allman Brothers Band besuchen wollte. Der Fahrer, der selbst aus den Südstaaten stammte, tätigte daraufhin ein paar Telefonate. Als sie am Friedhof eintrafen, wurden sie von der Schwester des Fahrers, ihrem Ehemann und einer

Cousine am Eingang in Empfang genommen. Sie fuhren Bobby, Jay und den Fahrer mit einem Pickup-Truck bis zu den Gräbern von Duane und Berry, die nebeneinander liegen. Bobbys Interesse rührte den Fahrer. „Das nenne ich mal Respekt", lobte er den Schlagzeuger von Bad Religion. „Ich habe noch nie jemanden getroffen, der die Allman Brothers mochte – und schon gar nicht von so einer beschissenen Band wie eurer."

Im Anschluss an die Tour mit Blink-182 folgte eine einmonatige Pause, bevor Bad Religion loslegten, *The New America* offiziell zu promoten. Ein Vorteil, den ganzen Sommer gespielt zu haben, lag darin, dass sie ihre neuen Songs nun schon perfekt für ihre anstehende Europa-Tournee eingeprobt hatten. Das Album erreichte Platz 88 in den amerikanischen *Billboard*-Charts. Außerdem markierte es auch das letzte Kapitel in der Beziehung zwischen Bad Religion und Atlantic Records.

„Es war eine saubere Trennung", erklärt Greg. „Sie meinten, dass der Vertrag nun erfüllt wäre. Wir schlugen ihnen nie wieder ein Album vor und sie fragten uns auch nicht danach."

Gegen Ende des südamerikanischen Abschnitts der *The New America*-Tour war die Stimmung im Keller. Niemand zeigte sich sonderlich erfreut darüber, wie die Sache mit Atlantic geendet hatte. Obwohl keinerlei Groll zwischen Band und Plattenfirma herrschte, hatte die Erfahrung, *The New America* unter solch außergewöhnlichen Umständen aufzunehmen, bei manchen Bandmitgliedern einen schalen Nachgeschmack hinterlassen. Würde dem Vertragsende nun auch das Ende der Band folgen? „Ich ärgerte mich sehr darüber, dass wir uns auf eine so lahme Art und Weise verabschiedet hatten", sagt Jay.

In den Reihen der Band kam man zur Erkenntnis, dass Rundgren sich zu voreilig auf diverse technische Spielereien eingelassen hatte und Bad Religion mit einem analogen Ansatz besser beraten gewesen wären. Andere wiederum fühlten sich erschöpft von den Ansprüchen eines Labels, das sie nicht wirklich unterstützte.

So niedergeschlagen sie sich nun auch fühlen mochten, waren sie dennoch nicht gewillt, endgültig das Handtuch zu werfen. Es sah so aus, als hätte die Band noch eine Rechnung offen. Allerdings waren ihre Mitglieder nach den ausgiebigen Tourneen des vergangenen Jahres so ausgelaugt, dass niemand wirklich wusste, wie der nächste Schritt aussehen könnte. Ihre ausgedehnten

Konzertreisen hatten sich so lange hingezogen, dass Greg dazu übergegangen war, auch unterwegs Songs zu schreiben. Allerdings fragte er sich, ob es überhaupt sinnvoll war, an ihnen zu arbeiten, solange sie ohne Plattenfirma dastünden. Bad Religion befanden sich nun an der sprichwörtlichen Weggabelung. Zum ersten Mal in ihrer langen Karriere standen sie ganz ohne Label da. Keiner von ihnen wusste, was nun zu tun war.

The New America hatte mit Fat Mike von NOFX einen prominenten Kritiker. Der Sänger und Bassist ließ keinen Zweifel daran aufkommen, wie wenig er vom neuen Album seiner alten Helden hielt. Das neue Material würde ihnen einfach nicht gerecht, meinte er. Brett Gurewitz glaubt, dass ihre Entscheidung, bei einem Major-Label zu unterschreiben, eine Vielzahl widersprüchlicher Emotionen auslöste – und zwar nicht nur bei den Mitgliedern der Band selbst, sondern auch bei anderen Epitaph-Acts. „Mein Ausstieg polarisierte meine Künstler stark“, so Brett. „Das ist wie bei einer Scheidung. Manche Freunde halten zur Frau und andere zum Mann. Außer vielleicht in ganz modernen und aufgeschlossenen Fällen, wo alle miteinander befreundet bleiben und weiterhin Thanksgiving zusammen feiern. So erleuchtet waren wir leider nicht. Manche sagten, die Band hätte mich verraten, sich gegenüber Epitaph illoyal verhalten oder sich verkauft, weil sie zu einem Major-Label gewechselt waren. Ich fand das aber überhaupt nicht.“

Noch vor ihrer Abreise nach Hawaii, um dort *The New America* aufzunehmen, hatte Jay ein kryptisches Telefonat mit Brett geführt.

BRETT: Erinnerst du dich an das 13. Album der Ramones?
JAY: Nein, das tue ich nicht.
BRETT: Ich auch nicht – und dabei bin ich ein riesiger Ramones-Fan.
JAY: Was soll das heißen?
BRETT: Dass ihr Jungs eine großartige Platte machen müsst.
JAY: Na, du hast leicht reden!

Jay dachte viel über dieses Gespräch nach und fragte sich, was es zu bedeuten hatte. Wollte Brett etwa andeuten, dass Bad Religion keine großartigen Platten mehr machten? Sollte dies zum Ausdruck bringen, dass er sich auf dem neuen Album mehr einbringen wollte, als nur einen Song beizusteuern? Zumindest verstand Jay, dass ihr Vermächtnis Brett nach wie vor viel bedeutete. Jay hakte ihre Unterhaltung als ehrlich gemeinten Zuspruch eines alten Freundes und ehemaligen Bandkollegen ab und ließ die Sache auf sich beruhen.

Als die Arbeit am neuen Album nun in die Zielgerade einbog, rief Jay Brett an, um sich zu erkundigen, wie er für „Believe It" in den Liner-Notes konkret aufgeführt werden wollte. Ihre Unterhaltung verlief freundschaftlich und Jay kam es so vor, als hätten sie ihren Zorn und ihre Animositäten endgültig überwunden. „Offenbar war zwischen uns beiden alles in Ordnung", sagt Jay. Tatsächlich war die Stimmung zwischen allen Beteiligten nun sogar so gut, dass Brett einige Konzerte seiner alten Band auf dem nordamerikanischen Abschnitt der *The New America*-Tour besuchte.

Nach der letzten Show im brasilianischen Porto Alegre diskutierte die Band ihre Zukunft, bevor jeder wieder seiner eigenen Wege ging. Brian lebte wieder in Washington D.C. und Hetson war nach Texas umgezogen. Nur noch Bobby Schayer wohnte in Los Angeles. Jay schlug vor, dass er sich nach L.A. begeben könnte, um mit Brett eine Rückkehr zu Epitaph zu besprechen. „Warum sollte ich mich nicht mit Brett treffen? Schließlich waren er und ich ja die größten Streithähne gewesen. Wenn ich auch nur den Hauch eines schrägen Gefühls bei ihm spüren würde, würden wir die Finger davon lassen. Aber was wäre, wenn alles cool wäre?"

Das war eine verlockende Vorstellung. Jay war der Ansicht, dass Bad Religion zu Epitaph gehörten. Dort hatte ihre Reise ihren Ausgang genommen und dort hatten sie ihre besten Platten abgeliefert. Selbst wenn es in der Vergangenheit gelegentlich Spannungen zwischen Epitaph und Bad Religion gegeben hatte, war das immer noch besser gewesen als ihr Verhältnis zu Atlantic. Bei Epitaph wüssten alle Beteiligten, was sie erwartete. Es schien nur logisch zu sein, dorthin zurückzukehren – wenn Brett das überhaupt wollte.

Die Bandmitglieder waren sich einig, dass dies eine gute Idee war. Jay flog nach L.A. und verbrachte ein paar Tage mit Brett bei Epitaph. Ganz offenkundig lag die Vergangenheit weit hinter ihnen und Brett signalisierte Bereitschaft, ein neues Kapitel aufzuschlagen. Jay war aber überrascht, als Brett ihm erklärte, er würde Bad Religion nicht nur gerne wieder auf dem Label willkommen heißen, sondern auch selbst gerne wieder etwas aktiv zur Band beitragen.

„Keine Frage“, so Brett, „natürlich sollten Bad Religion zu Epitaph zurückkehren und ich sollte auch wieder mit Greg zusammen Alben schreiben – ganz so wie früher. Als ich ‚Believe It‘ schrieb, wurde mir klar, dass ich diesen Prozess vermisst hatte. So sehr genoss ich es. Als leitender Angestellter einer Plattenfirma begriff ich außerdem, dass die quasi-Wiedervereinigung der Band nicht nur mit einem alten Mitglied, sondern auch mit ihrem früheren Label, eine interessante Story abgäbe. Diesen Schwung könnte man gleich mitnehmen, um eine Platte aufzunehmen, für die sich jeder interessieren würde.“

Zwar war Bretts Interesse an ihrem musikalischen Erbe von Aufrichtigkeit geprägt, doch fühlte er sich ebenfalls seiner Plattenfirma Epitaph verpflichtet, die in der Abwesenheit von Bad Religion immer größer geworden war. Brett liebte es, Songs zu schreiben, und hatte Lust, wieder ein Album mit Bad Religion aufzunehmen, doch hatte er kein Interesse daran, wieder auf Tour zu gehen. Aber würde es ihnen auch gelingen, ein Arrangement auszuarbeiten, das es der Band erlaubte, zu Epitaph zurückzukehren, während Brett auch kreativ etwas beitragen könnte, ohne mit ihnen durch die Lande zu tingeln?

Für Bad Religion würde sich daraus im Grunde genommen eine Win-win-Situation ergeben. Immerhin würde fortan derjenige, der ihre Platten herausbrachte, seine eigene Haut zu Markte trage. Brett wollte nicht nur, dass Bad Religion in geschäftlichen Belangen gut aufgestellt sind, sondern auch, dass ihre Platten großartig klingen. Und wer verstand mehr von großartigen Bad-Religion-Alben als Brett?

„Wir hatten hier nun einen Typen mit einem Label, der zwar nicht auf Tour gehen, aber dafür Songs beisteuern wollte“, fasst Jay zusammen. „Das passte eigentlich ohnehin ganz gut zu dem, wie wir unsere Touren anlegten.“ Schließlich würde Bretts Unwillen, sich den Anstrengungen einer Tour auszusetzen, nicht weiter ins Gewicht fallen, da die Band mit Greg Hetson und Brian Baker ja schon zwei Punkrock-Gitarristen von Weltformat in ihren Reihen wusste.

„Nachdem Bretts Rückkehr unter Dach und Fach war“, so Brian, „entschieden sie, dass ich bleiben sollte. Das schien der große Wendepunkt zu sein.“

Aber würde es ihnen auch gelingen, diesen Plan in die Tat umzusetzen? Brian Wilson von den Beach Boys dürfte das berühmteste Beispiel für ein kreatives Genie sein, das nicht mit seiner Band auf Tour ging. Doch generell gab es nicht viele Präzedenzfälle im Rock'n'Roll für eine solche Herangehensweise, bei der ein Bandmitglied zwar Songs beitrug und das Label leitete, aber nicht mit der Gruppe auf der Bühne stand.

Jay fand das gar nicht so obskur. Für ihn war es eigentlich viel beachtlicher, dass Bad Religion nach Bretts Ausstieg 1994 zusammengeblieben waren. Angesichts der damaligen Ereignisse in der Welt des Punkrock, wäre es seinerzeit nicht ganz überraschend, ja sogar logisch gewesen, einen Abgang zu machen. Indem sie aber durchgehalten hatten, waren sie bemerkenswert gereift.

„Das Kuriose war ja", so Jay, „dass sich das Szenario gar nicht so von dem 1994 unterschied, als Brian zur Band stieß. Gar nichts hatte sich verändert. Was sich allerdings verändert hatte, war unsere Fähigkeit, mit Dingen umzugehen, mit denen wir damals, mit 30, noch nicht zurechtgekommen waren. Emotional waren wir seinerzeit noch unreif und brachten es noch nicht auf die Reihe, einfach zu sagen: *Du schreibst tolle Songs. Du musst aber nicht mit auf Tour kommen. Schließlich musst du ein Label leiten. Wir bekommen das schon irgendwie gebacken. Wir engagieren einfach Brian und sehen zu, dass die Sache läuft.* Darauf wären wir schlichtweg nicht gekommen. Bei uns galt eben immer ‚alles oder nichts' – bis schließlich alles in die Brüche ging."

Nach 20 Jahren konnten sie sich nun endlich einen Reim auf alles machen.

Doch im brasilianischen Porto Alegre musste Bobby der Band auch eine schlechte Nachricht übermitteln. Aus heiterem Himmel weihte er seine Kollegen ein, dass er nicht mit auf den finalen Abschnitt der *The New America*-Tour in Europa kommen könnte. Er musste sich mit einer schmerzenden Schulter herumschlagen, die dringend operiert werden müsste, wenn er weiterhin für Bad Religion Schlagzeug spielen wollte. Seine Ärzte rieten ihm sogar, überhaupt einen Schlussstrich zu ziehen, da es auch nach dem Eingriff keine Garantie gäbe, dass er wieder auf demselben Level wie zuvor trommeln könnte. Anstatt sich nun der teuren Operation und einer langgezogenen Rekonvaleszenz zu unterziehen, ohne zu wissen, ob es dann noch reichen würde, beschloss Bobby, die Reißleine zu ziehen.

„Den Ausschlag gaben letzten Endes zwei Dinge", erklärt Bobby. „Mein Arm tat höllisch weh und ich fühlte mich auch sonst ausgebrannt. Ich war einfach nicht länger ein Fan unserer Musik. Wenn es nur noch um Anwälte und Buchhalter geht, verliert man aus den Augen, warum man sich eigentlich mal für die ganze Sache begeistert hat."

Bobby fühlte sich sowohl körperlich als auch mental verbraucht. Einen professionellen Rock-Drummer kann man mit einem Fänger beim Baseball vergleichen. Beide tragen mehr Ausrüstung und mehr Verantwortung als ihre Kollegen. Außerdem ist es die körperlich anstrengendste Position. Ihre Körper lassen schneller nach als die ihrer Mitspieler. Es ist eine richtige Plackerei. Oder wie Brian es ausdrückte: „Drummer nutzen sich ab."

Als Bad Religion mit Blink-182 unterwegs waren, hatte Bobby einen Moment der Erleuchtung: „Ich habe alles erreicht, was ich vom Leben in einer Rockband erwartet hatte. Ich war in Europa auf Tour und habe in England gespielt. Ich bin im CBGB's und im Whisky aufgetreten. Ich habe Platten rausgebracht und konnte meine Familie ernähren." Für Bobby, der sein ganzes Leben lang in L.A. gewohnt hatte, wurde auch der Traum wahr, einmal im Los Angeles Forum zu spielen. „Auch wenn wir nur die Vorgruppe von Blink-182 waren, konnte ich nun glücklich sterben."

Es war Bobby ein großes Anliegen, selbst über seinen Abschied von der Band entscheiden zu können. Anstatt sich die Rotatorenmanschette operieren zu lassen und sich einer möglicherweise sehr langwierigen Reha zu unterziehen, die die Band aufs Abstellgleis gezwungen hätte, beschloss er, sich zu verbeugen und seinen Hut zu nehmen.

„Zum Schluss bedankte ich mich und hegte keinerlei Groll gegen die Band. ‚Thank you' statt ‚Fuck you'", beteuert Bobby. „Für mich war das der perfekte Abschied."

Und wieder einmal mussten sich Bad Religion nach einem Drummer umsehen. Bevor sie im Sommer 2001 ihre Europatournee in Angriff nahmen, organisierte die Band eine Reihe von Sessions, um Schlagzeugern auf den Zahn zu fühlen, ob sie mehr als nur Punkrock im Repertoire hatten. „Brett sah darin die Möglichkeit, jemanden mit einer ausgefeilteren Spieltechnik an Bord zu holen", erklärt Brian. „Bobby ist ein toller Drummer, aber sein Stil geht eher in Richtung Clem Burke oder Tommy Ramone. Brett war aber eher auf der Suche nach ausgeprägteren musikalischen Fertigkeiten."

Brooks Wackerman war an jenem Tag der fünfte Kandidat, der sich auf dem Prüfstand der Band wiederfand. Nach nur wenigen Songs war klar, dass Bad Religion in ihm den passenden Ersatzmann für Bobby gefunden hatten.

Der gebürtige Südkalifornier war in Seal Beach aufgewachsen und hatte die Los Alamitos High School in Orange County besucht. Wie schon sein Vorgänger stammte Brooks ebenfalls aus einer musikalischen Familie. Sein Vater unterrichtete Musik und sein Bruder Chad galt als renommierter Perkussionist, der ausgiebig mit Frank Zappa auf der Bühne und im Studio zusammengearbeitet hatte. Aufgrund seines familiären Umfelds spielte das Schlagzeug seit jeher eine bedeutsame Rolle in Brooks' Leben.

„Es gab nie den einen einschneidenden Augenblick", so Brooks. „Meine Familie drückte mir die Sticks in die Hand, sobald ich gehen konnte. Das Schlagzeug wurde eine alltägliche Aktivität bei mir zuhause. Ich wachte auf, aß meine Frühstücksflocken und nahm mich dann wieder meiner Trommeln an." Brooks erhielt schon im zarten Alten von sechs Jahren Unterricht bei einem Jazz- und Klassik-Experten.

„Klar gibt es auch Argumente dafür, ein Kind einfach ohne formelle Ausbildung mit einem Instrument experimentieren zu lassen", sagt Brooks. „Ein klassisches Beispiel war Jimi Hendrix. Wenn er das Berklee College of Music besucht hätte, wäre er wohl nicht Jimi Hendrix geworden. Ich frage mich ja auch, wie ich spielen würde, wenn mein Vater nicht seit mittlerweile über 60 Jahren Musik unterrichtete. Aber es bedeutet mir viel, über einen so vielseitigen Background zu verfügen und so viele unterschiedliche Stile studiert zu haben. So besaß ich ein umfangreiches Repertoire, bei dem ich mich bedienen konnte, um etwas Neues zu Punkrock beitragen zu können."

Aufgrund seiner Ausbildung in Latin, Jazz und Reggae spielte Brooks in der High School in Jazz-Ensembles. Doch letztlich war es sein älterer Bruder, der sich als größter Einfluss erwies, indem er ihm die Sex Pistols und die Ramones ans Herz legte. Das wiederum öffnete ihm die Tür zu allen möglichen Spielarten von Punk, Metal und progressiv-neuartiger Musik.

Brooks startete seine Karriere als professioneller Musiker in der Band Bad4Good, die vom Gitarren-Maestro Steve Vai gemanagt wurde. Er besuchte immer noch die High School, als Brooks von den Vandals aus Huntington Beach als Drummer rekrutiert wurde. Dort durchlief er eine andere Art der Ausbildung. „Der Bassist der Vandals, Joe Escalante, warf mir die CD-Version von *Stranger Than Fiction* in den Schoß", erinnert sich Brooks. „Er meinte, dass ich mir die unbedingt reinziehen sollte. *Stranger Than Fiction* war mein Einstieg zu Bad Religion."

Brooks verließ die Vandals wieder und spielte fortan zwei Jahre bei Suicidal Tendencies. Bevor er die Gelegenheit wahrnahm, bei Bad Religion vorzuspielen, war er aber seit knapp einem Jahr in keiner Band mehr gewesen. In seiner Zeit bei den Vandals und Suicidal Tendencies hatte er sich nie die Bühne mit Bad Religion geteilt. „Wir spielten oft auf denselben Festivals", sagt Brooks, „aber immer an verschiedenen Tagen." Tatsächlich hatte er Bad Religion vor seinem Einstieg nur ein einziges Mal live gesehen, als die Band vor Blink-182 im Universal Amphitheatre aufgetreten war. Da stach ihm unter anderem auch der eklatante Größenunterschied zwischen Jay Bentley und Greg Hetson ins Auge.

Obwohl Brooks mit 22 noch relativ jung war, hatten eine Reihe von Musikern ihn Bad Religion namentlich empfohlen. „Soweit ich weiß haben Travis Barker, Josh Freese und auch Fletcher von Pennywise alle auf mich verwiesen." Brooks erhielt daraufhin einen Anruf von Bretts Assistentin, die ihn fragte, ob er Interesse an einem Vorspielen in den Cole Rehearsal Studios hätte. Da Brooks selbst nicht fahren konnte, chauffierte ihn sein Dad zur Probesession.

Den Mitgliedern von Bad Religion fiel sofort Brooks' überaus beeindruckender bisheriger Lebenslauf auf. Hier handelte es sich um einen wahrhaft begnadeten Musiker. „Er war ein Wunderkind", so Greg. „Seine Familie besteht aus überaus begabten Menschen. Brooks half uns dabei, unseren Sound auf die nächste Stufe zu bringen und uns ein wenig moderner klingen zu lassen."

Alle waren von seinem Spielstil beeindruckt. „Brooks war ein Ausnahmekönner", schwärmt Jay. „Er gehörte zu dieser Art außerordentlich talentierter Menschen, die jeder Herausforderung gewachsen sind." Brett brachte es kurz und bündig auf den Punkt: „Er war ein richtiger Dynamo."

Brooks war so gut, dass die Gruppe fürchtete, ihn nicht lange halten zu können. Sobald er den Jungs jedoch versichert hatte, dass er sehr wohl interessiert wäre, ein Vollzeit-Mitglied von Bad Religion zu sein, erhielt er sofort den Zuschlag als neuer Drummer der Band. Für Brooks lief alles wie im Zeitraffer ab. Bei seinem Vorspielen hatte er zum Beispiel noch gar nicht gewusst, dass Brett wieder zurück in der Band war.

„Als ich den Anruf erhielt, vergaß ich, eins und eins zusammenzuzählen. Ich ging jedenfalls nicht davon aus, dass er wieder zur Band zurückkehren wollte. Später in derselben Woche unterhielt ich mich mit ihm und er meinte, dass er wieder mit von der Partie wäre, als Produzent und Songwriter. Es war sehr aufregend und spannend, genau zu jener Zeit zur Band zu stoßen."

Mit einem neuen Schlagzeuger in ihren Reihen und im restlichen Sommer frei von anderen Verpflichtungen, machten sich Bad Religion an die Arbeit für ein neues Album. Zum ersten Mal seit *Recipe for Hate*, das vor gut einem Jahrzehnt entstanden war, versammelte sich die Band wieder im guten, alten Westbeach Recorders, um gemeinsam eine Platte aufzunehmen.

22
Zurück im Rennen

Für Bad Religion fühlte sich das Comeback bei Epitaph an, als würden sie nachhause zurückkehren. „Epitaph war eine kleinere, familiäre Firma", erklärt Greg. „Wir hatten ja eine Menge Freunde dort. Das hat mit der kalifornischen Mentalität zu tun. Das waren keine geschäftlich orientierten Leute, sondern sie entstammten der Szene. Es war schlichtweg so, als ob wir zu unseren alten Freunden zurückkehren würden."

Innerhalb der Band herrschte die Auffassung, dass der Einfluss der großen Plattenfirma und der Einsatz von außenstehenden Produzenten dazu geführt hatte, dass manche Songs aus der Atlantic-Ära nicht ganz so gut zur Geltung gebracht worden waren, wie das vielleicht möglich gewesen wäre. Als ob sie das Label im Stich gelassen und in die Irre geführt hätte. „Um ganz ehrlich zu sein", gesteht Brian, „war ich zur Zeit von *The New America* ziemlich lethargisch. Ich war faul, besoffen und versuchte, es mir leichtzumachen. Deshalb bin ich wohl nicht sehr gut auf *The New America* zu sprechen. Ich finde, dass es darauf jede Menge gute Ideen gibt, aber die verteilen sich alle auf unterschiedliche Songs. Mir würde es besser gefallen, wenn sich diese Ideen auf einen Song konzentriert hätten, weil man dann von einem echten Hit sprechen könnte."

Andererseits hatte Brian aber auch keine spezielle Abneigung gegen irgendwelche Songs aus jenen Tagen. „Wahrscheinlich gibt es nichts, was die Band je fabriziert hat, das ich wirklich verabscheue, oder von dem ich mich distanzieren möchte", sagt Brian. „Das ginge nicht. So bin ich einfach nicht. Das sind ja alles unsere Kinder, ganz egal, wie abgefuckt sie sein mögen. Man sagt sich dann: *Na schön, macht einfach, was ihr wollt* ... Es gibt schon Sachen, die mir nicht so gefallen. Das betrifft manchmal den Aufbau, oder ein Refrain ist mir nicht druckvoll genug. Ich habe zwar meine Ansichten dazu, aber ich hasse nichts. Es können ja nicht alle Songs Hits sein."

Für das neue Album, das den Titel *The Process of Belief* tragen sollte, entstanden kürzere, schnellere Songs. Von den ersten drei Nummern – „Supersonic", „Prove It" und „Can't Stop It" – knackt keine die Zwei-Minuten-Schallmauer. Zusammengenommen dauern sie gerade einmal vier Minuten und zwölf Sekunden. Dieser rabiate Auftakt ließ außerdem erahnen, wozu ihr neuer Drummer hinter seiner Schießbude imstande war. „Brooks stellte eine große Bereicherung dar, weil er einfach alles spielen konnte", betont Brett. „Ich hatte bis dahin immer Sachen komponieren müssen, von denen ich wusste, dass Bobby oder Pete sie spielen könnten. Plötzlich hatten wir aber einen virtuosen Musiker in der Band und mir war klar, dass ich Dinge schreiben musste, bei denen er auch mal so richtig durchdrehen durfte." Ein gutes Beispiel für so einen Song war „Can't Stop It", der sich anschickte, sämtliche Geschwindigkeitsrekorde zu brechen.

Jay begrüßte die Rückkehr zu ihrem für sie so typischen Sound, doch lag es vor allem an der Einstellung und der Intensität, dass sich die Aufnahmesessions dieses Mal ein wenig anders anfühlten. „Zu meinen liebsten Momenten mit der Band zählten die Aufnahmesessions von *Suffer* und *The Process of Belief*", verrät der Bassist. „Der Grund dafür ist, dass man uns beide Male bereits abgeschrieben hatte. Wir nahmen diese Platten letzten Endes nur für uns selbst auf und für niemand anderen. Als wir an *Suffer* arbeiteten, scherte sich niemand mehr einen Dreck um Bad Religion. Als wir *The Process of Belief* aufnahmen, hatten uns die Leute aufgegeben. Wir hatten unsere glorreiche Zeit gehabt und waren auf der Flutwelle des Punkrock geritten, aber zur Zeit von *The New America* waren wir bloß noch eine Karikatur unserer selbst. Ich hasste es. Mit *The Process of Belief* fanden wir aber zurück in die Spur. Niemand schneite im Studio vorbei, um zu sehen, was wir so trieben. Wir waren allen vollkommen egal."

Doch nicht alle Songs, die Brett und Greg ins Studio mitbrachten, waren brandheiße Hochgeschwindigkeitsgeschosse. „Sorrow" und „Epiphany" wiesen eher atypische Einstiege auf. Der von Greg stammende Song „Epiphany" beginnt in einem getragenen Tempo und verbreitet zunächst eine melancholische Stimmung, bevor er sich vollends entfaltet und alle Register zieht. „Sorrow" hingegen eröffnet auf der Gitarre mit einem Dreiklang, der an eine unbändige Sprungfeder erinnert, sowie einem Zusammenspiel von Schlagzeug und Bass, das auch von einer Reggae-Nummer stammen könnte. Auch das Echo, das die einleitende rhetorische Frage hinterlegt – „Father can you hear me?“ – verleiht dem Song einen Sonderstatus auf dem Album. Doch war das nicht von Anfang an so geplant gewesen. „Das Intro war ursprünglich viel heftiger“, erklärt Brett. „Zwar war das Tempo auch da schon gedrosselt, aber die Gitarre war richtig heavy und grob. Meine Cousine war gerade zu Besuch und ich fragte sie, ob sie meinen neuen Song hören wollte. Ich nahm sie mit hinab in mein kleines Demo-Studio und spielte ihr den Anfang des Songs vor. Ihr gefiel das auch sehr gut. Sie meinte, es erinnere sie an Pat Benatar! Das kränkte mich so sehr, dass ich einfach noch etwas daran ändern musste. Ich musste es noch einmal komplett überarbeiten, damit es niemand mehr mit Pat Benatar in Verbindung bringen würde.“

Brooks erinnert sich noch, wie sauer Brett der Vergleich mit Pat Benatar aufstieß. „Er kam an und sagte: ‚Hör mal, ich will das hier ändern. Ich will nicht, dass wir nach Pat Benatar klingen. Was hältst du davon, wenn wir was mit Reggae versuchen?‘ Ich probierte daraufhin etwas mit Rhythmen in der Art von Stewart Copeland aus, der ja viel mit Cross-Stick-Technik spielt. Da schlägt man den Rand der Trommel an. Das ergibt dann einen hohen, zischenden Sound. Dieses klickende Geräusch im Intro stammt vom Drumstick, der den Rahmen trifft. Stewart beschäftigte sich intensiv mit libanesischen und afrikanischen Rhythmen. Er ist berühmt-berüchtigt für diesen Stil.“

Für das neue Intro tauschte Brett die Schläge auf der Kickdrum und Snaredrum gegeneinander aus, womit er eine Art Reggae-Beat erzeugte. Außerdem fragte er Brooks, ob er ein paar punktierte Achtel ergänzen könnte. Brooks kam dieser Bitte mit Vergnügen nach.

„Der Entstehungsprozess war reine Magie“, so Brett. Als er den Song schrieb, ließ sich Brett von seinem Sohn Max inspirieren, der damals noch ein kleiner Junge war. „Ich spielte ganz ungezwungen mit ihm auf der Gitarre herum, als sich die Akkorde plötzlich zu ‚Sorrow‘ zusammenfügten. Das war der Ursprung der Akkordabfolge und der Melodie, die sich sofort dazugesellte. Ich hatte dabei ein melancholisches Feeling, sodass ich dachte: *Okay, dann schreibe ich jetzt mal einen traurigen Song.* Dann fragte ich mich, was denn ein gutes Thema dafür wäre.“

Brett fand die Inspiration dafür in einer überraschenden Quelle, der Bibel. Die alttestamentarische Erzählung von Hiob gilt als eine der traurigsten Geschichten überhaupt. Hiob war ein loyaler und frommer Gläubiger. Der Teufel traute sich zu, den guten Mann in Versuchung zu führen und zum Sündigen verleiten zu können, doch Gott war der Überzeugung, dass Hiob standhaft bleiben würde, egal was auch passierte. Darauf gingen die beiden eine Wette ein. Brett empfand dieses Szenario als ziemlich verkorkst. „Wer kann nur so einen verachtenswerten Gott verehren?", fragte er sich. „Einen Gott, der einen wahrhaft loyalen Gefolgsmann, den er selbst erschaffen hat, an das Böse verrät? Warum beschützt Gott Hiob nicht? Warum sagt er nicht dem Teufel, dass er sich verpissen soll? ‚Hände weg von Hiob! Das ist ein guter Junge!' Aber Gott hat sich anders entschieden. Der resignativen Aussage dieser Geschichte zufolge hat der Schöpfer des Universums sich vom Menschen abgewandt – und das sei ein echter Jammer."

Die ersten beiden Strophen von „Sorrow" erzählen die Geschichte von Hiob, ohne dabei allzu spezifisch zu sein.

Father can you hear me?
How have I let you down?
I curse the day that I was born
And all the sorrow in this world

Let me take you to the hurting ground
Where all good men are trampled down
Just to settle a bet that could not be won
Between a prideful father and his son

„Das sind sehr archaische Konzepte", erklärt Brett. „Ein Kind, das zu seinem Vater spricht – Hiob, der sich an Gott wendet. Ich fand das sehr kraftvoll, gerade weil es so traurig ist. Ein Kind, das seinen Vater enttäuscht. Hier ergreift Hiob gegenüber Gott das Wort, doch jeder kann sich damit identifizieren, wie es ist, seinen Vater zu enttäuschen. Bis zu einem gewissen Grad versuchen wir ja alle unsere Eltern zu beeindrucken, wenn wir klein sind. Sie sind unsere Götter."

Die Erzählung von Hiob ist gleichzeitig die Geschichte des Menschen. Wir suchen nach Schutz, egal ob nun bei unseren Eltern oder einem übernatürlichen Wesen – nur um ausgerechnet dann im Stich gelassen zu werden, wenn wir uns einsam und verwundbar fühlen.

„Es sollte kein deprimierender Song werden", erklärt Brett. „Ich bin ja eigentlich ein Optimist und ich glaube, dass es eine Lösung für das dem menschlichen Dasein zugrundeliegenden Leiden gibt. Allerdings denke ich nicht, dass man bei einem Schöpfer fündig werden wird. ‚Sorrow' ist mein Versuch, einen spirituellen Song für Punkrocker zu schreiben. Ich versuchte damit, etwas mit der emotionalen Wirkung von John Lennons ‚Imagine' zu schreiben, aber eben für meine Generation."

Selbst Bretts Bandkollegen zeigten sich vom Ergebnis schwer beeindruckt. „Ich spielte in dieser Band", gesteht Jay, „und es dauerte bis ‚Sorrow', dass ich begriff, was für ein großartiger Songwriter Brett Gurewitz ist. Es dauerte eine Ewigkeit, bis ich realisierte, was für ein Genie er ist."

The Process of Belief sollte ursprünglich bereits im Oktober 2001 veröffentlicht werden, erschien letzten Endes aber doch erst 2002, da das Album noch nicht ganz fertig war. Diese Entscheidung der Band wurde aber auch von den Terroranschlägen des 11. September 2001 beeinflusst. Die Angriffe auf die Twin Towers in Manhattan und das Pentagon in Washington D.C. sowie die Entführung und der daraus resultierende Absturz von Flug 93 forderten neben zahllosen Verletzten fast 3.000 Menschenleben. Es war die tödlichste Attacke, die jemals auf amerikanischem Boden stattgefunden hat.

Nach 9/11 wurde klar, welcher Song sich als erste Single aufdrängte. Als Brett Greg „Sorrow" präsentierte, erkannte der Sänger sofort die subtile Power des Songs. Allerdings war ihm da noch nicht klar, welche Bedeutung er für die Band haben sollte. „Es ist ein großartiger Song", so Greg. „Doch wir konnten nicht vorhersehen, welche Wirkkraft er im Anschluss an 9/11 entwickeln würde. ‚Sorrow' erwies sich für Bad Religion schließlich als richtungsweisender Song."

Tatsächlich arbeitete Brett ausgerechnet an „Sorrow", als er von den Anschlägen erfuhr. „Ich erinnere mich noch daran, als ob es gestern gewesen wäre", sagt er. „Ich mischte gerade ‚Sorrow' im Larrabee East ab, als ich in den Nachrichten sah, wie die Türme einstürzten. Das passierte live, während ich dem Mix den letzten Schliff verpasste."

Ursprünglich sah Brett in „Sorrow" keine potenzielle Single, da er den Beat als zu schnell fürs Radio empfand. Deshalb hatte er eher „The Defense oder Broken" dafür vorgesehen. Doch Andy Kaulkin, der Präsident des Epitaph-Sublabels ANTI Records, schlug „Sorrow" als erste Auskoppelung aus dem Album vor. „Er sagte zu mir, dass ‚Sorrow' sich als Single eignen würde, da es den Zeitgeist unseres Landes nach 9/11 am besten widerspiegele. Ich glaube, dass er damit richtig lag."

Das Versprechen des Songs einer Welt ohne Leid, während er gleichzeitig nicht alle gegenwärtigen Sorgen vergaß, ergab zusammen die richtige Balance zwischen Hoffnung und Bedauern, in einer Phase, in der so viele Menschen unter den Folgen von 9/11 zu leiden hatten. Im Refrain erfolgte eine Kehrtwende weg von der Finsternis hin zum Licht.

There will be sorrow
Yeah, there will be sorrow
And there will be sorrow no more

In für Bad Religion typischer Manier ist das Ende des Leidens an eine lange Liste ironischer Bedingungen geknüpft.

When all soldiers lay their weapons down
Or when all kings and all queens relinquish their crowns
Or when the only true messiah rescues us from ourselves

Die Wahrscheinlichkeit, das eines davon einträfe, geschweige denn gleich alles, rückt das Ende des Leidens in weite Ferne. Obwohl „Sorrow" nicht der fröhlich-sorgenfreien Grundstimmung eines Singalongs entspricht, ist er dennoch in einer Ruf-Antwort-Form aufgebaut, die den Hörer auffordert, sich aktiv einzubringen. Das Publikum fühlt sich durch seine Emotionen ermuntert, sich zu beteiligen, weshalb der Song mittlerweile auch zu den Höhepunkten eines jeden Live-Konzerts von Bad Religion zählt. Sobald das ungewöhnliche Intro erklingt, brandet Jubel auf, der sogleich einer andächtigen Stille weicht. Auch wenn man den Text des Refrains zu Beginn des Songs noch nicht kennt, kann man ihn am Ende bereits problemlos mitsingen. Gemeinsam mit den anderen Konzertbesuchern lauthals „Sorrow" zu singen, entwickelte sich in der neuen Zeitrechnung nach 9/11 zu einem kathartischen Erlebnis.

Obwohl 9/11 noch nicht passiert war, als der Song entstand, glauben einige Fans darin direkte Anspielungen auf die Tragödie ausmachen zu können.

Während des Refrains ertönt etwa eine Explosion zwischen „There will be" und „Sorrow". Brett erklärt, dass er das Sample einsetzte, um den Refrain noch mehr hervorzuheben. Doch die Inspiration für diesen Produktionskniff ist durchaus eine Überraschung. Im Song „The Boxer" von Simon & Garfunkel unterbricht ein ähnlich lautes Krachen den Refrain. „Ich fand das schon immer sehr cool", erklärt Brett. „Diesen Sound erhielten sie damals, indem sie die Trommel in einem Aufzugsschacht platzierten. Da mir aber kein Aufzugsschacht zur Verfügung stand, verwendete ich eben das Sample einer Explosion."

The Process of Belief wurde im Januar 2002 veröffentlicht und überwiegend positiv aufgenommen. Das Album kletterte bis auf Platz 49 der *Billboard*-Top-200 und verkaufte sich auch andernorts sehr gut, beispielsweise in Irland. Bretts Instinkte hatten ihn nicht im Stich gelassen: Bad Religions Heimkehr zu Epitaph und seine Wiedervereinigung mit seiner alten Band fanden großen medialen Widerhall. Die Fans freuten sich zwar sehr über Bretts Rückkehr, doch noch wichtiger war ihnen die Rückkehr zu kürzeren und schnelleren Songs, die laut manchen Kritikern auch auf den Alben aus der sogenannten Blütezeit der Band nicht fehl am Platz gewirkt hätten. Doch *The Process of Belief* war auch für sich genommen ein neuer Meilenstein für die Band. Immerhin handelte es sich hier um das erste Album, das Greg und Brett gemeinsam komponiert und auch produziert hatten. „Ich persönlich bin der Meinung, dass Bad Religion mit Greg und mir als Songwriter-Team besser sind", sagt Brett. „Greg ist wahrscheinlich einer der besten Punkrock-Songwriter und Sänger aller Zeiten. Er hat für Atlantic Records auch ein paar sehr gute Songs geschrieben und sehr gute Alben aufgenommen, aber Bad Religion ist einfach besser, wenn wir beide zusammenarbeiten."

The Process of Belief bietet den Hörern Bad Religion in Bestform. Obwohl sowohl das Songwriting als auch die Produktion von Gregs und Bretts Zusammenarbeit profitierten, lässt sich auch das ideale Timing des Albums nicht ganz von der Hand weisen. Immerhin war der 11. September ein Wendepunkt in der Geschichte der USA und viele Fans, die den Aufstieg von Bands wie Blink-182 als das Ende von Punk empfunden hatten, waren überaus angetan von Bretts Rückkehr. „Hier fand viel mehr als nur die Wiedervereinigung von ein paar Freunden statt", sagt Brett. „Es war wie die Rückkehr des verlorenen Sohnes." Dass zwei der intelligentesten Songwriter der Branche endlich wieder an einem Strang zogen und den ersten landesweiten Radio-Hit von Bad Religion geschaffen hatten, war in einer Zeit, in der gute Neuigkeiten Mangelware waren, ein erfreulicher Lichtblick.

The Process of Belief brachte auch eine andere Auflistung der jeweiligen Songwriting-Beiträge mit sich. In der Vergangenheit hatten die Liner Notes stets präzise Auskunft darüber gegeben, wer für welchen Song verantwortlich war. Nun aber entschieden sich Greg und Brett für einen neuen Ansatz. „Wir teilten uns nun die Nennung als Songwriter“, erklärte Brett. „So wie Lennon und McCartney – und wir verraten nicht, wer was geschrieben hat. Das entschärft die Situation spürbar.“

Brett war äußerst zufrieden mit dem Endprodukt. Von allen Platten, die im Westbeach aufgenommen worden waren – darunter auch Klassiker wie *Let's Go* von Rancid oder *White Trash, Two Heebs and a Bean* und *Punk in Drublic* von NOFX –, hielt er *The Process of Belief* für die am besten klingende. „Das Schlagzeug wurde zwar nicht dort aufgenommen und abgemischt wurde auch woanders, doch sämtliche Overdubs entstanden im Westbeach. *The Process of Belief* klingt von allen Platten, die ich produziert habe, vermutlich am besten – und nicht wenige davon entstanden in diesen Räumlichkeiten.“

Die Rückkehr zu Epitaph brachte noch zwei weitere wichtige Neuerungen für die Band mit sich. So kümmerte sich Jay nun aktiv um ihren umfangreichen Terminkalender und die Organisation der Touren. Greg hingegen setzte seine akademische Karriere fort. Er hatte die Arbeit an seiner Dissertation unterbrochen, als Bad Religion bei Atlantic unterschrieben, um öfter und ausgiebiger auf Tour gehen zu können. Doch da sie nun wieder bei Epitaph gelandet waren, beschloss Greg, dass die Zeit reif sei, seine Doktorarbeit fertigzustellen.

Für seine Dissertation hatte sich Greg das Thema der Evolution aus dem Blickwinkel der Religion ausgesucht, da er sich für die religiösen Überzeugungen prominenter Evolutionsbiologen interessierte. So führte er Dutzende Interviews sowohl von Angesicht zu Angesicht als auch übers Telefon, um die benötigten Informationen zusammenzutragen. Zum Glück war Greg ja alles andere als reisefaul. Seine Dissertation trug letztlich den Titel *Evolution, Monism, Atheism, and the Naturalist World-view*.

Bad Religion begaben sich Ende Januar 2002 auf die *The Process of Belief*-Tour, die mit einer Reihe kleinerer Konzerte in den USA begann. Obwohl im

Vorfeld ausführlich darüber berichtet worden war, dass sich Brett der Band wieder im Studio angeschlossen hatte, aber nicht mit ihr auf Tour gehen wollte, absolvierte er diese Konzerte mit Bad Religion. Auch begleitete er die Band nach Europa, um dort sechs Auftritte mit ihnen zu absolvieren. Im Anschluss daran nahm die Band im März eine ordentliche Tournee durch Nordamerika in Angriff, während Brett nach L.A. zurückkehrte. Obwohl die zurückliegende Tour eher kurz gewesen war, hatte sich in der Zwischenzeit doch einiges getan.

„Eigentlich hätten wir gleich, nachdem die Platte abgemischt war, auf Tour gehen sollen", erinnert sich Brooks. „Aber wir nahmen uns für den Rest des Jahres eine Auszeit. Als wir dann wieder anfingen zu touren, fühlte sich alles anders an – wegen der extremen Sicherheitschecks und so. Als Amerikaner fühlte man sich im Ausland seltsam. Es herrschte einfach ein anderes Feeling. Zwar wurde nicht viel darüber gesprochen, aber nachdem diese Katastrophe passiert war, lag in manchen Ländern, die wir bereisten, eine triste Stimmung in der Luft."

Während Bad Religion im Frühling eine Reihe von Festivals abklapperten, ereilte die Band eine überraschende Neuigkeit. Sony Records veröffentlichte ein „neues" Album der Band, das Songs aus der Zeit zwischen 1994 und 2000 enthielt. Diese Anthologie trug den reizlosen Titel *Punk Rock Songs* und eine Abbildung von Uncle Sam, der dem geneigten Beobachter eine vierläufige Pistole entgegenstreckte, zierte das Cover. Bad Religion waren vorab weder gefragt noch davon in Kenntnis gesetzt worden, doch konnte die Band herzlich wenig dagegen unternehmen. Die Scheibe enthielt die deutschsprachige Version von *Punk Rock Song* sowie Live-Mitschnitte von „Change of Ideas" von *No Control*, „Leave Mine to Me" und „Slumber" von *Stranger Than Fiction* sowie „Cease" von *The Gray Race*.

Nach einer kurzen Verschnaufpause nahmen Bad Religion ihre nächste *Warped*-Tour in Angriff, die von Ende Juni bis Mitte August dauerte. Im September spielten die alten Haudegen auf einem riesigen zweitägigen Festival in San Bernardino, dem *Inland Invasion*, auf dem auch die mittlerweile wiedervereinigten Sex Pistols auftraten. Die englischen Alt-Punks wurden dabei aber von ihren Landsmännern, den Buzzcocks, locker in den Schatten gestellt.

Einer der Vorteile der Rückkehr zu Epitaph bestand darin, dass Bad Religion nun weit mehr Einfluss auf ihren Terminplan hatten. Obwohl sie innerhalb der Parameter ihrer geschäftlichen Partnerschaften stets auf der totalen kreativen Kontrolle ihres Outputs beharrt hatten, konnten sie nun endlich wieder selbst bestimmen, wann sie Songs schreiben und aufnehmen oder auf Tour gehen wollten – und vor allem, für wie lange. Nun hieß es erst einmal die Füße hochelegen und entspannen – doch dagegen schien der neue amerikanische Präsident George W. Bush etwas zu haben.

23
Schock und Verunsicherung

Am 20. März 2003 starteten die Streitkräfte der USA eine Offensive gegen den Präsidentenpalast und andere ausgewählte Ziele in Bagdad. Obwohl die in den Irak-Krieg verwickelten Truppenverbände neben den USA auch aus Großbritannien, Australien und Polen stammten, stand die Invasion unter der Führung von George W. Bush und des amerikanischen Militärs. Die Rechtfertigung für diesen letztlich ungerechtfertigten Angriff änderte sich in der Vorbereitungsphase laufend, doch einigte man sich irgendwann darauf, irakische Massenvernichtungswaffen unschädlich machen zu wollen. Der Großteil der freien Welt erkannte jedoch, worum es hier eigentlich ging: die schamlose Zurschaustellung brutaler Gewalt durch eine imperialistische Macht, die als Reaktion auf die Terroranschläge vom 11. September die Muskeln spielen lassen wollte.

Der Krieg, der praktisch nicht einmal einen Monat dauerte, sich dann aber über viele Jahre hinzog, konnte auf breite Unterstützung in der Bevölkerung zählen, doch waren die meisten progressiven Amerikaner darüber bestürzt. Schließlich hatte der Irak mit der Planung und Ausführung von Osama bin Ladens Attacken auf das World Trade Center, das Pentagon und den Flug 93 nichts zu tun gehabt. Nun prasselten Bomben auf Bagdad nieder, die Männer, Frauen und Kinder im Schlaf massakrierten.

Bad Religion gehörten zu jenen, die über das Vorgehen der USA entrüstet waren. „Wir begaben uns unter Vortäuschung falscher Tatsachen in den Irak", so Brett. „Als 9/11 passierte, war Bush im Amt, der eher wie eine Marionette von Dick Cheney und Karl Rove aber nicht wie ein richtiger Präsident wirkte. Diese Typen sahen die Gelegenheit gekommen, in den Irak einzumarschieren, ihn in eine Demokratie zu verwandeln und einen amerikanischen Außenposten im Nahen Osten zu installieren, der enorme Ölvorkommen besaß. Die ganze Story rund um die Massenvernichtungswaffen entpuppte sich als erstunken und erlogen. Das war nichts als Bullshit, mit dem alle an der Nase herumgeführt werden sollten, während alle noch sauer wegen 9/11 waren."

Das Schreckliche an dieser Invasion war, dass sie so entsetzlich unnötig war. Politiker machten sich in den Nachrichten für den Krieg stark, und sobald sie sich ausreichender Unterstützung sicher schienen, ließen sie es Bomben hageln. Für diejenigen, die gegen den Krieg waren, waren die Jahre nach dem 11. September gekennzeichnet von einem Gefühl der Machtlosigkeit gegenüber verblendetem Patriotismus und dem nimmermüden Aufruf, die Truppen zu unterstützen. Jeglicher Protest wurde als höchst unpatriotisch gebrandmarkt.

Die Mitglieder von Bad Religion fühlten sich genauso hilflos wie andere progressive Zeitgenossen, doch verfügten sie über etwas, das den meisten Kriegsgegnern fehlte: eine Stimme. Die Band begab sich von Anfang April bis Mitte Mai auf eine sechswöchige Tournee durch Nordamerika, um *The Process of Belief* zu promoten. Im September folgte eine Tour entlang der Westküste, die sich vor allem auf Südkalifornien konzentrierte. Ob es nun am antiamerikanischen Ressentiment lag, oder das Gefühl den Ausschlag gab, zuerst zuhause in Amerika den Hebel ansetzen zu müssen, Bad Religion verzichteten in diesem Jahr auf einen Abstecher nach Europa.

Im November versammelte sich die Band im Sound City in Van Nuys, um sich dort der Arbeit an ihrem 13. Studioalbum zu widmen, das den ominösen Titel *The Empire Strikes First* tragen sollte. „Wir machen ja eigentlich keine Themenplatten", so Brett. „Unsere Songtexte sind in der Regel persönlicher oder soziologischer Natur, aber *The Empire Strikes First* war ein polemisches Album, das in erster Linie vom präemptiven wie überflüssigen Militärschlag gegen den Irak geprägt war."

Der Titel sowohl des Albums als auch des gleichnamigen Songs spielte darauf an, wie beispiellos es für die USA war, ohne jegliche Provokation einen unvorbereiteten Gegner anzugreifen. Der Zorn der Band auf die Regierung wurde nur noch von der Fassungslosigkeit darüber übertroffen, dass so ein Einfaltspinsel wie Bush überhaupt ins Weiße Haus gewählt worden war. Hier handelte es sich immerhin um einen Mann, der sich im Wahlkampf an kein einziges Buch erinnern konnte, das ihm gefiel, und so realitätsfremd war, bei einer Wahlkampfveranstaltung Ein-Dollar-Scheine an das Publikum zu verteilen. Da 2004 erneut eine Wahl anstand, setzten Greg, Brett und die restliche Band es sich zum Ziel, ihren Teil beizutragen, dass der amtierende Präsident nicht wiedergewählt würde.

Wie immer injizierten Brett und Greg satte Dosen Ironie in ihre scharfe Kritik an den imperialistischen Eskapaden der USA. Songs wie „Let Them Eat War", „To Another Abyss" und „Boot Stamp on a Human Face Forever", dessen Titel sich von einem Zitat George Orwells ableitete, ließen jedenfalls keinerlei Zweifel aufkommen, was Bad Religion von diesem Krieg hielten. Um jener Xenophobie entgegenzutreten, die die Regierung so fleißig kultivierte, empfand es die Band als notwendig, so unmissverständlich wie möglich vorzugehen.

„Angst fördert konservative und kriegerische Denkweisen", erklärt Brett. „Forschungsergebnisse belegen das. Wenn sich Menschen hingegen sicher fühlen, verhalten sie sich eher liberal." Die alles umfassende Protestlaune befeuerte den kollaborativen Geist der Gruppe und gleich mehrere Bandmitglieder trugen zu den Songs auf dem Album etwas bei. So lieferte etwa Brian die zentralen Riffs zu „The Empire Strikes First" und „Let Them Eat War", einem Song, bei dem auch Sage Francis, ein junger Musiker, der bei ANTI-Records unter Vertrag stand, zum Zug kam. „Er entstammt der frühen Slam-Poetry-Szene", erklärt Brett. „Er war außerdem ein Fan von Bad Religion, weshalb ich es cool fand, ein wenig Genre-übergreifend zu arbeiten."

Aber nicht alle Songs auf *The Empire Strikes First* wiesen einen politischen Hintergrund auf. Trotz seiner apokalyptisch anmutenden Bildsprache handelte „Los Angeles Is Burning" nicht vom Krieg. „Los Angeles ist vielleicht die einzige Stadt weltweit, die eine Feuersaison hat", erklärt Brett. „Manche Städte haben eine Regenzeit, aber L.A. hat eine Feuersaison. Meine Familie lebt hier seit drei Generationen, weshalb ich es interessant fand, diese Feuersaison als Metapher für die Menschen zu verwenden, die nach L.A. strömen und dort nach Reichtum und Ruhm streben, nur um dann von all der Eitelkeit und Oberflächlichkeit, die hier vorherrscht, aufgezehrt zu werden."

Der Aufnahmeprozess schritt rasch voran – mit einer nennenswerten Ausnahme. Brett war noch nicht zufrieden mit dem Gitarrensolo von „Los Angeles

Is Burning". Brian und er wechselten sich ab, doch Brett fand, dass noch das gewisse Etwas fehlte. Deshalb rief er Verstärkung herbei. „Einer meiner größten Helden", so Brett, „ist Mike Campbell von Tom Petty and the Heartbreakers. Er ist auf jeden Fall einer der besten Rock'n'Roll-Gitarristen aller Zeiten."

Brett kannte Mike über gemeinsame Freunde aus der Branche, Studiotechniker und Produzenten, die alle in den höchsten Tönen von ihm schwärmten. Mikes Sohn war außerdem ein großer Fan von Rancid und anderen Epitaph-Acts. Brett erinnerte sich, ihn im Palladium gesehen zu haben. Also rief Brett Mike an, um ihn zu fragen, ob er etwas zum Album beitragen wolle. Mike willigte ein. „Ich bin wirklich davon überzeugt, dass das Solo den Song ausmacht", sagt Brett. Weil er ein so großer Bewunderer von Campbells Gitarrenspiel war, veröffentlichte Brett sogar ein Album von dessen Surfband, den Blue Stingrays, auf dem extra dafür gegründeten Sublabel Epitone.

Bad Religion scheuten nie vor Experimenten zurück und testeten gerne die Grenzen ihres melodischen Hardcore-Punk aus. In der Vergangenheit hatten diese Experimente zumeist langsamere, softere und radiotauglichere Songs hervorgebracht – von den poppigen Ansätzen bei „Infected" und „21st Century (Digital Boy)" bis hin zu den Country-Klängen von „Man with a Mission" und den von Folk inspirierten Songs der Atlantic-Ära. Doch auf *The Empire Strikes First* wagte sich die Band zum ersten Mal in noch härtere und schnellere Gefilde vor. Das lag zum Teil an der Wut auf die Regierung Bush, die das Land in einen unnötigen Krieg verstrickte, aber auch daran, dass Brett und Brooks sich nun besonders bemerkbar machten. „Auf diesem Album", sagt Brooks, „fing ich an, mich in der Band zurechtzufinden. Ich bin sehr stolz auf *Process of Belief* und bis heute zählt ‚Sorrow' zu meinen Lieblingssongs. Aber ab *Empire* war ich als Musiker und Bandmitglied erst richtig angekommen."

Brooks schrieb zusammen mit Brett „The Quickening" und „Beyond Electric Dreams", einen ihrer raren Songs, die über vier Minuten lang sind. (Zu beiden Songs trug auch noch Chris Wollard von Hot Water Music etwas bei.) „Beyond Electric Dreams" handelt von der Sierra Nevada, einem Gebirge, mit dem sich Brett besonders verbunden fühlt, seitdem er als Teenager auf dem John Muir Trail gewandert war. „Die Berge sind mein Gotteshaus", erklärt Brett. „Sie sind der Ort, an den ich flüchte, um mich gesellschaftlichen Konventionen zu entziehen und mich spirituell neu aufzuladen." Der Song orientiert sich am selben Thema wie Generator, doch wo Generator sich auf Metaphern verließ, um Göttlichkeit zu beschreiben, greift „Beyond Electric Dreams“ auf eine eher prosaische Sprache zurück, um das, wie Brett es ausdrückt, „Mysterium des Kosmos“ zu ergründen. „In der Natur entdecke ich stets Spiritualität. Obwohl ich mich nicht übermäßig für Metaphysik interessiere, halte ich die Existenz von Bewusstsein im Kosmos für ein großes Rätsel, das mich stets gefesselt hat.“

Musikalisch war „Beyond Electric Dreams“ inspiriert von Frank Black. Sogar ein Megaphon kam hier zum Einsatz. Der Song verfügt außerdem über eine geschmeidig arrangierte Passage, die zwar die Prämisse der verjüngenden Kraft der Natur gut widerspiegelt, aber ansonsten doch eher untypisch für die Band ist. Wenn wir den Song live gespielt haben“, so Brooks, „war das immer interessant und witzig, weil ich ihn ganz nach Belieben in die Länge ziehen oder kürzen konnte. Diese Spontaneität ließ den Song jeden Abend anders werden.“

Ein weiterer Song, der Brooks' beachtliches Talent in den Vordergrund rückte, war „Sinister Rouge“, eine ätzende Kritik an der Katholischen Kirche. Diese rasante Nummer lässt selbst die Presslufthammer-Drums der *Suffer*-Ära gemächlich erscheinen. Der Song repräsentierte darüber hinaus einen frischen Ansatz zu einem Thema, das die Band schon seit Jahrzehnten beschäftigte. „Dieser Song stach beim ersten Mal, als ich Gregs Demos hörte, besonders heraus“, sagt Brooks. „Er verband in gewisser Weise Bad Religion mit einem Goth-Element, was ihn meiner Meinung nach einmalig und anders erscheinen lässt.“

Die Aufnahmesessions zogen sich vom November 2003 bis in den Februar 2004 hin. Das Album erschien schließlich im Juni, als Bad Religion sich bereits auf Tour befanden. Sie verbrachten den gesamten Mai in Europa, um wettzumachen, dass sie es im Vorjahr versäumt hatten, dort zu spielen. Sie drängten auch das dortige Publikum dazu, ihre amerikanischen Freunde aufzufordern, nicht Bush zu wählen, da sie eben nicht Bürger eines Imperiums sein wollten, das sich zu Erstschlägen hinreißen ließe.

Bad Religion kehrten rechtzeitig aus Europa zurück, um sich der sechswöchigen *Warped*-Tour anzuschließen. Brooks mochte zwar das jüngste und neueste Bandmitglied gewesen sein, doch war er in Bezug auf das Festival kein Frischling. Er hatte sein Debüt bei der *Warped*-Tour schon 1999 mit Suicidal Tendencies gegeben, als der Wanderzirkus zum ersten und einzigen Mal durch Australien getingelt war.

Dieses Mal aber, berichtet Brooks, bildeten die Tourbusse von Bad Religion, NOFX, Pennywise und Lag Wagon eine Art Wagenburg und schufen auf diese Weise einen Innenhof, der sie abschirmte. Bad Religion spielten nur 30 bis 40 Minuten pro Tag und verfügten somit über jede Menge Freizeit, woran sie sich aber erst gewöhnen mussten. „Ich hänge nicht gerne den ganzen Tag am Veranstaltungsort ab“, so Brooks. „Ich besuche lieber ein Museum oder unternehme einen Spaziergang. Mir ist es einfach zu öde, zehn Stunden lang auf einem Festivalgelände abzuhängen. Als Musiker liefere ich eine bessere Show ab, wenn ich nicht den ganzen Tag vor Ort bin. Ich brauche etwas, mit dem ich meine Akkus aufladen kann. Als ich bei Bad Religion einstieg und sah, wie Greg reiste, schien mir das ein zivilisierter Ansatz zu sein. Bei dieser Tour fuhr ich die Hälfte der Zeit im Bus mit und in der restlichen Zeit mit Greg, der es vorzog, in einem Hotel abzusteigen und erst am Morgen nach einem Konzert mit einem Mietwagen weiterzufahren. So lernte ich ihn besser kennen.“

Im Oktober ging die Band fünf Wochen lang allein auf Tour durch Nordamerika, um *The Empire Strikes First* zu promoten. Sowohl auf der *Warped*-Tour als auch auf der *The Empire Strikes First*-Tour setzten Bad Religion in diesem Jahr alles daran, um Konzertbesucher zum Wählen zu motivieren. Bad Religion zählten zu den rund 200 Punkbands, die sich für Punkvoter.com engagierten, Fat Mikes Kampagne, junge Wähler dazu zu bewegen, sich registrieren zu lassen und Bush aus dem Amt zu wählen. Außerdem steuerten Bad Religion Songs zu *Rock Against Bush Vol. I* und *Vol. II* bei. Leider wurde Bush auch aufgrund von Unregelmäßigkeiten bei der Stimmauszählung in Ohio letzten Endes dennoch im Amt bestätigt.

Das Wahlergebnis überschattete die restliche Tour, die in zwei Auftritten im Hollywood Palladium ihren Höhepunkt fand. Diese beiden Konzerte wurden aufgezeichnet und etwas gekürzt als DVD veröffentlicht – *Bad Religion: Live at the Palladium*. Den Jahresabschluss bildeten drei Konzerte in Südamerika. Beim *Radio Cidade*-Festival in Rio de Janeiro entgleiste Jay schließlich endgültig.

Seit seinem Rückfall 1998 hatte sich sein Trinkverhalten sukzessive verschlimmert, was sich nicht nur auf seine eigene körperliche Gesundheit, sondern auch auf das mentale Wohlbefinden seiner Kollegen negativ auswirkte. „An manchen Tagen soff ich mich regelrecht blind“, gesteht Jay. „Das ist zwar eigentlich nur eine englische Redewendung, aber mir ist das tatsächlich gelungen. Ich trank so viel, dass ich am nächsten Tag nichts mehr sehen konnte. Ich wusste nicht, was ich tun sollte. *Anscheinend bin ich jetzt blind.* Ich schrie zum Beispiel: ‚Brian, ich will eine Banane!' Er kam dann und führte mich herum wie einen blinden Mann. Das Schräge war aber, dass alles wieder von vorne losging, als ich wieder sehen konnte."

2004 lag Jays Ehe in Scherben, er wohnte in einem Apartment in Vancouver, um in der Nähe seiner Kinder sein zu können, und befand sich generell in einer schlechten Verfassung. Er besaß keinerlei Mobiliar und sein gesamtes Hab und Gut war in Umzugskartons verstaut. Sein einziger Zeitvertreib war es, zu trinken. „Ich führte ein Doppelleben", gesteht Jay. „Sobald wir im Hotel eintrafen, begab ich mich schnurstracks an die Bar. Solange ich auf Tour war, ging es ordentlich zur Sache – und zuhause nüchterte ich dann wieder aus. Daraus machte ich kein Geheimnis. Ich log niemanden an deswegen. Ich tat zuhause einfach nicht dasselbe wie unterwegs. Irgendwann kümmerte mich das dann aber nicht mehr und ich trank einfach überall. Zuhause, auf Achse, ganz egal wo."

Gegen Ende der Tour teilten Jays Freunde aus Vancouver ihm mit, dass er besser nicht zurückkäme, bevor er nicht sein Leben auf die Reihe gebracht hätte. Da nun die hässliche Fratze der Realität zum Vorschein kam und zuhause ohnehin nichts und niemand auf ihn wartete, ließ sich Jay zu einem weiteren exzessiven Besäufnis hinreißen. „Wir spielten eine Show mit Pennywise auf einem gigantischen Festival in Rio", erzählt Jay. „Vor dem Gig ließen Fletcher und ich uns volllaufen. Wir tranken White Russians aus Pringles-Dosen, in die jeweils vier reguläre White Russians passten. Ich genehmigte mir wahrscheinlich acht solcher Gefäße, schüttete sie mir einfach so rein. Man fand mich vor unserem Auftritt in einem Gebüsch und musste mich auf die Bühne schubsen. Ich spielte nicht eine Note richtig. Die Bühne war vermutlich sechs Meter hoch und man musste mir ein Seil umbinden, weil ich sonst runtergefallen wäre. Ich kann mich aber nicht an das Geringste erinnern. Am nächsten Tag waren alle stinksauer auf mich. Obwohl ich nichts mehr wusste, schämte ich mich aufrichtig. Ich sollte meine Band nicht in eine solche Situation bringen."

Trotz seines schlechten Gewissens betrank er sich am Abend erneut und blieb auch für den Rest der Tour hackedicht. Doch im Anschluss begab er sich nach L.A., wo er ein paar Tage lang ausnüchterte. Im Februar 2005 besuchte Jay das siebte jährlich stattfindende *Punk Rock Bowling* – ein episches Wochenende voller Drogenkonsum und Ausschweifungen in Las Vegas. „Ich trank mich selbst um den Verstand", räumt Jay ein.

Er kehrte völlig demoralisiert nach Vancouver zurück und wollte unbedingt aufhören, war jedoch nicht in der Lage dazu, nüchtern zu bleiben. „Einer der traurigsten Augenblicke in meinem Leben war, als ich beschloss, mit dem Aufhören aufzuhören. Ich wollte es bleiben lassen, bekam das aber nicht geregelt. Deshalb dachte ich mir: Drauf geschissen. Dann höre ich eben nicht auf. Stattdessen werde ich noch mehr trinken. Was ich auch tat. Das war ganz schön schlimm."

An einem besonders grausam verkaterten Morgen fand sich Jay auf dem Fußboden seines Apartments in Vancouver wieder, wo er versuchte, sich an ein bestimmtes Gebet zu erinnern. Er wusste, dass es sich im Blauen Buch der Anonymen Alkoholiker befand, das er noch aus den Anfangstagen seiner Abstinenz besaß. Doch lag es nun in irgendeinem seiner Umzugskartons. Er versuchte, sich zu motivieren, das Buch zu suchen, doch fehlte ihm die Kraft, all die Kisten zu durchforsten. Das zog sich den ganzen Tag so hin. „Irgendwann stand ich auf, um das Buch zu finden. Das Buch lag oben auf einer der Kisten. Ich hatte sie nie geöffnet und nun lag es einfach da."

Ein paar Tage später fand Jay wie aus heiterem Himmel die Visitenkarte eines Psychotherapeuten in seinem Briefkasten. Da er das für ein Zeichen hielt, rief er die Telefonnummer auf der Karte an. Er ließ sich einen Termin geben, bei dem er über sein zwanghaftes Trinkverhalten und die Unfähigkeit, damit aufzuhören, berichtete. Der Therapeut gab ihm daraufhin die Telefonnummer einer Niederlassung der Anonymen Alkoholiker in Vancouver. Schon eine Stunde später saß er bei einem Treffen, das sich in derselben Straße wie sein Apartment befand. Das war der 21. Februar 2005. Seit damals ist Jay trocken. „All diese Dinge geschahen ganz ohne mein Zutun. Ich rief niemanden an und bat nicht um Hilfe. Es passierte einfach."

Trotz solcher emotionalen Achterbahnfahrten und dem enttäuschenden Ergebnis der Präsidentschaftswahl promoteten Bad Religion auch weiterhin *The Empire Strikes Back*, so auch auf zwei US-Tourneen und einer dazwischen eingestreuten Europatournee. Im fortschrittlichen Südkalifornien war die Stimmung besonders desolat. „Es fühlte sich an, als hätte mir jemand gegen die

Gurgel geschlagen“, kommentiert Brian den Wahlausgang. „Vor allem die Art und Weise, wie die Wahl verlorenging, tat weh. Ich war am Boden zerstört, doch mir wurden auch die Augen geöffnet. Ich wäre nie zuvor auf den Gedanken gekommen, dass Wahlbetrug für einen Kandidaten den Ausschlag geben könnte. Das war eine erleuchtende Erfahrung.“

2006 spielten Bad Religion bei etlichen Festivals und in zahllosen Clubs, wofür wieder einmal Globetrotter-Qualitäten gefragt waren. Da immer mehr Festivalbühnen im ganzen Land und auf der ganzen Welt zur Verfügung standen, warf der abwechslungsreiche Terminplan von Bad Religion ein Licht auf die Zukunft des Tourens. Statt einen Club nach dem anderen abzuklappern und in unzähligen kleineren Locations zu spielen, war es für viele Bands inzwischen rentabler, auf einem Festival vor einer großen Menschenmenge aufzutreten, selbst wenn der logistische Aufwand, Bands in kürzester Zeit über größere Entfernungen hinweg zu transportieren, beträchtlich erschien.

Allerdings war die Anzahl der Konzerte zuletzt 2001 so gering gewesen. Die Band hatte seit dem Auftakt zu den Aufnahmesessions von *The Empire Strikes First* Ende 2003 praktisch nonstop durchgearbeitet. Sie hatten das Album fast zwei Jahre durchgehend live beworben. Bad Religion brauchten eine Pause.

Greg hingegen blieb auch weiterhin umtriebig und veröffentlichte 2006 sein zweites Soloalbum *Cold as the Clay*. Obwohl die Platte ein weiteres Mal Gregs Vorliebe für altmodische amerikanische Musik untermauerte, stammten die Nummern im Gegensatz zu *American Lesion* hier nicht von Greg selbst, sondern waren Traditionals. Bei den Aufnahmen unterstützten ihn viele begnadete Musiker wie Jolie Holland, Mitglieder der Weakerthans oder auch David Bragger, der Gregs Nachbar in Canoga Park gewesen war und als virtuoser Fiedler regelmäßig an traditionellen Musikprojekten beteiligt war. Brett Gurewitz produzierte das Album, das innerhalb von wenig mehr als einer Woche aufgenommen und abgemischt wurde und im Juli 2006 bei ANTI-Records erschien. Zwei der Songs des Albums, „Don't Be Afraid to Run“ und „Talk About Suffering“, wurden zum Download auf der Epitaph-Website zur Verfügung gestellt.

Wer Bad Religion 2006 live sehen wollte, konnte das tun, indem er sich ein Exemplar der DVD *Bad Religion: Live at the Palladium* zulegte. Das Videodokument enthielt ein Live-Konzert mit insgesamt 31 Songs von *How Could Hell Be Any Worse?* bis hin zu *The Empire Strikes First*. Die einzigen Alben, die ausgespart wurden, waren *Into the Unknown*, *No Substance* und *The New America*. Die DVD umfasste außerdem noch ihre Auftritte in der Show *New Wave Theatre*, sechs Musikvideos, eine Fotogalerie und mehrere Interviews.

Gerüchte über ein neues Album der Band zirkulierten zu diesem Zeitpunkt bereits seit über einem Jahr. Mit dem Aufkommen von Social-Media-Plattformen wie MySpace konnten Fans untereinander Zeitungsartikel sowie allerhand Updates und Gerüchte rund um ihre Lieblingsgruppen teilen, ohne viel mehr zu tun, als ein paar Mal in die Tastatur zu hauen. Sobald ein Bandmitglied sich zwanglos in einem Onlineforum äußerte oder eine flapsige Bemerkung in einem Radiointerview vom Stapel ließ, wurden diese Kommentare auf diversen Plattformen für bare Münze genommen und weiterverbreitet. Greg, Brett, Jay, Brian, Hetson und Brooks wurden von Fanzines, Zeitschriften und Musik-Websites mit Anfragen bombardiert, diverse Aussagen irgendeines Bandmitglieds zu bestätigen. Wer auch immer mit einer Frage konfrontiert wurde, musste sich zuerst beim Rest der Gruppe absichern, ob er nicht eine neue Entwicklung verschlafen hatte. Manchmal machten sich die Bandmitglieder aber auch einen Spaß daraus, indem sie absichtlich unzutreffende Informationen teilten. Das setzte den Prozess von Neuem in Gang, während sich die Fans abmühten, mit den „Neuigkeiten" auf dem Laufenden zu bleiben. Das mag zwar unterhaltsam sein, war aber auch sehr anstrengend – und es sollte in Zukunft noch schlimmer werden.

24
Evolution der Revolution

Der Titel ihres ersten Albums war 1982 noch eine Frage gewesen: *How Could Hell Be Any Worse?* 25 Jahre später gaben Bad Religion mit *New Maps of Hell* die Antwort darauf, obgleich sie einen pessimistischen Standpunkt zum Ausdruck zu bringen schien.

Der Unterschied zwischen den Achtzigerjahren und den 2000er-Jahren bestand darin, dass die moralische Empörung, die von der konservativen Rechten angestachelt wurde, in den 1980ern zumindest aufrichtig war. Denn in gewisser Hinsicht prangerten Punkrocker und religiöse Zeloten damals denselben hedonistisch geprägten Verfall an. „Punk war sowohl eine musikalische als auch gesellschaftliche Bewegung", erklärt Brett den Zusammenhang. „Es war eine Reaktion auf Disco – eine Reaktion auf beschissene Musik und Mode, die damals den Zeitgeist bestimmte. ‚Scheiß auf meine Hippie-Eltern und ihre abgefuckten, zugekoksten Disco-Partys!' Es war eine Jugendbewegung, aber es herrschte auch ein Gemeinschaftsgeist mit gemeinsamen Werten."

Zum 25. Jubiläum von *Fuck Armageddon … This Is Hell* konnten die Kriegsverbrecher im Weißen Haus nicht länger die moralische Hoheit für sich reklamieren, während sie Steuergelder in einen schier endlosen Krieg im Nahen Osten pumpten und ihre Basis mithilfe einer christlich-fundamentalistischen Agenda dazu verleiteten, gegen ihre eigenen Interessen zu wählen. Progressive Themen wie das Recht auf Abtreibung, die gleichgeschlechtliche Ehe und die Klimaforschung landeten auf dem Abstellgleis und rechtsgerichtete Republikaner strebten danach, mit aller Gewalt an der Macht zu bleiben. Ihre Scheinheiligkeit war nur allzu offensichtlich und Bad Religion wollten sich davon nicht hinters Licht führen lassen.

„Ich hatte immer schon ein großes Faible für Wissenschaft“, erzählt Brett. „Ich war zwar ein Punkrocker, Schurke und Rebell, aber gleichzeitig konnte ich nicht genug von Science-Fiction-Romanen bekommen. Seit jeher war ich der Auffassung, dass Fortschritt möglich und wünschenswert ist. Von Jules Verne, den ich mit neun für mich entdeckte, bis hin zu Arthur C. Clarke, den ich mit zwölf las, und dann William Gibson mit 16. Außerdem interessierte ich mich auch schon immer für faktenbasierte Wissenschaft und Philosophie. Ich fühlte mich stark zu Wissenschaft und Naturphilosophie hingezogen und lehnte Dogmen, Religionen und autoritäre Systeme ab. Das waren auch ergiebige Themen für Bad Religion. „New Dark Ages“ handelt von der irrationalen, gegen wissenschaftliche Erkenntnisse gerichteten Sichtweise, für die sich die republikanische Mehrheit starkmacht.“

Für *New Maps of Hell* wandte sich Bad Religion wieder einmal an einen Produzenten abseits der Band. Joe Barresi war jedoch kein Unbekannter. Der ursprünglich aus Florida stammende Barresi galt als erfahrener Produzent, Mixer und Studiotechniker, der bereits in einigen der besten Aufnahmestudios in Hollywood gearbeitet hatte. Er stand im Ruf, ein aufgeschlossener und experimentierfreudiger Geist zu sein und war sogar schon für einen Grammy nominiert worden. Er hatte die Melvins produziert, die ihn daraufhin Pennywise ans Herz legten, als sie auf der Suche nach einem Produzenten für *Land of the Free?* waren. Nachdem er die Stoner-Rockband Kyuss schon jahrelang im Studio als Techniker begleitet hatte, produzierte er das bahnbrechende Debütalbum von deren Nachfolge-Band Queens of the Stone Age. Vor allem aber hatte er als Studiotechniker und Mixer bereits das jüngste Album von Bad Religion betreut.

„*The Empire Strikes First* war unser erstes Album mit Joe Barresi“, erzählt Brett. „Er ist ja eigentlich ein Metal-Produzent. *Process of Belief* hatte einen tollen Sound, aber viele Bands gehen nach ihrem Comeback-Album eher in eine softere Richtung. Ich wollte aber härter werden. Joes Platten sind richtig heavy. Das war der Grund dafür, ihn anzuheuern. So ergab sich unsere Beziehung zu ihm.“ Brett beförderte Barresi nun vom Studiotechniker und Mixer zum Co-Produzenten des nächsten Albums.

Greg und Brett arbeiteten seit 2005 am Nachfolger zu *The Empire Strikes First*. Sie hatten so viel Material gesammelt, dass im Internet Gerüchte kursierten, die neue Platte von Bad Religion würde ein Doppelalbum sein. Das sollte letzten

Endes nicht der Fall sein. Außerdem wurde fälschlicherweise berichtet, das nächste Album würde den Titel *The Ultra Tyranny* tragen.

Vor Beginn der Aufnahmesessions tourte Brooks noch mit Tenacious D durch Australien, während sich Jay, Brian und Hetson bei der neunten Ausgabe von *Punk Rock Bowling* in Sam's Town Casino in Las Vegas als Kegelteam versuchten. Die Aufnahmen begannen im Februar 2007 im Grandmaster Recorders in Hollywood und dauerten bis in den April hinein an.

So wie schon das Vorgängeralbum wies *New Maps of Hell* einen aggressiveren Sound als die Platten der Achtziger- und Neunzigerjahre auf, als ob die Songs nicht für Clubbühnen, sondern für riesige Festivals geschrieben worden wären. Dies trifft etwa auf „New Dark Ages" zu, das mit einem treibenden Basslauf, explosivem Schlagzeugspiel, wilden Pick-Slides und vielschichtigen Harmonien zu brillieren versteht. Der Song ist eine Art Bestandsaufnahme und konfrontiert das Projekt Mensch mit einer Reihe von schwerwiegenden Vorwürfen:

Because we're animals with golden rules
Who can't be moved by rational views, yeah

Das Versagen der Geheimdienste rund um 9/11, die schlecht abgewickelten Präsidentschaftswahlen und ein entbehrlicher Krieg monumentalen Ausmaßes mochten zwar den Optimismus der Band hinsichtlich der Zukunftaussichten getrübt haben, doch nun richtete sie ihren Zorn auf ein Regierungssystem, das die Bürger durchweg und wider besseres Wissen zu manipulieren pflegte. Obwohl ihr Repertoire bereits vor Hymnen nur so strotzte, hatten sie mit „New Dark Ages" eine weitere Punktlandung.

„Das war ein ziemlich großer Hit für uns und lief oft im Radio", sagt Brett. „Mir gefällt der Surf-Vibe. Vielleicht ist das mein Lieblingssong auf diesem Album. Er bedeutet mir eine Menge."

Zum ersten Mal spielten Bad Religion Material von *New Maps of Hell* bei einer Zugabe auf einer Benefizveranstaltung zugunsten von Heal the Bay im Santa Monica Civic. Bad Religion koppelten zwei Singles aus dem Album aus. „Honest Goodbye" erschien im Mai, ein paar Tage nach dem Auftritt der Band beim *KROQ Weenie Roast* im kalifornischen Irvine. Der Song war inspiriert von Truman Capotes internationalem Bestseller, der Tatsachenerzahlung *Kaltblütig* aus dem Jahr 1965, in der die Geschehnisse rund um einen von zwei Exhäftlingen verübten Vierfachmord in Kansas beleuchtet werden. Obwohl Capote dafür kritisiert wurde, einige Szenen erfunden zu haben, um seine Version der Geschichte zu bekräftigen und ein vorteilhafteres Bild der Täter zu zeichnen, galt *Kaltblütig* als Auftakt eines neuen literarischen Genres – True Crime.

Das kurze Set von Bad Religion beim *Weenie Roast* umfasste die erste Single sowie mit „Heroes & Martyrs" den zweiten Track des Albums. Die Show diente auch als Aufwärmrunde für die *Vans Warped*-Tour 2007. Obwohl die Band nur neun oder zehn Songs pro Abend in ihrem zeitlich beschränkten Set spielen konnte, begann die Band ab Juli, auch Songs vom neuen Album vorzustellen. So entwickelte sich „New Dark Ages" schon bald zu einem neuen Lieblingssong der Fans und wurde im Oktober als zweite Single veröffentlicht.

Die *Warped*-Tour dauerte von Ende Juni bis Ende August. Für viele der Bands war sie eine willkommene Abwechslung. Fans gehen oft davon aus, dass ihre Lieblingsbands mit den Mitgliedern der anderen Gruppen abhängen und sich daraus langlebige Freundschaften entwickeln, wenn sie zusammen auf Tour gehen. So läuft das in der Regel aber leider nicht.

Doch die *Warped*-Tour war in dieser Hinsicht anders. Die Sets waren kurz und jeder musste dieselben Distanzen zurücklegen. „Bei der *Warped*-Tour war das jedes Mal gleich", berichtet Brian. „Wir wachten auf, erholten uns rasch von den Vorgängen des Vorabends und schlugen unser Lager auf. Die Erfahrung des Tour-Alltags hinterließ dabei einen größeren Eindruck als die eigentlichen Konzerte. Ich traf so viele Leute, weil wir praktisch jeden Tag mit 100 Musikern auf einem Parkplatz abhingen. Es war wie ein Wanderzirkus, bei dem aber keine Tiere zu Schaden kamen."

Bad Religion veröffentlichten im Jahr darauf die Deluxe-Version von *New Maps of Hell*, die zwei Discs enthielt: eine CD mit dem ursprünglichen Album sowie Akustikversionen von sieben alten und neuen Klassikern wie „God Song" von *Against the Grain*, „Skyscraper" von *Recipe for Hate*, „Sorrow" von *The Process of Belief* und „Dearly Beloved" von *New Maps of Hell.* Zwei der Songs – „Adam's Atoms" und „Chronophobia" – waren nur auf dieser Luxus-Ausgabe des Albums enthalten. „Won't Somebody" bot hingegen eine Vorschau auf das nächste Album *The Dissent of Man*, auf dem der Song erneut veröffentlicht werden sollte. Die zweite Disc war eine DVD, die aus den Videos zu „New

Dark Ages" und „Honest Goodbye" bestand und eine von MySpace gesponserte Gratis-Show ohne Altersbegrenzung im House of Blues in Las Vegas enthielt, die im Sommer zuvor aufgezeichnet worden war. Darüber hinaus gab es noch zwei Einblicke hinter die Kulissen der Entstehung des Albums und der Akustik-Songs.

Anlässlich des 25-jährigen Jubiläums ihres Debütalbums sowie des nicht mehr allzu weit in der Zukunft befindlichen 30-jährigen Jahrestages der Bandgründung konzentrierte sich die Band vornehmlich auf ihre Fans. Indem sie die Nostalgie hinsichtlich ihrer langen Karriere mit neuer Technologie kombinierten, begeisterten und überraschten Bad Religion auch weiterhin ihre Anhänger mit innovativen Features, liebevoll gestalteten Neuauflagen und fesselnden Shows.

2009 beehrten Bad Religion die US-Ausgabe der *Warped*-Tour zum fünften und bisher letzten Mal. Zum Abschluss ihrer Konzertaktivitäten in diesem Jahr kehrte die Band außerdem nach Australien zurück. Der lockere Terminplan, wenn man das von der *Warped*-Tour behaupten kann, entsprach dem der Jahre zwischen ihren Alben. Doch 2010 rückte bereits immer näher und sollte ein großes Jahr für die Band werden.

In den späten Achtziger- und frühen Neunzigerjahren hatten Bad Religion jährlich ein neues Album veröffentlicht. Als sie immer populärer wurden, brachten sie nur noch alle zwei Jahre eine Platte heraus, um die Möglichkeit, auf der ganzen Welt zu spielen, auch wahrnehmen zu können. Nach ihrer Rückkehr erschienen neue Bad-Religion-Platten nunmehr im Dreijahresrhythmus. Die Band verbrachte im Anschluss zwei Jahre damit, eine Neuerscheinung zu bewerben und widmete sich dann den Vorbereitungen auf das nächste Album.

Bad Religion feierten ihr 30-jähriges Bandjubiläum mit einer Reihe von Konzerten in den Filialen des House of Blues in Anaheim, San Diego, West Hollywood und Las Vegas. Jeden Abend spielte die Band dabei eine neu zusammengestellte Setliste von 30 Songs, die ihre gesamte Karriere abdeckten. Diese Konzerte wurden aufgezeichnet und die besten Darbietungen wurden zum zweiten Live-Album von Bad Religion zusammengefasst, das am 18. Mai 2010 erschien und jenen Fans, die auf der Mailingliste der Band standen, als kostenloser Download angeboten wurde.

Zur Zeit der Veröffentlichung von *30 Years Live* befanden sich Bad Religion bereits im Studio, um an ihrem nächsten Album *The Dissent of Man* zu arbeiten.

Der Titel verbindet Gregs immerwährendes Interesse an Evolutionsbiologie – er unterrichtete mittlerweile im Winterquartal an der UCLA darüber – mit der von Widerstand geprägten politischen Sichtweise der Band. „Eines von Charles Darwins wichtigsten Büchern trägt den Titel *The Descent of Man*", erklärt Greg das Wortspiel hinter dem Albumtitel, bei dem *Descent* („Abstammung") durch *Dissent* („Dissens") ausgetauscht wurde.

Anfang Juni sollte die Band zur achtwöchigen *30th Anniversary European Tour* aufbrechen. Somit blieb nur mehr ein Monat Zeit bis zur geplanten Fertigstellung der neuen Platte. „Es ergaben sich plötzlich einige Tour-Angebote, weil wir den 30. Jahrestag unseres Bestehens feierten", sagt Greg. *The Dissent of Man* ist etwas weniger frenetisch als die zwei vorangegangen Alben und knüpft am ehesten an die Akustik-EP der Deluxe-Edition von *New Maps of Hell* an. Doch obwohl Songs wie „Won't Someboby", „Turn Your Back on Me" und „I Won't Say Anything" auf ihre Art von Folk inspiriert zu sein scheinen, gibt es hier auch genügend aufwieglerische Punk-Kracher wie „The Resist Stance" und „Someone to Believe" zu hören. Das Ziel des Albums bestand darin, die Evolution des Sounds von Bad Religion in den letzten 30 Jahren zu demonstrieren. „Die tiefgründigste Form von Kritik ist in der Regel die Satire", erklärt Brett. „Ich versuche, mich genau an diesem Ansatz zu orientieren. Das ist auch der Unterschied zwischen Gregs und meinem Schreibstil. Greg nähert sich einem Thema eher dokumentarisch an. Zuerst hat er eine Idee und dann will er sie vorstellen. Ich bin dagegen in meiner Herangehensweise ein bisschen politischer, aber auch ironischer und sarkastischer."

The Dissent of Man gehört zu den längeren Alben von Bad Religion und dauert mit seinen 15 Songs fast 43 Minuten. Sechs der Songs sind dabei länger als drei Minuten und nur die Auftaktnummer „The Day the Earth Stalled" ist kürzer als zwei. Bad Religion wählten gerne einen ihrer schnelleren, kürzeren Songs als Einstieg zu ihren Alben, vielleicht auch, um die treuesten und ältesten Fans der Band zu beruhigen und ihnen zu beweisen, dass sie trotz ihrer Entwicklung ihren Wurzeln als Hardcore-Band für immer treu bleiben würden.

Die erste Single, „The Devil in Stitches", erschien im Juli, als die Band gerade in Europa unterwegs war. Das Album folgte schließlich im September und wurde im Rahmen einer sechswöchigen musikalischen Expedition quer durch Nordamerika vorgestellt, die außerdem noch von einer zweiten Single-Auskopplung, „Cyanide“, begleitet wurde, auf der auch wieder Mike Campbell Gitarre gespielt hatte. Fans, die das Album schon vorab bestellt hatten, erhielten zusätzlich zur neuen Platte einen kostenlosen Download, der vier Live-Tracks umfasste, die im Zuge der Club-Tour anlässlich des 30-jährigen Jubiläums aufgenommen worden waren, aber keinen Platz auf *30 Years Live* gefunden hatten. Dabei handelte es sich neben *Generator* um drei Songs von *Suffer*: „Best for You“, „Pessimistic Lines“ und „What Can You Do?“ Der Download enthielt außerdem „Finite“, einen Song aus Gregs Feder, der sonst nirgendwo zu finden war. („Wrong Way Kids“, die dritte Single von *The Dissent of Man*, wurde erst im Jahr darauf veröffentlicht.)

Bad Religion zelebrierten ihren 30. Geburtstag mit einem Knalleffekt und veröffentlichten das *30 Years LP Box Set*. Diese umfangreiche Vinyl-Sammlung aller 15 bisherigen Studioalben, die zwischen 1980 und 2010 erschienen waren, berücksichtigte auch *Into the Unknown*, was eingefleischte Fans doch verblüffte. Somit war das viel geschmähte zweite Album der Band zum ersten Mal seit 27 Jahren wieder erhältlich. Die Auflage der Box war auf 3.000 Stück limitiert und die darin enthaltenen Schallplatten erstrahlten in rotem Vinyl. Die ersten 500 Fans, die sich das Sammlerstück sicherten, wurden obendrein mit einem Stoffbanner belohnt. Das Boxset erwies sich als großer Hit und war trotz eines stattlichen Preises von 224,99 Dollar im Handumdrehen ausverkauft.

Selbst nach 30 Jahren drang die Band immer noch in neue Gebiete vor. So auch mit der *Southern Continents-Tour*, die mit dem ersten Konzert von Bad Religion im indonesischen Jakarta einen weiteren Meilenstein mit sich brachte.

Auch auf sich alleine gestellt machte Greg neue spannende Erfahrungen. Zum Beispiel wurde er vom Baseballteam der Milwaukee Brewers eingeladen, vor einem Spiel die Nationalhymne im Miller Park, ihrem Heimstadion, zu singen – ein aufregender Moment für den aus Wisconsin stammenden Greg und ein musikalisches Highlight abseits seiner Karriere mit Bad Religion. Außerdem veröffentlichte Greg im Oktober 2011 sein Buch *Anarchy Evolution: Faith, Science, and Bad Religion in a World Without God* (deutscher Titel: *Anarchie und Evolution: Glaube und Wissenschaft in einer Welt ohne Gott*). Das mithilfe des Co-Autors Steve Olson entstandene Werk beschäftigte sich mit einer Vielzahl derselben Themen, denen sich Greg auch in seinen Songs annäherte, nur dieses Mal eben aus dem Blickwinkel der Evolutionstheorie. In dieser Kombination aus Denkschrift und wissenschaftlicher Arbeit zog Greg Parallelen zwischen Punkrock und der Evolution und stellte die beiden Themen in Beziehung zueinander. Anders als seine Dissertation, die Greg seinen Fans auf seiner Website zugänglich gemacht hatte, erschien *Anarchy Evolution* beim Verlag Harper Perennial.

Bad Religion hatten sich mittlerweile an einen relativ bequemen dreijährigen Album-Zyklus gewöhnt und den Musikverkäufern, Radiosendern und Festivalbetreibern eindrücklich bewiesen, dass sie immer noch überaus gefragt waren. Ihre Verbindung zu Epitaph erlaubte es ihnen, ihre eigenen Entscheidungen zu treffen und auf Tour zu geben, wann immer und so lange sie dazu Lust hatten. Die Band hatte längst die meisten anderen alten Szenegrößen überlebt und ihre Mitglieder galten mittlerweile als honorige Elder Statesmen des Punkrock. Doch am Horizont braute sich bereitseine Sturmfront zusammen, die Bad Religion in ihren Grundfesten erschüttern sollte.

25
Frischer Wind

Das umfangreiche Repertoire von Bad Religion umfasst eine beachtliche Bandbreite an stilistischen Ausprägungen und spiegelt ihr kontinuierliches Wachstum und ihre Bereitschaft zu Experimenten wider. Vielleicht hilft es, sich ihr Werk als eine Großfamilie vorzustellen. So wie Geschwister teilen sich ihre Songs die Merkmale ihres gemeinsamen Genpools – und melodischer Punkrock ist nun mal ein fester Bestandteil ihres Erbguts. Diese DNA durchdringt alles, was die Band je aufgenommen hat, und trägt zum hohen Wiedererkennungswert ihrer Musik bei. Wenn man *Suffer*, *No Control* und *Against the Grain* als ungestüme Drillinge bezeichnen will, lässt sich *Into the Unknown* vielleicht als launenhaftes schwarzes Schaf der Familie beschreiben. Gemäß dieser Metapher erfüllt *True North* am ehesten die Rolle eines zornigen Nachzüglers, das seinen älteren Geschwistern nacheifert.

Die Band begann mit den Aufnahmen für ihr 16. Album im Juli 2012. Brett Gurewitz und Joe Barresi fungierten dabei in Joes Studio, dem House of Compression, als gleichgestellte Co-Produzenten. Ende des Monats tauchte auf der Facebook-Seite von Bad Religion ein Gruppenfoto aus dem Studio auf, das sämtliche Mitglieder der Band außer Greg Hetson abbildete. Seine Abwesenheit sollte sich dabei als Omen herausstellen. Die Bildbeschreibung lautete „Here we go again."

Für Brett war *True North* eine Art Neustart. „Ich war mit *The Dissent of Man* nicht ganz glücklich. Unsere Mission bestand nun darin, zu unseren Wurzeln zurückzukehren und ein paar kurze, schnörkellose Songs zu schreiben." Laut Jay war dieser Ansatz zumindest teilweise vom Singer-Songwriter Tom Waits inspiriert, der erst unlängst ein Album voller brillant-konziser Songs bei ANTI-Records herausgebracht hatte. „Wir spielten diese zweiminütigen Punkrock-Songs und hatten einen Heidenspaß dabei."

Von den 16 Songs auf dem Album stammten gleich zehn von Greg, darunter auch die beiden Singles „Fuck You" und „True North". Das war bis zu einem gewissen Grad eine Anomalie für die Band, da in der Regel eher Bretts Songs als Singles ausgekoppelt wurden. „Ich hatte das Gefühl", so Brett, „als hätte Greg die stärkeren Beiträge zu *True North* beigesteuert, während meine Songs bloß okay waren." Ein Grund dafür, warum Greg sich für *True North* so ins Zeug legte, war der, dass das Projekt einen hohen Stellenwert für ihn besaß. „Ich sprach damals nicht viel darüber", gesteht Greg, „weil es mich ja gerade beschäftigte und wurmte, aber ich baute viel auf einem Brief auf, den mein Sohn geschrieben hatte, als er von zuhause weglief. Darin stand, dass er seine wahre Bestimmung finden müsste. Viele meiner Songs auf diesem Album haben mit meinem Sohn und mir zu tun."

Das betraf auch die erste Single „Fuck You", deren Titel direkt von Gregs ältestem Sohn inspiriert war, wobei „inspiriert" vielleicht nicht ganz den Kern der dahinter zum Vorschein kommenden Emotion wiedergibt. „Man geht niemals davon aus, dass dein eigener Sohn einmal ‚Fuck you' zu dir sagt. Als ich es erstmals zu hören bekam, war ich schockiert! Anschließend dauerte es ein Weilchen, um das Ganze sacken zu lassen. So in der Art von ‚Cats in the Cradle' … Wenn man seinen Kindern beibringt, eine gesunde Punk-Einstellung zu entwickeln, kann man ihnen nicht wirklich böse sein, wenn sie die von Zeit zu Zeit auch ausleben."

Die Repräsentation solcher Übergangsriten, die Zurückweisung der Autorität des Vaters durch den Sohn, wodurch dieser seine eigene Identität bildet, sprach einer Vielzahl von Fans aus dem Herzen. In jüngerer Zeit hatten die Songs von Bad Religion auf ihrem Zorn gegenüber den imperialistischen Abenteuern der US-Regierung im Nahen Osten aufgebaut, doch für viele Punkrocker beginnt die Protestbewegung innerhalb der eigenen vier Wände. Und was entspricht dem Geist des Punkrock mehr, als seinen Eltern lauthals „Fuck you!" entgegen zu schreien?

„Deshalb schrieb ich auch den Song", erzählt Greg. „Ich glaube, er sprach viele junge Leute an, weil sein Titel ein klassischer Ausdruck von Disharmonie ist."

Obwohl Brett nicht so viele Songs zu *True North* beisteuerte, trug er dennoch auf andere und unvorhergesehene Art und Weise zum Album bei. So sang er etwa über weite Strecken des Songs „Dharma and the Bomb" die Leadstimme. „Ich sang die Strophen und Greg den Refrain", erzählt Brett. „Vermutlich ist das nicht einmal aufgefallen. Als wäre ich der Dee Dee Ramone von Bad Religion. Manchmal singe ich eine Zeile oder so. Aber nicht gleich den ganzen Song. Greg zählt zu den besten Punksängern aller Zeiten, weshalb es nicht sinnvoll ist, wenn ich singe."

Zwar stellte *True North* in gewisser Hinsicht für die Band eine Wiedergeburt dar, doch Brian Baker hatte mit sich selbst und seinen persönlichen Dämonen zu kämpfen. Er wohnte zeitweise in Bretts Haus in Pasadena, um seine Trinkerei in den Griff zu bekommen. Während der Entstehungsphase von *True North* nahm Brian jeden Tag von Mittag bis 18 Uhr seine Spuren im Studio auf, bevor er sich verabschiedete. Dann kaufte er sich eine Flasche Scotch und verkroch in seinem Zimmer in Bretts Haus, während seine Bandkollegen ohne ihn weitermachten.

„Als Gitarrist von Bad Religion funktionierte ich einwandfrei. Aber ansonsten war ich ein Wrack", gestand Brian. „Ich hatte die Endstation erreicht. Das war alles sehr, sehr traurig. Ich war nicht länger in der Lage, mich mit den Leuten zu befassen, die mir am meisten etwas bedeutet haben." Im Herbst dieses Jahres, ein paar Monate nach dem Ende der Sessions zu *True North*, begab sich Brian zum Entzug in das Kolmac Outpatient Recovery Center in Silver Spring, Maryland.

Die zwei Singles erschienen Ende 2012 noch vor der Veröffentlichung des Albums. Mit einem Songtitel wie „Fuck You" erwarteten Bad Religion aber nicht, allzu oft im Radio gespielt zu werden. Dennoch erzielte *True North* nach seinem Erscheinen im Januar 2013 die bis dahin höchste Chartplatzierung überhaupt für ein Album von Bad Religion in den USA. Trotz oder auch wegen seines provokanten Titels erwies sich „Fuck You" bis heute als äußerst populär. In der Regel zählt der Song praktisch jeden Tag zu den beliebtesten fünf Bad-Religion-Nummern bei Streaming-Anbietern wie Spotify.

Bad Religion begingen das Jahr 2013 mit einer Show im Echo, einem Club in Los Angeles. Brett, der regelmäßig bei Heimkonzerten der Band auf der Bühne stand, spielte mit seinen Bandkollegen ein berauschendes Set vor einem begeisterten Publikum. Die Tour von Bad Religion durch Nordamerika startete am 8. März mit einem Auftritt beim *Musink Tattoo & Music*-Festival im Orange County Fair and Event Center. Die Tournee dauerte sechs Wochen und brachte einen weiteren Gastauftritt Bretts mit sich, der sich am vorletzten Abend der Konzertreise am 18. April im Palladium noch einmal zu seinen Kumpanen auf die Bühne gesellte. Am 20. April stand ein Konzert in Mesa, Arizona, auf dem Programm, das jedoch ohne Greg Hetson stattfand. Was war da los?

Bad Religion hatten es sich schon vor sehr langer Zeit zur Gewohnheit gemacht, keine nähere Auskunft zu Besetzungswechseln innerhalb der Band zu geben, da man es den betreffenden Musikern überlassen wollte, selbst einen Kommentar abzugeben. Aber auf aufmerksame Fans fanden Hetsons Abwesenheit verdächtig, womit sie richtig lagen.

Innerhalb der Gruppe hatte schon seit Längerem Besorgnis hinsichtlich Hetsons schwankender Leistungen als Gitarrist geherrscht. Ein guter Tontechniker ist in der Lage, eine schlechte Vorstellung eines Rockmusikers vor dem Publikum zu verbergen und seine Fehlleistungen zu kaschieren. Doch den Bandkollegen entgeht nichts. Es ist relativ einfach, im Kontext lauter, dynamischer Musik einen schwächeren Abend eines individuellen Interpreten auf der Bühne zu überstehen, doch lastet in so einem Fall eben mehr Druck auf den Schultern der restlichen Bandmitglieder.

In Hetsons Fall nahm die Frequenz solcher Abende leider zu. Obwohl es ihm gelang, seine Fehler bis zu einem gewissen Grad durch seine schwungvolle Bühnenpräsenz auszugleichen, musste die Band hinsichtlich der Qualität seiner Darbietungen gewisse Vorkehrungen treffen. Für den Tontechniker Ronnie Kimball hieß das, dass er Hetsons leiser und andere Bandmitglieder dafür lauter einstellen musste. Doch im Hollywood Palladium eskalierte die Situation. „Er hatte mal wieder einen seiner Abende“, erklärt Brooks.

Obwohl sich die ständigen Bandmitglieder mehr oder weniger an Hetsons Leistungsschwankungen gewöhnt hatten, war seine Darbietung für Brett ein schockierendes Erlebnis, der verständlicherweise außer sich war. Im Anschluss an den Gig im Palladium berief die Band eine Krisensitzung ein, um Hetsons unmittelbare Zukunft bei Bad Religion zu diskutieren. Im Rahmen dieses Meetings wurden die Vor- und Nachteile besprochen, die es mit sich brächte, sollte Hetson die *True North*-Tour nicht mitmachen. Dabei spielte selbstverständlich auch sein bedeutender Beitrag zur Band über viele Jahre hinweg eine Rolle. Er war zwar kein Gründungsmitglied der Gruppe, aber er war dennoch de facto von Anfang an ein Teil ihrer Geschichte gewesen. Nicht nur hatte er zu „Part III“ auf *How Could Hell Be Any Worse?* ein Solo beigesteuert, sondern auch geholfen, Bad Religion nach der Blamage rund um *Into the Unknown* wieder in die Spur zu bekommen. Sein Bekanntheitsgrad trug außerdem in gewisser Hinsicht ebenfalls zum Comeback der Band bei. Seine Dynamik und Hingabe bereicherte jedes Konzert.

Es war nicht zum ersten Mal, dass die Band zusammentrat, um Hetsons jüngste Darbietungen zu besprechen. Es herrschte Konsens darüber, dass die Situation zunehmend aus dem Ruder lief. Im Frühling standen mehrere Festivals auf dem Programm und für den Sommer war bereits eine Europatournee gebucht. Die Band kam zu dem Schluss, dass es eine Belastung wäre, Hetson diese Konzerte spielen zu lassen. Er sollte sich besser eine Auszeit nehmen.

Die Vorstellung, Hetson aufs Abstellgleis zu schieben, beschäftigte Greg Graffin schwer. Die beiden hatten während *Into the Unknown* und *Suffer* eine enge Beziehung zueinander aufgebaut. Aber auch er stimmte letzten Endes dafür, Hetson von der *True North*-Tour auszuschließen, um die Harmonie innerhalb der Band aufrechtzuerhalten. „Ich wollte unsere Einheit nicht gefährden“, sagt Greg. „Aber er war auch einer meiner besten Freunde.“

„Die Angelegenheit war zweifellos sehr schmerzhaft“, so Brooks. „Wenn man an Bad Religion denkt, dann denkt man auch an Greg Hetson. Er war ein Aushängeschild dieser Band. Ihm all das zu entziehen, muss qualvoll gewesen sein. Nicht nur für ihn, sondern auch für die Fans.“

Die nun entstandene Lücke musste rasch gefüllt werden. Obwohl sie keine Schnellschusslösung anstrebten, die die Kontinuität der Band auf die Probe stellen würde, mussten sie auch die Möglichkeit in Betracht ziehen, dass ein Ersatzmann nur eine zeitlich begrenzte Aushilfe wäre. „Wir waren uns einig“, so Brian, „dass wir uns außerhalb unseres Freundeskreises, wo viele sich sehr über diese Chance gefreut hätten, nach einem geeigneten Gitarristen umsehen müssten.“

Brian hatte bereits einen konkreten Kandidaten im Auge, nämlich einen alten Bandkollegen aus seiner Anfangszeit in Los Angeles, Mike Dimkich. Mike konnte ein ansehnliches Punkrock-Resümee vorweisen, kannte den Alltag auf

Tour und galt als fähiger Musiker. Die letzten sechs Jahre hatte er als Rhythmusgitarrist bei The Cult gespielt. „Er spielt wie Steve Jones und kleidet sich wie Mick Jones", beschreibt Brian ihn. „Er war ein Punkrock-Gitarrist der alten Schule, dessen Talent bei The Cult nicht richtig zur Geltung kam."

Mike erblickte das Licht der Welt im St. John's Hospital in Santa Monica. Er verbrachte seine Kindheit unter anderem auch in Memphis und Houston, kehrte nach der Trennung seiner Eltern jedoch mit seiner Mutter zurück nach L.A., wo sie von nun an in Apartments an der Westside wohnen. Mike liebte die Sex Pistols und war auch von den Professionals schwer angetan, bei denen die Ex-Pistols Steve Jones und Paul Cook spielten. „Ich entdeckte *Rodney on the ROQ* und saß samstags und sonntags von 20 Uhr bis Mitternacht vorm Radio und schnitt mit meinem gelben Aufnahmegerät alles mit." Als die Professionals in die Stadt kamen, statteten sie auch Rodneys Show einen Besuch ab. Mike rief in der Sendung an und bombardierte Steve Jones mit Fragen zu seinem Equipment. „Das war Steve Jones, um Himmels Willen! Ich stand völlig neben mir!"

Mike spielte daraufhin in einer Reihe von Bands, die zwar nicht einmal so lange existierten, um sich auf einen Namen zu einigen, aber immerhin mit ihm in Talentshows und auf Schulpartys auftraten. Er interessierte sich für die Live-Darbietungen anderer Bands und nicht dafür, sich auf Partys volllaufen zu lassen. Zu diesen zählte mit Chequered Past auch eine Gruppe, bei der Steve Jones, Michael Des Barres sowie Nigel Harrison und Clem Burke von Blondie spielten.

„Ich sah mir Chequered Past bei jeder Gelegenheit an", schwärmt Mike. „Die waren unglaublich. *Extrem laut!* Steve Jones live zu sehen, haute mich aus den Schuhen. Er war unfassbar gut. Ich tauchte überall auf und ging ihm auf die Nerven. Obwohl ich bereits ein Autogramm von ihm hatte, holte ich mir immer wieder welche." Nachdem sich Chequered Past aufgelöst hatten, entwickelte sich eine Freundschaft zwischen den beiden. Jones stellte eine Blues-Rock-Combo zusammen, die im Central auftrat, dem späteren Viper Room. „Steve borgte sich meinen Fender Blackface Twin-Verstärker und meine Gibson Les Paul Goldtop aus. Außerdem chauffierte ich ihn durch die Gegend und war sein Roadie, weil er mein Idol war. Ich spendierte ihm Burritos, als er pleite war. Er nutzte mich nicht direkt aus, aber er sagte auch nicht nein, wenn ich ihm Mitfahrgelegenheiten, kostenlose Burritos oder meine Gitarren anbot. Er war *der* Steve Jones! Das erschien mir alles nur fair zu sein. Ich kam absolut auf meine Kosten."

Mike wusste nicht, dass die finanziellen Probleme, mit denen sich Jones herumschlagen musste, mit dessen Drogenkonsum zu tun hatten, doch das sollte Mike noch früh genug erfahren. Steve verdingte sich als Sessionmusiker bei einem Projekt, das vom berüchtigten Kim Fowley betreut wurde. „Der war genauso abartig, wie man sich das vorstellte", sagt Mike. Jones hatte sich dafür Mikes Ausrüstung ausgeliehen und ließ sich von seinem jungen Bewunderer nachhause kutschieren. „Wir fuhren zunächst nach East Hollywood", erinnert sich Mike. „Er kam aus einem Gebäude gerannt und ich realisierte, dass er gerade Drogen gekauft hatte. Ich fuhr also mit Rauschgift in der Karre durch die Gegend. Wenn man mich anhält, dachte ich, bringt meine Mutter mich um!"

Mike war damals 17 und ging noch zur Schule. Jones dabei beobachten zu müssen, wie er sich ins Badezimmer zurückzog, um sich einen Schuss zu setzen, war sowohl traurig als auch beängstigend. Als auch noch Izzy Stradlin vorbeischneite, wusste Mike, dass es an der Zeit war, das Weite zu suchen. Obwohl Izzy später ein wichtiger Teil von Guns N' Roses sein würde, der größten Rockband der Achtzigerjahre, war er damals bloß ein Junkie. „Das war alles nur allzu real damals", sagt Mike. „Das war wie Schulfernsehen oder ein zur Abschreckung gedrehter Aufklärungsfilm."

Mike ließ sein Equipment zurück. Eine Woche später fand er heraus, dass Jones seine Gitarre verpfändet hatte. Mike löste das Instrument aus, hatte aber auch eine wertvolle Lektion über Drogen und Rock'n'Roll gelernt.

Nach seinem Schulabschluss besuchte Mike das College an der California State University in Northridge, wo er gute Noten erhielt. Während seines ersten Semesters bewarb er sich als Bassist bei Channel 3 und wurde prompt auf eine kurze Tour durch den Mittleren Westen eingeladen, wo die Band vor allem rund um Chicago und Detroit auftrat. Ihr letztes Konzert fand im Metro statt, wo Channel 3 den Abend für Naked Raygun eröffneten. Wieder zurück in Südkalifornien, traten sie in einem Steakhouse in Pasadena auf, wo Jane's Addiction für sie den Anheizer gaben. Doch die Band hatte sich totgelaufen.

Nach seinem Ausstieg bei Channel 3 eröffnete sich für Mike die Möglichkeit, mit seinem ehemaligen Idol in der Steve Jones Band zu spielen. Sie traten vor der Hunter Ronson Band mit Ian Hunter und Mick Ronson auf und spielten ein paar Shows mit The Cult, bei denen er Ian Astbury und Billy Duffy kennenlernte. Nach dem Ende der Steve Jones Band ging Mike wieder zur Schule und gründete mit seinem Freund Tim Mosher die Band High City Miles. Tim stammte ursprünglich aus Washington D.C. und hatte Mike auch Brian Baker vorgestellt. Als Brian bei Junkyard ausgestiegen war, hatte man ihn durch Tim ersetzt. Tim engagierte Brian als Gitarristen für High City Miles. „Wir spielten damals zwei Gigs mit Brian", erinnert sich Mike. „Ich weiß noch, dass Brian vor dem ersten Konzert ein paar Pilze einwarf."

Mike war desillusioniert von der Musikindustrie. Auch um seine familiäre Situation stand es nicht zum Besten. Als er wieder das College besuchte, war er erneut zu seiner Mutter gezogen, die aber leider erkrankte und nach wenigen Monaten starb. Mike litt sehr unter diesem Verlust, während sich gleichzeitig die Rechnungen zu stapeln begannen. Er hatte keine Ahnung, was er mit seinem Leben anstellen wollte.

High City Miles probten in den Cole Studios, in denen auch Brian arbeitete. Wie es der Zufall so wollte, nutzten The Cult ebenfalls die Studios und Billy Duffy bot Mike an, sich ihnen als zweiter Gitarrist anzuschließen und mit ihnen als Vorgruppe von Metallica auf Europatournee zu gehen. Zwar wollte Mike seine Freunde nicht im Stich lassen, doch seine Gläubiger rückten ihm schon auf die Pelle, sodass er das Angebot annahm. Es stellte sich als genau das heraus, was er gebraucht hatte.

„Ich war 24 Jahre alt. Meine Mom war gerade gestorben. Nun wurde ich bezahlt. Rückblickend war es nicht viel Kohle, aber damals kam es mir schon so vor. Ich ging auf Tour und spielte in Fußballstadien. The Cult waren in Europa immer noch ziemlich angesagt."

The Cult verabsäumten es jedoch, Mike für ihre nächste Tour wieder einzuladen, was aber auch nicht weiter tragisch war, da sie sich auf eben jenem Trip auflösen sollten. Mike durchlief indes eine Phase, in der er sich abwechselnd neuen Bands anschloss und zeitweise der Musik sogar den Rücken kehrte. Er verglich diese Zeit mit dem Prozess, den man durchmacht, wenn man sich von Drogen und Alkohol lossagen will: „Ich hatte ja ein paar lustige Zeiten mit dir, aber du hast mir letztlich nicht gutgetan. Jetzt habe ich dich satt. Fick dich, ich bin durch mit dir!" Zwei Jahre lang ließ er die Finger von seiner Gitarre und lief stattdessen Marathons. „Meine gesamte Energie verwendete ich nun voll und ganz für das Laufen."

The Cult reformierten sich 2006 und baten Mike, sich ihnen anzuschließen. Er gehörte aber auch noch einer Band namens Jacked an und spielte eine Zeitlang in beiden Gruppen, bis sich Jacked schließlich auflösten. The Cult hatten einen großen Plattenvertrag abgeschlossen und das Label kam für ihre umfangreichen Tourneen auf. Im Verlauf der Jahre flauten die Verkaufszahlen jedoch kontinuierlich ab und die Locations, in denen The Cult auftrat, wurden immer kleiner. Statt mit drei Tourbussen reiste die Band nur noch in einem einzigen. Mike ahnte, was die Stunde geschlagen hatte. Da meldete sich aus heiterem Himmel sein alter Kumpel Brian Baker bei ihm.

„Ich kam gerade von einem Radausflug in Malibu zurück, als ich sah, dass er mir eine Sprachnachricht hinterlassen hatte. ‚Hey Mike, Baker hier. Ich hänge gerade zwischen zwei Flügen ab. Ruf mich einfach zurück. Ich muss etwas mit dir besprechen.' Baker und ich sind seit 30 Jahren befreundet, haben uns aber nie am Telefon unterhalten. Niemals. Wir schrieben uns SMS, oder ich traf mich mit ihm und Tim Mosher auf einer Party. Aber Baker ruft mich normalerweise nicht an. Mein erster Gedanke war, dass Baker vielleicht in eine Entzugsklinik geht."

Irgendwann erreichte Mike aber Brian am Telefon und ließ sich die Situation rund um Hetson erklären. Bad Religion würden am bevorstehenden Wochenende nach Deutschland und Belgien reisen, um dort bei Festivals aufzutreten. Nach ihrer Rückkehr hätte die Band eine Woche Zeit, bevor ein Konzert fürs Radio in Tucson, Arizona, auf dem Programm stünde. Traute Mike es sich zu, bis dahin ein 50-minütiges Set zu lernen? „Ich erklärte ihm, dass ich mein Bestes geben würde. Ich hatte keine Ahnung, was mich erwarten würde. Mit The Cult war das einfach, weil dieser Kram in allen Rock-Clubs lief, die ich allabendlich frequentierte. Bei Bad Religion kannte ich nur die Radio-Hits wie ‚Infected' und ‚Sorrow'. Ich kannte nur ihr gemächliches Material und wusste nicht, auf was ich mich da einließ."

Als die Band nach Europa aufbrach, war Mike auf sich allein gestellt. Ihm blieben nur zwei Wochen, um sich darauf vorzubereiten, und er besaß nicht ein Album von Bad Religion. Also machte sich Mike auf den Weg zu einem

Second-Hand-Musikladen, um sich einzudecken. Als er die Alben durchhörte, wurde ihm klar, dass er ein Problem hatte. Die Songs waren zwar kürzer als die von The Cult. In manchen Fällen sogar viel kürzer. Allerdings waren sie komplizierter und auch um einiges schneller. „Bei The Cult“, erklärt Mike, „waren die Songs alle im Midtempo gehalten. Ganz entspannt. Ich kannte ihre üblichen Muster und wusste, wie der Hase lief. Ich konnte mir ein neues Album von ihnen auf dem Weg zur ersten Probe im Auto einprägen.“

Bei Bad Religion war die Lernkurve jedoch viel, viel anspruchsvoller. Mike begab sich nach North Hollywood, um im Probelokal Mates mit Jay und Brooks zu proben. Sie prügelten die Songs ein paar Male herunter und das war es dann auch schon wieder. „Na gut“, sagte Jay – und Mike hoffte, dass tatsächlich alles gut würde. Doch sein erstes Konzert in Tucson war für ihn eine große Herausforderung. „Ich pfuschte ganz schön was zusammen. Aber sie meinten, ich würde es schon auf die Reihe kriegen. Ich war nicht daran gewöhnt, auf die Bühne zu gehen und nicht alles unter Kontrolle zu haben. Ich kämpfte mich gerade mal so durch.“

Langsam aber sicher bekam Mike den Bogen raus, aber beim 15. jährlichen *Punk Rock Bowling* geschah schließlich das Unvermeidliche. Mike ging auf die Bühne und entdeckte den Song „You“ auf der Setliste. Es folgte eine hektische Krisensitzung mit Jay.

MIKE: Den Song kenne ich nicht.
JAY: Was? Hast du etwa vergessen, wie man ihn spielt?
MIKE: Nein, ich habe ihn noch nie gehört. Können wir den bitte auslassen?

„Das war wie der Albtraum vor einer Prüfung für einen Kurs, den man gar nicht besucht hat“, beschreibt Mike seine Gefühle. Sobald er endlich ein paar mehr Proben mit der Band zugestanden bekam, konnte er sich mit dem Repertoire vertrauter machen. Bad Religion brachen mit ihrem neuen Gitarristen auf eine sechswöchige Euro-Tour auf, kehrten kurz in die USA zurück und flogen dann gleich noch einmal für sechs Wochen nach Europa.

In Europa passierte Seltsames: Leute teilten Fotos von Mike auf der Bühne mit Bad Religion auf Social-Media-Plattformen und markierten ihn entweder als Greg Hetson oder Brett Gurewitz. Zwar würde ein Fan Mike niemals mit

Brett oder Hetson verwechseln, doch für oberflächliche Beobachter fügte sich Mike eben nahtlos ein. Bad Religion empfanden das auch so.

Gegen Ende des Jahres verkündeten Bad Religion, dass sie ein Album mit *Christmas Songs* veröffentlichen würden. Diese vermeintlich frohe Botschaft wurde jedoch mit Skepsis und Überraschung aufgenommen. Jene Punkband, deren bloße Existenz schon einen Affront gegenüber dem Christentum gleichkam, beging einen der wichtigsten Feiertage im Kirchenjahr?

Allerdings war die Idee auch gar nicht so weit hergeholt. Das Singen von Weihnachtsliedern hatte schließlich eine integrale Rolle in Gregs gesanglicher Ausbildung gespielt. Aber auch Brett liebte die festliche Weihnachtsmusik. „Die aufrichtige Sehnsucht, durch die sich religiöse Musik auszeichnet, empfand ich stets als sehr berührend. Viel mehr als ihre wortwörtliche Auslegung. *Christmas Songs* ist vielleicht unser subversivstes Album, weil wir durch die Hintertür eine humanistische Botschaft schmuggeln. Sie lautet: ‚Hey, Bad Religion lieben diese religiösen Lieder nicht, weil wir an Gott oder Religion glauben, sondern weil wir Menschen sind und Musik ein Universalgut der menschlichen Natur ist.' Sie ist unser gemeinsames evolutionäres Erbe."

Da schadete es selbstverständlich auch nicht, dass Bad Religion bereits auf einen Fundus von Weihnachtsliedern in Punk-Versionen in ihrem Repertoire zurückgreifen konnten. Schließlich war die Band regelmäßiger Gast bei *KROQ's Almost Acoustic Christmas*. Tatsächlich waren Bad Religion ja auch der Grund, warum KROQ den Namen der Veranstaltung von „Acoustic" zu „Almost Acoustic" ändern musste.

„Sie luden uns ein zu spielen", erzählt Brett. „Wir sagten, dass wir nicht akustisch spielen wollten. Wäre es denn nicht möglich, uns elektrisch spielen zu lassen? Sie gaben grünes Licht und das läutete auch die Namensänderung ein. Das war schon lustig. Wir waren im ersten Jahr die große laute Band und danach folgten alle unserem Beispiel. Ich glaube, dass dort niemand mehr akustisch spielt. Alle spielen mit ihrem gewohnten Equipment."

Jedes Mal, wenn die Band zu *KROQ's Almost Acoustic Christmas* eingeladen wurde, performten sie auch Weihnachtsklassiker wie „Little Drummer Boy". Doch die Band beschränkte sich nicht nur auf säkulare Lieder. So begann *Christmas Songs* mit „Hark! The Herald Angels Sing", einem Kirchenlied aus dem frühen 18. Jahrhundert, das der erklärte Atheist Greg Graffin sang.

Christmas Songs erschien Ende Oktober, damit sich Punkrocker gegenseitig eine neue Scheibe von Bad Religion unter den Christbaum legen konnten. Sie hatten guten Grund „froh und munter" zu sein, immerhin hatte die Band 2013 gleich zwei Alben veröffentlicht. Doch das nächste würde eine lange Zeit auf sich warten lassen.

26
Immer und überall

Bevor sie sich auf die *True North*-Tour begaben, veröffentlichten Bad Religion noch ein neues Bandfoto mit Mike Dimkich. Obwohl sie auf ein formelles Statement verzichteten, nahmen die Fans richtigerweise an, dass Hetson damit offiziell draußen war und nunmehr Mike der Band angehörte. Das bestätigten sowohl Hetson als auch Bad Religion via Twitter. Nach fast 30 Jahren war Greg Hetson kein Mitglied von Bad Religion mehr. Eine Ära ging zu Ende – und eine neue hatte begonnen. (Trotz mehrmaliger Anfrage weigerte sich Greg Hetson, für dieses Buch Rede und Antwort zu stehen.)

Mike machte sich immer vertrauter mit dem umfangreichen Repertoire. Ständig trug er seine Unterlagen und Notizen bei sich, damit er stets bereit wäre, wenn die Band etwas ausprobieren wollte. „Als wir in Südamerika auf Tour gingen, schleppte ich immer noch einen dicken Aktenordner mit mir herum“, erinnert sich Mike. „In Chile stürmten ein paar Kids die Bühne und meine Unterlagen lagen neben meinem Monitor. Ich bewachte ihn mit großer Entschlossenheit. Hätte sich jemand den Ordner geschnappt, wäre ich ruiniert gewesen!“

Bad Religion wussten, dass manche ihrer größten Fans sie während eines Tour-Zyklus öfter als einmal sahen, und waren daher stolz darauf, jeden Abend eine andere Setliste zu spielen. Jede Show war somit einmalig. Das war ein großartiger Dienst am Fan, aber ein mittlerer Albtraum für Mike, der sich nach wie vor abmühte, das Material zu verinnerlichen.

Eine neue Setliste entstand immer erst am Tag der Show, was die Sache noch kniffeliger machte. Während des Soundchecks diskutierte die Band die Änderungen im Vergleich zum Vorabend und erstellte die neue Reihenfolge, in der sie ihre Songs spielen wollten. Doch manchmal hatte Greg, der oft erst lange nach dem Soundcheck zur Band stieß, andere Vorstellungen davon, wie der Ablauf sein sollte. Die Band zog sogar alte Setlisten heran, um zu überprüfen, welche Songs sie beim letzten Mal an einem bestimmten Ort gespielt hatten, um ihren treuen Fans eine gewisse Abwechslung zu bieten. Aufgrund all dieser Faktoren konnte es schon ein paar Stunden dauern, bis eine Setliste fertiggestellt war. Manchmal bekamen die Bandmitglieder die finale Version erst wenige Minuten vor ihrem Auftritt zu Gesicht.

„Greg und Jay dabei zu beobachten, wie sie am Set tüfteln", erinnert sich Brooks, „konnte einen schon ein wenig aus der Fassung bringen, selbst wenn man nicht selbst in den Prozess eingebunden war. Aber man muss schon seinen Hut vor all dem Aufwand ziehen, den sie betreiben, um ihren fanatischen Fans, die gleich mehrere Konzerte besuchen, etwas Angemessenes zu bieten. Diese Leute freuen sich ja darüber, dass sie jeden Abend etwas Neues zu sehen bekommen."

Jay besteht aber darauf, dass das alles gar nicht so anstrengend sei. Zeitaufwändig und ineffizient vielleicht. Aber sicher kein Stress. „Ich sage immer, dass ich es hasse, aber solange ich keinerlei Einschränkung dabei empfinde, genieße ich die Herausforderung. Auf jeden Fall sogar."

Obwohl Bad Religion ihren eigenen Beleuchtungstechniker Dave Gibney dabeihatten, der ein echter Veteran der Punkszene war, erforderte das Ausmaß ihrer Lightshow, dass sie schon vorab programmiert werden musste. Je größer die Lightshow desto statischer das Set – und Bad Religion waren entschlossen, alles möglichst flexibel zu gestalten. Ihre Bereitschaft, ein Konzert jeden Abend neu zu gestalten und sich aus verschiedenen Abschnitten ihres Schaffens zu bedienen, hob Bad Religion von ihren Zeitgenossen ab. Der Fokus der Konzerte lag fast immer auf den Fans.

„Mir liegt die Ästhetik der Band sehr am Herzen", sagt Brian. „In dieser Hinsicht bin ich nicht der Einzige, aber ich kümmere mich gerne um die Präsentation. Was für ein Erlebnis ist es, uns live zu sehen? Wie sieht die Bühne aus? Welches Banner prangt im Hintergrund? Ich möchte sicherstellen, dass wir aus allem immer das Beste herausholen. Ich möchte unser Vermächtnis schützen, weil ich der Meinung bin, dass wir neben den fantastischen Songs, die Greg und Brett über die Jahre hinweg geschrieben haben, so glaubwürdig sind, dass wir nicht kompromittiert werden können. Unsere Glaubwürdigkeit ist unbezahlbar. Man muss sie hegen und pflegen. Damit darf man kein Schindluder treiben. Da bin ich ziemlich streng."

Im Frühling 2015 bot sich Bad Religion die Möglichkeit, zusammen mit einem alten Freund ein neues Publikum zu erreichen. Sowohl Bad Religion als auch Keith Morris' neue Combo OFF! waren eingeladen worden, beim *Coachella Valley Music und Arts*-Festival aufzutreten, das jeweils im April an aufeinanderfolgenden Wochenenden stattfindet. Kurzerhand wurde eine kleine gemeinsame Tour entlang der Westküste organisiert. Die Mitglieder von OFF! kletterten also in ihren Van und fuhren Bad Religion hinterher. „Wir jagten sie förmlich", erinnert sich Keith. Bad Religion spielten jeweils zwei Gigs an zwei Tagen in Denver, Las Vegas und San Francisco, die unter dem Motto *Battle of the Centuries* inszeniert wurden. Am ersten Abend spielten Bad Religion nur Songs aus dem 20. Jahrhundert, wohingegen die Setliste des zweiten Abends ausschließlich Material aus dem 21. Jahrhundert enthielt. Dieselbe Band spielte somit zwei völlig unterschiedliche Sets.

Was Coachella betraf, wussten weder Bad Religion noch OFF! so wirklich, warum sie zu diesem alljährlichen Hipster-Treff in der Wüste eingeladen worden waren. Das Festival wurde nicht von vielen Punkrockern besucht, doch machte die Band das Beste aus dieser Erfahrung. Auch Bobby Schayer war vor Ort, allerdings arbeitete er dort für Jack White als Schlagzeug-Techniker, weshalb er nicht viel Zeit mit seinen alten Kollegen verbringen konnte.

Nach Coachella veröffentlichte Greg sein zweites Buch – bzw. schon sein drittes, wenn man seine Dissertation mitzählt. In *Population Wars: A New Perspective on Competition and Coexistence* hinterfragt Greg eines der großen Missverständnisse über die Evolutionstheorie. Laut Greg förderte die vereinfachte Darstellung des natürlichen Ausleseprozesses als „Überleben des Stärkeren" die schlimmsten Impulse des Menschen und begünstigte ein Schwarz-Weiß-Denken. Zum Beispiel wird ein Denksystem, das das Ergebnis einer kriegerischen Auseinandersetzung in Gewinner und Verlierer unterteilt, solche Konflikte als vorteilhaft für die Sieger einstufen. Doch anhand von Beispielen bakterieller, viraler und menschlicher Natur demonstrierte Greg, dass Kriege keine Gewinner kennen und derlei Konkurrenzverhalten eigentlich unhaltbar sei. Er argumentierte, dass wir als Spezies besser dran wären, wenn wir aufhörten, uns gegenseitig umzubringen, und stattdessen vermehrt Wert auf Zusammenarbeit legen würden. Diese Botschaft war kein Neuland für Fans des Albums *The Gray Race*, das ebenfalls schon für nuancierte Sichtweisen und Koexistenz plädiert hatte.

Anders als sein vorangegangenes Buch, *Anarchy Evolution*, verfasste Greg *Population Wars* im Alleingang. Zwar gestattete es Einblicke in sein gemeinsames Leben mit seiner neuen Frau Allison in Ithaca, New York, doch enthielt es dafür weniger Anekdoten rund um die Band.

Als Bad Religion im Herbst wieder auf Tour gingen, ahnte kaum eines der Mitglieder, dass schon bald ein neuerlicher Umbau des Bandgefüges bevorstehen würde. Beim letzten Stopp der Nordamerikatournee in Vancouver schockte Brooks die Band, als er verkündete, die Band verlassen zu wollen. „Das waren ein paar richtig schwierige Telefonate. Ich rief ein Bandmitglied an und nachdem das Gespräch beendet war, versuchte ich gleich den Nächsten zu erreichen, weil ich nicht wollte, dass irgendwer per SMS davon erfuhr. Ich wollte es jedem persönlich sagen. Sie waren total perplex, weil es sich nicht abgezeichnet hatte. Alle waren sehr entgegenkommend, aber es war nicht einfach."

Brooks war von Avenged Sevenfold, einer Heavy-Metal-Band aus dem kalifornischen Huntington Beach, das Angebot unterbreitet worden, zu ihnen zu wechseln. Nach sorgfältiger Überlegung sagte Brooks zu. „Ich hatte das Gefühl, dass es an der Zeit für eine Veränderung war. Das war schon alles. Nicht mehr und nicht weniger. Als Musiker wollte ich mich auch in anderen Bereichen versuchen. Die Entscheidung fiel mir nicht leicht und ich zerbrach mir eine Zeitlang den Kopf darüber. Ich rief nicht gleich am nächsten Morgen alle an, um ihnen mitzuteilen, dass das meine letzte Tour sein würde."

Trotz seines Beschlusses, die Band zu verlassen, blieb er der Band noch für den Rest der Tour erhalten und besuchte im Herbst auch noch ein letztes Mal Europa mit Bad Religion. Seine Abschiedsvorstellung gab er am 10. Oktober 2015 beim *It's Not Dead*-Festival im San Manuel Amphitheater in San Bernardino, Kalifornien. Die Ära Brooks Wackerman, die 15 Jahre gedauert hatte, was ihn zum längst dienenden Bad-Religion-Drummer machte, war nun zu Ende.

Bad Religion begaben sich also wieder einmal, wie schon so oft zuvor, auf die Suche nach einem geeigneten Schlagzeuger. Den fanden sie in Jamie Miller, der der insgesamt schon achte Drummer der Band wurde. Sein Weg zur Band war aber umständlicher als der aller seiner Vorgänger.

So wie sein nunmehriger Bandkollege Brian Baker war auch Jamie in Baltimore, Maryland, zur Welt gekommen, wo er auch zum ersten Mal mit Punkrock in Kontakt kam, als er lange nach deren Auflösung die Hardcore-Legende Minor Threat für sich entdeckte. „Minor Threat öffneten mir die Augen", sagt Jamie. „Sie sind dafür verantwortlich, dass ich die Richtung einschlug, die ich bis heute verfolge."

Jamie kam schon früh mit Musik in Kontakt, da er in einer Familie von Musikern aufwuchs. „Ich mache schon mein ganzes Leben lang Musik", erzählt er. Ich kann mich nicht daran erinnern, wann ich begann, Schlagzeug zu spielen. Offenbar habe ich das schon immer gemacht. In meinen frühsten Erinnerungen spiele ich jedenfalls schon Schlagzeug."

Seine Drums standen auf dem Dachboden seiner Eltern, wo er stundenlang übte. Seine Großeltern hatten nichts dagegen und nicht einmal die Nachbarn beklagten sich. Gelegentlich trat er, begleitet von seinem Dad und seinem Onkel, in Talentshows in der Schule und bei lokalen Veranstaltungen auf. „Sie schmuggelten mich in eine Bar, wo wir dann ein paar Songs anstimmten", erinnert sich Jamie. „Meine Mom schmuggelte mich dann wieder hinaus, bevor sie Probleme bekamen."

Ein fähiger Drummer ist immer gefragt und Jamie spielte in zahlreichen Bands, bevor er mit Mary Suicide („Wir waren große Fans von Jane's Addiction", so Jamie) kleinere Erfolge feiern konnte. So traten sie zum Beispiel des Öfteren vor dem altgedienten Metal-Act Wrathchild America auf. Als deren Schlagzeuger von Ugly Kid Joe abgeworben wurde, bekam Jamie seinen Posten angeboten. Doch da die Begeisterung für Heavy Metal gerade abflaute, wurde aus Wrathchild America schon bald Souls at Zero.

1996 schloss sich Jamie der Nu-Metal-Gruppe Snot an, weshalb es ihn auch nach Santa Barbara in Kalifornien verschlug. Die Band unterzeichnete einen Vertrag bei Geffen, veröffentlichte ein Album namens *Get Some* und ging ausgiebig auf Tour. Unterwegs spielten sie auch mit Suicidal Tendencies, deren Drummer damals Brooks Wackerman hieß.

Als sich die Band auf ihr zweites Album vorbereitete, verstarb ihr Leadsänger Lynn Strait bei einem Autounfall, was das Ende von Snot mit sich brachte. Jamie verdingte sich daraufhin als Sessionmusiker in L.A. und heiratete die Musikerin Aimee Echo. Gemeinsam gründeten sie die Post-Punk-Gruppe theSTART. Aimee sang und Jamie spielte Gitarre und Synthesizer. „Ich fand es einfacher, einen versierten Drummer aufzutreiben, als einen halbwegs erträglichen Gitarristen", sagt Jamie. 2002 wurden theSTART auf die *Warped*-Tour eingeladen. Einer der Headliner hieß damals Bad Religion. „Wir spielten auf einer der Nebenbühnen", erinnert sich Jamie. „Hetson kam jeden Tag vorbei, um sich uns anzusehen. Er hatte zuhause in der Szene von L.A. von uns gehört und mochte uns. Er brachte auch andere Leute mit und lud uns zu den berüchtigten Grillfesten von Bad Religion ein. Manche Leute auf der Tour warnten uns aber davor: ‚Geht nicht zu diesem Barbecue, Jay Bentley wird euch mit einem Feuerwehrschlauch abspritzen!' Da wir diese Geschichten kannten, ließen wir uns dort nicht blicken."

Im Februar 2011 stieg Jamie bei der Indie-Rock-Band … And You Will Know Us By the Trail of Dead aus Austin ein, wo er sein Können als Drummer, Gitarrist und Songwriter unter Beweis stellen konnte. 2015 legten Trail of Dead eine Pause ein und Jamie erhielt eine ominöse Mail von Cathy Mason, die ihn fragte, ob er bei „BR" vorspielen wollte. „Ein paar Jahre zuvor", erklärt Jamie, „spielte ich eine Session mit Billy Ray Cyrus. Die Leute nennen ihn auch gerne BR. Da ich Cathy nicht kannte, nahm ich an, es ginge um Billy Ray." Jamie zeigte sich ob des Angebots ein wenig überrascht. Immerhin hatte er schon mit Billy Ray und seiner Band im Studio gearbeitet. Sie wussten doch, was er draufhatte, weshalb sollte er nun noch einmal vorspielen? Doch statt eine missgelaunte E-Mail zu schreiben, antwortete er, dass er natürlich dazu bereit wäre.

Bald schon erfuhr Jamie, dass es sich bei „BR" um Bad Religion handelte und Cathy Mason ihre Tourmanagerin war. Jamie war mit 13 zum ersten Mal in Kontakt mit Bad Religion gekommen. „In meiner Schule gab es einen einzigen Punk. Der hatte das Crossbuster-Logo auf seiner Lederjacke. Ich fragte ihn, was das wäre. Und er sagte: ‚Bad Religion aus L.A.! Zieh sie dir rein!' Dann gab er mir ein Cassetten-Bootleg von *Suffer*. Die Qualität ließ schwer zu wünschen übrig, aber die Musik war ziemlich cool."

27 Jahre später fand er sich nun in einem Proberaum mit Jay und Brian wieder, während Brett auf seinem Computer Notizen tippte. Obwohl er die Band kannte und sich ihres Stellenwerts bewusst war, war ihm entgangen, dass Hetson die Band verlassen hatte, bis er Brett nach ihm fragte.

An diesem Tag hatten sich bereits zwei andere Schlagzeuger versucht. Jamie kam als dritter an die Reihe. Da dieses Vorspielen während der Weihnachtsfeiertage stattfand, herrschte im Anschluss erst einmal einen Monat lang Funkstille. Letztlich wurde er aber zu einer zweiten Probe ins Mates eingeladen. Dieses Mal waren alle außer Mike dort versammelt. Jamie fand, dass alles gut gelaufen war, obwohl er befürchtete, ein paar der Songs zu schnell gespielt zu haben. Als er den Parkplatz verließ, klopfte Brett gegen seine Fensterscheibe und sagte: „Bevor du fährst, wollte ich dir noch sagen, dass du bei mir ganz oben stehst. Für mich bist du der Richtige!"

Das zu hören, freute ihn zwar, doch es stimmte Jamie nicht unbedingt optimistischer hinsichtlich seiner Chancen. Nur ein einziges Mal hatte er nach einem Vorspielen den Gig nicht bekommen – und da hatte es geheißen, er wäre der aussichtsreichste Kandidat für den Posten … Seine Nervosität nahm in den folgenden Wochen zu, als er nichts von der Band hörte. Es waren ihm ein paar Namen anderer Anwärter auf den Job bei Bad Religion zu Ohren gekommen und er ging davon aus, dass einer von ihnen den Vorzug erhalten würde. Dann schickte ihm sein Freund Zach Blair von Rise Against eine mysteriöse SMS:

ZACH: Du hast den Job!
JAMIE: Wovon sprichst du?
ZACH: Du hast den Bad-Religion-Gig!
JAMIE: Ich habe von niemandem etwas gehört.
ZACH: O Shit!

Es verging ein weiterer Tag und Jamie wunderte sich, ob er nun tatsächlich den Job hätte. Am nächsten Tag erhielt er endlich einen Anruf von Jay Bentley, der ihn offiziell in der Band willkommen hieß. Jamie musste aber so tun, als ob er noch nichts davon gehört hätte.

Als designiertes Mitglied von Bad Religion musste Jamie nun noch mehr Songs von insgesamt 16 Alben lernen. Jay hatte ihn aber beruhigt und ihm erklärt, dass sie von den rund 400 Songs, die sie aufgenommen hatten, höchstens die Hälfte auch mal live spielten. Obwohl das nicht der Wahrheit entsprach, schränkte es Jamies Aufgabe zumindest ein wenig ein. Im Internet fand er Fotos aktueller Setlisten und machte sich an die Arbeit.

Jamie Millers erstes Konzert mit Bad Religion fand am 10. März 2016 im Rahmen von Lollapalooza in Bogotá, Kolumbien statt. Ein paar Tage vor dem Auftritt traf sich die Band zum Proben. Greg schlug gleich einmal zehn Songs vor, die sich auf keiner von Jamies Setlisten befunden hatten. Doch mit ein wenig Hilfe von Brian schaffte es Jamie schließlich durch die Show.

„Wir waren auf der Bühne in Bogotá", erzählt Jamie. „Ich sah zu Brian rüber und er spielte kurz ein Riff an. Das passierte während des ersten Konzertes zwei oder drei Mal. Ich musste nur die ersten zwei oder drei Töne hören, und alles war okay."

Den Fans fiel der Unterschied in Bezug auf Jamies Stil sofort auf. Manche beschwerten sich darüber, dass Jamie nicht so technisch versiert spielte wie Brooks, was eine sehr vereinfachte Darstellung des Sachverhalts war. Wie Brooks entstammte auch Jamie einer musikalischen Familie, hatte Heavy Metal gespielt und war ein bewährter Sessionmusiker, der eine große Bandbreite von Stilen beherrschte. Doch als Jamie sich Bad Religion anschloss, wurde er um zwei Dinge gebeten: Er sollte alles ein wenig verlangsamen und einfacher gestalten. Die Band wollte ihre Songs, vor allem aber das ältere Material, wieder in Album-Geschwindigkeit spielen, und Jamie entsprach diesem Wunsch.

Obwohl Jamie die Kritik bewusst war, störte sie ihn nicht weiter. „Ich habe schon mit so vielen Musikern gespielt. Mit ein paar unglaublichen Persönlichkeiten und auch mit ein paar unvernünftigen Leuten mit übertriebenen Egos. Ich verhalte mich da jedoch völlig neutral. Wie kann ich mich positiv einbringen? So lautete mein Credo seit ich 19 oder 20 Jahre alt war. Was auch immer ihr braucht, ich bin hier, um zu helfen."

Diese Einstellung half Jamie, als er sich mit seinen neuen Bandkollegen vertraut machte. Jede Band trägt emotionalen Ballast mit sich herum – vor allem aber Bands, die seit fast 40 Jahren existieren. Doch Jamies sympathische Art und sein hemdsärmeliger Ansatz ermöglichten einen reibungslosen Übergang. So gelang es ihm letztlich, die Fans mit seinem dynamischen Spiel von sich zu überzeugen. „Ich hole weit aus", sagt Jamie. „Das kommt vermutlich daher, dass ich die Sticks von meinem Gesicht fernhalten will. Als ich noch jung war, traf ich mich selbst am Auge. Davon habe ich heute noch eine Narbe. Also bemühe ich mich, mit den Sticks nicht in die Nähe meines Gesichts zu kommen. Mein Stil rührt daher, dass ich mich nicht selbst verletzen will … Außerdem finde ich, dass es nichts Schlimmeres gibt als einen Drummer, der über sein Schlagzeug gebeugt ist, als wäre es das Schwerste auf der Welt, weil es das nun mal nicht ist. Mir bereitet es große Freude und es fällt mir leicht. Ich sitze da hinten und es macht mir einfach Spaß."

Jamie schloss sich Bad Religion zu einer außergewöhnlichen Zeit an. Bad Religion mussten weder ein Album promoten, noch arbeiteten sie an einem neuen. Greg, Brett und Jay hatten alle wieder geheiratet und kleine Kinder zuhause. Greg und Allison bekamen ihren Nachwuchs am 10. März 2014. Brett und Gina freuten sich am 4. Juli 2009 über die Geburt von Nico Moon und am 25. Dezember 2012 über Emiko Belle. Jays neue Gemahlin Natalia Fabia brachte am 22. April 2012 Peribeau zur Welt. Die Band zog in Erwägung, ihre Tour-Aktivitäten ein wenig einzuschränken, woraufhin nur noch mehr verheißungsvolle Angebote eintrudelten. „Sobald wir sagen, dass wir in diesem Jahr nicht viel auf Tour gehen werden", erklärt Greg, „erhalten wir besser dotierte Offerten. Und natürlich auch gleich mehrere davon."

Trotz der zusätzlichen Verantwortung zuhause ging die Show weiter und Bad Religion blieben weiterhin sehr gefragt. Der Wildwuchs an Musikfestivals in Europa und Nordamerika machte das Konzept einer konventionellen Tour mittlerweile fast schon obsolet. Der neue Tourmanager, ihr alter Freund Rick Marino, half der Band dabei, alle Clubs und Festivals, die Bad Religion buchen wollten, unter einen Hut zu bringen. Im Sommer 2016 reiste die Band durch Europa und ging im Herbst mit Against Me! auf die *Vox Populi*-Tour. Die erste Show von Bad Religion im Jahr 2017 fand am 18. März im House of Blues in San Diego statt.

Greg promotete zu diesem Zeitpunkt bereits sein drittes Soloalbum, das den Titel *Millport* trug. So wie seine vorherigen Alben erschien *Millport* bei ANTI-Records und zeigt Greg als Singer-Songwriter, der die Wurzeln uramerikanischer Musikstile wie Country, Bluegrass und sogar Gospel erkundet. Unter den Fans von Bad Religion war Gregs Leidenschaft für politische Themen kein Geheimnis und seine Leser kannten auch seine Expertise der Evolutionstheorie, doch offenbarten die Lieder auf *Millport* auch sein Interesse an lokaler und landesweiter Geschichte. Von den Überlieferungen rund um die Finger Lakes im Titelsong „Millport" bis hin zum nationalen Spektakel, das in „Lincoln's Funeral Train" geschildert wird, Gregs Vorstellungskraft läuft hier zur Hochform auf. In Interviews brachte Greg *Millport* in Zusammenhang mit *Population Wars* und bezeichnete beide Werke als unterschiedliche Ausdrucksweisen ein und desselben Themas, nämlich des Durchhaltewillens angesichts übermächtiger Veränderungen.

Solche Projekte unterstrichen außerdem, dass der Frontmann von Bad Religion, selbst wenn sich seine Band einmal eine Auszeit gönnte, kaum einmal auf der faulen Haut lag. Ob er nun Songs komponierte, Bücher schrieb, Lehrveranstaltungen leitete oder sich auf seine Forschungen konzentrierte – Greg blieb nach wie vor einer der fleißigsten Arbeiter im Musikbusiness.

In diesem Herbst spielten Bad Religion vier Konzerte bei Fat Mikes *Punk in Drublic Craft Beer & Music*-Festival, einem Wanderspektakel, das der ohnehin unvermeidlichen Kombination von Punk und Bier huldigte. Sponsoren zogen der ganztägigen Sause nach einem unerfreulichen Zwischenfall in Las Vegas allerdings den Stecker, woraufhin *Punk in Drublic* seinen Fokus fortan auf Europa richtete, wo es weiterhin mit großem Erfolg veranstaltet wird.

Im Jahr darauf feierten Bad Religion das 30-jährige Jubiläum der Veröffentlichung von *Suffer*. Aus diesem Anlass wollte die Band ihren Fans etwas ganz Besonderes bieten, eine Reihe von Shows, bei denen sie das gesamte Album quasi als Zugabe spielten. Nach dem regulären Set, das, abhängig vom Veranstaltungsort, 30 bis 60 Minuten dauerte, verließen Bad Religion kurz die Bühne. Das Crossbuster-Banner im Hintergrund der Bühne wurde daraufhin entfernt, sodass das Coverdesign von *Suffer* zum Vorschein kam. Dann kehrten Bad Religion noch einmal auf die Bühne zurück, um dem Publikum mit 15 immer noch brandheißen Songs aus dem Jahr 1988 ordentlich einzuheizen.

Für Greg und Jay bedeutete das ein erfreuliches Wiedersehen mit ihrer eigenen Vergangenheit, doch Brian, Mike und Jamie mussten sich zuerst noch zumindest mit Teilen des „neuen“ Materials vertraut machen und fleißig proben. Die Abfolge der Songs auf einem Album gibt nicht wieder, in welcher Reihenfolge sie entstanden waren oder aufgenommen wurden. Auch live spielt eine Band sie kaum einmal hintereinander wie auf der Platte. Doch genau so erleben Fans ihre Musik. Wenn eine Band ein gesamtes Album live performt, lässt sie den Moment wiederaufleben, in dem sich ihre Fans einst in ein bestimmtes Album verliebten. Doch *Suffer* war nicht einfach irgendein Album aus dem umfangreichen Repertoire der Band. Vielmehr handelte es sich hier um genau jenes Album, das so viele Veränderungen herbeiführte und einen großen Wandel auslöste.

Die erste Jubiläumsshow fand im Mai 2018 im Troubadour in West Hollywood statt. Die *Suffer*-Zugabe wiederholte sich daraufhin das ganze Jahr hindurch sowohl in Nordamerika als auch in Europa. Diese Konzerte erwiesen sich als äußerst populär bei den Fans und warfen eine Frage auf: Würden Bad Religion etwas Ähnliches auch zu den 30-Jahre-Jubliäen von *No Control* im Jahr 2019 und *Against the Grain* im Jahr darauf ins Auge fassen? Die Band hatte hingegen noch Größeres und Besseres im Sinn.

27
Am Ende der Geschichte

Die sechs Jahre, drei Monate und sieben Tage, die zwischen der Veröffentlichung von *True North* und *Age of Unreason* vergingen, sind die längste Pause, die die Fans von Bad Religion jemals zwischen zwei ihrer Alben hatten überbrücken müssen.

Die Band begann mit den Aufnahmen im Oktober 2018. Das Schreiben der Songs hatte schon einige Zeit davor begonnen. Tatsächlich hatte die Vorbereitung auf das Album aber wohl schon am 8. November 2016 eingesetzt, als Donald Trump zum 45. Präsidenten der USA gewählt wurde. Die Bandmitglieder kommentierten den Wahlausgang via Twitter, wobei Brett, Jay und Brian auch weiterhin fortlaufend ihre Kritik äußerten.

Den ersten Anhaltspunkt, dass sich das nächste Album von Bad Religion mit der Ära Trump befassen würde, lieferte die Veröffentlichung des Songs „The Kids Are Alt-Right" – eine harsche Abrechnung mit dem politischen Hochstapler, seiner Übernahme und Ausübung der Exekutivmacht sowie seiner Basis, die aus weißen Suprematisten und Nationalisten besteht. Der Song lässt kein gutes Haar an rechtsgerichteten Jugendlichen, ihrer xenophoben Weltanschauung und ihrem Mangel an historischem Weitblick. Ein paar geistig Minderbemittelte auf Seiten der extremen Rechten missverstanden den Songtext jedoch als Huldigung ihrer verachtenswerten Anliegen.

„Wir veröffentlichten ‚The Kids Are Alt-Right'", klagt Brett, „und wurden von einer Flutwelle von konservativen Trollen überrollt, die so taten, als würden sie die Ironie nicht verstehen. Sie behaupteten, dass der Song als positives Statement zur Alt-Right-Bewegung zu verstehen war. Diese Leute sagten, Alt-Right wäre der neue Punk, was unglaublicher Bullshit ist. Da realisierte ich, welch große Rolle Ironie in meinem Songwriting spielt. Für mich sagt der Song nämlich aus: ‚Seht mal, wie weit wir es mit der revolutionären Jugendkultur aus der Zeit von ‚The Kids Are Alright' von The Who gebracht haben, wenn heute ein paar verdrossene Konservative behaupten können, sie wären die wahren Revoluzzer.'"

Abgesehen von der Kontroverse, die die Nummer hervorrief, waren manche Fans nicht allzu begeistert von dem Song, da er sich ihrer Ansicht nach zu weit von ihrem typischen Sound und Format entfernte. Bad Religion ließen umgehend „The Profane Rights of Man" folgen, einen Song, der sich in puncto Struktur und Sound schon eher an den klassischen Bad Religion orientierte. Wie „The Kids Are Alt-Right" hat auch Gregs Song eine politische Aussage, aber um diese zu dechiffrieren, muss man schon ein altes Buch aus dem 18. Jahrhundert zur Hand nehmen, das in der deutschen Fassung den Titel *Die Rechte des Menschen* trägt und aus der Feder des amerikanischen Gründervaters und Denkers Thomas Paine stammt. Der Song sollte verdeutlichen, dass die unabänderlichen Menschenrechte nicht göttlichen, sondern säkularen Ursprungs waren. Es war einerlei, ob auf einem Dollarschein „In God We Trust" geschrieben stand, denn unsere Freiheiten fußten vielmehr auf Verstand und rationalem Denken. In anderen Worten, wir sind alle gleich, aber nicht aufgrund eines göttlichen Erlasses, sondern weil wir alle unseren Wert besitzen, ganz unabhängig von Rasse, Religion, Hautfarbe oder Herkunftsland. Somit ist auch der Song eine wunderschöne Zurschaustellung der besten Ideale der amerikanischen Gründerväter.

Außerdem erinnerte der Song, der kaum länger als zwei Minuten war, die Fans der Band daran, dass Bad Religion immer noch in der Lage waren, eine kraftvolle Mucke der alten Schule mit aussagekräftigen Texten abzuliefern. Die beiden neuen Songs entstanden im Frühling 2018 im Studio 3 des Sunset Sound, wo bereits Jim Morrison „The End" aufgenommen hatte. Brett und Greg produzierten die Songs gemeinsam, letztlich fielen sie aber dem hohen Qualitätsanspruch der Band zum Opfer und wurden nicht auf dem Album veröffentlicht. Greg schätzte, dass er während des Schreibprozesses für *Age of Unreason* ungefähr 30 Songs komponiert hatte, von denen aber nur eine Handvoll seinen Vorstellungen gerecht wurden.

Obwohl der Präsident sie mit reichlich Inspiration versorgt hatte, erkannten die Songwriter von Bad Religion, dass Trump nur das Produkt eines kaputten politischen Systems war, das ihn erst ermöglicht hatte. Wenn Trump irgendwann Geschichte sein würde, so mutmaßten sie, würden die wahrhaft grundlegenden Probleme immer noch bestehen. Daher wollten sich Greg und Brett eher der Krankheit an sich und nicht bloß den Symptomen zuwenden.

„Wir nannten das Album *Age of Unreason*", erklärt Brett, „weil die Songs die Werte der Aufklärung behandeln – Humanismus und eine wissenschaftliche Weltsicht. Darum ging es bei Bad Religion ja eigentlich schon immer. Genau diese Werte werden nun aber angegriffen. Näher waren wir noch nie an einem Konzeptalbum dran als hiermit."

Die Band traf sich erneut im Sunset Sound, um dort im Oktober 2018 drei Wochen lang neues Material aufzunehmen. Dieses Mal saß ein neues Gesicht am Mischpult. Carlos de la Garza hatte schon *Chrome Neon Jesus* von Teenage Wrist für Epitaph produziert und Brett war von seiner Arbeit so angetan, dass er Carlos für die Aufnahmesessions zu *Age of Unreason* rekrutierte. Während Brett und Greg ihn mit Ideen hinsichtlich des Sounds für ihre jeweiligen Songs fütterten, brachte Carlos seine eigene frische Perspektive in den Prozess ein.

Carlos war nicht der einzige Neuzugang im Studio. So hatten zwei Bandmitglieder, Mike und Jamie, bis dato noch kein Studioalbum mit Bad Religion aufgenommen. Doch selbstverständlich verfügten die beiden „Frischlinge" über einen reichen Erfahrungsschatz, aus dem sie sich bedienen konnten. Außerdem war Mike kaum mehr als Neuling einzustufen, immerhin war er ja inzwischen auch schon fünf Jahre dabei und kannte den Aufbau von Bad-Religion-Songs quasi im Schlaf. „Das ist alles kein großer Stress mehr für mich", versicherte Mike.

Auch fand Jamie den speziellen Ansatz von Brett und Greg beim Songwriting nicht weiter verwirrend, da er und seine Frau bei ihrer eigenen Band theSTART ähnlich vorgegangen waren. Dennoch erwarteten ihn ein paar Überraschungen, als er seine Schlagzeug-Spuren für *Age of Unreason* eintrommelte. „Brett ist ein bisschen wählerischer", verrät Jamie. „Einerseits hasst er zwar Drumcomputer, andererseits mag er aber seine programmierten Beats. Also forderte er mich auf, mich nahe an seinen Vorgaben zu orientieren – aber eben auf meine Art. Greg hingegen meinte, ich sollte ruhig die Sau rauslassen. Er würde mir dann schon sagen, ob es ihm gefällt oder nicht. Auf Grundlage ihrer jeweiligen Persönlichkeiten würde man ja eigentlich davon ausgehen, dass es sich genau umgekehrt verhält."

Wie es nun einmal seine Art war, versuchte Jay immer dann im Studio zu sein, wenn die Band gerade aufnahm, ganz egal, welches Instrument an diesem Tag an der Reihe war. Als er gefragt wurde, warum er auch dann vor Ort war, wenn er es gar nicht musste, scherzte Jay: „Das eine Mal, als ich nicht dabei war, kam *Into the Unknown* dabei heraus." Spaß beiseite, Jays Beharrlichkeit beruhte in erster Linie auf seinem Bedürfnis, etwas Großartiges abzuliefern. „Ich will, dass es das Beste ist, was wir jemals gemacht haben", erklärte er.

Trotz der langen Pause, dem neuen Produzenten und den neuen Bandmitgliedern funktionierte die Verständigung zwischen allen Beteiligten außerordentlich gut und wirkte mitunter schon fast telepathisch. „Ich habe eine ganz gute Vorstellung davon, was Brett sich wünscht", sagt Brian. „Immerhin arbeiten wir schon sehr lange zusammen und ich weiß ziemlich gut, was es mit Bad Religion auf sich hat. Das liegt an der jahrelangen Erfahrung. Außerdem stehen auf dieselben Gitarristen. Wenn er mich um etwas Spezifisches bittet, weiß ich sofort, worauf er hinauswill. Abgesehen davon entspricht das, was er gerne von mir hören will, ohnehin dem, was ich selbst gerne hören möchte. Auf mich macht das alles einen rundum natürlichen und intuitiven Eindruck. Die Chancen stehen jedenfalls gut, dass ich genau weiß, wovon er spricht – weil ich eben genau weiß, wovon er spricht!"

Die erste Single des Albums hieß „My Sanity" und erschien im November 2018, woraufhin sie auf KROQ gleich mit jeder Menge Airplay bedacht wurde. Als die Band den Song bei der diesjährigen Ausgabe von *KROQ's Almost Acoustic Christmas* live vorstellte, konnten die Kids in der ersten Reihe bereits textsicher mitsingen. Alles war somit beim Alten.

Am selben Tag, an dem Bad Religion das Erscheinungsdatum von *Age of Unreason* bekanntgaben, veröffentlichten sie mit „Chaos from Within" einen temporeichen, ungezügelten Querschläger von einem Song, der den Fans einen weiteren Vorgeschmack auf das neue Album geben sollte. Der Song beleuchtet Trumps xenophobe Besessenheit vom Mauerbau entlang der Südgrenze der USA. Gregs Songtext legt jedoch nahe, dass der wahre Feind viel näher sitzt.

Threat is urgent! Existential!
Omnipresent like a skin
But the danger's purely mental
It's chaos from within

„Chaos from Within" betont die Rolle der persönlichen Verantwortung, die die Band schon in ihrer „Erkennungsmelodie" von anno dazumal, dem Song „Bad Religion", eingefordert hatte. Der Songtext erinnert damit auch an Bretts Erklärung des Bandnamens im Rahmen von *New Wave Theatre*: Wenn man sich vom unabhängigen Denken verabschiedet und nicht mehr für sich selbst nachdenken will, habe man es mit einer „schlechten Religion" zu tun. Besser ließ sich das extrem voreingenommene Stammesdenken des amerikanischen Wahlvolks bei den Präsidentschaftswahlen 2016 gar nicht auf den Punkt bringen.

Aber selbst jene Songs, die wie direkte Angriffe auf die Politik der Ära Trump wirkten, waren subtiler, als es ihre Titel vermuten ließen. „Do the Paranoid Style" erschien am 26. März 2019 und behandelt den Einfluss von Verschwörungstheorien auf unsere Gesellschaft. Der Text bezieht sich auf ein Essay des amerikanischen Historikers Richard Hofstadter aus dem Jahr 1964, der sich unter dem Titel *The Paranoid Style in American Politics* mit der historischen Vorliebe der USA für konspirative Fantasien auseinandersetzte. „Der paranoide Stil ist ein altes und wiederkehrendes Phänomen in unserem öffentlichen Leben", schreibt Hofstadter, „das regelmäßig mit von Argwohn und Unzufriedenheit geprägten Bewegungen in Verbindung steht." Dieses Essay nennt auch Beispiele aus der Zeit vor dem amerikanischen Bürgerkrieg.

Das war Bad Religion in Reinkultur. Indem sie das Problem der Verschwörungstheorien in der Ära von InfoWars und Konsorten in einen historischen Kontext setzten, erinnerten uns Bad Religion daran, dass wir es nicht mit einem völlig neuen Phänomen zu tun hatten, sondern vielmehr mit alten Schaustellertricks, die in neuem Gewand präsentiert wurden. Wenn man aber ganz unabhängig und frei für sich selbst denkt, kann man diese Strömungen als das entlarven, was sie eigentlich sind: eine schlechte Religion. Das Video zu „Do the Paranoid Style" zeigt eine hypnotische Schwarz-Weiße-Montage von Tanzaufnahmen, die sowohl das halsbrecherische Tempo des Songs als auch unsere Tendenz zu retrospektiv närrisch-skurrilen Modetrends gekonnt untermalen und in Szene setzen. Die Tänzer muten dabei einigermaßen lächerlich und in manchen Fällen sogar irre an, was die Aussage des Songs noch mehr hervorhebt. So wie sich diese Tänzer einst eingeredet haben mochten, dass das was sie da trieben, auch nur irgendwie cool war, werden jene, die unkritisch haltlosen Vorstellungen von Politik, Wissenschaft und Geschichte anhängen, dereinst wie Narren dastehen. Die Geschichte wird es nicht gnädig mit ihnen meinen, weshalb man sich besser nicht von seinen Emotionen leiten lassen und stattdessen vermehrt auf sein Gehirn setzen sollte.

Das war ganz schön viel für einen Song, der gerade einmal etwas mehr als 100 Sekunden lang war. Es demonstrierte aber auch, wie viele Überlegungen in jeden Track auf *Age of Unreason* investiert worden waren. Manche der Songs sind auch ziemlich direkt, ohne dabei die Brechstange zum Einsatz zu bringen. Ein gutes Beispiel hierfür ist Bretts „End of History“, den er während eines Familienurlaubs auf Island schrieb. Die Lektüre der amerikanischen Nachrichten, während er sich fernab des Geschehens aufhielt, verschaffte ihm die Perspektive, die er benötigte, um die Werte der Aufklärung, die Philosophie eines Karl Poppers und die Thematik der Flüchtlingskrise in einem eingängigen und cleveren Song zusammenzufassen.

Sweet children, Locke's burden
Why did mother draw the curtains?
Free will is your dilemma
What will the dust remember
Tell me where do you really want to be
At the end of history?

Vom musikalischen Standpunkt aus ist „End of History“ eine Rückkehr zu den Anfangstagen des Punk, wie ihn Brett als Jugendlicher geliebt hatte. „Es erinnert ein bisschen an die Dead Boys“, sagt Brett. Im Gegensatz dazu ist Brians Songs „Faces of Grief“ viel konfrontativer und reflektiert seine Verwurzelung im Hardcore.

Age of Unreason repräsentiert einen neuen Ausblick auf die Zukunft – nicht etwa missmutig und pessimistisch, sondern mit der Courage ausgestattet, seinen Grundprinzipien treu zu bleiben, selbst wenn die Ideen dahinter schon 300 Jahre alt sind. Oder wie der Beat-Poet Allen Ginsberg sinngemäß über LSD sagte: Es kommt nicht auf den Trip an, sondern was man daraus macht. Nach all den Jahren forderten Bad Religion ihre Hörer immer noch auf, sich selbst zu fragen: „What Can You Do?“

Age of Unreason erschien in einer besonders düsteren Epoche der amerikanischen Geschichte. Die Geschehnisse rund um den ausgiebig redigierten *Mueller Report* und die damit verbundene Meinungsmache verfestigten das parteipolitische Denken jener, die den Volkswillen in Geiselhaft wähnten, seitdem Hillary Clinton bei den Präsidentschaftswahlen 2016 Donald Trump unterlegen war, obwohl sie drei Millionen Stimmen mehr erzielt hatte. Mit jeder seiner unsinnigen Proklamationen via Twitter, jener Plattform, die dazu beigetragen hatte, ihn mithilfe von gezielt orchestrierten Kampagnen seitens WikiLeaks und der russischen Regierung ins Amt zu manövrieren, gab Trump christlichen Fundamentalisten, Waffennarren, Leugnern des Klimawandels und weißen Nationalisten Anlass zum Jubeln. So rückständig alles wirken mochte, hätte man annehmen können, dass das eine schrecklich deprimierende Zeit für Bad Religion gewesen sein muss. Hatten Brett und Greg all diese Themen nicht schon vier Jahrzehnte zuvor in ihren Songs durchgekaut?

Trotz all der Finsternis, aus der *Age of Unreason* hervorgegangen war, herrschte im Vorfeld der bevorstehenden Tour dennoch beachtlicher Optimismus bei Bad Religion hinsichtlich ihres neuen Albums. „Wir sind schon echt lange dabei“, so Jay. „Aber es hat sich gar nicht so viel verändert. Vielleicht liegt das einfach in der Natur des Menschen. Ich weiß nur, je älter man wird, desto fokussierter wird dein Zorn.“

Bad Religion waren nicht die erste Punkrock-Band, die sich mit Präsident Trump beschäftigte. Tatsächlich formierte sich noch während des Wahlkampfs Protest innerhalb der Punk-Community. So mancher Musikkritiker meinte naiv, dass Trump doch positiv für den Punkrock wäre. Die Vorstellung, dass eine Regierung, die sich mit aller Kraft gegen die schwächsten Mitglieder der Gesellschaft stellte, für irgendetwas „gut“ sein könnte, war problematisch. Doch veranlasste dieser Denkansatz Kritiker dazu, das neue Bad-Religion-Album vor dem Hintergrund ihrer kreativen Hinterlassenschaft zu beleuchten. Ja, die Band hatte all diese Aspekte schon sehr lange thematisiert, doch wer von jenen, die damals mit dabei waren, tat das ebenfalls noch? Viele der einstigen Szenehelden hatten sich wiedervereinigt, um Konzerte zu geben, aber wer von ihnen schrieb noch Songs und veröffentlichte Alben mit neuer Musik? Wer sonst aus der ersten Generation des Punk inspirierte immer noch nachkommende Generationen, indem sie sich jener Themen annahmen, die *jetzt gerade* den öffentlichen Diskurs beherrschten?

Obwohl Greg es als zu früh empfindet, die Qualitäten der einzelnen Songs auf *Age of Unreason* zu kommentieren, zeigt er sich dennoch zutiefst glücklich angesichts des fertigen Produkts. „Ich bin ein übersensibler Künstler", gesteht Greg. „Kritik höre ich nur ungern. Solange sie nicht konstruktiver Natur ist, mache ich mich deswegen selbst fertig und habe das Gefühl, die Leute enttäuscht zu haben. Das bewahrt mich aber auch davor, mich einer Aufgabe zu optimistisch zu nähern. Ich kann mit größerer Selbstsicherheit über *True North* sprechen als über *Age of Unreason*. Aber als gereifter Künstler habe ich mich noch nie zufriedener gefühlt als jetzt gerade."

Das ist eine aufschlussreiche Aussage von jemandem, der Bad Religion seit bereits 40 Jahren anführt. Durch alle Wellentäler der Band hindurch stand nur ein Mitglied bei jedem Konzert, das Bad Religion jemals gespielt haben, auf der Bühne – und das ist Greg Graffin. Von Anfang an, als Greg verkündete „This isn't art, this is suicide", bis hin zum Niedergang der Punkszene von L.A., von der Wiederauferstehung des Genres nach *Suffer* über die Jahre bei Atlantic und Bretts Abschied und Rückkehr bis hin zum jüngsten Kapitel dieser unglaublichen Punkrock-Saga, blieb seine Stimme stets die einzige Konstante.

Greg war während sämtlicher Evolutionsphasen seiner Band mit dabei. Niemand sonst bei Bad Religion kann das von sich behaupten. Also ist sein Optimismus nicht nur bemerkenswert für einen Mann, der schon so lange mit dabei ist, sondern auch ein Beweis für seinen Tatendrang und seine Entschlossenheit. „Innerhalb der Band herrscht die Überzeugung, dass wir noch immer nicht am Ziel sind", so Greg. „Wenn man nicht der Ansicht ist, dass man noch Großes zu leisten imstande ist, dann kann man es auch bleiben lassen."

Bad Religion veröffentlichen ihre Alben nicht einfach aus Spaß an der Freude. Sie sind weder ein Nostalgie-Act noch einem Major-Label verpflichtet. Bad Religion bestimmen ihr eigenes Schicksal. Sie tun, was sie wollen – und niemand kann sie vom Gegenteil überzeugen. Anders als viele ihrer alten Kollegen gehen Bad Religion seit 1988 beständig auf Tour. Ihre Erfahrung und Dynamik sprechen für sich und geben ihnen recht.

Ihre fortwährenden Touren werden kontinuierlich von ihrem Freund und Tourmanager Rick Marino betreut. Die Crew wird von ihrem langjährigen Weggefährten Ronnie Kimball angeführt, der die Band bereits seit 1994 begleitet. Der Chefbeleuchter Dave Gibney kümmerte sich einst um den Live-Sound der Circle Jerks und spielte vor seinem Job bei Bad Religion in der Band Fear Factory. Sogar die technischen Gehilfen arbeiten schon einige Zeit für die Band. Greg „Shakes" Stocks stieß 2009 als Schlagzeug-Roadie dazu, als Brooks noch Drummer der Band war. Er stammt aus Orange County und spielte früher in der Band Hellbound Hayride. Außerdem arbeitete er mit Steve Soto zusammen, bevor er als Drum-Tech für die Adolescents, Manic Hispanic und Lagwagon arbeitete. Seit 2010 bekleidet Gavin Caswell den Posten des Gitarren-Roadies, wann immer seine eigene Band Senses Fail nicht gerade im Studio oder auf Tour ist. Tess Herrera schloss sich der Crew 2013 als Shiatsu-Therapeutin an. Sie begann 1998 auf der *Warped*-Tour und ging jedes Jahr mit auf Achse, bis ihr Bad Religion schließlich einen festen Job gaben. Vielleicht sind die Namen dieser Leute den Fans nicht geläufig, doch sorgen sie hinter den Kulissen dafür, dass die Show weitergeht.

Noch wichtiger als die einzelnen Crewmitglieder sind aber die Fans, die zu den Konzerten der Band kommen und sie überall unterstützen. Egal wo und wann. Bad Religion brauchen kein neues Album als Anlass, um auf Tour zu gehen. Ob sie nun in Jacksonville, Florida, oder in Oulu, Finnland, auftreten, auf der ganzen Welt gibt es Fans der Band, die sich auf ihre Konzerte freuen. Tatsächlich sind Bad Religion heute populärer als je zuvor. Endlich wird ihre Rolle in der Geschichte des Rock'n'Roll mit der gebührenden Wertschätzung belohnt. In den Siebziger- und Achtzigerjahren wurde Punk oftmals für tot erklärt, ähnlich einem Schurken in einem Horrorfilm – und jedes Mal erwachte der Kadaver zu neuem Leben. Als Punk Mitte der Neunzigerjahre im Mainstream angekommen war, benötigten Musikkritiker einen geschmeidigen Übergang zwischen dem Ableben des Genres nach den Ramones, den Sex Pistols und Black Flag und seiner „Wiedergeburt" mit Superstar-Acts wie The Offspring, Green Day und Blink-182. Als Lösung für dieses schwierige Rätsel hinsichtlich der Überbrückung zwischen Alt und Neu verwiesen sie auf Nirvana. Da kam es nur allzu gelegen, dass Kurt Cobain tot war und sich nicht dagegen wehren konnte.

Den Fans von Bad Religion ist jedoch klar, dass das nicht die ganze Wahrheit ist. Sie kennen den Einfluss von *Suffer* auf Punkrock im Allgemeinen und wissen, dass dieses Album wie eine Frischzellenkur auf diese harte, schnelle und letzten Endes so vergnügliche Musikrichtung wirkte. Dass dieser Sound sowohl in seiner Zusammensetzung als auch in seiner Ästhetik typisch für die südkalifornische Heimat der Band war. Dass das Album ein Soundtrack für jeden gelangweilten Skateboard-Flegel aus der Vorstadt war, der schon sein ganzes Leben auf jemanden gewartet hatte, der sagte: „Do What You Want."

Ihre ehemalige Managerin Michele Ceazan-Fleischli glaubt, dass die Leute Bad Religion aufgrund ihrer Langlebigkeit als selbstverständlich hinnehmen. Doch mittlerweile begreift die Öffentlichkeit langsam, was die Fans von Bad Religion schon seit 1988 wissen: *Suffer* war der auslösende Funke, der die Wende einleitete. An einem Punkt angekommen, als die Fans zu akzeptieren begannen, dass Punk dieses Mal wirklich mausetot war, läuteten Bad Religion mit ihrer explosiven Mischung aus Melodien, Harmonien und intelligenten Songtexten einen Neustart ein. Ohne *Suffer* hätte auch Epitaph nie in die Spur gefunden. Ohne Epitaph wiederum wären Pennywise, NOFX, Rancid oder The Offspring nie aus den Startlöchern gekommen. Und ohne diese Bands hätte es 1994 keine Punk-Explosion, 1995 keine *Warped*-Tour und später keine Handelskette wie Hot Topic gegeben – wobei Letzteres niemandem aufstoßen würde. Ohne den Mainstream-Erfolg von Punk wären die Karrieren all der Bands von Fall Out Boy bis My Chemical Romance, die nun den Punkrock-Kuchen in unterschiedliche Subgenres aufteilten, wohl ganz anders verlaufen. Mit anderen Worten: Ohne Bad Religion würde Rock'n'Roll heute ganz anders aussehen.

„Die Leute ergänzen die Geschichte endlich um das fehlende Kapitel zwischen 1983 und 1991", sagt Greg. „Was ist da nur passiert? Zwei Wörter: Bad Religion."

Ein weiterer Eckpfeiler ihres langfristigen Erfolgs sind ihre Songs, die nicht nur den typischen Sound von Bad Religion bewahren, sondern auch Erwartungen übertreffen und Grenzen überschreiten. „Ich wehre mich gegen die Vorstellung, dass wir *bloß* eine Punkrock-Band seien", sagt Jay. „Ich möchte der Welt beweisen, dass wir uns abseits von allem anderen bewegen. Ich möchte nicht mit anderen Leuten in eine Schublade gesteckt werden. In Wahrheit sind Bad Religion etwas ganz Eigenes. Das war schon immer so. Wir gehörten nie irgendwo dazu. Unsere geografische Heimat, das Valley, war verpönt. Man hielt uns wegen unserer Aussagen für Arschlöcher. Wir bewegten uns weit abseits eines jeden Tellerrands. Damit hatten wir kein Problem. Jetzt, da Punkrock zum Mainstream zählt, werden wir einvernahmt, aber wir sind nicht wirklich wie andere Bands. Wir sind ganz anders."

Schon alleine ihre Setliste führt die Annahme, die Band würde sich auf einen spezifischen Stil festnageln lassen, gekonnt ad absurdum. Zwar wissen die Fans vor einem Konzert in groben Zügen, was sie erwartet, doch haben sie keine Ahnung, welche Songs sie konkret bei einem Konzert geboten bekommen werden. Bad Religion können zum Beispiel eine Show nur mit Midtempo-Nummern bestreiten, die allesamt über drei Minuten lang sind und perfekt ins Pop-Schema passen. Wenn man Bad Religion noch nie zuvor gehört hat, könnte man meinen, dass es sich hier gar nicht um eine Punkband handelt.

Oder aber sie können ein Set spielen, das nur aus Songs unter zwei Minuten besteht, und ihren Fans als eines ihrer intensivsten Konzerterlebnisse überhaupt in Erinnerung bleiben wird. Brett und Greg haben in jeder Phase ihrer Karriere authentische Hymnen und superschnelle Hardcore-Songs geschrieben, doch verfügen sie auch über reichlich Material, das sich in keine der beiden Kategorien einordnen lässt.

Bad Religion verkörpern ihr eigenes Subgenre. Sie entsprechen keiner zweiwertigen Aristotelischen Logik. Sie sind nicht dieses *oder* jenes, sondern beides auf einmal – und so war das schon immer. Der desaströse Fehlschlag von *Into the Unknown* lehrte Greg und Brett, mit ihrem Sound zu experimentieren, ohne dabei ihre Fans zu verstören. Sie gingen davon aus, dass ihre Musik es bis ins Radio schaffen könnte, wenn sie ihre Musik auf eine gewisse Art und Weise aufbereiteten. Sie musste melodisch sein, dabei aber nicht zu schnell. Sie sollte dem Pop-Format entsprechen. Zu alldem waren Bad Religion durchaus in der Lage. Allerdings hatten sie noch mehr auf Lager und ließen sich auch nicht in ihrer Zielsetzung einschränken.

„Wenn ich einen Blick auf unser Schaffen werfe", so Jay, „dann fallen mir ein paar Bands ein, die mit uns in einem Atemzug genannt werden, aber nie Ähnliches wie wir erreicht haben und auch nie werden."

Ein gutes Beispiel für den Umfang ihres Repertoires bot gleich der Auftakt der *Age of Unreason*-Tour im Roxy am Sunset Strip. Einerseits umfasste die Zugabe das gesamte Album *No Control*, dessen 30. Jubiläum es zu feiern galt. Doch andererseits verblüffte die Band das Publikum auch mit einer Live-Version von „The Dichotomy" aus dem Album *Into the Unknown*. „Ich durchstöberte unser Material“, beschreibt Jay seine Entscheidung, den Song für die Setliste zu entmotten, „und ich dachte, dass die Nummer, wenn wir sie nur bis zum zweiminütigen Keyboard-Solo spielen, eigentlich ganz okay ist. Also schrieb ich sie auf die Setliste, um zu sehen, was passieren würde.“

Nicht nur die Fans zeigten sich überrascht. Auch seine Bandkollegen wunderten sich. Immerhin stammte der Song von einem Album, dass die Band seinerzeit entzweit hatte – und Jay hatte als erstes Mitglied der Gruppe das Weite gesucht. „Ich schlug der Band den Song bei einer Probe vor“, sagt Jay. „Wir hörten ihn uns an und studierten ihn ein, bis er ziemlich gut saß. Als Greg dann dazustieß sagte er: ‚Echt jetzt?‘ Und ich antwortete: ‚Yeah, lass es uns versuchen. Wenn wir uns alle der Power des Songs verschreiben, dann können wir ihn ganz gut bringen.‘“

Was ihnen zweifellos gelang. Die Auswahl eines Songs aus dem Jahr 1983, den keiner in der Band spielen konnte, war auch deshalb erstaunlich, weil neben „The Dichotomy“ an diesem Abend auch das neue Material von *Age of Unreason* sowie Songs von *No Control*, die nur selten, wenn überhaupt, live zum Einsatz kamen, auf dem Programm standen. Hatten sie denn nicht schon genug um die Ohren?

„Manche Bands ziehen Abend für Abend die gleiche Show ab“, erklärt Jay. „Ihnen ist es scheißegal, ob das langweilig ist, weil ihnen ohnehin *immer* langweilig ist. Sie möchten eigentlich gar nicht auf der Bühne stehen. Sie wollen spielen und wieder abhauen. Wir sind da anders gepolt. Wir wollen jeden Abend für Abwechslung sorgen, damit die Sache spannend bleibt. Rock'n'Roll soll schließlich gefährlich sein – und noch gefährlicher, als die Setliste umzugestalten, kann es gar nicht werden.“

Die traurige Wahrheit ist, dass die meisten Rockbands, sobald sie einen gewissen Grad an Popularität erreichen, zu Geschäftsunternehmen mutieren, die nur auftreten, um Kohle zu scheffeln. Die Mitglieder dieser Bands verabscheuen sich nicht nur oft, sondern hören auch auf, neue Musik zu produzieren Wenn das eintritt, fehlt ihnen laut Brett die „künstlerische Glaubwürdigkeit“. Sie verwandeln sich in menschliche Jukeboxen. Man wirft Geld ein und sie spielen ihre größten Hits. Nicht so Bad Religion.

Jay mag Jamie zwar bei seinem Einstieg in die Band vorgegaukelt haben, dass es Songs gäbe, die Bad Religion garantiert nie spielten. Doch das trifft nicht mehr zu. Bad Religion haben rund 400 Songs geschrieben und jeder einzelne kann es auf die Setliste schaffen. Anlässlich der Veröffentlichung von *Age of Unreason* wollte die Band Songs aus ihrem Repertoire hervorzaubern, die gut zur Thematik des neuen Albums passten. So umfassten die Setlisten 2019 auch Nummern, die eher selten zum Zug kommen, wie „Flat Earth Society" von *Against the Grain*, „Struck a Nerve" von *Recipe for Hate* und „Them and Us" von *The Gray Race*.

Bad Religion verstehen es, die nostalgischen Begierden ihrer Fans zufriedenzustellen. Und jenen Konzertbesuchern, deren Lieblingssong vielleicht nicht auf der Setliste stand, können sie die Erkenntnis bieten, dass Bad Religion nicht die Band sind, für die sie sie gehalten haben. Manchmal ist es das neue Material, das Überraschungen bereithält, mitunter aber auch eine alte, selten gespielte Nummer.

So holte die Band 2018 etwa „Streets of America" von *The Gray Race* aus der Versenkung. „Vermutlich wäre vorab niemand der Meinung gewesen, dass es sinnvoll sei, diesem Song noch eine Chance zu geben", sagt Jay. Seit dem Erscheinen des Albums waren inzwischen 22 Jahre vergangen und „The Streets of America" hatte es schon lange nicht mehr auf die Setliste geschafft. Doch die Band nahm an, dass eingefleischte Fans ihn gerne live hören würden, selbst wenn sich weniger versierte Konzertbesucher dann eher erstaunt am Kopf kratzten.

Für Bad Religion war das eine willkommene Möglichkeit, Momente noch einmal zu erleben, die ihnen viel bedeutet haben. „Der Nachteil, so viel Material auf Lager zu haben", so Jay, „besteht darin, dass man diese Songs irgendwann auch wieder aufgeben muss. Selbst wenn man sie noch so sehr liebt, heißt es dann Abschied zu nehmen und sie durch andere Songs zu ersetzen."

Die neuen Stücke auf *Age of Unreason* zeichnen sich sowohl durch ihre Aktualität als auch ihre Zeitlosigkeit aus. Sie geben genau wieder, was die Welt gerade zu brauchen scheint, und dienen darüber hinaus als Inspiration, ja nicht aufzugeben, egal ob man nun als 50-Jähriger seinen Beitrag leistet, oder sich als 15-Jähriger den Kopf über seinen Platz auf dieser so konfusen Welt zerbricht. Zum Beispiel bringt die Bridge von „Lose Your Head" ein Lebensmotto zum Ausdruck, das ganz unabhängig vom eigenen Alter Gültigkeit besitzt:

And when your life endeavor evades your clever meddling
It's only headphone weather, so get your head together

Die Aufforderung „get your head together" haben sich die einzelnen Mitglieder stets zu Herzen genommen, selbst wenn es ihnen im Verlauf der verworrenen Historie ihrer Band nicht immer leichtfiel. Das Leben in einer Band stellt eine echte Herausforderung da, doch in einer erfolgreichen Band zu spielen, ist noch einmal eine ganz andere Liga. Die Anforderungen, die an einen gestellt werden, hageln dabei von allen Seiten auf einen ein: Familie, Fans, Manager, Bandkollegen, Konzertagenten, Geschäftspartner, Pressesprecher, Veranstalter und so weiter. Manchmal kann sich das so überwältigend anfühlen, dass so einfache Anfragen, wie einen engen Freund auf die Gästeliste zu setzen oder einen diesbezüglichen Konflikt zu klären, zu unüberwindbaren Aufgaben werden.

„Die meisten Bands finden nie die richtige Balance", sagt Brett – und doch ist es die Balance, die eine Maschine am Laufen hält. Bad Religion haben für sich die ideale Ausgewogenheit gefunden, doch hätte die Band nicht ohne die Opferbereitschaft und den Einsatz eines jeden Bandmitglieds so lange überleben können. „Wir haben uns oft genug bemüht, diese Band umzubringen", gesteht Brian augenzwinkernd. „Aber sie ist einfach nicht totzukriegen." Hinter dieser nicht ganz ernst gemeinten Aussage verbirgt sich die Tatsache, dass jedes Bandmitglied auch finstere Phasen durchleben musste, mitunter öfter als einmal, um das Licht am Ende des Tunnels zu erreichen. Während diverse Bandmitglieder mit ihren Suchtproblemen zu kämpfen hatten, mussten ihre Kollegen oftmals besonders unter diesen Eskapaden leiden. Auf niemanden in der Band trifft das mehr zu als auf Greg Graffin, der sich selbst nie für die berauschenden Versuchungen der Branche begeistern konnte. Aber trotz allem feiern sie nun ihr 40-jähriges Bestandsjubiläum mit ihrem insgesamt 17. Studioalbum. Es dauerte ein ganzes Leben, um an diesen Punkt zu gelangen – und die Band ist stolz darauf, dass Maximum herausgeholt zu haben.

Bad Religion sind heute genau dort, wo sie sein möchten. Die Band steht konkurrenzlos da. Ihre Mitglieder zerbrechen sich nicht den Kopf darüber, was die Industrie als Erfolg einstuft. Das überlassen sie lieber jenen, die Plattenverkäufe und Streams kontrollieren, um herauszufinden, welche Acts den meisten Gewinn für ihre Plattenfirma abwirft.

Die Story von Bad Religion handelt aber nicht von Durchhaltevermögen, obwohl auch das eine wichtige Rolle gespielt hat. Sie hielten durch, weil sie etwas mitzuteilen hatten. Jener Diskurs, den sie vor 40 Sommern im Hell Hole initiierten, um klarzustellen, was sie als Band aussagen wollten, dauert bis heute an. Sie sind für einander und für ihre Fans da.

Als die Band 2019 auf Tour ging, freuten sie sich von ganzem Herzen darauf, ihr neues Album der Welt vorzustellen. „Wir werden auf Achse sein, Konzerte spielen und uns mit den Leuten unterhalten", so Jay. „Wir werden diese Welle ein paar Jahre lang reiten und dann sehen, was passiert. Wir werden oft gefragt, wie weit voraus wir planen. Ich versuche immer, ein Jahr voraus zu denken. Aber wenn man mich fragt, was nächste Woche ansteht, kann ich dir auch keine genaue Auskunft geben. Wir geben wahrscheinlich ein Konzert. Vielleicht ist es auch unser letztes."

Wird es noch mehr Alben von Bad Religion geben, oder ist *Age of Unreason* etwa ihr Abgesang? Für Bad Religion steht die Zukunft noch in den Sternen. Doch genau das, was ihnen in ihren Anfangstagen vorgehalten wurde, ihr jugendliches Alter, wirkt sich nun positiv für sie aus. Da sie seinerzeit noch Teenager waren, als die Band ihre ersten Gehversuche unternahm, sind sie heute eigentlich alle noch relativ jung, um ihre Rolle als Elder Statesmen auszufüllen.

Sollte *Age of Unreason* allerdings den Abschied von Bad Religion markieren, dürfen diese Kids aus dem Valley dennoch mit Fug und Recht behaupten, auf einem Höhepunkt die Bühne geräumt zu haben. „Mit *Age of Unreason* haben wir unser Ziel erreicht", so Greg. „Es handelt sich dabei um ein Ziel, für das wir seit jeher eingestanden sind. Nämlich Leute zum Nachdenken anzuregen und die Irrtümer der Pseudowissenschaft und des Aberglaubens in ihre Schranken zu weisen. Punk ist vielleicht der letzte Ort, an dem man solche Erkenntnisse vermuten mag. Wer will schon eine Punk-Platte hinsichtlich objektiver Wahrheiten und Aufklärung konsultieren? Dies mag zwar paradox klingen, aber für mich unterstreicht es auch eine der Kernwahrheiten rund um das Thema Punk: Wenn man nämlich einen Punker mit Irokesenschnitt sieht, kann man sich nicht sicher sein, ob man es nicht vielleicht auch mit einem Philosophen zu tun hat."

Obwohl es wahrscheinlich ist, dass die Band langsam zur Ruhe kommt, wäre es trotzdem ein Schock, wenn die Punkrock-Philosophen die Musik an den Nagel hängen würden. Aber ob sie nun ihre letzte Tour absolvieren oder doch noch ein Jahrzehnt anhängen, sie werden auf jeden Fall immer als eine der einflussreichsten Punkbands der Geschichte gelten. Bad Religion repräsentieren nicht weniger als die Verschmelzung von Punkrock-Protest und intellektueller

Inbrunst. Ihr Vermächtnis steht nicht für geistlosen Aufruhr oder Selbsterniedrigung. Vielmehr ging es Bad Religion seit jeher darum, die Obrigkeit herauszufordern, Dogmen zu hinterfragen und nicht auf einfache Antworten hereinzufallen. Seit fast 40 Jahren fordern Bad Religion ihr Publikum nun schon dazu auf, für sich selbst zu denken. Dadurch machten sie die Welt zu einem intelligenteren Ort. Textzeile für Textzeile und Hörer für Hörer.

Danksagungen

Bad Religion bedanken sich bei folgenden Leuten für ihre Beiträge zum geistigen und körperlichen Wohlbefinden der Band: Julie Anastasio, Ian Astbury, Kelly Bakst, Steven Barlevi, Joe Barresi, Rick und Sherry Bragger, Andrew Buscher, Gavin Caswell, Arnel Celestial, Tom Clement, Katy Corsmeier, Mike de la Cruz, Greta Dewey, Susan Donner, Roger Dorresteijn, Billy Duffy, Paul DuGre, Aimee Echo, Willy Ehmann, Darryl Eaton, Pete Finestone, Michele Ceazan-Fleischli, Tim Gallegos, Jens Geiger, Michelle Gerien, Dave Gibney, Mike Gitter, Danny Goldberg, Lisa Graffin, Eric Greenspan, Danny Heaps, Tess Herrera, Greg Hetson, Greg und Bonnie Husebye, Steve Jones, Peter Katsis, Ronnie Kimball, Diane Kirchner, Heike Kramer, die Familie Kleinheinz, Lucky Lehrer, Treva Levine, Jon Luini, Kevin Lyman, Rick Marino, Cathy Mason, Tim McDuffy, Howard Menzies, Jim Miller, Chantal Neeten, Frank Nuti, Steve Olson, Ric Ocasek, Alex Perialas, Jay Phelan, David Pollack, Jack Price, Jack Rabid, Elliott Roberts, Todd Rundgren, Debby Sander, Jodi Sax, Bobby Schayer, Konrad Schraml, Megan Shull, Gary Soltys, Donnie Spada, Greg Stocks, Taylor Thompson, Paul Tollett, Gary Tovar, Brooks Wackerman, Andy Wallace, Christina White, Ian Winwood, Angry Andy Wright und Jay Ziskrout.

Ein ganz besonderes Dankeschön …

Greg Graffin möchte sich bei all jenen bedanken, die noch vor der Gründung von Bad Religion zur Bildung seiner musikalischen Identität beigetragen haben: Mom und Dad (Marcella und Walter Graffin), Grant Graffin, Onkel

Stanley Carpenter, Wryebo Martin, Jeff Shimeta, Art Shannon, Frank Mejia, Tommy und Danny George, Dave George, Jon Murer, David Bragger und Mrs. Perkins. Später kamen noch weitere Schätze in mein Leben, für die ich am dankbarsten bin: Allison, Ella, Graham und Stanley – ohne sie wäre diese Reise bedeutungslos gewesen.

Brett Gurewitz bedankt sich bei Richard und Lorrie Gurewitz, Gina Gurewitz, Max Gurewitz, Frida Gurewitz, Nico Moon Gurewitz, Emiko Belle Gurewitz, Sue Lucarelli, Jeff Abarta, Donnell Cameron, John Albert, Peter Robbins, den Ramones, den Germs und den Adolescents.

Jay Bentley dankt Brett, Greg, JZ, Pete, Hetson, Bobby, Brian, Brooks, Dim und Jamie. ♥ Steve Soto.

Brian Baker dankt Victoria Reis und Ian MacKaye.

Last not least bedankt sich Jim Ruland: Als ich in der Navy diente, spielte mir ein hardcore-affiner Skinhead Bad Religion vor. Mithilfe seiner Plattensammlung stellten wir ein Mixtape zusammen, das auch die EP *Back to the Known* enthielt. Ich hörte mir die Cassette auf meinen Reisen durch den Westpazifik an und sie entwickelte sich zum Soundtrack vieler aufregender und schöner Erinnerungen. Ich kann mich noch sehr lebhaft erinnern, wie ich in Yokosuka, Japan, über eine Autobahn lief und dabei wie ein Irrer *Frogger* sang. Nach meinem Ausscheiden aus der Navy nahm ich das Tape mit aufs College im ultra-konservativen Südwesten Virginias, wo es mir dabei half, nicht den Verstand zu verlieren. Anschließend nahm ich es mit zurück nach Südkalifornien, als ich mich endgültig dort niederließ. Auf *Back to the Known* befinden sich nur fünf Songs, ein Bruchteil des Outputs von Bad Religion, aber ich besitze dieses Tape nun schon seit über 30 Jahren. Ohne dieses Tape hätte ich nie die Courage aufbringen können, die Geschichte von Bad Religion niederzuschreiben. Das ermöglichten aber auch meine frühen Leser Todd Taylor und Michael Razorcake (*Razorcake* por vida!) sowie die unvergleichliche Amanda Johnston mit ihrer makellosen Unterstützung als Lektorin. *The Bad Religion Page* war meine bevorzugte Quelle für Informationen in Bezug auf den enormen

Output und den Einfluss der Band. (Als Fan gibt es hier kein Vorbeikommen: www.thebrpage.net) Außerdem bedanke ich mich bei Jack Rabid von *The Big Takeover*, der von Anfang an über die Band berichtete. Dank auch an alle, die ihre Geschichten und Anekdoten mit mir geteilt haben, etwa die ehemaligen und gegenwärtigen Mitglieder von Bad Religion. Mein aufrichtiger Dank gilt außerdem Tod Goldberg und Maggie Downs dafür, dass sie einen alten Seemann nicht vergessen haben, sowie Rick Marino, Ben Schafer und Peter McGuigan dafür, dass sie einen Traum wahr werden ließen. Besonders dankbar bin ich der fleißigen Crew von Bad Religion, deren Humor und Kameradschaftlichkeit das ganze Unterfangen zu einer so lohnenden Aufgabe gemacht haben. Abschließend möchte ich mich noch einmal herzlich bei Greg, Brett, Jay und Brian dafür bedanken, dass sie mir ihre Geschichten anvertraut haben und mich in ihren Eigenheimen, Büros, Green Rooms, Tourbussen und Leben willkommen geheißen haben. Mein innigster Dank gilt darüber hinaus meiner Frau Nuvia und meiner Tochter Annie, die im Verlauf der letzten Jahre so viele Bad-Religion-Songs gehört haben, dass es für ein ganzes Leben reichen dürfte.

Diskografie

Bad Religion (EP)

1. *How Could Hell Be Any Worse?*
2. *Into the Unknown*

Back to the Known (EP)

3. *Suffer*
4. *No Control*
5. *Against the Grain*
6. *Generator*

80–85 (Compilation)

7. *Recipe for Hate*
8. *Stranger Than Fiction*
9. *The Gray Race*

All Ages (Compilation)

Tested (Live-Album)

10. *No Substance*
11. *The New America*
12. *The Process of Belief*

Punk Rock Songs (Sony-Compilation)

13. *The Empire Strikes First*
14. *New Maps of Hell*
15. *The Dissent of Man*

30 Years Live (Live-Album)

16. *True North*

Christmas Songs

17. *Age of Unreason*